가장
빠른
풀스택을
위한

# Flask & FastAPI

한 권으로
정리하는
파이썬 백엔드

Dave Lee 지음

가장
빠른 풀스택을
위한

Flask &
FastAPI

# 저자 소개

## 잔재미코딩 Dave Lee

외국어고등학교를 졸업하고 일어일문학을 전공한 비전공자로서 열정을 가지고 IT 분야에 몰두해 좌충우돌 경험을 쌓은 후 연세대학교 컴퓨터공학과 석사 과정을 마쳤습니다. 시스템 소프트웨어 개발자로 현업에 첫발을 내디딘 이후에는 시스템 소프트웨어를 넘어 다양한 IT 기술을 습득하기 위해 노력했습니다. 데이터 관련 분야를 포함해 여러 기술을 접하며 쿠팡 검색 서비스, 삼성페이 등 개발 프로젝트에 참여했고 기획과 비즈니스를 이해하고자 프로덕트 매니저로도 경험을 쌓았습니다.

비전공자로서 다양한 IT 분야를 접하다 보니 실질적으로 기술을 신속하게 익히기에는 관련 자료가 매우 부족하다고 느꼈고, IT 기술을 쉽고 빠르게 학습할 수 있는 온라인 강의를 직접 제작하게 되었습니다. 현재는 현업과 병행하며 '잔재미코딩 Dave Lee'라는 이름으로 교육 사이트를 운영하며 다양한 서비스를 개발하고 있습니다.

최근에는 빠르게 익혀 바로 활용할 수 있는 최신 IT 기술 기반의 1인 개발 로드맵을 구축했고, 데이터 분석가와 데이터 과학자로의 성장을 위한 학습 로드맵도 만들고 있습니다. 더 나아가 1인 비즈니스를 위한 기획 및 마케팅 방안을 실험하며 데이터 분석, 인공지능과 IT 기술을 활용한 1인 개발 및 수익 창출 방식을 구축하고 있습니다.

- 잔재미코딩 fun-coding.org
- 現) 노이먼스&튜링스 CTO
- 前) 쿠팡 수석 개발 매니저&프로덕트 매니저
  삼성전자 개발 매니저
- 대원외국어고등학교 / 고려대학교 일어일문학 학사 / 연세대학교 컴퓨터공학 석사
- 쿠팡 전자상거래 검색 품질, 삼성페이, RTOS 컴파일러, 나스(NAS)용 리눅스 커널 FS 드라이버 등 개발 및 기획
- 삼성 청년 SW 아카데미, SW 마에스트로, 클래스101, 인프런, 패스트캠퍼스 등 강의

- 저서

『새로운 각도로 풀어쓴 진지하게 익히는 파이썬 프로그래밍』, (아티오, 2023)

『누구나 쓱 읽고 싹 이해하는 IT 핵심 기술』, (영진닷컴, 2018)

『왕초보를 위한 파이썬 프로그래밍 입문서』, (아티오, 2017)

『리눅스 운영 체제의 이해와 개발』, (교학사, 2009)

『리눅스 커널 프로그래밍』, (교학사, 2005)

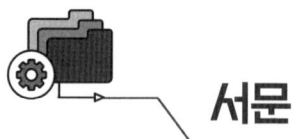# 서문

20년 전 처음 개발자로 입사했을 때가 생각납니다. 지금 생각해 보면 터무니없이 간단한 기능이어도 당시에는 여러 명의 개발자가 필요했습니다. 보통 한 주에 3~4일은 야근을 했고 정시 퇴근은 매우 눈치 보이는 일이었습니다. 이렇게까지 해야 하나 싶기도 했지만, 일정을 맞추기 위해서는 야근이 필수였습니다. 그리고 이러한 생활이 수년간 지속되었습니다.

이후에는 특정한 프로그램을 구축하는 기능을 미리 만들어 놓고 독자적인 문법을 제공하는 다양한 프레임워크가 등장하기 시작했습니다. 처음에는 이러한 손쉬운 방식이 흥미롭다고 느껴지지 않았습니다. 김치를 만들 때 처음부터 직접 모든 과정을 거쳐야 진짜 손맛이 난다고 생각하시는 어머님들처럼, 저 역시 모든 개발 과정을 직접 해야 개발자로서의 재미를 느낄 수 있었습니다. 하지만 시간이 지나면서 비즈니스 환경이 빠르게 변했고 프레임워크의 도움으로 전보다 훨씬 적은 인력으로 고도의 개발이 가능해졌음을 인정하게 되었습니다.

프레임워크를 적극적으로 활용한 후에는 프레임워크가 워낙 방대하다 보니 작은 API 한두 개를 만들기 위해서도 일정 규모 이상의 서버가 필요하다는 것을 알게 되었습니다. 또한, 불필요한 기능까지 함께 실행되기 때문에 테스트에 시간이 오래 걸렸고 프레임워크에서 사용하는 언어가 직관적이지 않아 생산성이 떨어지기도 했습니다. 그러던 중 파이썬을 접하게 되었습니다. 가장 직관적이면서도 방대한 라이브러리를 갖춘 파이썬은 강력한 기능을 제공했지만, 만족스러운 백엔드 프레임워크가 부족했습니다. 장고(Django)는 모든 기능을 내장하고 있어 자유도가 떨어지고 각 기능을 익히는 데 시간이 걸렸습니다. 타입 제약이 부재한다는 것과 성능도 아쉬운 점이었습니다.

그런 상황에서 플라스크를 만났습니다. 플라스크는 백엔드의 핵심 기능만 갖춘 프레임워크로, 이를 활용해보니 단 하루 만에 백엔드 프로그램을 만들 수 있었습니다. 핵심 기능 외에는 파이썬의 방대한 라이브러리를 활용할 수 있어 자유도가 높고 기능적 제약도 없었습니다. 다만 성능과 보안이 아쉬웠습니다. 그러던 중 FastAPI가 등장했습니다. 플라스크와 유사한 문법을 가진 FastAPI는 성능에 초점을 맞추어져 있었습니다. Pydantic을 통해 타입 제약 기능을 제공하여 보안성도 좋았습니다. 비록 파이썬 기반이라 프레임워크로써의 성능은 다소 낮아 보였지만, 최근 파이썬 3.12 버전의 자체 성능이 이전 버전 대비 40~50% 향상되었고 향후 인터프리터 컴파일링과 동시성 제약 문제 해결이 예정되어 있기 때문에 걱정 없었습니다.

백엔드 기능과 챗GPT를 연결하여 경쟁력 있는 프로그램을 만들 수 있게 하는 GPTs 등 최신 백엔드 코드도 FastAPI인 경우가 많습니다. 이는 FastAPI가 다른 프레임워크에 비해 구현이 간단하고 빠르기 때문입니다. 플라스크와 FastAPI는 단 다섯 줄로 백엔드 프로그램을 만들 수 있으며 복잡한 기능도 대부분 하나의 파일 내에서 완성할 수 있습니다.

파이썬 기반 백엔드 프레임워크가 이렇게 뛰어남에도 불구하고, 국내에서는 아직 자바 스프링(JAVA Spring) 만큼 널리 사용되고 있지 않습니다. 수십만 명이 동시 접속하는 서비스에서는 자바 스프링이 안정적이기 때문이기도 하고, 정부 관련 프로그램이 자바 스프링 기반이어야 하기 때문이기도 할 것입니다. 하지만 오래된 기술은 오랜 기간 사용됨으로서 안정성 등 장점이 있지만 학습, 구현, 실행 등 생산성 측면에서는 단점이 있습니다. GPTs처럼 빠르게 백엔드 프로그램을 만들 때에는 플라스크나 FastAPI가 적합합니다. 백엔드를 모르더라도 파이썬만 익힌다면 일주일 만에 백엔드 프로그램을 만들 수 있습니다. 성능도 유사하고 심지어 관련 문법 학습과 실제 구현 및 실행이 매우 빠릅니다. 플라스크와 FastAPI를 활용하면 웬만한 기능은 하루 이틀만에 구현할 수 있습니다.

플라스크와 FastAPI는 접근하기 쉬운 파이썬 언어 기반이며 백엔드 프로그램을 간편하게 구현할 수 있도록 돕기 때문에, 백엔드, 프런트엔드 그리고 서버 기술을 모두 활용하는 풀

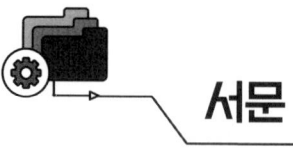

# 서문

스택 개발자에게, 서비스의 기능을 온전히 이해해 시니어급 개발자로 발돋움하려는 분에게, 1인 개발을 준비하는 분에게 좋은 선택지가 될 것입니다. 실제로 최근 3년간 플라스크와 FastAPI에 대한 관심이 급증했습니다. 하지만 국내 사용자가 자바 스프링만큼 많지 않아 관련 커뮤니티와 콘텐츠가 부족한 실정입니다. 따라서 방대하고 유용한 기능을 다양한 옵션과 함께 예제 코드로 정리하여 레퍼런스 활용할 수 있도록 하는 것이 이 책의 취지와 목표입니다.

20년 전에 수십 명이 투입되어야 완성할 수 있었던 프로그램을 이제는 혼자서도 개발할 수 있습니다. 개발 기술은 빠르게 발전하고 있고 심지어 챗GPT 같은 생성형 AI를 서비스에 활용할 수도 있으며 이에 따라 1인 개발 시대가 열렸습니다. 이러한 환경에서 생산성이 매우 좋은 플라스크와 FastAPI는 백엔드 기술로 가장 적합할 것입니다. 이 책과 함께 끊임없이 최신 기술을 학습하며 IT 기술에 대한 시야를 넓히고 응용력을 키우길 바라며, 장점이 많은 플라스크와 FastAPI 기술이 널리 퍼지기를 희망합니다.

마지막으로 이 책의 주제 선정부터 기획, 편집 작업까지 모든 과정에 기여해주신 최규리 책임편집자님과 모든 출판 관계자분들께 감사드립니다. 또한, 항상 힘이 되어 주는 아내와 아들 성현이에게도 고마움을 전합니다.

잔재미코딩 Dave Lee 드림

# 이 책을 효과적으로 활용하는 방법

플라스크와 FastAPI는 굉장한 장점에도 불구하고 아직 국내에 기능을 정리한 콘텐츠가 매우 부족합니다. 이에 본 서적에서 플라스크와 FastAPI의 다양한 기능을 꼼꼼하게 정리하였습니다. 기능별 다양한 문법을 최대한 세밀하게 설명하고 짧은 예제 코드와 테스트 방법을 제공하여 문법을 바로 확인하고 활용할 수 있도록 하였습니다. 플라스크와 FastAPI로 개발을 할 때 필요한 기능을 빠르게 바로 참고할 수 있는 책으로 활용하기를 권장합니다.

수 년간 다양한 학습자에게 플라스크와 FastAPI 기술을 전달해본 경험에 따르면, 이 기술은 백엔드 개발의 환경에 대한 이해와 파이썬 기본기가 요구됩니다. 따라서 개발 경험이 많지 않다면 본 서적의 플라스크 부분을 익히면서 전문적인 개발 환경을 심도 있게 경험하고 개발 역량을 강화한 후에 FastAPI를 학습하는 것을 추천합니다.

책이라는 매개체는 백과사전식으로 다양한 기능과 세세한 옵션을 모두 열거할 수 있다는 장점이 있으나, 코드를 작성하며 테스트해보는 실전에서의 감을 익히기에는 부족할 수 있습니다. 따라서 학습하는 데 있어 한계를 느끼거나 더 빠른 학습을 원한다면, 저자의 온라인 강의가 도움이 될 것입니다. 해당 강의는 구글에 '잔재미코딩'을 검색하거나 잔재미코딩 웹사이트(fun-coding.org) 접속을 통해 확인할 수 있습니다.

- **가장 빠른 풀스택**: 파이썬 백엔드와 웹기술 부트캠프 (플라스크와 백엔드 기본) [풀스택 Part1-1]
- **가장 빠른 풀스택**: 파이썬 백엔드 FastAPI 부트캠프 (FastAPI부터 비동기 SQLAlchemy까지) [풀스택 Part1-2]

 # 이 책을 효과적으로 활용하는 방법

추가로, 프로젝트를 단계별로 실습해볼 때 따라 하기 어렵다면 제공된 링크를 참고하기 바랍니다.

- 플라스크 기본 프로젝트: https://github.com/DaveLee-fun/flask_basic
- 플라스크 MVC 프로젝트: https:github.com/DaveLee-fun/flaskmvc_basic
- FastAPI 기본 프로젝트: https:github.com/DaveLee-fun/fastapi_basic
- FastAPI MVC 프로젝트: https:github.com/DaveLee-fun/fastapimvc_basic

각 코드는 깃허브(GitHub) 사이트를 통해 공유됩니다. 다음 깃허브 화면에서 우측 상단의 <Code> 버튼을 클릭한 후 <Download ZIP>을 선택하여 코드 전체가 담긴 압축파일을 다운로드할 수 있습니다.

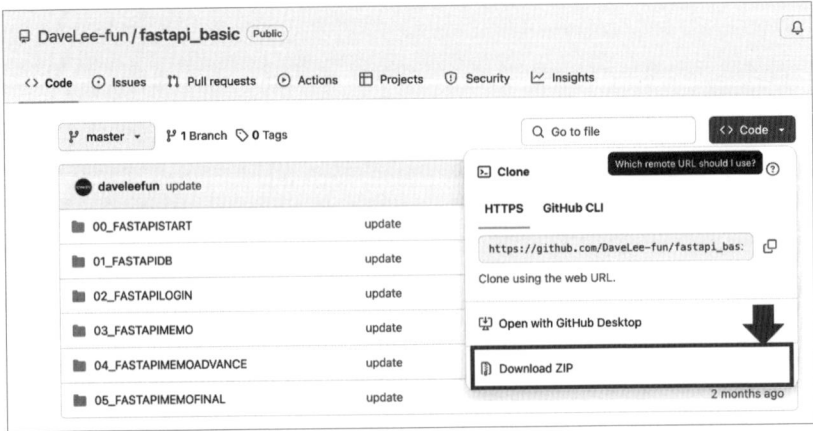

아무쪼록 본 서적이 도움이 되어 플라스크와 FastAPI 사용자가 단단하게 모여 커뮤니티가 훌륭하게 정착하기를 희망합니다.

# 목차

## 제1장 플라스크와 FastAPI 이해하기

| 1.1 웹 서비스의 역사와 동향 | 02 |
| 1.2 마이크로 프레임워크란? | 04 |
| 1.3 플라스크란 무엇인가? | 06 |
| 1.4 FastAPI란 무엇인가? | 10 |

## 제2장 플라스크 시작하기

**2.1 개발 환경 구축** — 14
- 2.1.1 아나콘다 — 14
- 2.1.2 비주얼 스튜디오 코드 — 23
- 2.1.3 curl 명령어 — 26

**2.2 안녕, 플라스크!** — 31
- 2.2.1 Hello, World! 애플리케이션 만들기 — 31
- 2.2.2 flask run 상세 사용법 — 36
- 2.2.3 flask run의 추가 옵션 — 36
- 2.2.4 플라스크 애플리케이션 접속 주소 — 37

**2.3 라우팅** — 39
- 2.3.1 플라스크에서의 라우팅 — 39
- 2.3.2 URL 변수 — 40
- 2.3.3 HTTP 메서드 — 41
- 2.3.4 URL 빌더 — 42
- 2.3.5 타입 힌트를 활용한 라우팅 — 49

**2.4 요청과 응답** — 53
- 2.4.1 플라스크에서의 요청 처리 — 53

XI

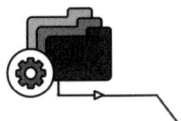
# 목차

| 2.4.2 플라스크에서의 응답 처리 | 54 |
| 2.4.3 JSON이란 무엇인가? | 56 |
| 2.4.4 상태 코드와 헤더 설정 | 57 |

## 2.5 템플릿    61

| 2.5.1 템플릿 기본 사용법 | 61 |
| 2.5.2 변수와 제어문 | 62 |
| 2.5.3 필터 | 62 |
| 2.5.4 반복문 | 63 |
| 2.5.5 매크로 | 64 |
| 2.5.6 템플릿 상속 | 66 |

## 2.6 정적 파일    69

| 2.6.1 플라스크에서 정적 파일 다루기 | 69 |
| 2.6.2 정적 파일과 웹페이지 구현 | 70 |
| 2.6.3 기존 웹페이지 통합 | 72 |

## 2.7 블루프린트    77

| 2.7.1 왜 블루프린트가 필요한가? | 77 |
| 2.7.2 블루프린트 기본 사용법 | 77 |
| 2.7.3 애플리케이션 구조 모듈화하기 | 80 |

## 2.8 세션과 쿠키    83

| 2.8.1 세션과 쿠키의 필요성 | 83 |
| 2.8.2 플라스크에서의 세션 사용법 | 84 |
| 2.8.3 플라스크에서의 쿠키 사용법 | 88 |

| | |
|---|---|
| **2.9 로깅** | **93** |
| 2.9.1 왜 로깅이 필요한가? | 93 |
| 2.9.2 로깅 기본 사용법 | 94 |

## 제3장 플라스크 확장과 성능 개선

| | |
|---|---|
| **3.1 데이터베이스** | **100** |
| 3.1.1 플라스크와 MySQL 연동 | 100 |
| 3.1.2 Flask-Migrate | 112 |
| **3.2 인증과 세션** | **116** |
| 3.2.1 인증과 세션이란? | 116 |
| 3.2.2 플라스크에서의 인증과 세션 | 116 |
| 3.2.3 Flask-Login을 사용한 인증 | 117 |
| 3.2.4 예제로 이해하는 인증 | 118 |
| 3.2.5 세션을 이용한 상태 관리 | 126 |
| 3.2.6 예제로 이해하는 세션 | 127 |
| **3.3 RESTful API** | **133** |
| 3.3.1 HTTP 메서드 이해하기 | 133 |
| 3.3.2 RESTful API 구현하기 | 134 |
| **3.4 캐싱** | **140** |
| 3.4.1 캐싱이란 무엇인가? | 140 |
| 3.4.2 캐싱 구현하기 | 141 |
| **3.5 배포** | **143** |
| 3.5.1 웹 서버와 SGI | 143 |

## 목차

| | |
|---|---|
| 3.5.2 WSGI를 지원하는 플라스크 | 144 |
| 3.5.3 Gunicorn으로 플라스크 애플리케이션 배포하기 | 145 |

### 3.6 테스팅　　150
| | |
|---|---|
| 3.6.1 플라스크에서의 테스팅 | 150 |
| 3.6.2 테스트 실행하기 | 152 |
| 3.6.3 unittest의 다양한 기능 | 153 |

### 3.7 플라스크 성능 개선 팁　　157
| | |
|---|---|
| 3.7.1 데이터베이스 쿼리 최적화 | 157 |
| 3.7.2 정적 파일 최적화 및 캐싱의 진화된 전략 | 158 |
| 3.7.3 로깅을 활용한 효과적인 디버깅 | 159 |
| 3.7.4 고도화된 코드 최적화 기법 | 160 |

## 제4장 플라스크 프로젝트

### 4.1 첫 번째 코드: 플라스크 애플리케이션 생성　　162
| | |
|---|---|
| 4.1.1 플라스크 애플리케이션 생성 및 flask run 설정 | 162 |
| 4.1.2 flask run을 사용한 애플리케이션 실행 | 163 |

### 4.2 두 번째 코드: 템플릿 사용과 라우팅 확장　　165
| | |
|---|---|
| 4.2.1 HTML 템플릿 생성 | 165 |
| 4.2.2 플라스크 애플리케이션에서 템플릿 렌더링 | 165 |
| 4.2.3 추가적인 라우팅 설정 | 166 |
| 4.2.4 애플리케이션 실행 및 테스트 | 166 |

### 4.3 세 번째 코드: 데이터베이스 연동 및 CRUD 구현　　167
| | |
|---|---|
| 4.3.1 데이터베이스 연동 및 모델 정의 | 167 |

| 4.3.2 CRUD 기능 구현 | 169 |
| 4.3.3 CRUD 기능 테스트 | 171 |

### 4.4 네 번째 코드: 사용자 인증 — 173
- 4.4.1 Flask-Login을 활용한 사용자 인증 구현 — 173
- 4.4.2 사용자 인증 테스트 — 176

### 4.5 다섯 번째 코드: 사용자별 메모 관리 — 177
- 4.5.1 사용자별 메모 관리 구현 — 177
- 4.5.2 memos.html 작성 — 179
- 4.5.3 메모 관리 기능 테스트 — 181

### 4.6 여섯 번째 코드: 웹페이지 개선 — 186
- 4.6.1 home.html 작성 — 186
- 4.6.2 memos.html 작성 — 188
- 4.6.3 테스트 — 196

### 4.7 일곱 번째 코드: 사용자 편의성 향상 — 198
- 4.7.1 로그인 기능 개선 — 198
- 4.7.2 회원가입 기능 개선 — 199
- 4.7.3 프런트엔드 페이지 수정 — 199
- 4.7.4 로그아웃 기능 개선 — 204
- 4.7.5 테스트 — 204

### 4.8 여덟 번째 코드: MVC 패턴 적용 — 206
- 4.8.1 현재 app.py 파일 구조 — 206
- 4.8.2 MVC 패턴 적용 — 207

**플라스크를 마치며** — 216

# 목차

## 제5장
## FastAPI 시작하기

| | |
|---|---|
| **5.1 안녕, FastAPI!** | **220** |
| 5.1.1 Hello, World! API 만들기 | 221 |
| 5.1.2 자동 문서화 | 225 |
| **5.2 라우팅** | **232** |
| 5.2.1 기본 라우팅 | 232 |
| 5.2.2 경로 매개변수 | 232 |
| 5.2.3 쿼리 매개변수 | 234 |
| 5.2.4 curl을 사용한 테스트 | 235 |
| **5.3 타입 힌트** | **237** |
| 5.3.1 기본 타입 힌트 | 237 |
| 5.3.2 고급 타입 힌트 | 238 |
| 5.3.3 타입 힌트로 사용 가능한 데이터 타입 | 240 |
| **5.4 HTTP 메서드** | **242** |
| 5.4.1 FastAPI 코드 작성 | 242 |
| 5.4.2 curl을 사용한 테스트 | 243 |
| **5.5 Pydantic** | **245** |
| 5.5.1 Pydantic 모델 적용 | 246 |
| 5.5.2 Pydantic 기본 문법 | 247 |
| 5.5.3 중첩된 모델 | 252 |
| 5.5.4 List와 Union | 253 |
| **5.6 FastAPI 응답 모델** | **258** |
| 5.6.1 기본 응답 모델 | 260 |

| | | |
|---|---|---|
| 5.6.2 Generic 응답 모델 | | 261 |
| 5.6.3 Union 응답 모델 | | 262 |
| 5.6.4 List 응답 모델 | | 263 |

| 5.7 FastAPI 응답 클래스 | 265 |
|---|---|
| 5.7.1 HTMLResponse 예제 코드 | 266 |
| 5.7.2 PlainTextResponse 예제 코드 | 267 |
| 5.7.3 RedirectResponse 예제 코드 | 267 |

| 5.8 요청 | 269 |
|---|---|
| 5.8.1 FastAPI에서 쿼리 매개변수 다루기 | 269 |
| 5.8.2 Query 클래스의 주요 옵션 | 270 |
| 5.8.3 요청 바디 | 275 |

| 5.9 예외 처리 | 281 |
|---|---|
| 5.9.1 기본 예외 처리 | 281 |
| 5.9.2 HTTPException 클래스 | 282 |
| 5.9.3 HTTP 헤더 | 284 |

## 제6장

## FastAPI와 풀스택

| 6.1 템플릿 | 288 |
|---|---|
| 6.1.1 FastAPI 설정 | 289 |
| 6.1.2 템플릿 렌더링 | 290 |
| 6.1.3 username을 요청에서 받기 | 291 |
| 6.1.4 FastAPI와 Jinja2의 기본 문법 | 293 |
| 6.1.5 FastAPI와 Jinja2의 고급 문법 | 300 |

# 목차

| 6.2 정적 파일 | 316 |
|---|---|
| 6.2.1 FastAPI에서 정적 파일 다루기 | 316 |
| 6.2.2 정적 파일과 웹페이지 구현 | 317 |
| 6.2.3 기존 웹페이지 통합 | 319 |

| 6.3 APIRouter | 322 |
|---|---|
| 6.3.1 다양한 사용법 | 323 |
| 6.3.2 미들웨어 설정 | 325 |
| 6.3.3 APIRouter와 의존성 함수 | 326 |
| 6.3.4 APIRouter와 라우트 설정의 상속 | 328 |
| 6.3.5 APIRouter와 플라스크 블루프린트의 비교 | 330 |

| 6.4 쿼리 매개변수와 경로 매개변수 | 331 |
|---|---|
| 6.4.1 쿼리 매개변수 | 331 |
| 6.4.2 경로 매개변수 | 332 |
| 6.4.3 타입 지정과 경로 매개변수 연산자 | 334 |

| 6.5 백그라운드 태스크 | 336 |
|---|---|

| 6.6 스트리밍 응답 | 339 |
|---|---|

| 6.7 웹소켓 | 345 |
|---|---|
| 6.7.1 웹소켓 기본 사용법 | 345 |
| 6.7.2 웹소켓 주요 메서드 | 350 |

## 제7장

## FastAPI 확장과 성능 개선

| 7.1 데이터베이스와 ORM | 354 |
|---|---|
| 7.1.1 FastAPI와 MySQL 연동 | 354 |
| 7.1.2 SQLAlchemy와 CRUD | 361 |

| 7.2 인증과 세션 | 387 |
|---|---|
| 7.2.1 기본 인증 메커니즘 이해하기 | 387 |
| 7.2.2 고급 인증1: JWT | 390 |
| 7.2.3 고급 인증2: 세션 | 401 |

| 7.3 비동기 처리 | 409 |
|---|---|

| 7.4 파일 업로드 | 414 |
|---|---|

| 7.5 캐싱과 미들웨어 | 420 |
|---|---|
| 7.5.1 FastAPI 캐싱 | 420 |
| 7.5.2 FastAPI 주요 미들웨어 | 423 |

| 7.6 배포 | 434 |
|---|---|
| 7.6.1 Uvicorn 설치 및 실행 | 434 |
| 7.6.2 도커로 FastAPI 애플리케이션 배포하기 | 434 |

| 7.7 FastAPI 성능 개선 팁 | 436 |
|---|---|
| 7.7.1 비동기 프로그래밍 활용 | 436 |
| 7.7.2 캐싱 활용 | 437 |
| 7.7.3 데이터베이스 커넥션 풀링 | 438 |

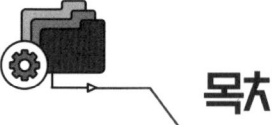

## 목차

### 제8장 플라스크와 FastAPI 문법 비교

| 8.1 라우팅 | 442 |
|---|---|
| 8.1.1 플라스크의 라우팅 | 442 |
| 8.1.2 FastAPI의 라우팅 | 442 |

| 8.2 타입 힌팅 | 443 |
|---|---|
| 8.2.1 플라스크의 타입 힌팅 | 443 |
| 8.2.2 FastAPI의 타입 힌팅 | 443 |
| 8.2.3 주요 차이점 | 444 |

| 8.3 요청과 응답 | 445 |
|---|---|
| 8.3.1 플라스크의 요청과 응답 | 445 |
| 8.3.2 FastAPI의 요청과 응답 | 446 |
| 8.3.3 주요 차이점 | 446 |

| 8.4 데이터베이스 | 448 |
|---|---|
| 8.4.1 플라스크의 PyMySQL과 SQLAlchemy | 448 |
| 8.4.2 FastAPI의 PyMySQL과 SQLAlchemy | 449 |
| 8.4.3 주요 차이점 | 450 |

| 8.5 세션 관리 | 451 |
|---|---|
| 8.5.1 플라스크의 세션 관리 | 451 |
| 8.5.2 FastAPI의 세션 관리 | 452 |
| 8.5.3 주요 차이점 | 452 |

| 8.6 비동기 처리 | 453 |
|---|---|
| 8.6.1 플라스크의 비동기 처리 | 453 |
| 8.6.2 FastAPI의 비동기 처리 | 453 |

## 제9장

## FastAPI 프로젝트

| | | |
|---|---|---|
| **9.1 첫 번째 코드: FastAPI 애플리케이션 생성** | | **456** |
| 9.1.1 FastAPI 설치 및 프로젝트 구조 설정 | | 458 |
| 9.1.2 FastAPI 애플리케이션 생성 및 Uvicorn 설정 | | 458 |
| 9.1.3 Uvicorn을 사용한 애플리케이션 실행 | | 459 |
| **9.2 두 번째 코드: Jinja2 템플릿 사용과 라우팅 확장** | | **460** |
| 9.2.1 HTML 템플릿 생성 및 Jinja2 설치 | | 460 |
| 9.2.2 FastAPI 애플리케이션에서 템플릿 렌더링 | | 461 |
| 9.2.3 추가적인 라우팅 설정 | | 461 |
| 9.2.4 애플리케이션 실행 및 테스트 | | 462 |
| **9.3 세 번째 코드: 데이터베이스 연동 및 CRUD 구현** | | **463** |
| 9.3.1 데이터베이스 연동 및 모델 정의 | | 463 |
| 9.3.2 CRUD 기능 구현 | | 465 |
| 9.3.3 CRUD 기능 테스트 | | 468 |
| **9.4 네 번째 코드: 사용자 인증** | | **470** |
| 9.4.1 MySQL을 연동한 사용자 인증 구현 | | 470 |
| 9.4.2 사용자 인증 테스트 | | 473 |
| **9.5 다섯 번째 코드: 사용자별 메모 관리** | | **474** |
| 9.5.1 사용자별 메모 관리 구현 | | 474 |
| 9.5.2 memos.html 작성 | | 477 |
| 9.5.3 메모 관리 기능 테스트 | | 478 |
| **9.6 여섯 번째 코드: 웹페이지 개선** | | **483** |
| 9.6.1 home.html 작성 | | 483 |

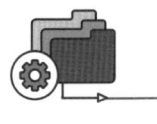

# 목차

| | |
|---|---|
| 9.6.2 memos.html 작성 | 487 |
| 9.6.3 테스트 | 496 |

## 9.7 일곱 번째 코드: 마무리     498

| | |
|---|---|
| 9.7.1 프런트엔드 페이지 개선 | 498 |
| 9.7.2 예외 케이스 보완 | 504 |
| 9.7.3 테스트 | 505 |

## 9.8 여덟 번째 코드: MVC 패턴 적용     507

| | |
|---|---|
| 9.8.1 MVC 패턴에 따른 파일 구조 및 역할 | 507 |
| 9.8.2 MVC 패턴 적용 | 509 |

| | |
|---|---|
| **FastAPI를 마치며** | 519 |
| **맺음말** | 521 |

# 1 플라스크와 FastAPI 이해하기

1.1 웹 서비스의 역사와 동향
1.2 마이크로 프레임워크란?
1.3 플라스크란 무엇인가?
1.4 FastAPI란 무엇인가?

## 1.1 웹 서비스의 역사와 동향

플라스크(Flask)는 파이썬으로 작성된 마이크로 웹 프레임워크의 하나로 Werkzeug(벨저크) 툴킷과 Jinja2(진자2) 템플릿 엔진에 기반합니다. FastAPI 또한 파이썬 기반 프레임워크로서 현대적이고 빠르며 고성능이라는 특징이 있습니다. 이러한 플라스크와 FastAPI를 활용해 웹을 개발해보기에 앞서 웹 서비스 전반에 대한 배경지식을 알아보도록 하겠습니다.

먼저 큰 그림으로 웹 서비스 개발 기술 트렌드를 알아봅니다. 웹 서비스 개발은 시대와 기술의 발전에 따라 몇 가지 단계를 거치며 진화하였습니다.

- **1세대**: 정적 웹페이지

초기의 웹 서비스는 정적인 HTML 페이지로 구성됐습니다. 서버는 사용자의 요청에 따라 정적인 HTML 파일만 제공하는 역할을 했습니다. 이때는 HTML과 CSS로 사전에 제작된 페이지들이 서버에 파일로 저장되어 있었고, 사용자가 웹 브라우저에서 URL을 입력하면 해당 파일을 그대로 보여주는 방식이었습니다. 정적 페이지 방식의 단점은 모든 콘텐츠를 미리 제작해야 한다는 점과 사용자별로 다른 정보를 표시하기 어렵다는 점입니다.

- **2세대**: 동적 웹페이지

사용자별로 다른 정보를 표시하거나, 실시간으로 변하는 정보를 제공하기 위해 동적 웹페이지가 등장하였습니다. CGI(Common Gateway Interface)와 데이터베이스 기술이 결합하여 사용자의 요청 시 동적으로 페이지를 생성하는 기술이 개발되었습니다. 서버는 더 이상 정적 파일을 제공하는 역할만 하지 않고, 요청에 따라 데이터베이스에서 정보를 추출해 동적으로 HTML 페이지를 생성하게 되었습니다. 이를 통해 개인화된 콘텐츠와 실시간 정보를 제공할 수 있게 되면서 웹 서비스의 활용 범위가 크게 넓어졌습니다.

- **3세대**: MVC 프레임워크 기반

애플리케이션의 규모가 커지면서 코드의 구조화와 재사용성이 중요해졌고, MVC 패턴 기반의 웹 프레임워크가 등장하였습니다. MVC(Model-View-Controller)는 애플리케이션을 모델, 뷰, 컨트롤러의 세 부분으로 나누어 개발하는 방식입니다.

- **모델**: 데이터베이스 핸들링, 데이터 처리 규칙 정의
- **뷰**: 사용자 인터페이스 레이아웃 정의
- **컨트롤러**: 사용자 요청을 받아 모델과 뷰에 명령

이를 통해 애플리케이션을 유연하고 재사용 가능한 구조로 개발할 수 있습니다.

- **4세대**: API 중심 서비스

최근에는 모바일 애플리케이션, 웹 애플리케이션, IoT 서비스 등 다양한 플랫폼을 위한 백엔드 서비스로 마이크로 서비스 아키텍처(MSA)가 주를 이루고 있습니다. 마이크로 서비스 아키텍처란 서비스 세부 기능별로 컴퓨터를 분산하고, 서로 간에 API를 통해 통신하여 전체 서비스를 운영하는 아키텍처입니다. 각 서버는 JSON 등의 경량 데이터 형식으로 각 플랫폼에 정보를 제공하며, 프런트엔드는 필요한 데이터를 RESTful API로부터 받아옴으로써 자유롭게 개발할 수 있습니다. 이를 통해 하나의 백엔드 서비스에서 모바일, 웹, 다양한 플랫폼을 유연하게 지원할 수 있습니다. RESTful API란 인터넷을 통해 컴퓨터나 서비스 간에 정보를 주고받을 수 있도록 하는 기술입니다. 이를 통해 다양한 프로그램이나 애플리케이션이 서로 통신하여 필요한 데이터를 교환하고 작업을 수행할 수 있습니다. 플라스크(Flask) 같은 프레임워크를 이용하여 RESTful API 서비스를 빠르게 개발할 수 있습니다.

이상으로 웹 서비스 개발의 흐름에 대해 간략히 살펴보았습니다. 웹 기술의 발전에 따라 개발 방식도 다양하게 진화하고 있음을 알 수 있습니다.

# 1.2 마이크로 프레임워크란?

프레임워크는 특정 분야의 애플리케이션 개발을 돕기 위해 미리 만들어진 코드와 구조의 집합입니다. 프레임워크는 개발자가 반복적으로 사용하는 기능을 제공하여 개발 생산성을 높입니다.

예를 들어 웹 애플리케이션을 개발할 때 프레임워크를 사용하면 기본적인 라우팅, 데이터베이스 접속, 템플릿 렌더링 등의 기능을 재사용할 수 있습니다. 이미 구현된 코드를 활용함으로써 개발 시간을 단축하고 보안성, 유지보수성이 개선됩니다.

대표적인 웹 애플리케이션 프레임워크로는 파이썬에서는 장고(Django), 플라스크(Flask), FastAPI가 있고, 자바에서는 자바 스프링(JAVA Spring)과 스프링 부트(Spring Boot), 자바 스크립트에서는 Node.js가 있습니다. 그리고 프레임워크는 풀스택 프레임워크와 마이크로 프레임워크로 나뉩니다. 풀스택 프레임워크, 예를 들어 장고나 스프링은 프레임워크 내에서 웹 애플리케이션의 모든 기능을 모두 제공합니다. 서비스 개발에 필요한 백엔드와 프런트엔드를 모두 할 줄 아는 풀스택 개발자를 일컬을 때의 풀스택과는 다른 의미입니다. 반면, 마이크로 프레임워크, 예를 들어 플라스크(Flask)와 FastAPI는 백엔드 구현에 필요한 핵심 기능만 제공합니다.

풀스택 프레임워크는 방대하고 복잡하며, 복잡한 기능을 사용하기 위해 각 프레임워크별 특별한 문법을 채택합니다. 해당 문법은 다른 프레임워크나 프로그래밍 언어에서 볼 수 없는 해당 프레임워크만의 특별한 문법이어서 학습 곡선이 높습니다. 프레임워크 내에 방대한 기능이 탑재되다 보니 특정 기능만 필요할 때 해당 프레임워크를 사용하면 서비스가 무거워지는 단점이 있습니다. 또한, 프레임워크가 제공한 문법 외에는 내부를 수정할 수 없기 때문에 이상 동작 시에 해결 방안을 찾기가 어려울 수 있습니다. 이러한 문제를 해결하기 위해 등장한 것이 바로 마이크로 프레임워크입니다.

마이크로 프레임워크는 웹 애플리케이션 개발에 가장 필요한 핵심 기능만 제공하는 최소한의 프레임워크를 말합니다. 대표적으로 파이썬으로 개발된 플라스크와 FastAPI, PHP로 개발된 루멘(Lumen) 등이 있습니다. 마이크로 프레임워크의 장점은 다음과 같습니다.

1. 프레임워크 자체는 간결한 기능을 제공하므로 학습 곡선이 낮고 빠르게 사용 가능합니다.
2. 필요한 기능만 골라서 사용할 수 있으므로 서비스가 경량화될 수 있습니다.
3. 프로그래밍 언어 기반 모든 기능을 그대로 프레임워크와 함께 사용 가능하므로 확장성이 높습니다.
4. 프레임워크 내에서 제공하는 핵심 기능 외에는 직접 작성한 코드이므로 이상 동작 시에도 해결이 쉽습니다.

플라스크와 FastAPI는 바로 이러한 마이크로 프레임워크의 특징을 잘 활용한 웹 프레임워크입니다. 핵심 기능만 제공하여 빠르게 개발할 수 있고, 필요한 기능은 파이썬 라이브러리를 통해 확장할 수 있습니다. 특히 파이썬 라이브러리를 포함한 파이썬 생태계는 가장 막강한 생태계입니다. 인간이 컴퓨터로 할 수 있는 모든 기능이 파이썬 라이브러리로 있을 정도입니다. 이러한 파이썬 라이브러리를 추가적인 조작이나 아키텍처 구성 변경 없이 플라스크와 FastAPI에서 바로 사용할 수 있다는 점은 플라스크와 FastAPI가 다른 언어의 프레임워크 대비 경쟁력을 가지는 굉장히 큰 장점입니다.

플라스크는 파이썬으로 개발된 대표적인 웹 애플리케이션 프레임워크 중 하나입니다. 개발 실무 입장에서 플라스크는 **학습이 쉽고, 실행이 빠르고, 경량화된 프레임워크**라는 큰 장점이 있습니다. FastAPI는 **파이썬을 사용한 고성능(high-performance) 웹 프레임워크이며, 플라스크와 문법이 매우 유사합니다.** 두 가지 프레임워크에 대해 하나씩 살펴보겠습니다.

# 1.3 플라스크란 무엇인가?

플라스크(Flask)는 파이썬(Python)이라는 인기 있는 프로그래밍 언어를 사용하여 만든 간단하고 가벼운 웹 애플리케이션 프레임워크입니다. 웹 애플리케이션 프레임워크란 웹사이트나 웹 서비스를 개발하는 데 필요한 여러 기능을 미리 구현해서 개발자가 사용할 수 있도록 만든 도구 모음입니다. 웹 프레임워크를 사용하면 웹 애플리케이션 개발자는 기본 기능을 직접 구현하지 않고도 손쉽게 사용할 수 있기 때문에 개발 속도가 훨씬 빨라지고 편리합니다.

플라스크는 웹 애플리케이션을 만드는 데 가장 기본이 되는 세 가지 주요 기능을 제공합니다. 바로 라우팅(routing), 요청(request), 응답(response) 기능입니다.

라우팅(routing)은 웹사이트 URL에 따라 특정 함수를 호출하도록 연결하는 기능입니다. 예를 들어 myservice.com/user 같은 URL로 접속하면 user() 함수를 실행하도록 라우팅을 설정할 수 있습니다.

요청(request)은 사용자의 웹 브라우저가 서버에 전송하는 다양한 요청 데이터를 담는 객체입니다. 여기에는 요청한 URL, HTTP 메서드, 매개변수, 헤더 등의 정보가 들어있어 웹 애플리케이션 내에서 참고할 수 있습니다.

응답(response)은 서버가 사용자의 요청에 대해 보내는 응답 정보를 담는 객체입니다. 응답 바디, HTTP 상태 코드, 헤더 등을 설정할 수 있습니다.

플라스크는 파이썬으로 개발된 Werkzeug(벨저크)와 Jinja2(진자2)라는 라이브러리를 기반으로 동작합니다.

Werkzeug(벨저크)는 웹 애플리케이션 서버를 만드는 데 유용한 다양한 유틸리티 함수를 제공하는 라이브러리입니다. 또한, Jinja2(진자2)는 템플릿 엔진으로 웹페이지 디자인과 서버 쪽 프로그래밍 로직을 별도의 파일로 분리할 수 있게 돕습니다.

플라스크의 가장 큰 강점은 확장성입니다. 플라스크만으로 간단한 웹 애플리케이션 개발이 가능하지만, 더 복잡한 기능이 필요하다면 추가 확장 기능을 설치하여 기능을 확장할 수 있습니다. 데이터베이스, 인증, API 서버 개발 등 다양한 영역의 플라스크 확장 기능이 존재합니다.

플라스크는 다른 파이썬 웹 프레임워크보다 훨씬 간단하고 배우기 쉽다는 장점이 있습니다. 특히 규모가 작고 단순한 웹사이트나 API 서버 개발에 매우 적합합니다. 대규모 서비스를 개발할 때는 다른 프레임워크를 고려해야 하지만, 초보자와 소규모 프로젝트에서는 플라스크가 가장 좋은 선택이 될 수 있습니다.

요즘에는 파이썬 웹 프레임워크를 처음 시작하는 초보 개발자들 사이에서 플라스크가 급격히 선호되는 추세입니다. 이는 플라스크의 학습 곡선이 쉽고, 코드 구조가 직관적이라는 장점 때문입니다. 플라스크로 간단한 웹사이트나 애플리케이션 프로젝트를 진행해보는 것을 강력히 권장합니다.

우선 학습이 매우 쉽습니다. 파이썬 문법은 직관적이고, 복잡한 객체지향 문법을 반드시 사용하지 않아도 되기 때문에 익히기 매우 쉽습니다. 파이썬에 익숙해지는 데에는 일반 개발자라면 한 달도 걸리지 않습니다. 객체지향이 어색한 입문자에게는 프로그래밍에 익숙해지는 데 파이썬이 매우 좋습니다. 이러한 파이썬 문법을 그대로 사용하고, 일부 플라스크 프레임워크용 문법만 알면 바로 개발에 적용할 수 있습니다. 파이썬을 알고 있다면 플라스크를 익힌 지 1시간 만에도 플라스크 기반 백엔드 서비스를 만들 수 있습니다.

두 번째로는 실행이 빠릅니다. 개발자라면 익히 알고 있겠지만 하나의 기능을 제작하기 위해서는 수십, 수백 번 테스트가 필요합니다. 자바 스프링(JAVA Spring)만 봐도 작성한 프로그램을 실행할 때 일정한 시간이 걸립니다. 통합 개발 환경(Integrated Development Environment, IDE)에서 <Run>을 클릭한 후 일정한 시간을 기다려야 합니다. 프로그램이 복잡할수록 이 시간은 오래 걸립니다. 반면에 플라스크는 실행하자마자 바로 실행됩니다. 지금까지 자바 스프링으로만 테스트했다면 플라스크로 실행을 한 번만 해봐도 10년 묵은 체증이 날아갈 것입니다.

세 번째로 프레임워크가 매우 가볍습니다. 자바 스프링은 방대한 기능을 포함하고 있기 때문에 간단한 서비스를 만들어도 무겁습니다. 무겁다 보니 실행에도 일정 시간이 걸리게 되고, 더 좋은 서비스를 위해서는 보다 좋은 서버가 필요합니다. 반면에 플라스크는 매우 가볍습니다. 가볍다 보니 실행이 빠르고, 성능이 좋지 않은 서버에서도 동작합니다.

마지막으로 파이썬의 막대한 생태계를 그대로 사용할 수 있습니다. 플라스크 프레임워크는 핵심 기능만 제공하므로 관련 문법도 적습니다. 이외의 기능은 파이썬의 라이브러리를 사용해서 적용하면 됩니다. 파이썬은 가장 크고 막대한 생태계를 가지고 있습니다. 없는 기능이 없습니다. 최신 인공지능 기술도 파이썬 기반입니다. 컴퓨터로 가능한 모든 기능은 대부분 관련 파이썬 라이브러리를 찾을 수 있습니다. 이런 기능을 플라스크 프레임워크에서 별도 조작 없이 그대로 사용 가능합니다. 만약 자바 스프링에서 파이썬 기능을 사용하려면 별도 서버와 API 및 아키텍처 등 복잡한 구성이 필요합니다. 의외로 핵심 기능 구현보다 이와 같은 구성을 갖추는 데 많은 시간이 들어갈 수 있고, 유지보수도 쉽지 않습니다. 플라스크는 이러한 부분을 고려할 필요가 없습니다.

결국 한마디로 이야기하면 플라스크는 프로그래밍 학습과 서비스 구현이 빠릅니다. 이외 플라스크의 명시적인 장점과 단점을 간단히 나열하면 다음과 같습니다.

- 장점
- **간편성**: 플라스크는 굉장히 간단하고 쉽게 사용할 수 있습니다. 다른 프레임워크에 비해 설정이 최소화되어 있고 배우기 쉬운 편입니다.
- **가볍고 유연함**: 플라스크는 코어(core)가 매우 가볍고 유연하여 작고 간단한 웹 애플리케이션 개발에 적합합니다. 확장성도 뛰어나 필요한 기능은 플러그인(plugin)을 추가하여 유동적으로 구현할 수 있습니다.
- **다양한 기능 지원**: 데이터베이스, 인증, RESTful API 등의 기능을 지원하는 다양한 확장 프레임워크를 추가로 사용할 수 있습니다.
- **활발한 커뮤니티**: 플라스크는 개발자 커뮤니티의 지원이 좋고, 다양한 학습 자료가 풍부하게 제공되고 있습니다.

- 단점
- **대규모 프로젝트 지원 미흡**: 소규모 프로젝트에 최적화되어 있습니다. 대규모 서비스나 복잡한 프로젝트에는 한계가 있을 수 있습니다.
- **성능 문제**: 트래픽이 많은 서비스에서는 성능 저하가 발생할 수 있습니다.

최근에는 기능별로 서버와 백엔드 프로그램을 별도로 구성하는 마이크로 서비스 아키텍처가 기본이 되었습니다. 따라서 모든 기능을 하나의 백엔드 서비스로 만드는 대규모 프로젝트 지원 미흡 문제는 실무에서 크게 문제가 되지 않습니다. 오히려 세부 기능들을 각각 플라스크 기반 백엔드 서비스로 빠르게 만들 수 있기 때문에 마이크로 서비스 아키텍처 기반에서도 유용할 수 있습니다.

단점으로 지적되는 성능 부분도 지속적으로 향상되고 있습니다. 플라스크의 기반이 되는 파이썬 성능이 최근 크게 개선되고 있습니다. 파이썬 3.11은 3.10에 비해 약 60% 성능이 개선되었고, 이후 버전부터는 파이썬 성능 저하의 근본 원인인 GIL(Global Interpreter Lock)이라는 동시 처리를 제한하는 기능을 제거하려 하고 있습니다.

# 1.4 FastAPI란 무엇인가?

플라스크를 익히면 FastAPI라는 프레임워크도 바로 활용할 수 있습니다. 여기에 이름에서 보듯이 고성능을 목표로 한 프레임워크이므로 플라스크의 성능 이슈를 단번에 해결할 수 있습니다. FastAPI는 자바 스프링, Node.js, Go 같은 고성능 백엔드 프레임워크 또는 프로그래밍 언어와 유사한 성능을 보여줍니다. FastAPI는 다음과 같은 특징이 있습니다.

• 높은 성능

FastAPI가 빠른 이유는 주로 Starlette(스타레테)라는 핵심 내부 프레임워크를 사용하기 때문입니다. Starlette는 FastAPI의 주요 기능을 제공하는 ASGI(Asynchronous Server Gateway Interface, 비동기 서버 게이트웨이 인터페이스) 웹 프레임워크로, 비동기 처리를 통해 높은 성능을 보장합니다. 추가로 FastAPI는 배포 시 사용하는 유비콘(uvicorn) 서버와 함께 작동하는데, 유비콘도 비동기 처리를 지원하여 동시성과 속도를 크게 향상시켰습니다.

• 간편한 문법

플라스크와 유사한 데코레이터(decorator)를 사용하여 쉽게 개발할 수 있습니다.

• 자동 문서화

FastAPI에서는 API를 만들면 Swagger UI(스웨거 UI)와 리독(ReDoc)을 통해 관련 문서가 자동 생성됩니다. Swagger UI와 리독은 API 문서를 자동으로 생성하는 도구입니다. 이는 협업이나 디버깅 등에서 생산성을 높입니다.

• 타입 검증

Pydantic(파이단틱) 라이브러리를 사용하여 요청 데이터 타입을 검증합니다. Pydantic은 요청 데이터의 타입을 검증하고 변환하는 라이브러리입니다. Pydantic은 파이썬 타입 힌트 기반으로 동작합니다. FastAPI는 파이썬 타입 힌트를 지원하므로 요청 데이터 타입을 검증하여 잘못된 데이터 요청을 막을 수 있습니다. 이를 통해 보안성도 개선하였습니다.

- **다양한 기능**

내장 기능 또는 관련 라이브러리를 통해 데이터베이스, 인증, 배포 등 다양한 기능을 사용할 수 있습니다.

FastAPI도 단점이 있습니다. 아무래도 플라스크나 다른 프레임워크보다는 신생 프레임워크이므로 관련 커뮤니티나 정보가 부족합니다. 하지만, 플라스크 사용자가 쉽게 전환이 가능하고 성능상 이점이 크므로 플라스크 등을 사용하는 현업에서도 FastAPI로의 전환을 많이 합니다.

장점만 있는 백엔드 프레임워크는 없습니다. 플라스크와 FastAPI 둘 다를 익힌다면 빠른 구현, 가벼운 프로그램, 그리고 고성능이라는 세 마리 토끼를 잡을 수 있습니다. 다음 장부터 빠르게 익히고 테스트해보며 가장 빠르게 플라스크와 FastAPI를 익히고, 활용해보도록 하겠습니다.

# 2 플라스크 시작하기

2.1 개발 환경 구축
2.2 안녕, 플라스크!
2.3 라우팅
2.4 요청과 응답
2.5 템플릿
2.6 정적 파일
2.7 블루프린트
2.8 세션과 쿠키
2.9 로깅

# 2.1 개발 환경 구축

먼저 플라스크를 시작하려면 환경 구축을 해야 합니다. 이를 위해 아나콘다(Anaconda)와 비주얼 스튜디오 코드(Visual Studio Code), 그리고 curl을 설치하고, 각각의 사용법을 간단히 정리하며 환경을 구축합니다.

## 2.1.1 | 아나콘다

아나콘다(Anaconda)는 파이썬과 R을 위한 오픈소스 배포판입니다. 아나콘다는 데이터 과학, 머신러닝, 웹 개발 등 다양한 작업에 필요한 파이썬 컴파일러와 주요 파이썬 라이브러리, 파이썬 개발을 돕는 유틸리티를 포함하고 있습니다.

> **왜 아나콘다를 설치해야 하나요?**
> 1. **라이브러리 관리**: 여러 라이브러리와 패키지를 쉽게 설치하고 관리할 수 있습니다.
> 2. **환경 관리**: 프로젝트별로 필요한 라이브러리 버전을 쉽게 관리할 수 있습니다.
> 3. **크로스 플랫폼**: 윈도우(Windows), 맥OS(macOS), 리눅스(Linux)에서 모두 사용 가능합니다.

### ≫ 윈도우

아나콘다 공식 웹사이트(anaconda.com/products/distribution#download-section)에서 Windows용 설치 파일을 다운로드합니다. 아나콘다 웹사이트는 수시로 메뉴가 달라지고 프로그램명이 달라지기도 하기 때문에 무료 버전을 찾아서 다운받으면 됩니다.

> **아나콘다 설치 프로그램 실행 전 주의 사항**
> 먼저 윈도우에 로그인한 아이디가 한글이면 아나콘다가 정상 동작하지 않을 수 있습니다. 반드시 영어 소문자만으로 구성된 아이디를 생성하여 해당 아이디로 로그인한 후 다음 과정을 진행합니다.

> 아이디가 한글이어서 아나콘다 등 개발 환경에 에러가 나는 경우, 왜 에러가 나는 것인지 알 수 없는 상황이 발생할 수 있습니다. 이 경우, 관련 문제를 검색해도 나오지 않는 경우가 많고, 아이디를 영어 소문자로 변경 후 재설치하지 않는 이상 해결할 방법이 없을 수 있기 때문에 이 부분을 꼭 확인하고 진행해야 합니다.

다운로드한 후에는 아나콘다 설치 파일을 마우스 오른쪽 클릭 후 [관리자 권한으로 실행]을 클릭하여 관리자 권한으로 설치를 권장합니다. 프로그램 설치 화면도 수시로 달라질 수 있으므로 다음 화면을 참고하여 유의할 점만 유념하면 됩니다.

[Just Me] 또는 [All Users] 둘 중 하나를 선택합니다. All Users의 경우 관리자 권한으로 설치 프로그램을 설치하였을 때만 정상 동작하므로 유의 바랍니다.

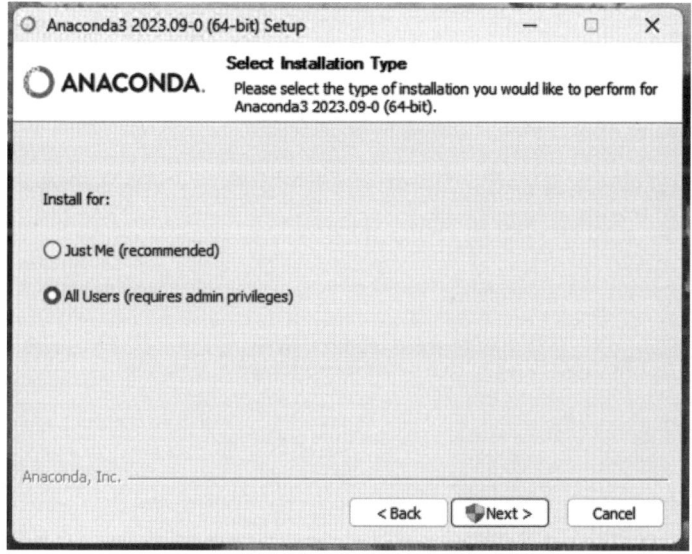

아나콘다 설치 위치는 추후 관련 PATH를 설정하는 데 필요하므로 기억해둡니다. 경로에 한글이 들어가지 않아야 하며, 한글이 들어갔다면 임의로 다른 폴더를 만들어서 설치해도 좋습니다.

아나콘다 옵션은 모두 선택해도 좋습니다.

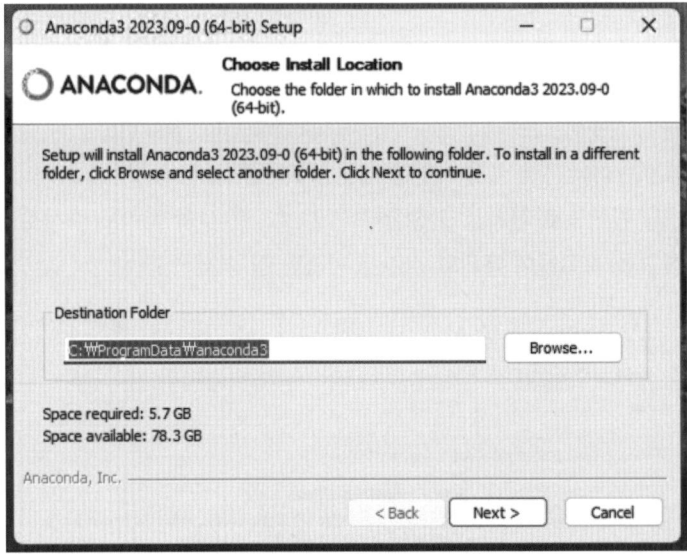

이후에는 프로그램이 설치됩니다. 생각보다 시간이 오래 걸리므로 도중에 진척 퍼센트가 변하지 않더라도 당황하지 않고 기다리면 됩니다.

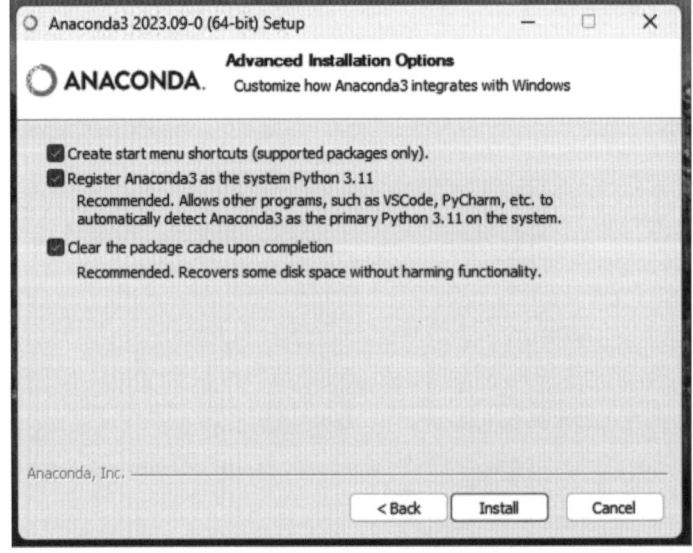

## 설치 후 PATH 확인

윈도우 메인 페이지 하단부 검색창에 cmd를 입력하고 검색하면 터미널을 실행할 수 있습니다. 터미널을 실행한 후 conda --version 명령어로 conda 버전이 정상 출력되면 PATH가 정상 설정된 것입니다. 만약 버전이 출력되지 않고 에러 메시지가 나온다면 PATH를 다음과 같이 수동으로 설정해야 합니다.

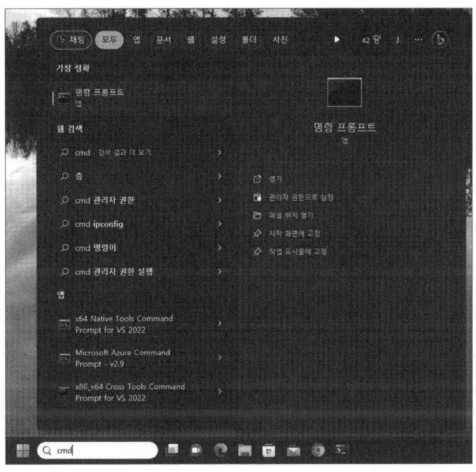

## 수동으로 PATH 설정

만약 conda 명령어가 실행되지 않는다면 수동으로 PATH를 설정합니다. 윈도우 검색창에서 '환경 변수 편집'이라고 검색하고, 나타나는 [시스템 환경 변수 편집] 메뉴를 선택합니다.

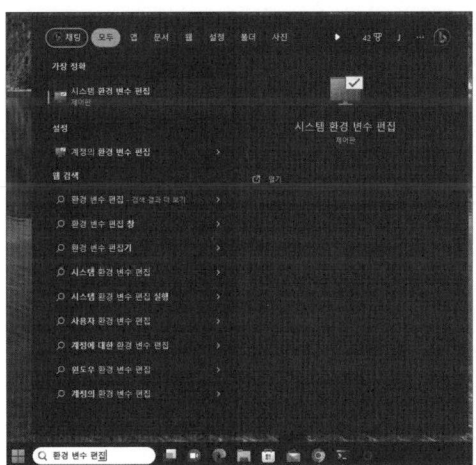

해당 메뉴에서 하단에 있는 <환경 변수(N)...> 버튼을 클릭합니다.

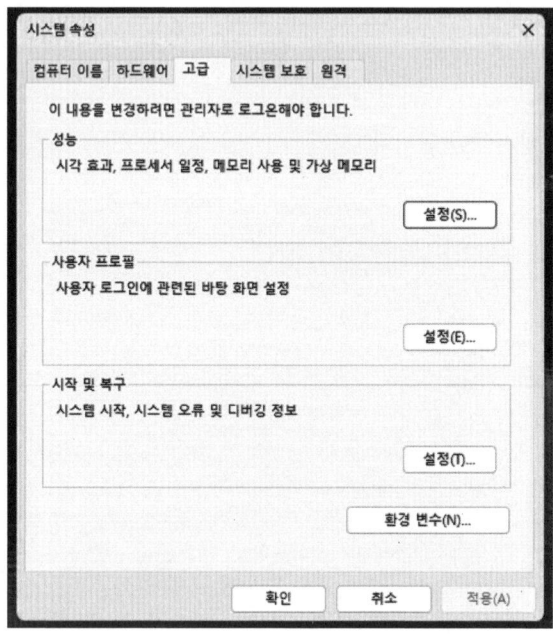

[시스템 변수] 메뉴에서 아래로 스크롤해서 'Path'라는 환경 변수를 찾아 선택합니다. [시스템 변수] 메뉴 하단부의 <편집> 버튼을 클릭합니다.

그리고 다음과 같은 창에서 환경 변수를 추가하겠습니다.

편집창이 뜨면 <새로 만들기> 버튼을 클릭한 후 아나콘다가 설치된 경로를 찾아서 추가합니다. 설치 시 설정한 폴더명과 그 하부 폴더인 Scripts 및 Library 폴더를 추가해야 합니다. 예를 들어, 설치 경로가 C:\ProgramData\anaconda3이면 C:\ProgramData\anaconda3, C:\ProgramData\anaconda3\Scripts, C:\ProgramData\anaconda3\Library를 작성해주어야 합니다. 대소문자를 구분해 동일하게 작성합니다.

모든 설정을 마친 후에는 <확인> 버튼을 클릭해 창을 닫습니다.

윈도우 메인 페이지 하단부 검색창에 cmd를 입력하고 검색하면 터미널을 실행할 수 있습니다. 해당 터미널을 실행한 후, conda --version 명령어로 conda 버전이 정상 출력되면 PATH가 정상 설정된 것입니다.

## 》 맥OS

아나콘다 공식 웹사이트(anaconda.com/products/distribution#download-section)에서 macOS용 설치 파일을 다운로드합니다. 아나콘다 웹사이트는 수시로 메뉴와 프로그램명이 달라지기도 하기 때문에 무료 버전을 찾아서 다운받으면 됩니다.

다운로드한 설치 파일을 실행하여 아나콘다를 설치합니다. 여러 단계가 있지만, <계속> 버튼과 <동의> 버튼을 클릭하여 단계를 쉽게 넘어갈 수 있습니다. 유의할 부분은 다음 화면입니다.

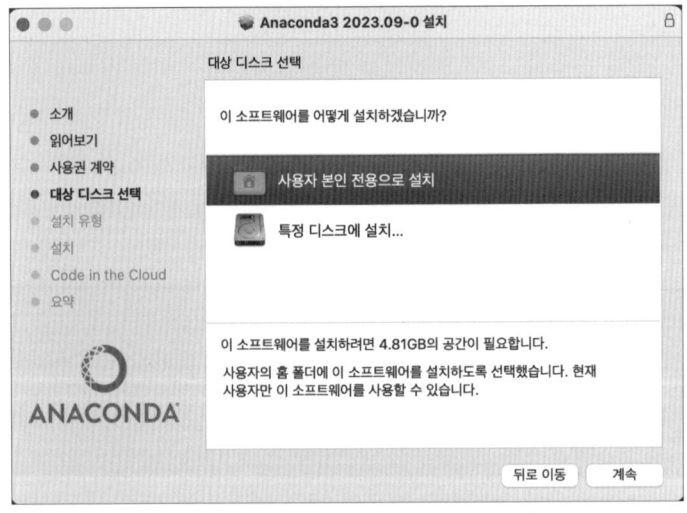

디폴트로 [사용자 본인 전용으로 설치]를 선택하고 <계속> 버튼을 클릭합니다. 이때 설치 폴더가 자동으로 설정됩니다. 일반적으로는 /Users/{사용자아이디}/anaconda3가 설치 폴더입니다. 해당 폴더 외에 특정 폴더에 아나콘다를 설치하고자 한다면 [특정 디스크에 설치...] 메뉴를 선택하고 <계속>을 클릭하여 특정 폴더를 새로 만들거나, 기존 폴더를 선택하여 설치가 가능합니다. 맥 환경에서도 아나콘다 명령어를 터미널 환경에서 사용하려면 PATH 설정이 필요하므로 설치 폴더를 확인할 필요가 있습니다.

## 아나콘다 PATH 자동 설정 확인

아나콘다 설치 시, 자동으로 PATH가 설정될 수 있습니다. 설치 완료 후 터미널을 열고 아래의 명령어를 실행해보세요. 터미널은 다음과 같은 방법으로 실행할 수 있습니다.

- [Cmd]+[Space]를 눌러 Spotlight 검색창을 엽니다.
- 'Terminal'이라고 입력하고 [Enter]를 눌러 터미널을 실행합니다.

참고로, 실무 개발 시 맥을 사용할 때에는 보통 iterm2라는 터미널 프로그램을 많이 사용합니다. iterm2는 별도 설치가 필요한 프로그램이며, 기본 터미널 프로그램보다 개선된 터미널 프로그램을 사용하고 싶다면 iterm2 설치도 고려해볼 수 있습니다. iterm2 프로그램은 iterm2.com에서 다운로드할 수 있습니다.

```
conda --version
```

만약 conda 버전 정보가 출력되면 PATH가 잘 설정된 것입니다.

## 수동으로 PATH 설정

conda 명령어가 실행되지 않는다면 PATH를 수동으로 설정해야 합니다. 먼저, 터미널에서 다음 명령어를 실행하거나 텍스트 편집기를 사용해서 ~/.zshrc 파일을 엽니다.

```
open -e ~/.zshrc
```

zshrc 파일에서 PATH 설정을 찾아서 설치 폴더의 하부 폴더인 bin 폴더를 추가합니다. 예를 들어, 설치 폴더가 /Users/{사용자아이디}/anaconda3라면 해당 폴더를 직접 Finder로 확인한 후 해당 폴더 하부 폴더에 bin 폴더가 있는지, 또 해당 bin 폴더 내에 python 등 명령어가 존재하는지 확인합니다. 그런 후 다음 PATH에 /Users/{사용자아이디}/anaconda3/bin을 추가합니다.

경로 추가는 다른 경로와 구분하기 위해 PATH 맨 뒤에 콜론(:)을 입력한 후 /Users/{사용자아이디}/anaconda3/bin을 작성하면 됩니다. 참고로 $PATH는 기존에 설정한 모든 경로 리스트를 의미하며, 다음 코드는 기존에 설정한 모든 경로 리스트에 /Users/{사용자아이디}/anaconda3/bin 폴더를 경로로 추가함을 의미합니다.

```
export PATH="$PATH:/Users/{사용자아이디}/anaconda3/bin"
```

저장한 후 터미널을 닫고 다시 엽니다. 아니면 source ~/.zshrc 명령을 실행해 변경 사항을 적용할 수 있습니다. 다시 터미널을 열어 conda --version을 실행해 PATH가 제대로 설정되었는지 확인합니다.

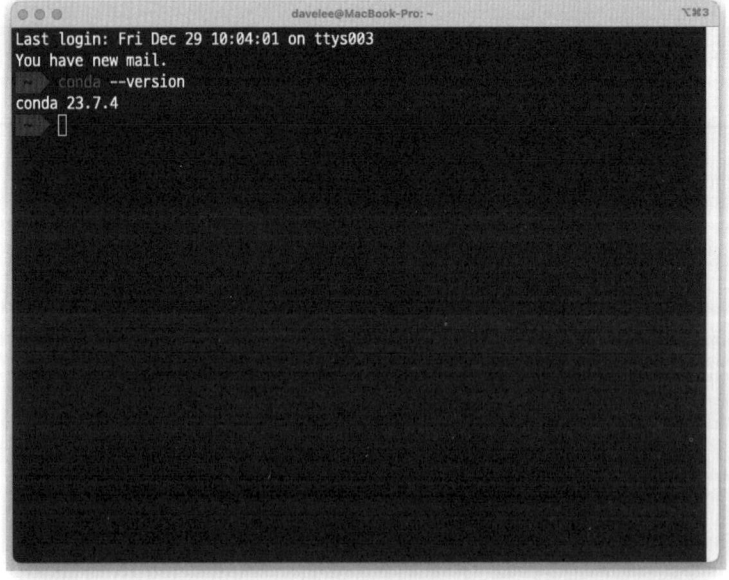

## 2.1.2 | 비주얼 스튜디오 코드

비주얼 스튜디오 코드(Visual Studio Code)는 설치에 특별히 고민할 사항은 없습니다. 공식 웹사이트(code.visualstudio.com)에서 본인의 OS에 맞는 버전을 다운로드한 후, <다음>을 클릭하여 설치하면 됩니다.

### 파이썬 확장 설치

비주얼 스튜디오 코드는 다양한 플러그인을 제공하며, 다음 플러그인을 설치하면 파이썬 개발 생산성을 높일 수 있습니다. 비주얼 스튜디오 코드의 왼쪽 사이드바에서 다음 네모 모양(Extensions)의 아이콘을 클릭합니다.

검색창에 'Python'이라고 입력하면 나오는 마이크로소프트(Microsoft)에서 제공하는 Python 플러그인을 설치합니다.

### 코드 작성 방법

비주얼 스튜디오 코드를 실행한 후, [파일] → [폴더 열기] 메뉴를 통해 파이썬 코드를 작성할 폴더를 선택합니다. 파이썬 테스트를 위해 새로운 폴더를 미리 생성한 후, 해당 폴더를 선택해도 됩니다. 폴더가 오픈되면 왼쪽에 탐색기 메뉴를 확인할 수 있습니다.

해당 폴더 오른쪽에 있는 메뉴에서 서류 아이콘을 클릭하여 파일을 생성할 수 있습니다. 파이썬 코드는 확장자가 py이므로, 다음과 같이 app.py 등으로 확장자명을 반드시 py로 만들어 파일을 생성합니다. 확장자가 py이어야 해당 파일을 오픈했을 때 자동으로 파이썬 개발 환경이 만들어집니다. 서류 아이콘 오른쪽에 있는 폴더 아이콘을 통해 하위 폴더도 생성할 수 있습니다.

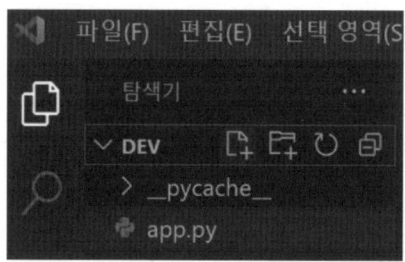

하위 폴더 내에서 파일 또는 폴더를 생성 또는 삭제하려면 다음과 같이 하위 폴더를 오른쪽 클릭하여 관련 메뉴를 찾으면 됩니다.

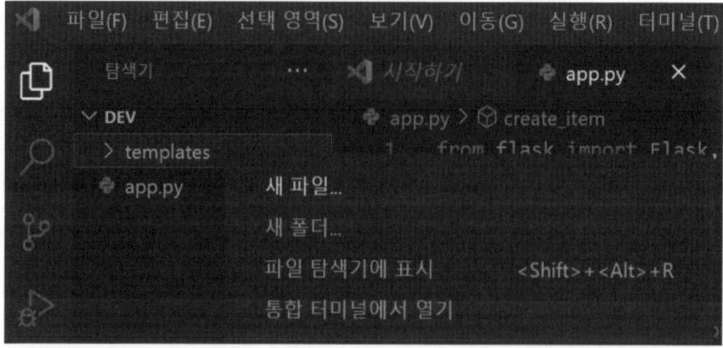

### 파이썬 버전 선택

비주얼 스튜디오 코드에서 확장자가 py인 파이썬 코드 파일을 오픈하면 하단 왼쪽에 현재 선택된 파이썬 버전이 보입니다.

해당 부분을 클릭하면 설치된 파이썬 버전 목록이 나옵니다. 이 중 아나콘다 기반 파이썬 버전을 선택합니다. 정확한 파이썬 버전을 선택하지 않으면 라이브러리가 버전별로 설치되므로 작성한 코드가 정상 동작하지 않을 수 있습니다. 따라서 반드시 정확한 버전으로 설정합니다.

## 파이썬 코드 실행 방법

비주얼 스튜디오 코드에서 파이썬 코드를 실행하는 방법은 다양하지만, 플라스크와 FastAPI는 각각 특별한 명령을 실행해야 하므로 터미널 환경에서 실행해야 합니다. 터미널 실행 방법은 파이썬 코드 파일을 오픈한 상태에서 다음과 같이 수행합니다.

1. **터미널 열기**: [보기(View)] → [터미널(Terminal)]을 선택하거나 [Ctrl]+[`(백틱)] 키를 눌러 터미널을 엽니다.

2. **터미널에서 파이썬 실행**: 터미널에서는 현재 선택한 폴더 또는 현재 개발 중인 코드가 위치한 폴더에 자동 위치하므로 해당 폴더에 있는 상대적인 파일 위치를 기반으로 파이썬 코드를 실행할 수 있습니다. 예를 들어 python 혹은 python3 명령으로 app.py라는 파이썬 코드를 실행하려면 python app.py로 실행하면 됩니다. 이외에 플라스크와 FastAPI 코드를 실행하는 명령은 각 챕터에서 설명합니다.

이상으로 비주얼 스튜디오 코드에서 파이썬, 플라스크, FastAPI를 실행할 준비가 다 되었습니다.

## 2.1.3 | curl 명령어

curl은 'Client URL'의 약자로, 다양한 프로토콜을 지원하는 명령행 기반의 네트워크 도구입니다. 주로 웹 서버와의 상호작용을 위해 사용되며 HTTP, HTTPS, FTP 등 다양한 프로토콜을 지원합니다. 특히 플라스크와 FastAPI의 다양한 기능 테스트 시, POST 방식 요청을 테스트해야 할 때는 웹 주소 외에 특별한 방법이 필요합니다. 이를 간단히 테스트할 수 있는 명령어가 curl입니다. 플라스크와 FastAPI 사용법을 익히기 전에 curl의 설치와 사용법을 정리해보겠습니다.

### 》 윈도우

윈도우 버전 10 이상에서는 기본적으로 curl이 설치되어 있습니다. 설치되어 있는지 확인하려면 터미널(cmd)을 열고 다음 명령어를 입력하세요.

```
curl --version
```

정상적으로 버전 정보가 출력되면 설치가 완료된 것입니다. 윈도우 10 초기 버전 또는 윈도우 10 이하 버전에서는 정상적으로 동작하지 않을 수 있습니다. 이때에는 윈도우 10 최신 업데이트를 설치하거나, 윈도우 11 버전 사용을 권장합니다.

## 》 맥OS

맥에도 기본적으로 curl이 설치되어 있습니다. 설치되어 있는지 확인하려면 터미널을 열고 다음 명령어를 입력하세요.

```
curl --version
```

이 명령어가 정상적으로 버전 정보를 출력하면 설치가 완료된 것입니다.

## 》 윈도우와 맥OS에서의 curl 명령 차이점

플라스크와 FastAPI로 API를 작성하면, 대부분 웹 브라우저에서 테스트할 수 있습니다. 하지만 HTTP 메서드 중 POST 방식을 사용한 API의 경우에는 다른 방식으로 API를 테스트해야 합니다. 이때 자주 사용하는 전문 프로그램이 curl입니다. 실무 개발에서 사용하는 프로그램이다 보니 다소 복잡한 부분이 있는데, 이 중 꼭 알아야 할 부분이 윈도우와 맥에서의 curl 명령 차이점입니다.

기본적으로는 맥에서 지원하는 방식이 공식 사용법이므로, 이후 curl 명령을 써야 할 때는 공식적인 curl 명령어로 설명합니다. 해당 명령을 윈도우에서 사용하려면 반드시 다음 부분을 확인하여 수정 후 사용해야 합니다. 따라서 다음 부분을 꼭 이해하고 넘어갑시다.

### 맥(OS X, macOS)의 문자열 인용 및 이스케이프

맥에서는 문자열을 인용할 때 작은따옴표(')와 큰따옴표(") 둘 다 사용할 수 있습니다. 두 따옴표 사이의 차이점은 이스케이프 방식에 있습니다.

1. **작은따옴표('):**
   - 문자열 내부의 모든 문자는 문자 그대로 해석됩니다. 즉, 백슬래시(\)와 같은 이스케이프 문자를 사용할 필요가 없습니다.

   ```
   e.g. '{"key":"value"}'
   ```

   여기서 작은따옴표 안의 내용은 그대로 해석됩니다. 따라서 백슬래시를 사용하여 큰따옴표를 이스케이프할 필요가 없습니다.

2. 큰따옴표("):
- 문자열 내의 특수 문자나 변수 등을 이스케이프하거나 해석할 필요가 있을 때 사용합니다. 이 때 큰따옴표 안의 큰따옴표는 백슬래시를 사용하여 이스케이프해야 합니다.

    e.g. `"{\"key\":\"value\"}"`

    따라서 맥에서 JSON 데이터를 curl로 전송할 때는 작은따옴표를 사용하면 내부의 이스케이프가 필요 없기 때문에 더 간결하게 명령을 작성할 수 있습니다.

## 윈도우의 문자열 인용 및 이스케이프

1. 작은따옴표('):
- 윈도우의 커맨드 프롬프트에서는 작은따옴표로 문자열을 감싸는 것을 지원하지 않습니다. JSON과 같은 문자열을 전송할 때 작은따옴표를 사용하면 에러가 발생합니다.

2. 큰따옴표("):
- 문자열을 인용할 때 큰따옴표를 사용합니다. 그런데, 큰따옴표를 문자열 내부에 포함하려면 백슬래시(\)를 사용하여 이스케이프 처리해야 합니다.

    e.g. `curl -X POST -H "Content-Type: application/json" -d "{\"key\":\"value\"}" http://127.0.0.1:5000/items/`

## 요약 및 비교

|  | 맥 | 윈도우 |
|---|---|---|
| 작은따옴표 사용 | '{"key":"value"}' (이스케이프 불필요) | 지원하지 않음. |
| 큰따옴표 사용 | "{\"key\":\"value\"}" (이스케이프 필요) | "{\"key\":\"value\"}" |

이렇게 맥과 윈도우 간의 주요 차이점을 알고 있으면 특정 운영체제에서 명령어를 실행할 때 발생할 수 있는 문제를 피할 수 있습니다.

## 》 curl 주요 옵션

1. -X 또는 --request: 사용할 HTTP 메서드를 지정합니다.

```
curl -X POST http://example.com
```

2. -H 또는 --header: HTTP 헤더를 추가합니다.

```
curl -H "Content-Type: application/json" http://example.com
```

3. -d 또는 --data: POST 요청에 데이터를 담습니다.

```
curl -d "param1=value1&param2=value2" http://example.com
```

4. --data-raw: POST 요청에 원시 데이터를 담습니다.

```
curl --data-raw "raw data" http://example.com
```

5. -F 또는 --form: 멀티파트 폼 데이터를 전송합니다.

```
curl -F "file=@/path/to/file" http://example.com/upload
```

6. -u 또는 --user: Basic 인증을 위한 사용자 이름과 패스워드를 지정합니다.

```
curl -u username:password http://example.com
```

7. -o 또는 --output: 출력 결과를 파일에 저장합니다.

```
curl -o output.html http://example.com
```

8. -I 또는 --head: 헤더 정보만을 출력합니다.

```
curl -I http://example.com
```

9. -v 또는 --verbose: 요청과 응답 정보를 자세히 출력합니다.

```
curl -v http://example.com
```

10. --location 또는 -L: 서버가 요청을 다른 위치로 리다이렉트하면 따라갑니다.

```
curl -L http://example.com
```

11. --cookie: 쿠키를 전송합니다.

```
curl --cookie "name=value" http://example.com
```

12. --cookie-jar: 응답으로 받은 쿠키를 파일에 저장합니다.

```
curl --cookie-jar cookies.txt http://example.com
```

이외에도 수많은 옵션이 있지만, 가장 자주 사용되는 기본 옵션들만 살펴봤습니다. 이러한 옵션을 조합하면 매우 다양한 HTTP 요청을 구성할 수 있습니다.

# 2.2 안녕, 플라스크!

아나콘다는 파이썬 주요 라이브러리를 이미 포함하고 있습니다. 플라스크도 파이썬 주요 라이브러리이므로 아나콘다 설치 시 관련 라이브러리도 자동 설치됩니다. 따라서 별도로 플라스크 실행을 위해 플라스크 라이브러리를 설치할 필요는 없습니다.

다만, 아나콘다가 설치된 환경이 아니라면 터미널에서 다음 명령어로 플라스크를 설치해야 합니다. 모든 터미널 명령은 비주얼 스튜디오 코드에서 확장자가 py인 파이썬 코드 파일을 오픈한 후, 아나콘다 파이썬 버전을 선택하고 터미널을 오픈하여 실행하면 됩니다.

```
pip install Flask==3.0.2
```

여기서 pip는 파이썬 패키지 관리자 프로그램이며, 이 명령어는 플라스크 라이브러리를 설치해줍니다. 본 서적은 플라스크 3.0.2 버전을 기반으로 설명합니다.

> **라이브러리 버전**
>
> 라이브러리는 수시로 업데이트되며, 버전별로 문법이 달라지기도 합니다. 백엔드에서는 안정성을 위해 최신 버전보다는 많이 사용되는 버전을 사용하는 것이 일반적입니다. 따라서 위와 같이 가능한 안정된 특정 버전을 명시하여 설치하기로 합니다.

## 2.2.1 | Hello, World! 애플리케이션 만들기

### 》파이썬 파일에 코드 작성

플라스크를 설치했다면 이제 간단한 "Hello, World!" 애플리케이션을 만들어봅시다. 원하는 폴더에 새로운 파이썬 파일을 만들고, 그 안에 다음 코드를 작성합니다.

@app.route('/')는 라우팅(route)을 설정하는 부분입니다.

```
from flask import Flask
app = Flask(__name__)

@app.route('/')
def hello_world():
    return 'Hello, World!'
```

라우팅(route)이란, URL을 특정 함수에 연결하는 작업입니다. 예를 들어 /login URL은 로그인 함수에 연결될 수 있습니다. 이 코드는 웹 브라우저에서 루트 URL(/)에 접속했을 때 hello_world 함수를 실행하라는 의미입니다.

## 》 서버 실행

작성한 코드를 app.py 파일명으로 저장한 후, 새 터미널에서 다음 명령어를 실행합니다.

```
flask run
```

파일명이 다르면 에러가 발생하므로 반드시 파일명은 app.py로 작성합니다.

다음 명령어는 플라스크 개발 서버를 실행합니다.

```
PS C:\Users\jhlee\dev> flask run
 * Debug mode: off
WARNING: This is a development server. Do not use it in a
production deployment. Use a production WSGI server instead.
 * Running on http://127.0.0.1:5000
Press CTRL+C to quit
 * Debug mode: off
```

다음 메시지는 현재 플라스크 애플리케이션이 디버그 모드가 꺼진 상태임을 알려줍니다. 플라스크에서 디버그 모드(debug mode)는 개발 과정에서 매우 유용합니다. 디버그 모드가 켜져 있으면 코드에 변경이 있을 때 서버가 자동으로 재시작되고, 에러 발생 시 에러 메시지와 대화식 디버거를 웹페이지에 표시해주죠. 하지만 보안상의 이유로 공개적으로 배포된 운영 환경(production environment)에서는 디버그 모드를 꺼야 합니다.

```
WARNING: This is a development server. Do not use it in a
production deployment. Use a production WSGI server instead.
```

이 경고 메시지는 현재 실행 중인 서버가 개발용 서버라는 것을 경고합니다. 플라스크에 내장된 개발용 서버는 테스트와 개발에 적합하게 설계되었지만, 실제 운영 환경에서는 성능,

안정성, 보안 측면에서 적합하지 않습니다. 따라서 운영 환경에서는 더욱 견고한 WSGI 서버(Gunicorn, uWSGI 등)를 사용하는 것이 권장됩니다.

```
* Running on http://127.0.0.1:5000
```

플라스크 애플리케이션이 로컬 컴퓨터의 5000번 포트에서 실행되고 있음을 알려줍니다. http://127.0.0.1:5000은 애플리케이션에 접근할 수 있는 URL입니다. 127.0.0.1은 'localhost'라고도 하며, 이 주소는 본인의 컴퓨터를 가리키는 내부 주소입니다. 전체 URL http://127.0.0.1:5000을 웹 브라우저에 입력하면, 플라스크 애플리케이션의 홈페이지를 볼 수 있습니다.

```
Press CTRL+C to quit
```

이 메시지는 서버를 종료하려면 [CTRL]+[C]를 누르라는 지시입니다. 플라스크 서버가 실행 중일 때 콘솔에서 이 키 조합을 누르면 서버가 멈춥니다.

서버가 위와 같이 정상적으로 작동한다면, 웹 브라우저에서 http://127.0.0.1:5000/ 주소로 접속하면 "Hello, World!"라는 메시지를 볼 수 있을 겁니다.

보통 다른 프레임워크는 환경 구축과 기본 코드 실행을 위해 알아야 할 내용과 설정이 많습니다. 그래서 처음 시작에 상당한 시간이 걸립니다. 하지만 플라스크는 이 정도 내용으로 환경 구축, 플라스크의 기본적인 설정과 "Hello, World!" 애플리케이션 생성, 그리고 서버 실행이 가능합니다.

## 》 디버그 모드 활성화하기

디버그 모드를 활성화하면 애플리케이션 개발 중에 발생하는 에러를 쉽게 추적하고, 수정 사항이 있을 때 서버를 자동으로 다시 시작합니다. 디버그 모드를 활성화하는 방법은 여러 가지가 있습니다.

### 1. flask run 명령어에 옵션 추가

터미널에서 플라스크 애플리케이션을 실행할 때 --debug 또는 -d 옵션을 추가하여 디버그 모드를 활성화합니다.

```
flask run --debug
```

> **flask run --debug 실행 시 watchdog 관련 에러가 나는 경우**
>
> 파이썬 코드 실행 시 코드 내에서 사용하는 라이브러리 외에도 내부에서 다양한 라이브러리를 사용할 수 있으며, 각 라이브러리 조합에 따라 설치 문제나 버전 호환성 문제가 발생할 수 있습니다. watchdog 라이브러리는 파일 시스템의 변경 사항을 감지하고 플라스크가 디버그 모드일 때 자동으로 서버를 재시작하기 위해 사용되며, 설치된 버전에 따라 에러가 발생할 수 있습니다. 이때는 다음 명령으로 설치 버전을 업데이트한 후 실행하면 정상 동작합니다.
>
> ```
> pip install --upgrade watchdog
> ```

### 2. app.run() 메서드 사용

코드에서 직접 app.run() 메서드를 호출하고 debug=True 매개변수를 전달하여 애플리케이션을 실행하면 디버그 모드가 활성화됩니다. 다만 이때에도 flask run으로만 실행하면 디버그 모드가 활성화되지 않고, python 해당파일.py로 실행해야 디버그 모드가 활성화됩니다.

```python
from flask import Flask
app = Flask(__name__)

@app.route('/')
def hello_world():
    return 'Hello, World!'

if __name__ == '__main__':
    app.run(debug=True)
```

디버그 모드를 활성화했다면, 애플리케이션을 실행하고 나타나는 로그에 *Debug mode: on이라는 메시지가 나타날 것입니다. 이제 코드를 변경하고 저장만 해도 플라스크가 자동으로 변경 사항을 감지하고 애플리케이션을 재시작합니다. 또한, 웹페이지에서 발생하는 예외를 직접 볼 수 있으므로 디버깅이 훨씬 수월해집니다.

운영 환경에서는 보안상의 이유로 절대 디버그 모드를 활성화해서는 안 됩니다. 디버그 모드가 활성화된 상태에서는 애플리케이션의 에러와 관련된 중요한 정보가 외부에 노출될 위험이 있으므로 공개 배포 전에는 반드시 비활성화해야 합니다.

## 2.2.2 | flask run 상세 사용법

flask 명령어를 한 발짝 더 상세히 살펴봅니다. 플라스크는 FLASK_APP 환경 변수가 설정되지 않은 경우, app.py 파일을 디폴트로 사용합니다. 이 파일들은 프로젝트의 루트 디렉터리(현재 디렉터리)에 위치해야 합니다.

만약 다음 코드의 파일명을 app.py로 한다면,

```
from flask import Flask
app = Flask(__name__)

@app.route('/')
def hello_world():
    return 'Hello, World!'
```

단지 해당 파일이 위치한 폴더에서 터미널을 오픈해서 다음 명령을 실행하면 됩니다.

```
flask run
```

하지만, 파일명이 app.py가 아닌 경우에는 비주얼 스튜디오 코드의 터미널에서는 다음과 같이 한 줄로 FLASK_APP 환경 변수 설정과 flask run 명령을 동시에 실행할 수 있습니다. 다음 예는 파일명이 your_app.py인 경우입니다.

```
flask --app your_app.py run
```

## 2.2.3 | flask run의 추가 옵션

플라스크를 개인 PC에서 처음 실행하려고 할 때, 특히 개발 환경이 제각각인 입문자들에게 여러 어려운 상황이 발생할 수 있습니다. 주의할 점과 flask run의 추가 옵션을 알아보겠습니다.

### » --host 옵션: 왜 필요한가?

- **127.0.0.1과 localhost**: 일반적으로 플라스크는 127.0.0.1을 기본 호스트로 사용합니다. 이 주소는 '로컬호스트'라고도 하며, 자신의 컴퓨터에서만 접근이 가능합니다. 하지만 보안상의 이유로 일부 PC에서는 이 주소가 막혀있을 수 있습니다. 이때는 원하는 주소로 호스트를 설정합니다.

- **0.0.0.0**: 이 주소는 모든 네트워크 인터페이스에서 애플리케이션에 접근을 허용합니다.
- **--host 사용법**: 터미널에서 flask run --host=원하는_호스트 형식으로 실행합니다.

```
flask run --host=0.0.0.0
```

### 》 --port 옵션: 다른 포트에서 실행하기

- **포트 충돌**: 5000 포트는 플라스크의 기본 포트입니다. 다만 이 포트가 다른 프로그램에 의해 이미 사용 중일 수 있습니다. 이때는 원하는 포트로 지정할 수 있습니다.
- **--port 사용법**: 터미널에서 flask run --port=원하는_포트 형식으로 실행합니다.

```
flask run --port=8000
```

### 》 --reload 옵션: 테스트 시 유용한 기능

코드 변경을 자동으로 감지하고 애플리케이션을 다시 시작합니다. 즉, 실행 중인 코드를 수정한 후 저장하면 재실행하지 않아도 바로 수정 사항이 반영됩니다.

디버그  개발 모드가 아닌 디버그 모드에서는 자동으로 활성화됩니다. 또는 flask run --reload 와 같이 --reload 옵션을 사용하여 코드를 수정할 때마다 프로그램을 껐다 켜지 않고, 자동으로 재시작되게 할 수 있습니다.

이러한 옵션들은 한 줄로 추가할 수 있습니다.

```
flask --app your_app run --host=0.0.0.0 --port=8000 --reload
```

이렇게 하면 your_app.py를 기본 애플리케이션으로 설정하고 8000 포트에서 0.0.0.0 주소로 애플리케이션을 실행한 후, 코드 변경을 자동으로 감지합니다.

## 2.2.4 | 플라스크 애플리케이션 접속 주소

플라스크 애플리케이션을 실행하면 터미널에 최종 주소가 출력됩니다.

```
* Running on http://주소:포트/
```

실제 접속 주소는 다음 예시와 같이 개인 PC 환경에 따라 설정되고 터미널에 표시되므로, 접속 가능한 주소를 반드시 확인하고 테스트해야 합니다.

```
# 실제 예시
flask --app my_app run --host=0.0.0.0 --port=8000 --reload
 * Serving Flask app 'my_app.py'
 * Debug mode: off
WARNING: This is a development server. Do not use it in a
production deployment. Use a production WSGI server instead.
 * Running on all addresses (0.0.0.0)
 * Running on http://127.0.0.1:8000
 * Running on http://172.30.1.11:8000
Press CTRL+C to quit
```

위 예시에서는 http://127.0.0.1:8000 또는 http://172.30.1.70:8000 주소에서 플라스크 애플리케이션을 접속할 수 있습니다. 이후부터는 flask 명령으로 다양한 환경에 맞게 플라스크 애플리케이션을 실행할 수 있습니다. 각자 환경에서 적합한 flask 명령 설정을 만들어놓으면 이후 쉽게 테스트할 수 있습니다.

> **IP와 포트에 대한 기초**
>
> **IP 주소**: 인터넷 프로토콜 주소는 네트워크상에서 컴퓨터나 서버를 식별하는 주소입니다.
>
> **포트**: IP 주소가 '아파트 단지'라면, 포트는 '아파트 동호수'와 같은 역할을 합니다. 여러 애플리케이션을 동시에 실행할 수 있게 도와줍니다.

# 2.3 라우팅

라우팅(routing)이란 사용자가 웹 브라우저의 주소창에 특정 URL을 입력했을 때, 해당 요청이 어떤 함수 혹은 로직에 연결되는지를 결정하는 기능입니다. 즉, 특정 URL을 웹 애플리케이션의 특정 코드와 연결해주는 역할을 합니다.

## 2.3.1 | 플라스크에서의 라우팅

플라스크에서 라우팅은 클라이언트 요청을 특정 함수와 연결하는 역할을 합니다. 가장 기본적인 방법은 @app.route()라는 데코레이터(decorator)를 사용하는 것입니다. 데코레이터는 함수 위에 위치하여 해당 함수와 URL을 연결합니다.

```
from flask import Flask
app = Flask(__name__)

@app.route("/")
def hello_world():
    return "Hello, World!"
```

**테스트 방법**

1. app.py로 코드를 저장한 후, 터미널에서 flask run 명령으로 플라스크 애플리케이션을 실행합니다.
2. 웹 브라우저를 열고 http://127.0.0.1:5000/ 주소로 접속합니다.
3. 웹 브라우저에서 "Hello, World!"라는 문자열을 확인할 수 있습니다.

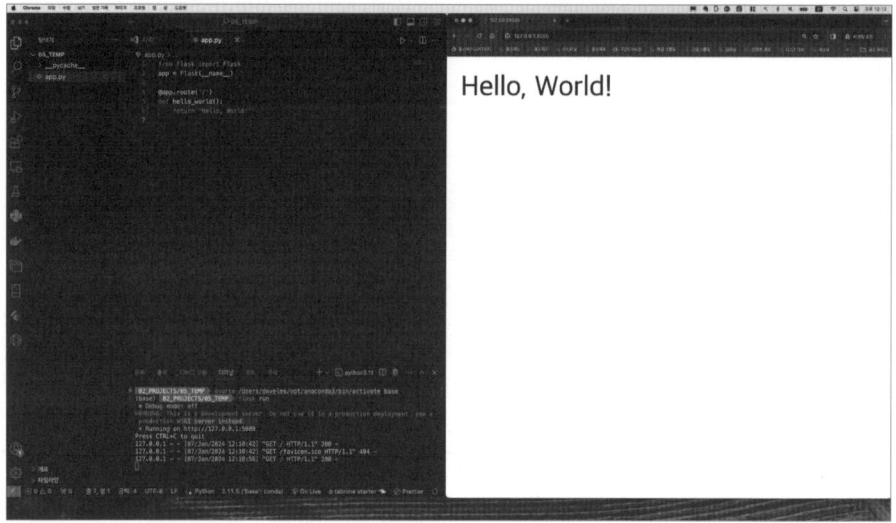

## 2.3.2 | URL 변수

URL 내에서 변수를 사용할 수도 있습니다. 이 변수는 <variable_name> 형태로 URL 내에 위치합니다. 해당 변수는 라우팅으로 연결될 함수의 인자로 선언하여, 해당 값을 받을 수 있습니다.

```
from flask import Flask
app = Flask(__name__)


@app.route("/user/<username>")
def show_user_profile(username):
    return f"User {username}"
```

**테스트 방법**

1. app.py로 코드를 저장한 후, 터미널에서 flask run 명령으로 플라스크 애플리케이션을 실행합니다.

2. 웹 브라우저를 열고 http://127.0.0.1:5000/user/John 주소로 접속합니다.

3. 웹 브라우저에서 "User John"이라는 문자열을 확인할 수 있습니다.

## 2.3.3 | HTTP 메서드

플라스크에서는 다양한 HTTP 메서드(methods)를 지원합니다. GET, POST, PUT, DELETE 등의 메서드를 사용할 수 있으며 methods 매개변수를 통해 지정합니다.

```python
# 해당 코드는 app.py 파일명으로 저장합니다.
from flask import Flask, request
app = Flask(__name__)

@app.route("/login", methods=["GET", "POST"])
def login():
    if request.method == "POST":
        return "Logging in..."
    else:
        return "Login Form"
```

**테스트 방법**

1. app.py로 코드를 저장한 후, 터미널에서 flask run 명령으로 플라스크 애플리케이션을 실행합니다.

2. 웹 브라우저를 열고 http://127.0.0.1:5000/login 주소로 접속합니다. 이때에는 GET 메서드가 기본적으로 사용되므로, Login Form이 화면에 보입니다.

POST 메서드는 웹 브라우저의 링크로는 테스트할 수 없으므로 기존에 익혔던 curl 명령어를 사용해야 합니다. 터미널에서 flask run으로 플라스크 애플리케이션을 실행한 상태에서 터미널 메뉴 오른쪽 상단에 창 분할 아이콘을 클릭해 별도 터미널을 오픈합니다.

3. 그리고 다음과 같이 curl -X POST http://127.0.0.1:5000/login 명령을 실행합니다.

4. 이 명령은 POST 메서드를 사용하여 http://127.0.0.1:5000/login 주소로 요청을 보내고, 결과로 "Logging in..." 문자열이 반환됩니다. 오른쪽에 있는 터미널 리스트에서 각 터미널을 삭제하거나 창 분할 아이콘을 통해 또 다른 터미널 생성도 가능합니다.

## 2.3.4 | URL 빌더

url_for() 함수를 사용하면 라우팅 함수의 이름을 기반으로 URL을 생성할 수 있습니다. 이 기능은 URL을 하드코딩하지 않아도 되므로 나중에 URL 구조가 변경되더라도 쉽게 대응할 수 있습니다.

**코드 예제1**

```python
from flask import Flask, url_for

app = Flask(__name__)

# 기본 홈페이지 경로
@app.route('/')
def index():
    return '홈페이지에 오신 것을 환영합니다!'

# 사용자 정보 페이지 경로
@app.route('/user/<username>')
def profile(username):
    # url_for()를 사용하여 'index' 뷰 함수의 URL을 생성합니다.
    return f'{username}님의 프로필 페이지입니다. 홈으로 가기: {url_for("index")}'
```

위 코드는 플라스크에서 url_for() 함수의 기본적인 사용법을 보여줍니다. 사용자가 /

user/<username>으로 접근하면, 해당 사용자의 이름과 함께 홈페이지로 돌아갈 수 있는 링크가 제공됩니다. 이때 url_for() 함수는 'index'라는 이름을 가진 함수에 매핑된 URL을 자동으로 찾아줍니다.

이제 웹 애플리케이션을 실행하고 웹 브라우저에서 http://127.0.0.1:5000/user/JohnDoe 로 접속해보면 "JohnDoe님의 프로필 페이지입니다. 홈으로 가기: /"라는 메시지를 확인할 수 있습니다. 여기서 "홈으로 가기: /" 부분이 url_for() 함수에 의해 동적으로 생성된 링크 입니다.

## 코드 예제2

라우트의 URL을 변경한다고 가정해봅시다. 예를 들어, 홈페이지의 URL을 /에서 /home 으로 변경했다고 합시다.

```python
from flask import Flask, url_for

app = Flask(__name__)

# 홈페이지 경로를 /home으로 변경
@app.route('/home')
def index():
    return '홈페이지에 오신 것을 환영합니다!'

@app.route('/user/<username>')
def profile(username):
    # url_for() 사용
    return f'{username}님의 프로필 페이지입니다. 홈으로 가기: {url_for("index")}'
```

이제 URL 변경 후에도 profile() 함수 내부의 url_for('index') 코드를 수정할 필요가 없습니다. url_for() 함수는 'index'라는 함수 이름으로 라우트를 찾고, 해당 함수에 매핑된 최신 URL을 반환합니다. 즉, URL이 /home으로 변경되어도 url_for('index')는 자동으로 /home을 반환합니다.

이와 같이 url_for() 함수는 하드코딩된 URL 대신에 뷰 함수의 이름을 사용해서 URL을 생성합니다. 이는 몇 가지 이점을 제공합니다.

- **유지보수성**: URL 구조가 변경되어도 url_for()를 사용하는 모든 부분을 일일이 찾아 수정할 필요가 없습니다. 뷰 함수의 이름이 그대로라면 url_for()가 알아서 적절한 URL을 생성해줍니다.
- **명확성**: URL 대신 뷰 함수의 이름을 사용함으로써 코드의 가독성이 향상되고, 각 링크가 어떤 뷰를 지칭하는지 명확해집니다.
- **유연성**: url_for()는 뷰 함수에 정의된 변수들을 인식하고, 적절한 URL을 생성할 때 이 변수들을 URL에 포함할 수 있습니다.

특히 대규모 애플리케이션에서 URL이 자주 변경될 수 있는데, 이때 url_for() 함수를 사용하면 뷰 함수의 링크를 일일이 찾아서 바꾸는 수고를 덜 수 있어 유용합니다. 실무에서는 다음과 같은 경우에 활용할 수 있습니다.

- **페이지 간 내비게이션**: 사용자가 사이트 내에서 다른 페이지로 이동할 때 하드코딩된 경로 대신 url_for()를 사용하여 동적으로 경로를 생성함으로써 라우트 변경이 발생해도 자동으로 링크가 업데이트됩니다.
- **리디렉션**: 사용자의 액션에 따라 특정 페이지로 리디렉션해야 할 때 url_for()를 사용하면 직접 URL을 작성하는 번거로움 없이 뷰 함수의 이름으로 쉽게 리디렉션할 수 있습니다.
- **자동 URL 생성**: API를 작성할 때 url_for()를 사용하여 API 응답에 포함된 리소스에 대한 URL을 자동으로 생성할 수 있습니다.

url_for()의 주요 문법 리스트는 다음과 같습니다.

- **url_for('뷰_함수_이름')**: 뷰 함수의 이름을 기반으로 해당 뷰 함수에 매핑된 URL을 반환합니다.
- **url_for('뷰_함수_이름', \*\*values)**: 뷰 함수에 전달되어야 하는 변수들을 values에 '변수 = 변숫값 형태(e.g. user_id=123, user_name='john')'로 넣어주면 해당 변수들을 포함한 URL을 생성합니다.

뷰 함수에 전달되어야 하는 변수는 다양한 케이스가 있을 수 있으므로 다음 예제와 함께 각 케이스를 정리합니다.

```
from flask import Flask, url_for

app = Flask(__name__)

# 뷰 함수: 사용자 프로필을 보여줍니다.
@app.route('/user/<username>')
```

```python
def show_user_profile(username):
    # 실제로는 사용자 프로필 정보를 보여주는 로직이 위치할 것입니다.
    return f'User {username}'

# 뷰 함수: 게시물을 보여줍니다.
@app.route('/post/<year>/<month>/<day>')
def show_post(year, month, day):
    # 실제로는 해당 날짜에 해당하는 게시물을 보여주는 로직이 위치할 것입니다.
    return f'Post for {year}/{month}/{day}'

# 홈페이지에서 url_for를 이용하여 위의 뷰 함수들로 이동하는 링크를 생성합니다.
@app.route('/')
def index():
    # 'show_user_profile' 뷰로 이동하는 URL을 생성합니다.
    user_url = url_for('show_user_profile', username='johndoe')
    # 'show_post' 뷰로 이동하는 URL을 생성합니다.
    post_url = url_for('show_post', year='2023', month='04', day='01')
    # 생성된 URL을 반환합니다.
    return f'User URL: {user_url}<br>Post URL: {post_url}'
```

**테스트 방법**

1. 코드를 app.py 파일에 저장하고, 터미널에서 flask run 명령어로 서버를 시작합니다.

2. 웹 브라우저를 열고 http://127.0.0.1:5000/ 주소로 이동합니다.

3. 홈페이지에서 생성된 User URL과 Post URL을 볼 수 있습니다. 이 URL들을 클릭하면 해당 사용자의 프로필과 날짜별 게시물 페이지로 이동합니다.

- url_for('static', filename='파일_이름')

이 구문은 플라스크 애플리케이션 내에서 정적 파일(이미지, CSS, 자바스크립트 파일 등)의 URL을 생성할 때 사용됩니다. 플라스크는 기본적으로 'static' 폴더 내의 파일들을 정적 파일로 서비스합니다. filename 인자에는 정적 파일의 경로와 이름을 포함합니다. 예를 늘어 CSS 파일을 링크하고 싶다면 경로는 static/css/style.css와 같이 될 것입니다.

```
css_url = url_for('static', filename='css/style.css')
```

이 코드는 'static/css/style.css' 경로에 있는 CSS 파일에 대한 URL을 생성합니다.

- url_for('뷰_함수_이름', _scheme='https', _external=True)

이 옵션들은 주로 외부 링크를 생성할 때 사용됩니다. _scheme는 URL에 사용될 프로토콜을 지정합니다. 일반적으로 http(기본값)와 https가 사용되지만, ftp나 mailto 같은 다른 스키마도 사용할 수 있습니다. _external을 True로 설정하면 절대 URL을 생성합니다. 이는 주로 외부 서비스나 이메일에서 전체 URL이 필요할 때 유용합니다.

```
external_url = url_for('show_user_profile', username='johndoe', _scheme='https', _external=True)
```

위 코드는 외부에서 접근 가능한 HTTPS 프로토콜을 사용하는 사용자 프로필 페이지의 전체 URL을 생성합니다.

다음은 주어진 url_for() 문법을 테스트할 수 있는 플라스크 애플리케이션의 전체 코드입니다. 이 코드는 특정 경로로의 링크를 생성하고, 해당 링크를 브라우저에서 테스트하는 방법을 보여줍니다.

```python
from flask import Flask, url_for, redirect

app = Flask(__name__)

# 홈 페이지
@app.route('/')
def index():
    # 여기서는 url_for('index')를 호출합니다.
    return f'홈 페이지: {url_for("index")}'

# 사용자 프로필 페이지
@app.route('/user/<username>')
def user_profile(username):
    # 여기서는 url_for('user_profile', username=username)를 호출합니다.
    return f'{username}의 프로필 페이지: {url_for("user_profile", username=username)}'

# 정적 파일 테스트를 위한 경로
@app.route('/static-example')
def static_example():
    # 여기서는 url_for('static', filename='style.css')를 호출합니다.
```

```python
    return f'정적 파일 URL: {url_for("static", filename="style.css")}'

# 절대 URL 테스트
@app.route('/absolute')
def absolute():
    # 여기서는 url_for('index', _external=True)를 호출합니다.
    return f'외부 절대 URL: {url_for("index", _external=True)}'

# HTTPS와 절대 URL 테스트
@app.route('/https')
def https():
    # 여기서는 url_for('index', _scheme='https', _external=True)를 호출합니다.
    return f'HTTPS 절대 URL: {url_for("index", _scheme="https", _external=True)}'
```

**테스트 방법**

1. 위의 코드를 app.py라는 이름으로 저장한 후, 터미널에서 flask run 명령으로 플라스크 서버를 시작합니다.

2. 웹 브라우저를 열고 다음 각각의 경로를 방문하여 결과를 확인합니다.

다음은 각 url_for() 함수 사용 예시를 설명하는 개선된 내용입니다. 이 예시에서는 각각의 라우트를 방문할 때 어떤 결과가 나타나는지와 해당 결과가 어떤 문법에 의해 나왔는지를 설명합니다.

- **홈 페이지 URL 생성 (url_for('index'))**
  - **경로**: http://127.0.0.1:5000/
  - **결과**: 홈 페이지의 URL을 반환합니다. 이 URL은 index라는 이름을 가진 뷰 함수에 매핑됩니다.
  - **문법 설명**: url_for() 함수는 index라는 이름의 함수를 찾아 플라스크 라우팅 시스템에 등록된 해당 경로를 반환합니다. 따라서, 이 경우 홈 페이지(/)로의 경로를 반환합니다.

- 사용자 프로필 페이지 URL 생성 (url_for('user_profile', username=username))
  - **경로**: http://127.0.0.1:5000/user/JohnDoe
  - **결과**: 사용자 JohnDoe의 프로필 페이지 URL을 반환합니다.
  - **문법 설명**: url_for() 함수에 user_profile이라는 뷰 함수 이름과 username이라는 변수를 values 매개변수로 전달하면, 플라스크는 동적 경로 /user/<username>에 대응하는 URL을 생성합니다. 여기서 <username> 부분은 JohnDoe로 대체되어 최종 URL을 반환합니다.

- 정적 파일 URL 생성 (url_for('static', filename='style.css'))
  - **경로**: http://127.0.0.1:5000/static-example
  - **결과**: 정적 파일 style.css의 URL을 반환합니다.
  - **문법 설명**: 정적 파일의 URL을 생성할 때 사용하는 url_for('static', filename='파일_이름') 문법입니다. 여기서 filename은 서버의 static 디렉터리 내에 위치한 파일의 이름을 나타냅니다. 플라스크는 /static/style.css라는 경로로 파일에 접근할 수 있는 URL을 생성합니다.

- 절대 URL 생성 (url_for('index', _external=True))
  - **경로**: http://127.0.0.1:5000/absolute
  - **결과**: 외부 절대 URL을 반환합니다. 이 경우, http://127.0.0.1:5000/ 형태의 완전한 URL이 됩니다.
  - **문법 설명**: _external=True 옵션을 사용하면 url_for()는 도메인을 포함한 전체 URL을 생성합니다. 이 옵션은 외부에서 접근 가능한 URL이 필요할 때 유용합니다.

- HTTPS URL 생성 (url_for('index', _scheme='https', _external=True))
  - **경로**: http://127.0.0.1:5000/https
  - **결과**: HTTPS 프로토콜을 사용하는 절대 URL을 반환합니다. 결과는 https://127.0.0.1:5000/ 가 됩니다.
  - **문법 설명**: _scheme='https' 옵션은 생성되는 URL의 스키마를 지정합니다. _external=True와 함께 사용하면 https를 사용하는 완전한 절대 URL을 생성합니다. 이는 웹사이트가 SSL 인증서를 사용하여 보안을 강화한 경우 적용을 고려할 수 있습니다.

이렇게 url_for() 함수를 사용하면 코드 내에서 URL을 하드코딩하지 않고, 플라스크가 내부적으로 정의된 라우트에 기반하여 URL을 생성해줍니다. 이는 코드의 유지보수를 쉽게 하고, 라우트 변경이 발생해도 자동으로 반영되어 링크가 깨지는 것을 방지하는 효과가 있습니다.

## 2.3.5 | 타입 힌트를 활용한 라우팅

타입 힌트는 최근 파이썬에서 기본적으로 지원되며, 플라스크에서도 활용 가능합니다. 기본적인 타입 외에도 리스트, 딕셔너리, 옵셔널, 유니온 등 다양한 타입 힌트 문법을 활용할 수 있습니다.

타입 힌트는 프로그래밍 언어에서 변수, 함수 인자, 반환값 등의 데이터 타입을 명시적으로 표기하는 기법입니다. 주로 정적 타입 검사, 리팩토링, 문서화 등에서 활용됩니다. 이는 코드의 가독성을 높이고, 에러를 미리 잡을 수 있게 도와줍니다.

예를 들어, 파이썬에서는 다음과 같이 타입 힌트를 사용할 수 있습니다.

```
def greet(name: str) -> str:
    return f"Hello, {name}"
```

여기서 name: str은 name 변수의 타입이 문자열임을 명시하고, -> str은 함수의 반환값이 문자열임을 명시합니다.

파이썬 타입 힌트(Type Hinting)는 코드 가독성을 높이고, IDE나 린터가 실수를 미리 잡아주도록 도와줍니다. 하지만 이는 실행 시에 강제되지 않는 선언적인 특성이 있습니다. 즉, 선언한 타입 외 다른 타입이 들어와도 에러를 내지 않습니다. 예를 들어 다음 코드는 문제없이 실행됩니다.

```
def add(a: int, b: int) -> int:
    return 1

print(add("string", 2))    # 실행 시 에러가 발생하지 않음
```

여기서 a: int, b: int는 a와 b가 정수임을 의도만 표현한 것입니다.

반면, 플라스크 URL 타입 힌트는 들어오는 타입이 선언한 타입과 다르다면, 실행 시 에러(보통은 404 에러)를 발생시킵니다. 플라스크에서는 URL 경로에 변수의 타입을 명시할 수 있습니다.

```
from flask import Flask
app = Flask(__name__)

@app.route('/add/<int:num1>/<int:num2>')
def add(num1, num2):
    return 'test'
```

예를 들어 위 예제의 경우 /add/1/2로 접속하면 정상 작동하지만, /add/one/two로 접속하면 Not Found 에러(404 에러)가 발생합니다.

플라스크에서 URL에 적용할 수 있는 타입 힌트와 파이썬에서 일반적으로 쓰는 타입 힌트는 약간 다릅니다. 플라스크에서는 URL 변수에 대한 타입을 특정해서 라우팅을 할 수 있는데, 이때 사용되는 타입은 다음과 같습니다.

- **string**: (디폴트) 어떤 텍스트도 받지만 슬래시(/)는 제외
- **int**: 정수
- **float**: 부동소수점 숫자
- **path**: 슬래시(/)를 포함한 문자열
  - path 타입은 슬래시(/)를 포함한 문자열을 받을 수 있습니다. 이를 통해 여러 폴더 또는 하위 경로를 하나의 문자열로 캡처할 수 있습니다.
  - path 타입은 라우트를 정의할 때 <path:변수명> 형태로 지정합니다.
- **uuid**: UUID 문자열
  - uuid(Universally Unique Identifier) 타입 형식의 문자열을 받습니다. UUID는 128bit 숫자이며, 유일성이 거의 보장되는 랜덤 식별자입니다.
  - uuid 타입은 라우트를 정의할 때 <uuid:변수명> 형태로 지정합니다.

예를 들어 다음과 같이 적용합니다.

```
from flask import Flask

app = Flask(__name__)

@app.route('/int/<int:var>')
```

```python
def int_type(var: int):
    return f'Integer: {var}'

@app.route('/float/<float:var>')
def float_type(var: float):
    return f'Float: {var}'

@app.route('/path/<path:subpath>')
def show_subpath(subpath):
    return f'Subpath: {subpath}'

@app.route('/uuid/<uuid:some_id>')
def show_uuid(some_id):
    return f'UUID: {some_id}'
```

**테스트 방법**

1. 위의 코드를 app.py라는 이름으로 저장한 후, 터미널에서 flask run 명령으로 플라스크 서버를 시작합니다.
2. 웹 브라우저를 열고 다음 각각의 경로를 방문하여 결과를 확인합니다.

- **Integer 타입**

  접근 URL: http://127.0.0.1:5000/int/10

  결과: Integer: 10

  접근 URL: http://127.0.0.1:5000/int/abc

  결과: 404 에러(타입 불일치)

- **Float 타입**

  접근 URL: http://127.0.0.1:5000/float/10.5

  결과: Float: 10.5

  접근 URL: http://127.0.0.1:5000/float/abc

  결과: 404 에러(타입 불일치)

- **Path 타입**

    - path 타입은 슬래시(/)를 포함한 문자열을 받습니다.

    **접근 URL**: http://127.0.0.1:5000/path/hello/world

    **결과**: Subpath: hello/world

- **UUID 타입**

    - uuid 타입은 UUID 포맷에 맞는 문자열을 받습니다.

    **접근 URL**: http://127.0.0.1:5000/uuid/6ba7b810-9dad-11d1-80b4-00c04fd430c8

    **결과**: UUID: 6ba7b810-9dad-11d1-80b4-00c04fd430c8

    **접근 URL**: http://127.0.0.1:5000/uuid/invalid_uuid

    **결과**: 404 에러(타입 불일치)

플라스크의 URL 타입 힌트는 타입이 일치하지 않을 경우 자동으로 404 에러를 반환해주기 때문에 이를 활용하면 매개변수 검증 작업을 훨씬 쉽게 처리할 수 있으며, 보안성도 강화할 수 있습니다.

## 2.4 요청과 응답

웹 브라우저나 다른 클라이언트(client)가 웹 서버에 정보를 요청하는 것을 요청(request)이라고 합니다. 이 정보에는 여러 가지 데이터가 포함될 수 있으며, 이를 처리하여 적절한 응답(response)을 클라이언트에게 전달하는 것이 웹 애플리케이션의 역할입니다.

### 2.4.1 | 플라스크에서의 요청 처리

플라스크에서는 request 객체를 통해 요청 데이터에 접근할 수 있습니다. 이 객체는 클라이언트에게 받은 여러 가지 정보, 예를 들어 URL, 헤더(header), 쿠키(cookies), 쿼리 매개변수(query parameters) 등을 포함하고 있습니다.

```
from flask import Flask, request

app = Flask(__name__)

@app.route('/query')
def query_example():
    language = request.args.get('language')
    return f"Requested language: {language}"
```

이 예제는 http://127.0.0.1:5000/query?language=python 같은 주소로 접속하면 Requested language: python이라고 응답합니다. 여기서 language=python 부분이 쿼리 매개변수입니다.

> **쿼리 매개변수(query parameters)**
> 쿼리 매개변수란 URL의 ? 이후에 나오는 키-값 쌍의 데이터로, 웹 서버에 추가 정보를 제공하기 위해 사용됩니다. 이 정보는 주로 폼 데이터의 전송, 페이지 정렬, 검색 필터 등에서 사용되며 URL에 직접 포함되기 때문에 사용자 또는 웹 서비스가 생성한 링크를 통해 쉽게 공유할 수 있습니다.

- 예제 링크들
  - **검색 쿼리를 포함한 URL**: 위 예제 URL은 example.com의 search 페이지로, 검색 쿼리로 'flask'를 전달합니다.

    example.com/search?query=flask

  - **여러 쿼리 매개변수를 포함한 URL**: page=2와 sort=asc는 서버에 현재 페이지 번호와 정렬 순서(오름차순)를 알리는 데 사용됩니다.

    example.com/items?page=2&sort=asc

  - **필터 옵션을 포함한 URL**: category가 'books'이고 price가 'under10'인 상품을 필터링하기 위해 사용됩니다.

    example.com/products?category=books&price=under10

플라스크에서는 request.args 딕셔너리를 통해 이 쿼리 매개변수에 접근할 수 있으며, GET 메서드를 사용해 특정 키에 해당하는 값들을 추출할 수 있습니다. 쿼리 매개변수가 없을 경우 None을 반환하거나, GET 메서드의 두 번째 인자로 기본값을 설정하여 해당 키가 없을 때 반환할 값을 지정할 수도 있습니다.

## 2.4.2 | 플라스크에서의 응답 처리

응답(response)은 클라이언트의 요청(request)을 처리한 후 웹 서버가 되돌려 보내는 데이터 패키지입니다. 이 응답 패키지에는 요청이 성공적이었는지, 에러가 발생했는지를 나타내는 HTTP 상태 코드(status code), 데이터 타입이나 캐시 제어 같은 추가적인 정보를 제공하는 헤더(header), 그리고 실제 전송하려는 데이터인 바디(body)가 포함됩니다.

플라스크는 파이썬 코드를 이용하여 클라이언트의 요청에 대한 응답을 생성하고 관리합니다. 개발자는 리턴(return)문을 통해 직접 문자열을 반환하거나, 더 복잡한 데이터 구조를 반환하기 위해 플라스크의 헬퍼 함수(helper functions)를 사용할 수 있습니다.

플라스크의 헬퍼 함수는 개발자가 일반적인 웹 개발 작업을 쉽게 처리할 수 있도록 돕는 미리 정의된 함수들입니다. 예를 들어 url_for() 함수는 라우트 이름과 매개변수를 기반으로 URL을 동적으로 생성하는 데 사용되고, jsonify() 함수는 파이썬의 딕셔너리를 JSON 응답으로 변환하여 반환하는 데 사용됩니다.

```
from flask import Flask, jsonify

app = Flask(__name__)

@app.route('/json')
def json_example():
    # jsonify를 사용하여 JSON 형식의 응답을 반환합니다.
    return jsonify({"message": "Hello, World!"})
```

이 예제 코드는 클라이언트가 http://127.0.0.1:5000/json 주소로 요청을 보낼 때, 서버가 JSON 형식의 {"message": "Hello, World!"} 데이터를 응답 바디에 담아 반환합니다. 여기서 jsonify() 함수는 Python 딕셔너리를 JSON 형식의 문자열로 변환하며, HTTP 응답의 Content-Type을 application/json으로 자동으로 설정해줍니다. 이는 클라이언트에게 해당 응답이 JSON 형식의 데이터를 포함하고 있다는 것을 명확히 알려주기 위함입니다.

> **왜 jsonify() 함수를 사용할까요?**
> - **MIME 타입 설정**: jsonify()는 응답 헤더에 Content-Type: application/json을 설정하여 응답이 JSON 형식임을 명시합니다.
> - **특수 문자 처리**: 파이썬의 딕셔너리에 포함된 특수 문자를 JSON 표준에 맞게 이스케이프 처리하여 안전한 문자열로 변환합니다.
> - **유니코드 지원**: 유니코드 문자를 올바르게 처리하고, JSON 응답을 UTF-8로 인코딩하여 반환합니다.

플라스크 1.1.x 버전 이후에는 return {"message": "Hello, World!"} 같은 구문도 내부적으로 jsonify()를 호출하여 JSON 응답을 생성합니다. 그러나 명시적인 jsonify() 사용은 코드의 의도를 더 분명히 드러내고 모든 플라스크 버전과의 호환성을 보장하며, 일관된 방법으로 JSON 응답을 처리할 수 있도록 해줍니다.

응답 처리는 웹 개발의 핵심 요소이며, 플라스크에서는 이를 간편하게 만들어줍니다. 텍스트 기반의 JSON 형식은 웹에서 데이터를 교환하기에 매우 효율적이며, 플라스크의 jsonify() 함수는 이를 손쉽게 구현할 수 있도록 도와줍니다.

## 2.4.3 | JSON이란 무엇인가?

JSON(JavaScript Object Notation)은 데이터를 저장하거나 전송할 때 사용하는 경량의 데이터 교환 형식입니다. 사람과 기계가 모두 읽기 쉬운 텍스트를 기반으로 하며 자바스크립트 객체 문법을 따르지만, 프로그래밍 언어나 플랫폼에 구애받지 않고 사용할 수 있습니다. JSON의 기본 문법은 다음과 같습니다.

- 데이터는 이름/값 쌍으로 이루어집니다.
- 중괄호 {}는 객체를, 대괄호 []는 배열을 나타냅니다.
- 이름과 값은 콜론(:)으로 구분됩니다.
- 각 이름은 문자열이어야 하며, 값은 다양한 타입이 될 수 있습니다(문자열, 숫자, 배열, 객체, true, false, null).

**간단한 JSON 예제**

```
{
  "name": "Hong Gildong",
  "age": 25,
  "isStudent": false,
  "courses": ["Mathematics", "Literature"],
  "address": {
    "city": "Seoul",
    "country": "South Korea"
  }
}
```

API(Application Programming Interface)는 시스템과 시스템, 프로그램과 프로그램이 서로 소통하기 위한 중간 다리 같은 역할을 합니다. JSON으로 응답하는 API는 다음과 같은 이유로 필요하며, 널리 사용됩니다.

1. **언어 독립성**: JSON은 대부분의 프로그래밍 언어에서 쉽게 파싱(parsing)할 수 있고, 이를 통해 다양한 언어로 작성된 시스템들 사이에 데이터를 교환할 수 있습니다.
2. **읽기 쉬움**: 사람이 읽고 이해하기 쉬운 구조로 되어 있어 개발자가 직관적으로 데이터를 다룰 수 있습니다.

3. **경량성**: JSON은 데이터 구조를 간결하게 표현하기 때문에 네트워크를 통한 데이터 전송 시 부하를 최소화합니다.
4. **구조화된 데이터**: JSON은 복잡한 데이터를 잘 구조화할 수 있어 중첩된 배열이나 객체를 사용하여 계층적 데이터를 표현하기에 적합합니다.
5. **웹 표준과의 호환성**: JSON은 웹 표준인 자바스크립트와 밀접하게 연관되어 있어 웹 기반 통신에서 매끄럽게 작동합니다.

실무에서 JSON은 웹 API를 통해 프런트엔드와 백엔드 간, 또는 서비스와 서비스 간에 데이터를 주고받는 데 기본적인 형식으로 자리 잡았습니다. 모바일 애플리케이션, 웹 서비스, 심지어는 IoT(Internet Of Things) 디바이스와의 통신에 이르기까지 JSON은 데이터 교환의 표준으로 여겨집니다.

## 2.4.4 | 상태 코드와 헤더 설정

응답을 할 때 상태 코드(status code)나 헤더(header)를 설정할 수도 있습니다. 우선 상태 코드와 헤더에 대해 상세히 알아봅니다. 상태 코드는 HTTP 상태 코드를 의미하며 서버가 클라이언트의 요청을 처리한 결과를 나타내는 3자리 숫자입니다. 각 숫자는 응답의 성격을 대표합니다. 주요 상태 코드는 다음과 같습니다.

- **200 OK**: 요청이 성공적으로 처리됨.
- **201 Created**: 요청이 성공적으로 처리되어 새 리소스가 생성됨.
- **400 Bad Request**: 서버가 요청을 이해하지 못함.
- **401 Unauthorized**: 인증이 필요한 페이지를 요청함.
- **403 Forbidden**: 서버가 요청을 거부함.
- **404 Not Found**: 요청한 리소스를 찾을 수 없음.
- **500 Internal Server Error**: 서버 내부 에러가 발생함.

헤더(header)는 HTTP 요청과 응답 메시지의 일부로, 클라이언트와 서버 간의 통신에 대한 추가적인 정보를 제공합니다. 헤더는 요청 또는 응답의 바디(body)와 별개로 전송되며 데이터의 타입, 캐시 관리, 인증 정보, 서버 정보, 클라이언트의 세션 관리 등 다양한 컨텍스트를 제공합니다.

예를 들어 Content-Type 헤더는 본문 데이터의 타입을 나타내고, Authorization 헤더는 클라이언트의 인증 정보를 포함할 수 있습니다. 또한, 개발자가 사용자 정의 헤더를 만들어 특별한 정보를 전송할 때도 사용합니다(e.g. X-Example). 이 헤더들은 브라우저나 서버가 서로에게 어떤 작업을 해야 하는지 알려주는 중요한 역할을 하며, 웹 개발에서 필수적인 부분입니다.

플라스크에서는 make_response() 함수를 사용해서 상태 코드와 헤더를 지정하는 헬퍼 함수를 제공합니다.

```python
from flask import Flask, make_response

app = Flask(__name__)

@app.route('/response')
def response_example():
    # 응답 객체를 생성합니다. "Hello with header"는 응답 바디이며, 200은
    HTTP 상태 코드입니다.
    resp = make_response("Hello with header", 200)
    # 'Custom-Header'라는 이름의 사용자 정의 헤더를 설정하고 'custom-
    value' 값을 지정합니다.
    resp.headers['Custom-Header'] = 'custom-value'
    # 설정한 헤더와 함께 응답 객체를 반환합니다.
    return resp
```

위 플라스크 애플리케이션 코드를 실행하고 http://127.0.0.1:5000/response 주소에 접속하면 정의된 경로(/response)에서 설정한 Custom-Header 헤더와 200 OK 상태 코드를 확인할 수 있습니다. 이를 크롬 브라우저에서 확인하는 방법은 다음과 같습니다:

1. 크롬 브라우저를 열고 개발자 도구를 엽니다. 윈도우나 리눅스에서는 [Ctrl]+[Shift]+[I], 맥에서는 [Cmd]+[Option]+[I]를 눌러서 개발자 도구를 열 수 있습니다.

2. 개발자 도구에서 [네트워크(Network)] 탭을 선택합니다.

3. 이제 http://127.0.0.1:5000/response 경로로 페이지를 새로고침하거나 직접 입력하여 다시 접속합니다.

4. [네트워크] 탭에서 페이지 로드와 관련된 HTTP 요청 목록을 볼 수 있습니다. 목록에서 /response 요청을 찾아 클릭합니다.

5. 요청 정보가 있는 오른쪽 패널에서 [헤더(Headers)] 탭을 확인합니다.

6. 응답 헤더 영역을 보면 서버가 반환한 헤더를 볼 수 있습니다. 여기에는 앞서 설정한 Custom-Header와 그 값인 custom-value가 다음과 같이 표시됩니다.

플라스크에서 make_response() 함수는 응답 객체를 생성할 때 사용되며 이 객체를 통해 개발자는 응답의 내용, 상태 코드, 헤더 등을 세밀하게 조정할 수 있습니다. 함수의 기본 문법은 다음과 같습니다:

```
make_response(body=None, status=None, headers=None)
```

- **body**: 클라이언트에게 보낼 응답 내용입니다. 문자열, HTML, 또는 JSON 객체 등이 될 수 있습니다.

- **status**: HTTP 상태 코드로, 정상적인 처리를 나타내는 200부터 에러를 나타내는 404 또는 500 같은 값을 설정할 수 있습니다.

- **headers**: 응답과 함께 클라이언트에 전달할 HTTP 헤더를 딕셔너리 형태로 설정할 수 있습니다.

make_response() 함수는 다음과 같이 headers를 직접 인자로 전달하는 것도 가능하고, 생성된 응답 객체에 나중에 헤더를 추가하는 것도 가능합니다.

다음 예제에서는 make_response() 함수 호출 시 세 번째 인자로 headers를 직접 딕셔너리 형태로 넘겨줍니다.

```python
from flask import Flask, make_response

app = Flask(__name__)

@app.route('/direct')
def direct_response():
    headers = {'X-Example': 'DirectHeader'}
    return make_response("Direct Response", 200, headers)
```

다음 예제에서는 make_response()를 호출하여 생성된 응답 객체에 .headers 속성을 사용하여 헤더를 추가합니다.

```python
from flask import Flask, make_response

app = Flask(__name__)

@app.route('/custom')
def custom_response():
    response = make_response("Custom Response", 202)
    response.headers['X-Example'] = 'CustomHeader'
    return response
```

두 방법 모두 유효하며, 상황에 따라 선택해서 사용하면 됩니다. 첫 번째 방법은 생성 시점에 모든 정보를 한 번에 넘길 때 좋고, 두 번째 방법은 응답 객체를 조금 더 유동적으로 다룰 필요가 있을 때 좋습니다.

요청과 응답은 웹 애플리케이션에서 중요한 작업을 수행합니다. 플라스크를 이용하면 이러한 작업을 간결하면서도 유연하게 처리할 수 있습니다.

# 2.5 템플릿

템플릿(template)은 웹페이지의 구조나 레이아웃을 미리 정의해 놓은 파일입니다. 웹 애플리케이션에서는 동적으로 데이터를 채워 넣어 사용자에게 보여줍니다. 예를 들어 "안녕하세요, [이름]"이라는 문구에서 [이름] 부분을 사용자의 이름으로 대체하는 것이 템플릿을 이용한 간단한 예시입니다.

## 2.5.1 | 템플릿 기본 사용법

플라스크에서는 Jinja2(진자2)라는 템플릿 엔진(template engine)을 사용합니다. Jinja2는 파이썬 코드를 HTML 파일에 삽입하여 웹페이지를 동적으로 생성할 수 있게 해줍니다.

플라스크 애플리케이션 폴더 내에 templates라는 디렉터리를 생성하고, 이곳에 HTML 파일을 저장합니다. 예를 들어 hello.html 파일을 작성하고 다음 내용으로 채웁니다.

```html
<!DOCTYPE html>
<html>
<head>
    <title>Hello</title>
</head>
<body>
    <h1>Hello, {{ name }}!</h1>
</body>
</html>
```

HTML 파일에서 {{ name }} 부분은 Jinja2의 템플릿 문법입니다. 이 위치에 파이썬 변수를 삽입할 수 있습니다.

```
from flask import Flask, render_template

app = Flask(__name__)
```

```
@app.route('/hello/<name>')
def hello_name(name):
    return render_template('hello.html', name=name)
```

위 코드는 http://127.0.0.1:5000/hello/[이름] 형태의 URL을 통해 접속하면 Hello, [이름]! 이라는 응답을 줍니다. render_template() 함수는 특정 경로에 해당하는 HTML 파일을 전달해주는 함수입니다.

### 2.5.2 | 변수와 제어문

Jinja2 템플릿 엔진은 단순히 변수를 삽입하는 것뿐만 아니라, 제어문(If, For 등)도 사용할 수 있습니다.

```
{% if name %}
    <h1>Hello, {{ name }}!</h1>
{% else %}
    <h1>Hello, World!</h1>
{% endif %}
```

이런 식으로 조건에 따라 다른 내용을 출력할 수 있습니다.

### 2.5.3 | 필터

필터는 변수의 값을 출력하기 전에 처리하여 변형하는 기능을 제공합니다. 예를 들어 사용자가 입력한 문자열을 대문자로 만들거나, 날짜 형식을 변경하는 데 사용할 수 있습니다. Jinja2에서는 다양한 내장 필터를 제공하며, 필요에 따라 사용자 정의 필터도 추가할 수 있습니다.

```
<p>{{ user_name|capitalize }}</p> <!-- 첫 글자를 대문자로 만듭니다. -->
<p>{{ story|truncate(100) }}</p> <!-- 문자열을 100자로 제한합니다. -->
<p>{{ timestamp|date("Y-m-d H:i") }}</p> <!-- 날짜 형식을 지정된 형태로 변환합니다. -->
```

필터에는 다음과 같은 옵션들이 있습니다.

- **safe**: HTML 태그를 이스케이핑하지 않습니다.
- **capitalize**: 문자열의 첫 글자를 대문자로 만듭니다.
- **lower**: 문자열을 소문자로 만듭니다.
- **upper**: 문자열을 대문자로 만듭니다.
- **title**: 문자열의 각 단어의 첫 글자를 대문자로 만듭니다.
- **trim**: 문자열의 앞뒤 공백을 제거합니다.
- **striptags**: 문자열에서 HTML 태그를 제거합니다.
- **truncate**: 문자열을 특정 길이로 줄입니다.
- **date**: datetime 객체를 문자열로 포맷합니다.

## 2.5.4 | 반복문

Jinja2에서는 for 반복문을 사용하여 리스트나 딕셔너리 같은 컬렉션의 요소들을 순회하며 출력할 수 있습니다. 다음 예제는 Jinja2 템플릿의 반복문 사용법입니다.

먼저, 단순한 fruits 리스트를 화면에 나열하는 HTML 템플릿을 만들어보겠습니다. templates 디렉터리 안에 fruits_list.html 파일을 생성합니다.

```html
<!-- templates/fruits_list.html -->
<!DOCTYPE html>
<html lang="en">
<head>
    <meta charset="UTF-8">
    <title>Fruits List</title>
</head>
<body>
    <h1>Fruits List</h1>
    <ul>
    {% for fruit in fruits %}
        <li>{{ fruit }}</li>
    {% endfor %}
    </ul>
</body>
</html>
```

이제 플라스크 애플리케이션에서 fruits_list.html 템플릿을 사용하는 뷰 함수를 만듭니다. 이 함수에서는 fruits라는 변수에 과일의 이름이 담긴 리스트를 넣고 템플릿으로 전달합니다.

```python
# app.py
from flask import Flask, render_template

app = Flask(__name__)

@app.route('/fruits')
def show_fruits():
    # 여기에 테스트할 과일 목록을 넣습니다.
    fruits = ['Apple', 'Banana', 'Cherry', 'Date', 'Elderberry']
    return render_template('fruits_list.html', fruits=fruits)
```

이제 http://127.0.0.1:5000/fruits 주소로 웹 브라우저를 통해 접속하면, 위에서 정의한 과일 목록이 웹페이지에 나열되어 보입니다. 이와 같이 플라스크 애플리케이션에서 Jinja2 템플릿의 for 반복문을 사용하여 리스트의 각 항목을 화면에 표시하는 방법을 테스트해볼 수 있습니다.

### 2.5.5 | 매크로

매크로(macro)를 사용하는 것은 파이썬에서 함수를 정의하고 호출하는 것과 아주 유사합니다. 웹페이지에서 반복해서 사용되는 HTML 요소들을 매크로로 정의해두면, 여러 곳에서 필요할 때마다 그 매크로를 호출하여 재사용할 수 있습니다.

플라스크 프로젝트에서 templates 디렉터리 안에 매크로를 포함한 HTML 파일을 저장합니다. 매크로가 포함된 파일은 일반적으로 macros.html이라고 부르는 경우가 많습니다.

먼저, templates/macros.html 파일을 생성하고 매크로를 정의해봅니다.

```html
<!-- templates/macros.html -->
{% macro display_message(message) %}
<p>{{ message }}</p>
{% endmacro %}
```

여기서 정의된 display_message 매크로는 메시지라는 단 하나의 매개변수를 받아서 단순히 <p> 태그 안에 그 메시지를 출력합니다.

이제 templates/messages.html 파일을 만들어 이 매크로를 사용해봅니다.

```html
<!-- templates/messages.html -->
<!DOCTYPE html>
<html>
<head>
    <meta charset="UTF-8">
    <title>Simple Message Example</title>
</head>
<body>
    {% from "macros.html" import display_message %}
    <!-- 매크로 호출 -->
    {{ display_message('환영합니다! 여기가 우리 사이트입니다.') }}
    {{ display_message('주의해 주세요, 에러가 발생했습니다.') }}
    {{ display_message('성공! 당신의 작업이 성공적으로 완료되었습니다.') }}
}}
</body>
</html>
```

이 파일에서는 {% from "macros.html" import display_message %} 구문을 통해 macros.html에서 display_message 매크로를 가져와서 사용합니다.

마지막으로, 플라스크 애플리케이션에서 이 두 파일을 사용하는 뷰 함수를 만들어야 합니다.

```python
# app.py
from flask import Flask, render_template

app = Flask(__name__)

@app.route('/messages')
def show_messages():
    return render_template('messages.html')
```

이제 http://127.0.0.1:5000/messages 주소로 접속하면 messages.html에 정의된 매크로를 통해 세 가지 타입의 메시지를 표시하는 웹페이지를 볼 수 있습니다.

이 구조를 사용하면 매크로를 한곳에 모아서 관리할 수 있으며, 다른 HTML 템플릿에서 쉽게 재사용할 수 있습니다. 코드의 중복을 줄이고 유지보수성을 향상시키는 효과적인 방법입니다.

## 2.5.6 | 템플릿 상속

템플릿 상속(template inheritance)을 이용하면 기본 레이아웃을 정의한 '부모' 템플릿을 만들고, 이를 '자식' 템플릿들이 상속받아서 사용할 수 있습니다. 이 방법은 웹페이지의 일관된 레이아웃을 유지하면서 코드의 반복을 피하고자 할 때 유용합니다. 템플릿 상속의 핵심 구성 요소는 다음과 같습니다.

- **{% block 블록명 %}**: 이 구문은 자식 템플릿에서 재정의 가능한 블록 영역을 설정합니다. 블록명은 해당 블록의 고유 식별자입니다.
- **{% endblock %}**: 이 태그는 블록의 종료를 나타냅니다. 각각의 block 선언은 반드시 이 태그로 종결되어야 합니다.
- **{% extends '파일명' %}**: 자식 템플릿에서 이 구문을 사용하여 특정 부모 템플릿을 상속받을 것임을 명시합니다.

이러한 템플릿의 구성 요소를 중심으로 예시를 살펴보며 템플릿 상속에 관해 더 자세히 알아봅시다. 먼저, 기본 레이아웃을 정의합니다. base.html은 다른 HTML 파일이 상속받을 수 있는 템플릿으로, 웹사이트의 기본적인 구조를 정의합니다.

```html
<!-- templates/base.html -->
<!DOCTYPE html>
<html lang="kr">
<head>
    <!-- 'block'은 자식 템플릿이 재정의할 수 있는 플레이스홀더입니다. -->
    <!-- 'pagetitle'은 블록의 이름으로, 이 이름을 가진 블록을 자식 템플릿이 재정의할 수 있습니다. -->
    <title>{% block pagetitle %}기본 웹사이트{% endblock pagetitle %}</title>
</head>
<body>
    <header>
        <h1>나의 웹사이트 방문을 환영합니다!</h1>
    </header>

    <!-- 여기서 정의한 'maincontent' 블록은 자식 템플릿에서 내용을 채워 넣기 위한 자리 표시자입니다. -->
    {% block maincontent %}
        <!-- 이 부분은 자식 템플릿에서 구체적인 내용으로 채워질 예정입니다. -->
```

```
'maincontent' 블록 안에 내용을 추가하여 기본 레이아웃을 확장합니다. -->
    {% endblock maincontent %}

    <footer>
        <p>&copy; 나의 웹사이트</p>
    </footer>
</body>
</html>
```

그리고 개별 내용을 추가하기 위한 자식 템플릿을 만듭니다. about.html 같은 자식 템플릿은 base.html의 레이아웃을 상속받아서 특정 내용을 추가합니다.

```
<!-- templates/about.html -->
<!-- 'extends' 태그를 사용하여 'base.html'을 상속받겠다고 선언합니다. 이는
'about.html'이 'base.html'의 블록을 재정의할 수 있음을 의미합니다. -->
{% extends 'base.html' %}

<!-- 'pagetitle' 블록을 재정의하여 이 페이지의 타이틀을 'About - 나의 웹사
이트'로 설정합니다. -->
{% block pagetitle %}
About - 나의 웹사이트
{% endblock pagetitle %}

<!-- 'maincontent' 블록을 재정의하여 '우리에 대해서' 섹션을 추가합니다. -->
<!-- 이렇게 함으로써 'base.html'에 정의된 기본 구조 내에 새로운 내용을 삽입
할 수 있습니다. -->
{% block maincontent %}
    <h2>우리에 대해서</h2>
    <p>이 페이지는 나의 웹사이트에 관한 정보를 제공합니다.</p>
{% endblock maincontent %}
```

마지막으로 플라스크에서 템플릿을 렌더링합니다. 플라스크 애플리케이션에서는 render_template() 함수를 사용하여 특정 경로에 해당하는 HTML 템플릿을 렌더링합니다.

```
# app.py
from flask import Flask, render_template

app = Flask(__name__)
```

```
@app.route('/about')
def about_page():
    # 'render_template' 함수를 사용하여 'about.html' 템플릿을 렌더링합니다.
    # 플라스크는 'about.html'과 함께 이 템플릿이 상속하는 모든 부모 템플릿('base.html')을 렌더링하여 최종 HTML을 생성합니다.
    return render_template('about.html')
```

이와 같이 설정하면 사용자가 웹 브라우저를 통해 http://127.0.0.1:5000/about 주소로 접근했을 때 about.html 페이지가 표시됩니다. 여기서 about.html은 base.html에 정의된 레이아웃을 기반으로 하되, pagetitle과 maincontent 블록에 about.html에서 정의한 내용이 채워져 있어 페이지별로 고유한 정보를 제공하면서도 일관된 구조를 유지할 수 있습니다. 참고로 pagetitle 부분은 웹페이지 타이틀로 보통 다음과 같이 웹 브라우저 탭에 표시됩니다.

템플릿은 웹 개발에서 중요한 부분 중 하나입니다. 플라스크와 Jinja2를 이용하면 복잡하지 않으면서도 강력한 웹페이지를 만들 수 있습니다.

# 2.6 정적 파일

정적 파일(static files)은 웹 서버가 따로 처리 없이 그대로 전달해주는 파일을 말합니다. 주로 이미지, CSS, 자바스크립트 파일과 같은 리소스들이 이에 해당합니다. 이러한 정적 파일들은 사용자의 액션에 따라 변경되지 않고, 미리 서버에 저장되어 있습니다.

## 2.6.1 | 플라스크에서 정적 파일 다루기

플라스크 프로젝트를 구성할 때 우리는 static 디렉터리를 사용하여 정적 파일을 관리합니다. 다음은 static 폴더 안에 image.jpg라는 이미지 파일을 넣었을 때의 구조입니다.

```
/
├── app.py
└── static/
    └── image.jpg
```

app.py 파일 안에서 플라스크 인스턴스를 생성하고, 이미지를 제공할 라우트를 설정해보겠습니다. 플라스크는 이미 /static 경로로 정적 파일을 제공하는 기본 설정이 있기 때문에 추가적인 설정 없이도 파일을 제공합니다.

그럼에도 불구하고 특정 경로로 이미지를 제공하고 싶을 때는 send_from_directory() 함수를 사용할 수 있습니다. 다음은 send_from_directory()를 사용하는 방법입니다.

```python
from flask import Flask, send_from_directory

app = Flask(__name__)

@app.route('/image')
def get_image():
    return send_from_directory(app.static_folder, 'image.jpg')
```

app.static_folder는 플라스크가 기본으로 사용하는 정적 파일의 디렉터리 경로를 참조합니다. 이 경우 기본값은 프로젝트 폴더 내의 static입니다. 디렉터리명을 직접 다음과 같이 작성할 수도 있습니다.

```
send_from_directory('static', 'image.jpg')
```

**테스트 방법**

1. 위의 코드를 app.py라는 이름으로 저장한 후, 터미널에서 flask run 명령으로 플라스크 서버를 시작합니다.
2. 웹 브라우저를 열고 http://127.0.0.1:5000/image로 접속합니다.

정상적으로 설정되었다면, 해당 경로로 이미지가 나타나게 됩니다. send_from_directory() 함수는 지정한 디렉터리에서 파일을 안전하게 보낼 때 유용하며, 파일명을 동적으로 선택하거나 다른 보안 조치를 적용할 때 많이 사용됩니다.

### 2.6.2 | 정적 파일과 웹페이지 구현

플라스크를 사용하여 웹 애플리케이션을 개발할 때 index.html과 함께 정적 파일을 어떻게 관리하고 제공할지는 중요한 문제입니다. 이 섹션에서는 플라스크에서 정적 이미지 파일과 index.html을 효과적으로 활용하는 방법에 대해 상세히 설명하겠습니다.

플라스크를 사용하는 프로젝트의 폴더 구조는 일반적으로 다음과 같습니다:

```
/
├── app.py
├── static/
│   └── image.jpg
└── templates/
    └── index.html
```

- **static**: 정적 파일이 저장되는 폴더입니다. 이미지나 자바스크립트, CSS 파일 등을 이곳에 저장합니다.
- **templates**: HTML 템플릿 파일이 저장되는 폴더입니다. 플라스크는 Jinja2 템플릿 엔진을 사용하여 HTML을 렌더링합니다.

app.py 파일에서 플라스크 애플리케이션 설정과 라우트 설정을 다음과 같이 합니다.

```
from flask import Flask, render_template

app = Flask(__name__)

# 메인 페이지 라우트
@app.route("/")
def home():
    return render_template("index.html")
```

templates 폴더 안에 위치한 index.html 파일은 다음과 같이 작성합니다.

```
<!DOCTYPE html>
<head>
    <meta charset="UTF-8">
    <title>Flask and Static Files</title>
</head>
<body>
    <h1>Welcome to Flask!</h1>
    <img src="{{ url_for('static', filename='image.jpg') }}" alt="Example Image">
</body>
</html>
```

이 HTML 파일은 이전 챕터에서 설명한 플라스크의 url_for() 함수를 사용하여 /static/image.jpg 경로로 이미지 파일을 동적으로 불러옵니다.

**테스트 방법**

1. 위의 코드를 app.py라는 이름으로 저장한 후, 터미널에서 flask run 명령으로 플라스크 서버를 시작합니다.
2. 웹 브라우저에서 http://127.0.0.1:5000/로 접속합니다. 페이지가 정상적으로 로딩되고 이미지가 표시되면 성공입니다.

플라스크에서 정적 파일과 템플릿을 사용하는 것은 웹사이트 개발에서 매우 일반적인 작업입니다. 정적 파일은 CSS와 자바스크립트 등을 포함하여 사용자 경험을 풍부하게 하고, 템플릿은 서버에서 HTML을 동적으로 생성하여 사용자에게 전달합니다. 플라스크는 이런 웹 개발의 기본적인 요소들을 간단하게 구현할 수 있게 해줍니다. 또한, 플라스크는 static과 templates 디렉터리의 사용을 통해 프로젝트의 구조를 명확하게 구분합니다. 이 구조는 개발자들이 코드를 보다 체계적으로 관리하고, 협업할 때 각자의 코드 부분을 쉽게 찾을 수 있도록 돕습니다.

캐싱(caching)은 웹 성능을 향상시키는 중요한 기능 중 하나입니다. 정적 파일은 변하지 않기 때문에 한 번 로딩된 정적 파일을 사용자의 브라우저가 임시 저장해두면 다음에 빠르게 불러올 수 있습니다. 다만, 정적 파일이 수정되면 웹페이지상에 정상 반영이 안 될 수 있습니다. 이런 경우에는 url_for() 함수의 version 인자를 사용하여 캐시 문제를 해결할 수 있습니다.

```
<link rel="stylesheet" href="{{ url_for('static', filename='style.css', version='1.0') }}">
```

정적 파일은 웹 애플리케이션에서 필수적인 구성 요소 중 하나입니다. 정적 파일을 효과적으로 관리하면 웹페이지의 로딩 속도를 빠르게 할 수 있어 사용자 경험을 향상시킬 수 있습니다.

### 2.6.3 | 기존 웹페이지 통합

플라스크를 사용하여 웹 애플리케이션을 개발할 때, 가끔은 기존에 이미 작성된 웹페이지를 플라스크 내에서 동작하도록 만들어야 할 때가 있습니다. 이럴 경우, 플라스크 설정을 약간만 조정하면 기존 웹페이지를 쉽게 통합할 수 있습니다.

예를 들어, 기존에 이미 작성된 다음 index.html이 있다고 가정합니다.

```
<!DOCTYPE html>
<html>
<head>
  <title>My Web Page</title>
</head>
<body>
  <h1>Welcome to My Web Page!</h1>
  <img src="/img/image.jpg" alt="Example Image">
</body>
</html>
```

프로젝트의 폴더 구조를 다음과 같이 설정합니다.

```
/
├── app.py
├── static/
│   └── img/
│       └── image.jpg
└── templates/
    └── index.html
```

- **app.py**: 플라스크 애플리케이션의 메인 실행 파일입니다.
- **static/**: 정적 파일을 저장하는 폴더입니다.
  - **img/**: 이미지 파일을 저장하는 하위 폴더입니다.
    - **image.jpg**: 웹페이지에서 사용할 이미지 파일입니다.
- **templates/**: HTML 템플릿을 저장하는 폴더입니다.
  - **index.html**: 앞의 예제 HTML 파일입니다.

플라스크 애플리케이션에서 기존 index.html 파일을 로딩하려면, 이미지가 로드되는 경로를 플라스크의 정적 파일 경로 구조에 맞게 조정해야 할 수도 있습니다. 기존 index.html 파일에 사용된 <img src="/img/image.jpg" alt="Example Image"> 태그는 /img/ 경로에서 이미지를 찾도록 되어 있습니다. 플라스크의 기본 설정은 정적 파일을 static 폴더에서 제공하도록 되어 있기 때문에, 경로가 일치하지 않으면 이미지가 제대로 로드되지 않을 것입니다.

## 》 코드를 수정하여 사용하는 방법

index.html에 있는 이미지 경로를 플라스크의 기본 정적 파일 경로인 /static/로 변경하는 방법을 살펴보겠습니다.

```
<!DOCTYPE html>
<html>
<head>
  <title>My Web Page</title>
</head>
```

```
<body>
  <h1>Welcome to My Web Page!</h1>
  <!-- 이미지 경로를 플라스크의 정적 파일 경로로 변경 -->
  <img src="/static/img/image.jpg" alt="Example Image">
</body>
</html>
```

**테스트 방법**

1. 위의 코드를 app.py라는 이름으로 저장한 후, 터미널에서 flask run 명령으로 플라스크 서버를 시작합니다.
2. 웹 브라우저에서 http://127.0.0.1:5000/로 접속합니다. 페이지가 정상적으로 로딩되고 이미지가 표시되면 성공입니다.

앞의 HTML 코드에서 이미지 경로가 /static/img/image.jpg로 변경되었습니다. 기존 웹 페이지에서 사용하는 정적 파일이 많지 않다면 직접 이와 같이 수정하여 플라스크 애플리케이션에서 해당 웹페이지를 정상 로딩할 수 있습니다.

## 》 코드 수정 없이 사용하는 방법 1

이제 플라스크 애플리케이션 설정을 변경하지 않고 기존의 /img/ 경로를 그대로 사용하는 방법을 살펴보겠습니다.

즉, 다음과 같이 기존 img 경로를 그대로 사용한 index.html이 있다고 가정합니다.

```
<!DOCTYPE html>
<html>
<head>
  <title>My Web Page</title>
</head>
<body>
  <h1>Welcome to My Web Page!</h1>
  <img src="/img/image.jpg" alt="Example Image">
</body>
</html>
```

다음 코드는 /img/로 들어오는 요청을 static/img 디렉터리로 리디렉션하여 처리합니다.

```python
from flask import Flask, send_from_directory

app = Flask(__name__)

# '/img/' 경로에 대한 라우트를 추가하여 정적 이미지 파일을 제공합니다.
@app.route('/img/<path:filename>')
def custom_static(filename):
    return send_from_directory('static/img', filename)

@app.route('/')
def home():
    return render_template('index.html')
```

**테스트 방법**

1. 위의 코드를 app.py라는 이름으로 저장한 후, 터미널에서 flask run 명령으로 플라스크 서버를 시작합니다.
2. 웹 브라우저에서 http://127.0.0.1:5000/로 접속합니다. 페이지가 정상적으로 로딩되고 이미지가 표시되면 성공입니다.

## 》 코드 수정 없이 사용하는 방법 2

static_url_path를 사용하여 정적 파일 경로를 임의 폴더로 설정할 수도 있습니다.

```python
from flask import Flask, render_template

app = Flask(__name__, static_url_path='/img', static_folder='static/img')

@app.route('/')
def home():
    return render_template('index.html')
```

**테스트 방법**

1. 위의 코드를 app.py라는 이름으로 저장한 후, 터미널에서 flask run 명령으로 플라스크 서버를 시작합니다.

2. 웹 브라우저에서 http://127.0.0.1:5000/로 접속합니다. 페이지가 정상적으로 로딩되고 이미지가 표시되면 성공입니다.

이 설정을 사용하면, /img/ 경로를 통해 접근하는 정적 파일 요청이 static/img 폴더로 리디렉션됩니다. 이 경우에도 기존 index.html 파일을 수정할 필요가 없습니다.

이와 같이 플라스크는 매우 유연하여 필요에 따른 다양한 방법을 제공합니다.

# 2.7 블루프린트

블루프린트(blueprint)는 플라스크에서 여러 컴포넌트를 논리적으로 그룹화하여 대규모 애플리케이션을 구성하는 방식입니다. 이를 통해 기능별로 코드를 분리하고 재사용할 수 있으며, 마치 실제 건축에서 도면이 건물의 설계를 나타내듯 블루프린트는 웹 애플리케이션의 구조를 체계적으로 나타냅니다. 특히, 대규모 프로젝트에서 코드를 모듈화하여 관리할 때 유용합니다.

## 2.7.1 | 왜 블루프린트가 필요한가?

블루프린트는 대규모 애플리케이션의 복잡성을 줄이고, 코드의 재사용성을 높이며, 프로젝트의 유지보수를 용이하게 합니다. 예를 들어 인증 시스템, 프로필 페이지, 게시판 시스템 등 각기 다른 기능을 하는 모듈들을 블루프린트로 분리함으로써 각 모듈을 독립적으로 개발하고 통합할 수 있습니다.

1. **모듈화(modularization)**: 블루프린트를 사용하면 코드를 논리적인 단위로 분리할 수 있어 유지보수가 쉬워집니다.
2. **재사용성(reusability)**: 블루프린트를 작성해두면 다른 프로젝트에서도 쉽게 가져와 사용할 수 있습니다.
3. **코드의 가독성(readability)**: 각 블루프린트가 특정 기능을 담당하므로, 코드를 빠르게 이해할 수 있습니다.

## 2.7.2 | 블루프린트 기본 사용법

블루프린트를 생성하기 위해서는 Blueprint 클래스의 인스턴스를 생성해야 합니다. Blueprint 클래스는 flask 모듈 내에 정의되어 있으며, 이 클래스를 사용해 블루프린트 객체를 만듭니다.

```python
from flask import Blueprint

# Blueprint 객체 생성
# 첫 번째 인자는 블루프린트의 이름입니다.
# 두 번째 인자는 블루프린트가 정의되는 모듈의 이름으로, 일반적으로 '__name__'
을 사용합니다.
auth_blueprint = Blueprint('auth', __name__)
```

여기서 Blueprint의 첫 번째 인자는 블루프린트의 이름을 의미합니다. 이 이름은 플라스크 내부에서 해당 블루프린트를 구분하는 데 사용됩니다. 두 번째 인자 __name__은 현재 모듈의 이름을 나타내며, 플라스크가 템플릿과 정적 파일을 찾을 때 경로를 결정하는 데 사용됩니다.

블루프린트 객체가 생성되면, 해당 객체를 사용하여 라우트를 정의할 수 있습니다. 라우트는 클라이언트의 요청을 특정 함수에 연결하는 규칙입니다.

```python
# 블루프린트를 사용하여 라우트 정의
@auth_blueprint.route('/login')
def login():
    return '로그인 페이지입니다.'

@auth_blueprint.route('/logout')
def logout():
    return '로그아웃 되었습니다.'
```

@auth_blueprint.route('/login')은 URL 경로 /login에 대한 요청을 처리할 login() 함수를 등록하는 데코레이터입니다. 마찬가지로, /logout에 대한 요청은 logout() 함수로 라우팅됩니다.

생성된 블루프린트는 플라스크 애플리케이션 객체에 등록해야 실제로 작동합니다. 이 과정은 register_blueprint() 메서드를 통해 이루어집니다.

```python
app = Flask(__name__)

# 블루프린트 등록
# url_prefix는 해당 블루프린트의 모든 라우트 앞에 붙게 되는 접두사입니다.
app.register_blueprint(auth_blueprint, url_prefix='/auth')
```

app.register_blueprint() 메서드를 호출할 때 url_prefix='/auth' 인자를 전달하면, auth_blueprint에 정의된 모든 라우트 앞에 자동으로 /auth가 붙습니다. 즉, 실제로 /login에 대한 요청은 /auth/login으로 매핑됩니다.

블루프린트의 등록은 플라스크 애플리케이션의 실행 전, 애플리케이션 객체가 완전히 구성된 후에 이루어져야 합니다. 이렇게 하면 애플리케이션 내의 다른 설정들과 충돌 없이 블루프린트를 통합할 수 있습니다.

전체 코드는 다음과 같습니다.

```python
from flask import Blueprint, Flask

# Blueprint 객체 생성
# 첫 번째 인자는 블루프린트의 이름입니다.
# 두 번째 인자는 블루프린트가 정의되는 모듈의 이름으로, 일반적으로 '__name__'
을 사용합니다.
auth_blueprint = Blueprint('auth', __name__)

# 블루프린트를 사용하여 라우트 정의
@auth_blueprint.route('/login')
def login():
    return '로그인 페이지입니다.'

@auth_blueprint.route('/logout')
def logout():
    return '로그아웃 되었습니다.'

app = Flask(__name__)

# 블루프린트 등록
# url_prefix는 해당 블루프린트의 모든 라우트 앞에 붙게 되는 접두사입니다.
app.register_blueprint(auth_blueprint, url_prefix='/auth')
```

### 테스트 방법

1. 위의 코드를 app.py라는 이름으로 저장한 후, 터미널에서 flask run 명령으로 플라스크 서버를 시작합니다.

2. 웹 브라우저에서 http://127.0.0.1:5000/auth/login 또는 http://127.0.0.1:5000/auth/logout 경로로 이동하면, 각각 로그인 페이지와 로그아웃 페이지가 정상적으로 작동하는지 확인할 수 있습니다.

블루프린트는 애플리케이션의 구조를 깔끔하게 유지하고, 복잡한 애플리케이션을 체계적으로 개발할 수 있게 도와주는 강력한 기능입니다. 이를 통해 개발자는 애플리케이션의 각 부분을 독립적으로 개발하고, 유지보수할 수 있는 유연성을 얻을 수 있습니다.

### 2.7.3 | 애플리케이션 구조 모듈화하기

플라스크에서 블루프린트는 애플리케이션의 다양한 구성 요소들을 그룹화하는 방법을 제공합니다. 각 기능이나 컴포넌트를 별도의 모듈로 분리함으로써, 보다 체계적이고 관리하기 쉬운 코드베이스를 만들 수 있습니다.

다음과 같은 구조에서 auth와 main 디렉터리는 각각 로그인과 애플리케이션 메인 페이지와 관련된 뷰를 담당하는 블루프린트 모듈입니다.

```
/your-application
├── app.py
├── auth
│   └── views.py
└── main
    └── views.py
```

#### 》 기능별 views.py 파일 생성

먼저 auth와 main 폴더 안에 각각의 views.py 파일을 생성하고, 이 파일 안에서 해당 기능과 관련된 라우트들을 정의합니다.

auth/views.py 파일에는 다음과 같이 작성합니다.

```
from flask import Blueprint

auth_blueprint = Blueprint('auth', __name__)

@auth_blueprint.route('/login')
def login():
```

```
        return '로그인 페이지입니다.'

@auth_blueprint.route('/logout')
def logout():
    return '로그아웃 되었습니다.'
```

여기서 Blueprint 객체를 생성하여 auth 블루프린트를 정의하고, 이를 통해 /login과 /logout 라우트를 설정합니다.

main/views.py 파일에는 이와 유사하게 다음과 같이 작성합니다.

```
from flask import Blueprint

main_blueprint = Blueprint('main', __name__)

@main_blueprint.route('/')
def home():
    return '메인 페이지입니다.'
```

이 코드는 main 블루프린트를 생성하고, 루트 URL('/')에 대한 라우트와 뷰 함수 home을 정의합니다.

## 》 애플리케이션 객체에 블루프린트 등록

app.py에서는 애플리케이션 객체를 생성하고, 앞에서 정의한 블루프린트를 등록합니다.

```
from flask import Flask
from auth.views import auth_blueprint
from main.views import main_blueprint

app = Flask(__name__)

app.register_blueprint(auth_blueprint, url_prefix='/auth')
app.register_blueprint(main_blueprint, url_prefix='/')

@app.route('/welcome')
def welcome():
    return '환영합니다! 이것은 블루프린트를 사용하지 않는 직접적인 라우트입니다.'
```

app.register_blueprint() 메서드를 사용하여 auth_blueprint와 main_blueprint를 등록하면, 이 블루프린트들에 정의된 라우트들이 애플리케이션의 URL 맵에 추가됩니다. url_prefix를 설정함으로써 각 블루프린트의 라우트들이 특정한 기본 경로를 갖게 합니다. 예를 들어, /auth/login과 /auth/logout은 auth_blueprint에 대해 정의된 경로입니다.

또한, 블루프린트를 사용하지 않는 직접적인 라우트를 추가할 수도 있습니다. @app.route('/welcome') 구문은 애플리케이션의 메인 URL 맵에 바로 'welcome' 경로를 추가하는 예제로, 이는 메인 환영 메시지와 같은 중앙집중식으로 관리되어야 하는 페이지에 유용할 수 있습니다.

이러한 방식으로 블루프린트를 활용하면 애플리케이션의 라우팅 로직을 기능별로 모듈화하여 관리할 수 있으며, 코드의 유지보수와 확장성이 크게 향상됩니다.

### 테스트 방법

1. 위의 코드를 app.py라는 이름으로 저장한 후, 터미널에서 flask run 명령으로 플라스크 서버를 시작합니다.

2. 웹 브라우저를 열고 다음 주소로 각 페이지를 테스트합니다:

   - **기본 페이지**: http://127.0.0.1:5000/welcome

   - **메인 페이지**: http://127.0.0.1:5000/

   - **로그인 페이지**: http://127.0.0.1:5000/auth/login

   - **로그아웃 페이지**: http://127.0.0.1:5000/auth/logout

웹 브라우저에서 각 URL에 접속함으로써 블루프린트를 통해 분리된 각 기능을 테스트할 수 있습니다. 이렇게 설정하면 루트 폴더에 있는 app.py는 auth와 main 폴더에 있는 블루프린트들을 통합하여 하나의 애플리케이션으로 작동시킬 수 있습니다.

# 2.8 세션과 쿠키

웹 애플리케이션에서 사용자의 상태를 관리하는 데 사용되는 두 가지 주요 기술이 세션(session)과 쿠키(cookie)입니다. 웹은 기본적으로 상태를 유지하지 않는(stateless) 특성이 있습니다. 이는 웹 서버가 클라이언트의 요청 사이의 상태 정보를 기본적으로 저장하지 않는다는 것을 의미합니다. 즉, 웹페이지를 이동할 때마다 사용자가 누구인지, 어떤 작업을 했는지 등의 정보를 매번 새로 인식해야 합니다. 세션과 쿠키는 이렇게 상태를 유지하지 않는 웹의 한계를 극복하기 위해 사용됩니다.

- **쿠키(cookie)**: 쿠키는 클라이언트 측(브라우저)에서 관리되는 작은 데이터 조각입니다. 웹 서버는 HTTP 응답을 통해 클라이언트에 쿠키를 전송하고, 이후 클라이언트는 동일한 서버에 HTTP 요청을 할 때마다 쿠키를 함께 전송합니다. 쿠키는 주로 사용자의 선호도, 세션 식별, 트래킹 정보 등을 저장하는 데 사용됩니다. 예를 들어, 웹사이트는 사용자가 사이트에 방문할 때마다 로그인을 요구하지 않고, 쿠키에 저장된 세션 식별자를 통해 사용자를 인식할 수 있습니다.

- **세션(session)**: 세션은 서버 측에서 사용자의 상태 정보를 유지합니다. 사용자가 웹 애플리케이션에 로그인을 하면, 서버는 고유한 세션 ID를 생성하고 이를 쿠키로 클라이언트에게 전송합니다. 클라이언트는 이 세션 ID를 가진 쿠키를 사용해 이후 요청에서 자신을 인증하고, 서버는 이 ID를 사용해 사용자의 세션 데이터에 접근합니다. 세션 데이터는 로그인 정보, 사용자의 권한, 구매한 상품 목록과 같이 비교적 민감한 정보를 포함할 수 있습니다.

## 2.8.1 | 세션과 쿠키의 필요성

1. **상태 유지**: 사용자가 로그인 상태를 유지하거나 쇼핑 사이트에서 장바구니 정보를 보관해야 할 때 유용합니다.
2. **사용자 경험 향상**: 쿠키는 사용자가 사이트 설정(언어 선택, 테마 등)을 변경했을 때 이러한 정보를 저장하여 다음 방문 때 같은 설정을 유지할 수 있게 도와줍니다. 이로 인해 개인화된 사용자 경험이 가능해집니다.

3. **보안과 관리 용이성**: 세션 정보는 서버에 저장되므로 쿠키에 비해 더 안전하게 정보를 관리할 수 있습니다. 클라이언트 측에 저장되는 쿠키보다 서버 측에서 직접 관리하는 세션 데이터가 해킹이나 데이터 유출에 더 강한 저항력을 가집니다.
4. **트래킹과 분석**: 쿠키를 통해 사용자의 웹사이트 사용 패턴이나 방문 빈도를 추적할 수 있어 마케팅 및 사용자 분석 데이터로 활용될 수 있습니다.

세션과 쿠키는 각각의 장단점을 가지고 있습니다. 보안이 중요한 정보는 세션을 통해, 지속적인 사용자 인식이나 선호 설정 같은 정보는 쿠키를 통해 관리하는 것이 일반적입니다. 이러한 방식으로 웹 애플리케이션은 상태를 유지하며 사용자에게 더 나은 서비스를 제공할 수 있게 됩니다.

### 2.8.2 | 플라스크에서의 세션 사용법

세션을 사용하면 사용자의 브라우저 세션에 데이터를 저장할 수 있어 다양한 요청에서 사용자를 식별하고 데이터를 유지할 수 있습니다. 플라스크에서 세션을 사용하는 방법을 쉽게 이해할 수 있도록 단계별로 설명하고, 실제 웹페이지에서 어떻게 작동하는지 확인할 수 있는 예제를 제공하겠습니다.

플라스크 애플리케이션에서 세션을 안전하게 사용하기 위해서는 SECRET_KEY 설정이 필수입니다. 플라스크의 SECRET_KEY는 세션을 암호화하기 위한 중요한 설정으로, 임의의 값으로 설정할 수 있습니다. 다만, 실제 운영 환경에서는 SECRET_KEY를 보다 안전하게 관리하는 것이 일반적입니다. SECRET_KEY는 외부로부터 세션 데이터의 안전을 보장하기 위해 필요하며, 해커가 쿠키를 복호화하여 세션 데이터를 훔치는 것을 방지합니다.

```
from flask import Flask, session

app = Flask(__name__)
# 여기서 'your_secret_key'는 실제로는 안전하게 관리되어야 하는 민감한 정보입니다.
app.secret_key = 'your_secret_key'
```

사용자가 로그인 시, 그 정보를 세션에 저장하려면 간단히 session 딕셔너리에 키와 값을 할당합니다. 이렇게 저장된 데이터는 사용자의 브라우저가 종료될 때까지 혹은 세션의 유효 기간이 만료될 때까지 유지됩니다. session은 딕셔너리처럼 키와 값으로 다룰 수 있습니다.

```python
# 세션 데이터 설정 라우트
@app.route('/set_session')
def set_session():
    session['username'] = 'John'
    return '세션에 사용자 이름이 설정되었습니다!'
```

세션에 저장된 데이터는 session 객체를 통해 언제든지 접근할 수 있습니다. 이때 get() 메서드를 사용하면 키가 존재하지 않을 경우 None을 반환하여 에러를 방지할 수 있습니다.

```python
# 세션 데이터 가져오기 라우트
@app.route('/get_session')
def get_session():
    username = session.get('username')
    if username:
        return f'사용자 이름: {username}'
    else:
        return '사용자 이름이 세션에 설정되지 않았습니다.'
```

다음은 전체 코드입니다.

```python
from flask import Flask, session

app = Flask(__name__)
# 여기서 'your_secret_key'는 실제로는 안전하게 관리되어야 하는 민감한 정보입니다.
app.secret_key = 'your_secret_key'

# 세션 데이터 설정 라우트
@app.route('/set_session')
def set_session():
    session['username'] = 'John'
    return '세션에 사용자 이름이 설정되었습니다!'

# 세션 데이터 가져오기 라우트
@app.route('/get_session')
def get_session():
    username = session.get('username')
    if username:
        return f'사용자 이름: {username}'
```

```
    else:
        return '사용자 이름이 세션에 설정되지 않았습니다.'
```

**테스트 방법**

1. 전체 코드를 app.py라는 이름으로 저장한 후, 터미널에서 flask run 명령으로 플라스크 서버를 시작합니다.

2. 웹 브라우저를 열고 먼저 http://127.0.0.1:5000/set_session에 접속하면 '세션에 사용자 이름이 설정되었습니다!'라는 메시지를 볼 수 있습니다. 이는 세션에 'John'이라는 사용자 이름을 저장했다는 것을 의미합니다. 그다음, http://127.0.0.1:5000/get_session에 접속하면 '사용자 이름: John' 메시지를 통해 세션에서 설정한 데이터를 조회할 수 있습니다.

새로운 /protected 라우트는 사용자가 세션에 있는지 없는지를 체크합니다.

```
from flask import Flask, session, abort

app = Flask(__name__)
app.secret_key = 'your_secret_key'  # 실제 환경에서는 안전하게 관리해야
할 정보입니다.

@app.route('/set_session')
def set_session():
    session['username'] = 'John'
    return '세션에 사용자 이름이 설정되었습니다!'

@app.route('/get_session')
def get_session():
    username = session.get('username')
    if username:
        return f'사용자 이름: {username}'
    return '사용자 이름이 세션에 설정되지 않았습니다.'

@app.route('/protected')
def protected():
    # 세션에 'username'이 설정되어 있지 않으면 403 Forbidden 에러를 반환
합니다.
    if 'username' not in session:
        abort(403)
```

```
        return '이 페이지는 로그인한 사용자만 볼 수 있습니다!'
    else:
        return '로그인된 페이지입니다!'
```

만약 세션에 username이 없다면, HTTP 403 Forbidden 에러 페이지를 반환하여 사용자가 이 페이지에 접근하는 것을 제한합니다. 이렇게 함으로써, 우리는 특정 세션 데이터가 있는 사용자에게만 서비스를 제공할 수 있습니다.

앞의 코드를 웹 서버에서 실행하고 브라우저에서 http://127.0.0.1:5000/set_session을 방문하여 세션을 설정한 다음, http://127.0.0.1:5000/protected를 방문할 때 세션에 'username'이 설정되어 있어야만 페이지를 볼 수 있음을 확인할 수 있습니다. http://127.0.0.1:5000/get_session은 현재 세션에서 'username' 값을 조회하는 방법을 제공합니다.

플라스크의 주요 session 객체 사용법을 정리하겠습니다.

### 1. 세션 데이터 저장하기

```
session['user_id'] = 42
```

- 사용자의 ID를 세션에 저장합니다. 이 ID는 로그인 시 할당된 고유한 값일 수 있습니다.

### 2. 세션 데이터 조회하기

```
user_id = session.get('user_id')
```

- 세션에서 user_id를 조회합니다. user_id가 없다면 None을 반환합니다.

### 3. 세션 데이터 삭제하기

```
session.pop('user_id', None)
```

- user_id 키를 가진 세션 데이터를 삭제합니다. 두 번째 인자는 키가 존재하지 않을 경우 반환할 기본값입니다.

### 4. 세션 데이터의 존재 여부 확인하기

```
is_logged_in = 'user_id' in session
```

- 'user_id' 키가 세션에 존재하는지 확인합니다. 로그인 여부를 체크하는 데 사용할 수 있습니다.

5. 세션의 모든 데이터 삭제하기

`session.clear()`

- 세션의 모든 데이터를 삭제합니다. 로그아웃 기능을 구현할 때 유용합니다.

6. 세션 데이터가 수정되었음을 명시하기

`session.modified = True`

- 세션 데이터가 수정되었음을 플라스크에 알립니다. 이는 세션의 내용이 변경될 때 자동으로 플라스크가 처리하지 못하는 경우에 유용합니다.

이 외의 기능은 이후 챕터에서 인증 기능과 함께 설명하겠습니다.

### 2.8.3 | 플라스크에서의 쿠키 사용법

사용자에게 쿠키를 설정하려면 응답 객체에 set_cookie() 메서드를 사용합니다. 쿠키 이름과 값을 지정할 수 있습니다. 쿠키 설정을 위해 make_response를 사용하는 이유는, 플라스크에서 쿠키를 설정하기 위해서는 HTTP 응답 객체가 필요하기 때문입니다. 기본적으로 라우트 함수는 문자열을 반환하며, 플라스크는 이를 HTTP 응답으로 변환합니다. 하지만 쿠키를 설정하려면, 단순히 문자열이 아닌 수정이 가능한 응답 객체를 다뤄야 합니다.

make_response() 함수는 라우트 함수의 반환값(여기서는 '쿠키를 설정합니다.'라는 문자열)을 받아서 플라스크의 응답 객체를 생성합니다. 이 객체를 사용하여 HTTP 헤더를 설정하거나 쿠키를 추가하는 등의 추가적인 작업을 수행할 수 있습니다.

```python
from flask import Flask, make_response

app = Flask(__name__)

@app.route('/set_cookie')
def set_cookie():
    resp = make_response('쿠키를 설정합니다.')
    resp.set_cookie('username', 'John')
    return resp
```

설정된 쿠키는 요청 객체의 cookies 속성을 통해 조회할 수 있습니다. 이는 딕셔너리 형태이며, 키를 사용하여 값을 읽어올 수 있습니다. 플라스크에서는 request 객체를 통해 현재 요청의 정보에 접근할 수 있습니다. request 객체는 사용자가 서버에 보낸 HTTP 요청의 모든 데이터를 포함하고 있으며 여기에는 URL, HTTP 헤더, 쿼리 매개변수, 쿠키 등이 포함됩니다.

쿠키에 접근하기 위해서는 request.cookies 속성을 사용합니다. 이 속성은 서버로 전송된 쿠키들을 담고 있는 딕셔너리 객체입니다. 딕셔너리이기 때문에 키(key)를 사용하여 쿠키의 값을 조회할 수 있습니다.

```python
from flask import request

@app.route('/get_cookie')
def get_cookie():
    username = request.cookies.get('username', '게스트')
    return f'쿠키로부터 얻은 사용자 이름: {username}'
```

앞의 두 코드 조각을 하나의 플라스크 애플리케이션에 합치면 다음과 같습니다:

```python
from flask import Flask, make_response, request, abort

app = Flask(__name__)

@app.route('/set_cookie')
def set_cookie():
    resp = make_response('쿠키를 설정합니다.')
    resp.set_cookie('username', 'John')
    return resp

@app.route('/get_cookie')
def get_cookie():
    username = request.cookies.get('username', '게스트')
    return f'쿠키로부터 얻은 사용자 이름: {username}'

# 쿠키가 설정된 사용자만 접근 가능한 라우트
@app.route('/secret')
def secret():
    username = request.cookies.get('username')
    if not username:
        # 쿠키가 없다면 접근 금지 메시지 반환
        abort(403, description="접근 권한이 없습니다. 먼저 쿠키를 설정해
```

```
주세요.")
    return f'환영합니다, {username}님! 비밀 페이지에 접속하셨습니다.'
```

**테스트 방법**

1. 전체 코드를 app.py라는 이름으로 저장한 후, 터미널에서 flask run 명령으로 플라스크 서버를 시작합니다.

2. 웹 브라우저에서 먼저 http://127.0.0.1:5000/set_cookie 경로로 이동하여 쿠키를 설정합니다. 그 후 http://127.0.0.1:5000/secret 경로로 이동하면 설정된 쿠키를 기반으로 비밀 페이지에 접근할 수 있습니다.

   만약 http://127.0.0.1:5000/set_cookie를 설정하지 않고 바로 http://127.0.0.1:5000/secret 경로로 이동한다면, 접근 권한이 없다는 메시지가 표시될 것입니다.

추가로, 응답 객체를 resp라고 가정했을 때 쿠키를 삭제하려면 resp.delete_cookie('cookie_name') 메서드를 사용합니다.

```
@app.route('/delete_cookie')
def delete_cookie():
    resp = make_response('쿠키를 삭제합니다.')
    resp.delete_cookie('username')
    return resp
```

쿠키를 설정할 때 다양한 옵션들을 사용할 수 있고 이 옵션들은 쿠키의 보안, 유효성, 그리고 적용 범위를 결정하는 데 도움이 됩니다. 여기서는 resp 객체가 응답 객체라고 가정하고, 각 옵션을 한 줄의 코드와 함께 설명하겠습니다.

**1. max_age 옵션**:

```
resp.set_cookie('username', 'John', max_age=60*60*24*7)
```

max_age 옵션은 쿠키가 유지될 시간을 초 단위로 설정합니다. 위 코드에서 max_age=60*60*24*7은 쿠키가 생성된 시점부터 정확히 1주일(7일) 동안 유효하다는 것을 의미합니다. 시간이 지나면 쿠키는 자동으로 만료되어 브라우저에서 삭제됩니다.

2. expires 옵션:

```
resp.set_cookie('username', 'John', expires=datetime.
datetime(2027, 11, 7))
```

expires 옵션은 쿠키가 만료되는 정확한 날짜와 시간을 설정할 수 있습니다. 예를 들어, 위 코드는 쿠키가 2027년 11월 7일에 만료되도록 설정합니다. datetime.datetime 객체를 사용하여 날짜와 시간을 지정할 수 있습니다.

3. path 옵션:

```
resp.set_cookie('username', 'John', path='/app')
```

path 옵션을 통해 쿠키의 유효 경로를 제한할 수 있습니다. 위 코드는 '/app' 경로와 이 경로의 하위 경로에서만 쿠키가 유효하게 됩니다. 쿠키는 기본적으로 도메인의 모든 경로에 대해 유효합니다(path='/').

4. domain 옵션:

```
resp.set_cookie('username', 'John', domain='.example.com')
```

domain 옵션을 설정하면 쿠키가 특정 도메인에서 유효하게 됩니다. 위 코드는 '.example.com' 도메인과 그 하위 도메인에서 쿠키를 사용할 수 있게 합니다. 이렇게 설정하면 서브 도메인 간에 쿠키를 공유할 수 있습니다.

5. secure 옵션:

```
resp.set_cookie('username', 'John', secure=True)
```

secure 옵션이 True로 설정되면, 쿠키는 HTTPS 연결을 통해서만 전송됩니다. 이는 쿠키가 암호화되어 안전하게 전송되도록 보장합니다.

6. httponly 옵션:

```
resp.set_cookie('username', 'John', httponly=True)
```

httponly 옵션을 True로 설정하면, 쿠키는 웹 서버를 통해서만 접근할 수 있습니다. 클라이언트 사이드 스크립트, 예를 들어 자바스크립트는 쿠키에 접근할 수 없게 되어 보안을 강화합니다. 이는 쿠키가 클라이언트 사이드의 스크립트에 의한 공격으로부터 안전하도록 도와줍니다.

이러한 옵션들을 사용하면 쿠키 관리를 세밀하게 조정할 수 있습니다. 이 외에 세션에 대한 보다 다양한 사용법에 대해서는 이후 챕터에서 인증 기능과 함께 상세히 알아보기로 하겠습니다.

# 2.9 로깅

로깅(logging)은 프로그램 실행 중에 발생하는 이벤트, 메시지, 데이터 등을 시간순으로 기록하는 과정을 말합니다. 이 기록들은 이후 문제 발생 시 원인 분석, 시스템 상태 모니터링, 사용자 행동 추적 등 다양한 목적으로 사용됩니다.

- **로그 레벨(log level)**: 로그 메시지는 중요도에 따라 여러 레벨로 분류됩니다. DEBUG는 개발 중에 상세한 정보를 제공하며, INFO는 일반적인 작업의 성공을 보고합니다. WARNING은 예상치 못한 일이 발생했지만, 프로그램이 작동하는 데는 문제가 없을 때 사용합니다. ERROR는 심각한 문제가 발생했음을 나타내며, CRITICAL은 아주 심각한 문제를 의미해 시스템이 잘못 동작할 수 있음을 알립니다.

- **로그 파일(log file)**: 로그 메시지들이 쓰이는 파일로, 이 파일들은 종종 로그 분석 도구에 의해 분석됩니다. 로그 파일을 통해 발생한 문제의 경위를 추적하고, 시스템의 현재 상태를 파악하며, 보안 사고가 있었는지도 조사할 수 있습니다.

## 2.9.1 | 왜 로깅이 필요한가?

1. **디버깅(debugging)**: 개발 중에 발생하는 예외나 에러를 추적하고 분석하는 데 필수적입니다. 로그는 문제의 근원을 빠르게 파악하는 데 도움을 줍니다.

2. **모니터링(monitoring)**: 로깅은 시스템의 상태를 모니터링하는 데 사용됩니다. 예를 들어 서버의 부하, 트랜잭션의 처리 시간, 사용자의 활동 등을 실시간으로 파악할 수 있습니다.

3. **문제 해결(troubleshooting)**: 로그는 시스템에 발생한 문제를 해결하는 과정에서 중요한 단서를 제공합니다. 언제, 어디서, 왜 문제기 발생했는지 로그를 통해 식별할 수 있습니다.

4. **보안(auditing)**: 로그는 보안 사고의 감사 트레일(audit trail)을 제공합니다. 비정상적인 접근 시도, 서비스 거부(DoS) 공격, 시스템 침투 등 보안 위협을 감지하는 데 중요한 역할을 합니다.

로깅은 실무에서 다음과 같이 적용됩니다.

1. **개발 환경에서의 로깅**: 개발자는 코드의 버그를 식별하고 수정하기 위해 DEBUG 레벨의 로그를 사용합니다.
2. **운영 환경에서의 로깅**: INFO 레벨 이상의 로그를 사용하여 시스템의 정상 작동 여부를 확인하고, ERROR 또는 CRITICAL 로그를 모니터링하여 잠재적인 시스템 문제를 식별합니다.
3. **사용자 행동 분석**: 사용자의 클릭, 페이지 뷰, 트랜잭션 등의 정보를 기록하여 사용자 경험을 분석하고 개선하는 데 사용됩니다.
4. **성능 측정**: 시스템의 응답 시간과 자원 사용률을 기록하여 성능 병목 현상을 찾고 해결합니다.
5. **고급 로깅 기법**: 구조화된 로깅, 로그의 중앙 집중화, 실시간 로그 분석 및 시각화를 통해 복잡한 시스템에서 발생하는 문제를 효과적으로 관리할 수 있습니다.

이러한 방법으로 로깅은 개발 단계에서부터 운영, 유지보수에 이르기까지 소프트웨어 라이프사이클 전반에 걸쳐 중요한 역할을 합니다.

플라스크에서는 파이썬의 표준 로깅 라이브러리를 사용하여 로깅을 설정할 수 있습니다.

## 2.9.2 | 로깅 기본 사용법

### 1. 기본 로거 설정

플라스크 애플리케이션을 생성하면 자동으로 로거가 설정됩니다. 이 로거는 플라스크 애플리케이션 내부에서 발생하는 이벤트를 기록하는 데 사용됩니다.

```
from flask import Flask
app = Flask(__name__)
```

### 2. 로그 레벨 설정

app.logger.setLevel() 메서드를 사용하여 로그 레벨을 설정할 수 있습니다. 로그 레벨을 DEBUG로 설정하면 DEBUG 레벨 이상의 모든 로그가 기록됩니다. 로깅 레벨은 로그의 심각도를 나타내며, 다음과 같은 순서로 등급이 매겨집니다:

- **DEBUG**: 가장 낮은 레벨로, 상세한 정보를 기록할 때 사용합니다. 개발 중에 문제를 진단할 때 유용합니다.
- **INFO**: 일반적인 정보를 기록하는 데 사용됩니다.
- **WARNING**: 예상치 못한 일이 발생했거나 문제가 발생할 가능성이 있는 경우에 사용됩니다.

- **ERROR**: 심각한 문제로, 프로그램의 일부 기능이 제대로 작동하지 않을 때 사용됩니다.
- **CRITICAL**: 매우 심각한 문제로, 애플리케이션이 계속 실행될 수 없을 때 사용됩니다.

```
import logging
app.logger.setLevel(logging.DEBUG)   # DEBUG 레벨 로깅 활성화
```

### 3. 로그 파일 저장

logging.basicConfig() 함수를 사용하여 로그 메시지를 파일로 저장합니다. filename 매개변수로 로그 파일의 위치와 이름을 지정하고, level 매개변수로 저장할 로그 레벨을 설정합니다.

```
logging.basicConfig(filename='application.log', level=logging.DEBUG)
```

이 설정은 로깅 시스템을 초기화하고, 프로그램 실행 중에 발생하는 모든 로그를 application.log 파일에 기록하도록 지시합니다. 로그 파일은 app.py 파일과 동일한 폴더에 생성되며, 로그의 내용에는 로그 메시지뿐만 아니라 해당 메시지가 기록된 시간과 로그 레벨도 포함됩니다. 이 파일을 통해 나중에 시스템의 문제를 진단하고 분석할 수 있습니다.

level=logging.DEBUG 옵션 설정은 로깅 시스템에게 DEBUG 레벨과 그보다 심각도가 높은(INFO, WARNING, ERROR, CRITICAL) 모든 로그를 application.log 파일에 기록하도록 지시합니다.

app.logger.setLevel()로 로그 레벨을 설정하는 부분과 logging.basicConfig(filename='application.log', level=logging.DEBUG)에서 로그 파일에 저장되는 레벨을 설정하는 기능을 구분해서 명확히 이해하려면 파이썬의 로깅 시스템이 어떻게 작동하는지 조금 더 깊이 들어가 볼 필요가 있습니다.

파이썬의 로깅 시스템은 계층적으로 구성되어 있습니다. 각 파이썬 프로그램(프로세스)마다 최상위에는 'root' 로거가 있고, 이보다 아래 계층에 여러 'child' 로거가 있을 수 있습니다.

1. **logging.basicConfig()**: 이 함수는 'root' 로거의 설정을 지정합니다. 프로세스 내에서 이 함수를 최초로 호출할 때 'root' 로거의 로그 레벨과 핸들러 등의 설정을 지정할 수 있습니다. 이 설정은 'root' 로거에 대해 한 번만 설정되며, 그 이후에는 변경할 수 없습니다. 즉, 프로세스가 시작할 때 한 번만 설정되며 프로그램의 나머지 부분에서는 'root' 로거 설정을 변경하지 않습니다.

2. **app.logger.setLevel()**: 플라스크 애플리케이션의 로거는 'root' 로거의 자식 로거입니다. 이 메서드는 플라스크 애플리케이션의 로거 레벨을 설정합니다. 이 설정은 애플리케이션 내부에서 로깅할 정보의 양을 결정합니다. 이렇게 설정하면 해당 레벨 및 그보다 높은 레벨의 로그만 애플리케이션의 로거를 통해 처리됩니다.

따라서 예를 들어 app.logger.setLevel(logging.ERROR)를 호출하면, 플라스크 애플리케이션은 ERROR 또는 CRITICAL 로그만을 처리합니다. 하지만 logging.basicConfig(level=logging.DEBUG)를 호출하면, 'root' 로거는 DEBUG 이상의 모든 로그를 처리하려고 합니다. 이는 애플리케이션의 로거에서 ERROR 또는 CRITICAL 로그만이 'root' 로거에 전달되기 때문에, 'root' 로거의 DEBUG 설정은 실질적으로 사용되지 않는다는 것을 의미합니다. 그러므로, 보통 logging.basicConfig()와 app.logger.setLevel()의 로그 레벨은 동일하게 정하는 것이 일반적입니다.

플라스크의 app.logger 객체를 사용하여 로그 메시지를 작성합니다.

```
@app.route('/')
def home():
    app.logger.info('Info level log')
    app.logger.warning('Warning level log')
    return 'Hello, World!'
```

여기서 info와 warning은 로그 레벨을 나타냅니다. 이를 통해 로그의 중요도에 따라 다르게 처리할 수 있습니다.

전체 코드는 다음과 같습니다.

```
# app.py
from flask import Flask
import logging

app = Flask(__name__)

# 로그 레벨을 DEBUG로 설정합니다.
app.logger.setLevel(logging.DEBUG)
```

```python
# 로그를 파일로 저장합니다. 추가적으로 날짜와 시간, 로그 레벨도 포함하도록 합니다.
logging.basicConfig(filename='application.log', level=logging.DEBUG,
                    format='%(asctime)s:%(levelname)s:%(message)s')

@app.route('/')
def home():
    # 여기서 각기 다른 로그 레벨의 로그를 생성합니다.
    app.logger.debug('Debug level log')       # 디버그 메시지
    app.logger.info('Info level log')         # 정보 메시지
    app.logger.warning('Warning level log')   # 경고 메시지
    app.logger.error('Error level log')       # 에러 메시지
    app.logger.critical('Critical level log') # 크리티컬 메시지
    return 'Hello, World!'

if __name__ == '__main__':
    app.run(debug=True)
```

**테스트 방법**

1. 위의 코드를 app.py라는 이름으로 저장한 후, 터미널에서 flask run 명령으로 플라스크 서버를 시작합니다.

2. 웹 브라우저를 열고 localhost:5000(또는 플라스크가 지정한 포트)으로 이동합니다. 화면에는 "Hello, World!" 메시지가 표시됩니다.

3. 웹페이지를 불러올 때마다 플라스크 애플리케이션은 app.py 파일과 동일 폴더의 application.log 파일에 다음과 같은 로그 메시지를 추가합니다.

```
2023-11-07 10:00:00,000:DEBUG:Debug level log
2023-11-07 10:00:00,001:INFO:Info level log
2023-11-07 10:00:00,002:WARNING:Warning level log
2023-11-07 10:00:00,003:ERROR:Error level log
2023-11-07 10:00:00,004:CRITICAL:Critical level log
```

파일에 기록된 로그를 보면 각 로그 메시지 앞에는 자동으로 로그가 기록된 날짜와 시간, 로그 레벨이 포함되어 있습니다. 이는 logging.basicConfig에서 지정한 포맷에 따른 것입니다. 로그 파일을 확인함으로써 애플리케이션이 어떻게 실행되고 있는지, 어떤 이벤트가 발생했는지 등을 파악할 수 있습니다.

이 코드와 설명은 실제 서버 환경에서 유용한 로깅 시스템을 설정하는 방법을 보여줍니다. 로그 파일은 시스템 운영에 필수적인 정보를 제공하며, 문제가 발생했을 때 그 원인을 추적하는 데 매우 중요한 역할을 합니다.

# 3 플라스크 확장과 성능 개선

3.1 데이터베이스
3.2 인증과 세션
3.3 RESTful API
3.4 캐싱
3.5 배포
3.6 테스팅
3.7 플라스크 성능 개선 팁

# 3.1 데이터베이스

데이터베이스는 정보를 저장, 관리, 검색하기 위한 시스템입니다. 데이터베이스가 없으면 웹 애플리케이션은 매우 제한된 기능만을 수행할 수 있습니다. 예를 들어 사용자 정보, 게시물, 댓글 등을 실시간으로 저장하거나 검색할 수 없을 것입니다.

플라스크와 파이썬에서는 여러 가지 데이터베이스를 연결하여 사용할 수 있습니다. 직접 각 데이터베이스를 연결하고 제어하는 파이썬 라이브러리를 사용해도 되고, SQLAlchemy를 사용해도 됩니다. SQLAlchemy는 객체-관계 매핑(Object-Relational Mapping, ORM)을 제공하여 파이썬 클래스를 데이터베이스 테이블과 연결해줍니다.

SQLAlchemy는 파이썬에서 사용할 수 있는 ORM(Object-Relational Mapping) 라이브러리입니다. 즉, 데이터베이스 테이블을 파이썬 클래스로 매핑해주는 역할을 합니다. 이를 통해 SQL 쿼리를 직접 작성하지 않고도 데이터베이스 연산을 수행할 수 있습니다.

## 3.1.1 | 플라스크와 MySQL 연동

데이터베이스 종류가 다양하지만, 본 챕터에서는 가장 많이 사용하는 MySQL을 기반으로 플라스크와 연동하는 방법을 알아보겠습니다.

- **데이터베이스 생성**: 'db_name'에 해당하는 MySQL 데이터베이스가 생성되어 있어야 합니다.
- **적절한 데이터베이스 접속 설정**: 자신의 환경에 맞는 SQLALCHEMY_DATABASE_URI 기반 데이터베이스 접속 설정을 수정합니다.
- **플라스크 버전 확인**: 플라스크 버전에 따라 에러가 발생할 수 있습니다. 3.0.2 버전인지 맞는지 다음 명령어로 확인합니다.

```
pip show Flask
```

버전이 다르면, 다음 명령어로 설치한 후 재실행합니다.

```
pip install Flask==3.0.2
```

## 》필요한 패키지 설치

먼저 필요한 패키지를 설치하겠습니다. 데이터베이스는 종류가 다양하지만, 가장 많이 사용되는 데이터베이스인 MySQL을 사용한다고 가정하겠습니다. 플라스크에서 MySQL 데이터베이스에 접속하려면 일반적으로 Flask-SQLAlchemy라는 플라스크용 ORM 라이브러리와 pymysql 라이브러리가 필요합니다.

```
pip install Flask-SQLAlchemy==3.1.1
pip install pymysql==1.1.0
```

## 》플라스크 애플리케이션과 SQLAlchemy 설정

이제 기본적인 플라스크 애플리케이션을 설정하고 SQLAlchemy를 설정합니다. 우선 MySQL 데이터베이스에서 데이터베이스를 생성해야 합니다. 접속 시 데이터베이스 이름을 요구하기 때문입니다.

백엔드에서는 데이터베이스를 많이 사용하므로 데이터베이스와 SQL 언어는 반드시 별도로 정리해야 합니다. 데이터베이스와 SQL 언어는 백엔드 기술만큼 내용이 많은 분야로, 본 서적의 범위에서 다룰 수는 없습니다. 따라서 데이터베이스와 SQL 언어를 이미 알고 활용 가능하다는 것과 사전에 자신의 PC 등에 MySQL이 설치되어 있음을 전제로 설명합니다.

자신의 데이터베이스에 MySQL Workbench와 같은 툴로 접속하여 다음 SQL 명령으로 데이터베이스를 생성합니다.

```
CREATE DATABASE db_name;
```

데이터베이스를 생성한 후에는 플라스크 코드로 다음과 같이 작성합니다.

```
from flask import Flask
from flask_sqlalchemy import SQLAlchemy

app = Flask(__name__)
app.config['SQLALCHEMY_DATABASE_URI'] = 'mysql+pymysql://
username:password@host/db_name'
db = SQLAlchemy(app)
```

app.config['SQLALCHEMY_DATABASE_URI']의 각 값을 살펴보면 다음과 같습니다.

- **mysql+pymysql**: 이 부분은 'DBAPI(데이터베이스 API) 구현'을 선택하는 부분입니다. mysql은 사용하려는 데이터베이스의 종류를 나타내며, pymysql은 SQLAlchemy가 실제로 데이터베이스와 통신하는 데 사용할 파이썬 라이브러리입니다. 즉, mysql+pymysql은 SQLAlchemy에게 MySQL을 사용하고, 그 통신에는 pymysql 라이브러리를 사용하겠다는 의미입니다.
- **username:password**: MySQL 데이터베이스의 사용자 이름과 비밀번호입니다.
- **host**: MySQL 서버의 주소입니다. 로컬에서 실행하는 경우 일반적으로 localhost입니다.
- **port**: MySQL 서버의 포트입니다. 로컬에서 실행하는 경우 일반적으로 3306이며, host로 실행하면 자동으로 3306 포트로 접속을 시도하므로 보통의 경우에는 host만 기재하여도 접속이 가능합니다.
- **db_name**: 접속할 데이터베이스의 이름입니다.

데이터베이스 접속은 항상 설정할 항목이 많고 각 항목이 정확히 맞아야 하므로 한 번에 동작하지 않는 경우가 많습니다. 동작하지 않는다면 각 설정 항목을 정확히 확인해봐야 합니다.

## 》User 모델 생성

다음으로 User 모델을 만들어보겠습니다. User 모델 생성은 데이터베이스에 정의한 테이블을 생성하는 것입니다. 기본적으로 SQLAlchemy는 모델 클래스의 이름을 소문자화하여 테이블 이름으로 사용합니다. 즉, User 클래스는 user라는 이름의 테이블을 만듭니다. 만약 다른 테이블 이름을 사용하고 싶다면, __tablename__ 속성을 설정하여 이름을 직접 지정할 수 있습니다.

```
class User(db.Model):
    # 테이블 이름 직접 지정 (이 부분을 생략하면 기본적으로 클래스 이름을 소문자화한 'user'가 됩니다.)
    __tablename__ = 'users'

    id = db.Column(db.Integer, primary_key=True)
    username = db.Column(db.String(80), unique=True, nullable=False)
    email = db.Column(db.String(120), unique=True, nullable=False)
```

```
    def __repr__(self):
        return '<User %r>' % self.username
```

User 클래스는 SQLAlchemy의 Model 클래스를 상속받으며, __tablename__ 속성을 통해 데이터베이스에서 사용할 테이블의 이름을 users로 명시적으로 지정합니다. 이 속성을 생략하면 SQLAlchemy는 클래스 이름의 소문자 버전인 user를 테이블 이름으로 사용합니다.

```
class User(db.Model):
    __tablename__ = 'users'
```

그리고 컬럼을 정의합니다.

```
id = db.Column(db.Integer, primary_key=True)
username = db.Column(db.String(80), unique=True, nullable=False)
email = db.Column(db.String(120), unique=True, nullable=False)
```

- **db.Column()**: 이 메서드는 테이블의 컬럼을 정의합니다.
- **db.Integer와 db.String(x)**: 데이터 타입을 지정합니다. id는 정수형, username과 email은 문자열입니다.
- **primary_key=True**: 이 옵션으로 id 컬럼을 테이블의 기본 키로 지정합니다.
- **unique=True**: username과 email 컬럼에는 고유한 값만 저장되어야 함을 나타냅니다.
- **nullable=False**: 이 옵션은 컬럼에 NULL 값이 들어갈 수 없음을 나타냅니다.

다음과 같이 repr() 메서드를 사용했습니다.

```
def __repr__(self):
    return '<User %r>' % self.username
```

- **__repr__**: 객체의 문자열 표현을 정의합니다. 콘솔에 객체를 출력할 때 이 메서드가 반환하는 형식대로 출력됩니다.

> **SQLAlchemy의 생성자**
>
> SQLAlchemy는 모델 클래스에 명시적으로 생성자(\_init\_)를 정의하지 않아도 됩니다. 이는 SQLAlchemy가 내부적으로 생성자를 제공하기 때문입니다. 이 내부 생성자는 모델에 선언된 컬럼과 일치하는 키워드 인자를 받아 인스턴스를 초기화합니다.

플라스크 애플리케이션은 실행될 때 특정한 실행 환경, 즉 '컨텍스트'를 가집니다. 이 컨텍스트는 현재 애플리케이션이나 요청에 대한 정보를 담고 있으며, 애플리케이션 레벨의 컨텍스트를 '애플리케이션 컨텍스트(application context)'라고 합니다. SQLAlchemy를 사용하여 DB와 상호작용할 때 이 애플리케이션 컨텍스트 안에서 실행해야 할 작업들이 있습니다.

```
# 애플리케이션 컨텍스트 안에서 DB 테이블을 생성합니다.
with app.app_context():
    # db.create_all() 메서드는 모델에 정의된 모든 테이블을 데이터베이스에 생성합니다.
    db.create_all()
```

app.app_context()를 사용하여 명시적으로 애플리케이션 컨텍스트를 생성하고, with 문 내에서 db.create_all()을 호출합니다.

```
with app.app_context():
    db.create_all()
```

이는 플라스크 애플리케이션의 컨텍스트 내에서 실행되어야 하는 작업들을 위해 필요합니다. 애플리케이션 컨텍스트를 사용하면 현재 애플리케이션 인스턴스에 대한 정보에 접근할 수 있고, 이 정보는 데이터베이스와의 연결 설정을 포함합니다.

db.create_all() 메서드는 모델 클래스를 통해 정의된 모든 테이블을 데이터베이스에 생성하는 SQLAlchemy의 내장 메서드입니다. 이미 테이블이 존재하는 경우, create_all() 메서드는 아무런 동작을 하지 않습니다. 따라서, 이 메서드는 애플리케이션을 처음 실행할 때 데이터베이스를 초기화하는 데 주로 사용됩니다.

애플리케이션 컨텍스트와 함께 사용하면 create_all() 메서드는 현재 애플리케이션의 데이터베이스 설정에 따라 적절한 데이터베이스에 테이블들을 생성합니다. 이렇게 하면 모든 모델에 대한 테이블이 데이터베이스에 성공적으로 생성될 수 있도록 보장할 수 있습니다.

## 》CRUD 구현

다음 단계로 CRUD는 Create, Read, Update, Delete의 약자로, 데이터베이스에서 가장 기본적인 작업을 의미합니다. SQLAlchemy를 통해 이러한 작업을 쉽게 구현할 수 있습니다.

• **Create: 데이터 추가하기**

데이터를 새로 생성하려면 모델 클래스(User 등)의 인스턴스를 만들고, 이를 db.session.add()와 db.session.commit()으로 데이터베이스에 추가합니다.

```
new_user = User(username='john', email='john@example.com')
db.session.add(new_user)
db.session.commit()
```

- **User(username='john', email='john@example.com')**: User 모델의 새 인스턴스를 생성합니다.
- **db.session.add(new_user)**: 새로운 사용자를 데이터베이스 세션에 추가합니다.
- **db.session.commit()**: 변경 사항을 데이터베이스에 실제로 반영합니다.

• **Read: 데이터 읽기**

데이터를 읽어오는 방법은 여러 가지가 있습니다. 가장 기본적인 방법은 query 객체를 사용하는 것입니다.

```
user = User.query.filter_by(username='john').first()
```

- **User.query**: User 모델에 대한 query 객체를 생성합니다.
- **filter_by(username='john')**: username이 'john'인 레코드를 필터링합니다.
- **first()**: 필터링된 레코드 중 첫 번째 레코드를 가져옵니다.

관계형 데이터베이스를 다루는 SQL 언어에서도 데이터를 검색하는 문법은 매우 다양합니다. SQLAlchemy 에서도 관련 SQL 문법을 모두 사용할 수 있습니다. 관련 문법을 예제와 함께 정리하면 다음과 같습니다.

다음 예시에서는 User라는 모델을 사용하며, 이 모델에는 id, username, email 등의 필드가 있다고 가정합니다.

모든 레코드를 가져오려면 all() 메서드를 사용합니다.

```
users = User.query.all()
```

first() 메서드는 조건에 맞는 첫 번째 레코드를 반환합니다. 없으면 None을 반환합니다.

```
user = User.query.filter_by(username='john').first()
```

기본 키(primary key)를 알고 있다면 get() 메서드를 사용할 수 있습니다. 없으면 None을 반환합니다.

```
user = User.query.get(1)   # id가 1인 User 레코드를 가져옴
```

filter() 메서드를 사용하여 복잡한 조건을 줄 수 있습니다.

```
users = User.query.filter(User.email.endswith('@gmail.com')).all()
```

User.email.endswith('@gmail.com')은 User 모델의 email 필드에 대해 endswith() 메서드를 사용하여, 이메일 주소가 '@gmail.com'으로 끝나는지 아닌지를 체크합니다. 이와 같이 문자열 메서드를 사용하여 특정 패턴을 만족하는 데이터를 필터링할 수 있습니다.

filter_by()는 간단한 조건을 주는 경우에 사용합니다.

```
user = User.query.filter_by(username='john').first()
```

limit() 메서드로 가져올 레코드의 개수를 제한할 수 있습니다.

```
users = User.query.limit(5).all()   # 처음 5개의 User 레코드를 가져옴
```

offset() 메서드로 몇 개의 레코드를 건너뛸지 설정할 수 있습니다.

```
users = User.query.offset(2).all()   # 처음 2개를 건너뛰고 나머지 User
레코드를 가져옴
```

order_by() 메서드로 결과를 정렬할 수 있습니다.

```
users = User.query.order_by(User.username).all()   # username으로
오름차순 정렬
```

count() 메서드로 조건에 맞는 레코드의 개수를 세는 것도 가능합니다.

```
count = User.query.filter_by(username='john').count()
```

이 메서드는 특정 문자열로 시작하는 레코드를 찾습니다.

```
users = User.query.filter(User.email.startswith('john')).all()
```

%와 _ 와일드카드 문자를 사용하여 더 복잡한 문자열 매칭을 할 수 있습니다. %는 0개 이상의 문자를, _는 하나의 문자를 의미합니다.

```
users = User.query.filter(User.email.like('%gmail%')).all()
```

ilike()는 대소문자를 구분하지 않고 like()와 같은 방식으로 작동합니다.

```
users = User.query.filter(User.email.ilike('%GMAIL%')).all()
```

contains()는 특정 문자열을 포함하는 레코드를 찾습니다. 이는 like()의 %문자열% 형태와 유사합니다.

```
users = User.query.filter(User.email.contains('gmail')).all()
```

in_() 메서드를 사용하면 주어진 리스트에 있는 값 중 하나와 일치하는 레코드를 찾을 수 있습니다.

```
users = User.query.filter(User.username.in_(['john', 'susan'])).all()
```

SQLAlchemy의 func 모듈을 사용하여 문자열을 소문자나 대문자로 변환할 수 있습니다. 이를 filter()와 함께 사용하면 대소문자를 구분하지 않는 검색이 가능합니다.

```
from sqlalchemy import func
users = User.query.filter(func.lower(User.email) == 'john@gmail.com').all()
```

여러 메서드를 체인으로 연결하여 사용할 수 있습니다.

```
user = User.query.filter_by(username='john').first()
user = User.query.filter(User.email.endswith('@gmail.com')).
limit(5).all()
```

이렇게 다양한 방법을 조합하면, 다양한 조건에 맞는 데이터를 읽어올 수 있습니다.

- **Update: 데이터 수정하기**

데이터를 수정하려면 먼저 해당 데이터를 읽어와야 합니다. 그리고 나서 변경 사항을 적용하고 db.session.commit()을 호출합니다. SQLAlchemy에서는 두 가지 방법으로 여러 레코드를 한 번에 수정할 수 있습니다.

이 방법은 먼저 조건에 맞는 여러 레코드를 읽어온 뒤, 각 레코드를 수정하고 마지막에 한 번에 커밋하는 방식입니다.

```
users = User.query.filter_by(username='john').all()
for user in users:
    user.email = 'john@newexample.com'
db.session.commit()
```

- **User.query.filter_by(username='john').all()**: username이 'john'인 모든 레코드를 가져옵니다.
- **user.email = 'john@newexample.com'**: 각 사용자의 email 필드를 수정합니다.
- **db.session.commit()**: 변경 사항을 데이터베이스에 반영합니다.

update() 메서드를 사용하면 조건에 맞는 여러 레코드를 한 번의 쿼리로 수정할 수 있습니다. 이 방법은 데이터베이스 서버에 바로 적용되므로 db.session.commit()을 호출할 필요가 없습니다.

```
User.query.filter_by(username='john').update({ 'email': 'john@
newexample.com' })
db.session.commit()
```

- **User.query.filter_by(username='john').update(...)**: username이 'john'인 모든 레코드의 email을 'john@newexample.com'으로 수정합니다.
- **db.session.commit()**: 변경 사항을 데이터베이스에 반영합니다.

이때 주의할 점은 Update() 메서드는 FLUSH 작업을 수행하지 않기 때문에, 이전에 로드된 객체가 있다면 이 객체들의 상태는 자동으로 업데이트되지 않습니다. 따라서 현재 세션 내에 이미 로드된 객체가 있고 그 상태를 유지하고 싶다면, db.session.refresh(obj)를 사용하여 수동으로 갱신해야 합니다. 두 방법 중 필요에 따라 적절한 방법을 선택하면 됩니다.

• **Delete: 데이터 삭제하기**

데이터를 삭제하려면 먼저 해당 데이터를 읽어와야 합니다. 그다음 db.session.delete()와 db.session.commit()을 호출합니다.

```
user = User.query.filter_by(username='john').first()
db.session.delete(user)
db.session.commit()
```

- **db.session.delete(user)**: 데이터베이스 세션에서 해당 사용자를 삭제합니다.
- **db.session.commit()**: 변경 사항을 데이터베이스에 실제로 반영합니다.

이렇게 SQLAlchemy와 플라스크를 사용하면 간단하게 데이터베이스와의 CRUD 작업을 수행할 수 있습니다. 코드에서 쿼리를 직접 작성할 필요가 없기 때문에 작업이 간편하면서도 효율적입니다.

## 》 애플리케이션 실행

다음은 플라스크 애플리케이션을 실행하는 전체 코드입니다. 여기에는 데이터베이스 생성과 CRUD 연산을 테스트하는 코드도 포함되어 있습니다.

```
from flask import Flask
from flask_sqlalchemy import SQLAlchemy

app = Flask(__name__)
# 데이터베이스 연결 URI 설정
app.config['SQLALCHEMY_DATABASE_URI'] = 'mysql+pymysql://
funcoding:funcoding@localhost/db_name'

# SQLAlchemy 인스턴스 초기화
db = SQLAlchemy(app)
```

```python
# 데이터베이스 모델 정의
class User(db.Model):
    # 각 필드 정의
    id = db.Column(db.Integer, primary_key=True)  # 사용자 ID, 기본 키로 설정
    username = db.Column(db.String(80), unique=True, nullable=False)  # 사용자 이름, 중복 불가능 및 필수
    email = db.Column(db.String(120), unique=True, nullable=False)  # 이메일 주소, 중복 불가능 및 필수

    def __repr__(self):
        return f'<User {self.username}>'  # 객체를 문자열로 표현할 때 사용할 형식

# 앱 컨텍스트 안에서 DB 테이블 생성
with app.app_context():
    db.create_all()

# 라우트 정의
@app.route('/')
def index():
    # 데이터 생성(Create)
    new_user = User(username='john', email='john@example.com')
    db.session.add(new_user)
    db.session.commit()

    # 데이터 조회(Read)
    user = User.query.filter_by(username='john').first()

    # 데이터 업데이트(Update)
    user.email = 'john@newexample.com'
    db.session.commit()

    # 데이터 삭제(Delete)
    db.session.delete(user)
    db.session.commit()

    return 'CRUD operations completed'
```

## ≫ 테스트

### 사전 작업
- **데이터베이스 생성**: 'db_name'에 해당하는 MySQL 데이터베이스가 생성되어 있어야 합니다.
- **적절한 데이터베이스 접속 설정**: 각자의 환경에 맞추어 SQLALCHEMY_DATABASE_URI 기반 데이터베이스 접속 설정을 수정합니다.

### 주요 코드 설명
- **데이터베이스 연결**: 'SQLALCHEMY_DATABASE_URI' 설정을 통해 애플리케이션은 MySQL 데이터베이스에 연결됩니다. 위 예제에서는 데이터베이스 접속 사용자 이름과 비밀번호가 funcoding이고, 데이터베이스 이름은 db_name입니다.
- **모델 정의**: User 모델은 데이터베이스의 'users' 테이블을 나타냅니다. 각 필드(id, username, email)와 그들의 제약 조건(기본 키, 고유, 필수)이 정의되어 있습니다.
- **테이블 생성**: with app.app_context(): 구문을 통해 애플리케이션 컨텍스트 안에서 db.create_all()이 호출되어 정의된 모델에 따라 테이블이 데이터베이스에 생성됩니다.

### 웹페이지 기반 테스트
1. 위 코드를 app.py로 저장한 후, 터미널에서 flask run 명령어를 통해 실행합니다.
2. 웹 브라우저에서 http://127.0.0.1:5000/에 접속합니다.

### 테스트 결과 해설

- **데이터 생성(Create)**: 'john'이라는 username과 'john@example.com'이라는 email을 가진 새로운 User 객체가 생성되고, 데이터베이스에 커밋됩니다.
- **데이터 조회(Read)**: username이 'john'인 User 객체를 조회합니다.
- **데이터 업데이트(Update)**: 조회된 User 객체의 email을 'john@newexample.com'으로 변경하고 데이터베이스에 커밋합니다.
- **데이터 삭제(Delete)**: 조회된 User 객체를 데이터베이스에서 삭제하고 커밋합니다.
- **결과**: 이 모든 CRUD 작업이 성공적으로 완료되면, 서버는 'CRUD operations completed'라는 메시지를 반환합니다.
- **주의 사항**: 앞의 코드는 한 번의 HTTP 요청으로 모든 CRUD 작업을 수행합니다. 실제 애플리케

이션에서는 이러한 작업들을 개별적인 API 엔드포인트로 분리하여 처리하는 것이 일반적입니다. 데이터 삭제가 포함되어 있기 때문에 이 URL을 한 번 요청할 때마다 'john' 사용자는 생성되고 삭제됩니다. 따라서, 페이지를 새로고침할 때마다 'john' 사용자는 다시 생성되고 삭제됩니다.

## 3.1.2 | Flask-Migrate

Flask-Migrate는 플라스크 애플리케이션에서 SQLAlchemy 데이터베이스를 쉽게 마이그레이션할 수 있도록 도와주는 확장입니다. Alembic을 기반으로 하며, 데이터베이스 스키마의 버전 관리를 효율적으로 수행할 수 있게 도와줍니다. Flask-Migrate를 사용하면 다음과 같은 장점이 있습니다.

- **스키마 변경의 추적**: 데이터베이스 스키마가 자주 변경될 수 있으며, 이러한 변경을 버전으로 관리할 필요가 있습니다.
- **팀 작업**: 여러 개발자가 함께 작업할 때 각자의 로컬 데이터베이스 상태를 일치시켜야 합니다.
- **배포 용이성**: 프로덕션 데이터베이스에 새로운 변경을 안전하게 적용할 수 있어야 합니다.
- **데이터 손실 방지**: 스키마가 변경되더라도 기존 데이터를 보존하면서 안전하게 마이그레이션할 수 있습니다.

터미널에서 아래 명령어를 실행해 Flask-Migrate를 설치합니다.

```
pip install Flask-Migrate==4.0.5
```

Flask-Migrate 초기 설정은 파일명을 app.py로 작성합니다.

```
from flask import Flask
from flask_sqlalchemy import SQLAlchemy
from flask_migrate import Migrate

app = Flask(__name__)
app.config['SQLALCHEMY_DATABASE_URI'] = 'mysql+pymysql://funcoding:funcoding@localhost/db_name'
db = SQLAlchemy(app)

# 여기서 모델 클래스를 정의합니다. 예를 들면,
class User(db.Model):
    id = db.Column(db.Integer, primary_key=True)
```

```
    username = db.Column(db.String(80), unique=True,
nullable=False)
    email = db.Column(db.String(120), unique=True,
nullable=False)

    def __repr__(self):
        return '<User %r>' % self.username

# Flask-Migrate 초기 설정
migrate = Migrate(app, db)
```

다음 단계에 따라 데이터베이스 마이그레이션을 수행합니다.

### • 초기 설정

다음 명령으로 마이그레이션 환경을 초기화합니다.

```
flask db init
```

이 명령을 실행하면 migrations라는 폴더가 생성되고, 이 폴더 내에 마이그레이션 파일들이 저장됩니다.

### • 마이그레이션 파일 생성

모델에 변경 사항이 생기면, 이 변경 사항을 적용하기 위한 마이그레이션 파일을 생성해야 합니다.

```
flask db migrate -m "Initial migration."
```

이 명령은 migrations 폴더 내에 새로운 마이그레이션 파일을 생성합니다. -m 옵션은 해당 마이그레이션에 대한 메시지를 추가하는 것입니다.

### • 마이그레이션 적용

마이그레이션 파일을 생성한 후, 이를 실제 데이터베이스에 적용해야 합니다.

```
flask db upgrade
```

이 명령을 실행하면, 앞서 생성한 마이그레이션 파일을 바탕으로 데이터베이스 스키마가 변경됩니다.

• 롤백

문제가 생겼을 경우 flask db downgrade 명령어로 이전 상태로 롤백할 수 있습니다.

```
flask db downgrade
```

참고로, 특정 버전의 데이터베이스 스키마로도 롤백할 수 있습니다. 이는 downgrade 명령어에 버전 번호를 인자로 주는 것으로 가능합니다.

먼저 현재 데이터베이스의 모든 마이그레이션 버전을 확인해봅니다. versions 폴더 내에 각 마이그레이션의 버전이 저장되어 있습니다. 이 폴더는 일반적으로 migrations/versions 디렉터리에 있습니다. versions 폴더에 있는 각 파일을 오픈하면, Revision ID로 해당 버전을 확인할 수 있습니다.

원하는 버전의 해시를 찾았다면, 다음과 같이 명령을 실행합니다.

```
flask db downgrade <version_hash>

# 실제 예
flask db downgrade b14d66ab4b5f
```

여기서 <version_hash>는 롤백하고 싶은 마이그레이션 버전의 해시입니다. 이 해시는 일반적으로 마이그레이션 파일 이름의 일부입니다.

이렇게 하면 데이터베이스 스키마가 해당 버전으로 롤백됩니다. 이 기능은 특정 버전의 스키마에 문제가 있을 때나, 이전 버전의 애플리케이션 코드를 사용해야 할 때 유용하게 사용됩니다.

그러나 롤백 시에는 주의 사항이 있습니다. flask db downgrade 명령은 데이터베이스 스키마에 대한 변경을 롤백합니다, 즉 테이블 구조를 이전 상태로 되돌립니다. 그러나 이 명령은 테이블에 저장된 실제 데이터에 대해서는 롤백을 수행하지 않습니다.

예를 들어 'age'라는 새로운 컬럼을 'Users' 테이블에 추가했다가 롤백하는 경우, 'age' 컬럼은 삭제되지만 'Users' 테이블의 나머지 데이터는 그대로 유지됩니다.

- **데이터 손실**: 스키마를 롤백할 때 삭제되는 컬럼이나 테이블에 있는 데이터는 복구되지 않습니다.
- **데이터 불일치**: 예를 들어 새로운 컬럼에는 NOT NULL 제약 조건이 있고 기본값 설정이 없었다면 롤백 후에는 그 컬럼이 사라지므로 문제가 없지만, 다시 그 상태로 업그레이드하려고 하면 기존 행에는 그 컬럼에 대한 데이터가 없어 문제가 될 수 있습니다.
- **복잡한 마이그레이션**: 데이터 변환과 같은 복잡한 마이그레이션을 수행한 경우, 롤백 스크립트도 그에 맞게 복잡해질 수 있으므로 주의가 필요합니다.

따라서, 마이그레이션과 롤백을 수행하기 전에는 반드시 데이터베이스 백업을 해두는 것이 좋습니다. 이렇게 하면 문제가 발생했을 때 원래 상태로 복구할 수 있습니다.

마이그레이션 파일은 코드 리포지토리에 저장되므로, 팀원과 공유하면 각자의 로컬 환경에서도 동일한 데이터베이스 구조를 유지할 수 있습니다. 또한 복잡한 마이그레이션을 수행해야 할 경우, 직접 마이그레이션 파일을 수정하여 더 복잡한 작업을 수행할 수 있습니다. 이렇게 Flask-Migrate는 데이터베이스의 변경 사항을 효율적으로 관리하고, 팀원 또는 운영 환경과의 일관성을 유지하는 데 큰 도움을 줍니다.

# 3.2 인증과 세션

## 3.2.1 | 인증과 세션이란?

인증(authentication)은 사용자가 누구인지 확인하는 과정을 의미합니다. 웹 애플리케이션에서는 대체로 로그인 페이지에서 이 과정이 이루어지며, 사용자는 일반적으로 아이디와 비밀번호를 제공합니다. 시스템은 이 정보를 데이터베이스와 비교하여 해당 사용자가 정당한 사용자인지 아닌지를 판단합니다.

세션(session)은 사용자가 웹사이트에 접속한 이후부터 로그아웃하거나 브라우저를 닫을 때까지 유지되는 정보의 집합입니다. 쉽게 말해, 세션은 사용자가 웹 애플리케이션을 사용하는 동안의 상태를 저장하고 관리하는 메커니즘입니다. 세션을 통해 사용자는 한 번 로그인하면 다시 로그인하지 않고도 다른 페이지를 자유롭게 이동할 수 있습니다.

인증과 세션은 밀접한 관계를 가지고 있습니다. 일단 사용자가 인증 과정을 거쳐 로그인을 하면, 서버는 이 사용자에 대한 세션을 생성합니다. 이 세션 정보는 서버와 클라이언트 양쪽에서 관리되며, 사용자가 다른 페이지로 이동할 때도 이 세션 정보가 유지됩니다. 즉, 인증을 통해 사용자의 정체성을 확인한 후 세션을 통해 그 사용자의 상태를 계속 추적합니다.

세션 정보는 여러 방법으로 저장될 수 있습니다. 가장 일반적인 방법은 서버 측과 클라이언트 측 쿠키에 저장하는 것입니다. 서버 측에서는 일반적으로 데이터베이스나 캐시 시스템에 세션 정보를 저장합니다.

## 3.2.2 | 플라스크에서의 인증과 세션

플라스크에서는 Flask-Login과 같은 확장을 사용하여 인증을 쉽게 구현할 수 있습니다. 또한 플라스크 자체적으로 세션을 관리하는 기능을 제공하므로, 별도의 세션 관리 라이브러리 없이도 기본적인 세션 관리가 가능합니다.

플라스크에서 세션은 기본적으로 클라이언트 측 쿠키에 저장됩니다. 이 쿠키는 암호화되어 있어서 사용자가 직접 수정하기는 어렵습니다. 서버 측에서는 이 쿠키를 해독하여 사용자의 상태를 파악합니다.

이처럼 인증과 세션은 웹 애플리케이션에서 사용자 관리와 상태 관리에 있어서 중요한 역할을 합니다.

### 3.2.3 | Flask-Login을 사용한 인증

Flask-Login 확장을 사용하면 인증을 쉽게 구현할 수 있습니다. 설치는 pip를 사용해 간단하게 할 수 있습니다.

```
pip install Flask-Login==0.6.3
```

먼저, 플라스크 애플리케이션에 LoginManager를 초기화해야 합니다.

```
from flask_login import LoginManager

# LoginManager 인스턴스 생성
login_manager = LoginManager()
# Flask 애플리케이션과 LoginManager 인스턴스 연결
login_manager.init_app(app)
```

- LoginManager 클래스는 사용자의 로그인 상태를 관리하기 위한 여러 메서드와 속성을 제공합니다.
- login_manager.init_app(app)은 LoginManager 인스턴스를 현재의 플라스크 애플리케이션에 연결하는 과정입니다.

Flask-Login을 사용하기 위해서는 사용자 정보를 담을 클래스가 필요하고, 이 클래스는 UserMixin을 상속받아야 합니다.

```
from flask_login import UserMixin

class User(UserMixin, db.Model):
    # 각 컬럼 정의
    id = db.Column(db.Integer, primary_key=True)
    username = db.Column(db.String(64), unique=True)
    password = db.Column(db.String(128))
```

- UserMixin은 Flask-Login에서 제공하는 기본 사용자 모델로, 로그인 관리에 필요한 메서드를 포함합니다.
- 이 클래스는 데이터베이스 모델이면서 UserMixin을 상속받아 Flask-Login과 호환됩니다.

그다음은 @login_manager.user_loader 데코레이터를 사용하여 사용자를 로드하는 함수를 정의해야 합니다. @login_manager.user_loader 데코레이터는 login_manager = LoginManager() 코드에서 만들어집니다. 즉, 이 변수 이름이 바뀌면 뒤이어 나오는 데코레이터 사용을 위해서도 동일한 이름을 사용해야 합니다. 예를 들어, login_manager 대신 auth_manager로 변수명을 변경한다면, 데코레이터도 @auth_manager.user_loader로 변경되어야 합니다.

```python
# 사용자 로드 함수에 데코레이터 적용
@login_manager.user_loader
def load_user(user_id):
    # 주어진 user_id로 사용자 조회 후 반환
    return User.query.get(int(user_id))
```

- @login_manager.user_loader 데코레이터는 Flask-Login에게 어떻게 사용자 객체를 로드할지 알려줍니다.
- load_user 함수는 세션에 저장된 사용자 ID를 기반으로 사용자 객체를 데이터베이스에서 조회합니다. Flask-Login은 로그인 관리를 위해 이 함수를 내부적으로 사용합니다.

Flask-Login을 사용한 인증의 전체적인 흐름을 정리하면 다음과 같습니다.

- 플라스크 애플리케이션이 시작할 때, LoginManager를 초기화하고 플라스크 애플리케이션에 등록합니다.
- 사용자 클래스를 정의하며, 이 클래스는 로그인 관리를 위해 UserMixin을 상속받습니다.
- 사용자 ID를 받아 데이터베이스에서 해당 사용자를 찾아 반환하는 load_user 함수를 정의합니다.
- @login_manager.user_loader 데코레이터는 Flask-Login에게 사용자 로딩 메커니즘을 제공합니다.

### 3.2.4 | 예제로 이해하는 인증

MySQL 데이터베이스에 flaskdb 이름의 데이터베이스를 생성합니다. 전체 코드는 다음과 같습니다.

```python
from flask import Flask, request, redirect, url_for
from flask_sqlalchemy import SQLAlchemy
from flask_login import LoginManager, login_required, login_user,
logout_user, UserMixin, current_user

app = Flask(__name__)

# 데이터베이스 설정
app.config['SQLALCHEMY_DATABASE_URI'] = 'mysql+pymysql://
funcoding:funcoding@localhost/flaskdb'
app.config['SQLALCHEMY_TRACK_MODIFICATIONS'] = False
# Flask 애플리케이션을 위한 비밀 키 설정
app.config['SECRET_KEY'] = 'mysecretkey'

db = SQLAlchemy(app)  # SQLAlchemy 인스턴스 생성

login_manager = LoginManager()   # Flask-Login의 LoginManager 인스턴스 생성
login_manager.init_app(app)  # 애플리케이션에 LoginManager 적용
login_manager.login_view = 'login'   # 로그인 페이지의 뷰 함수 이름을 설정합니다.

# 사용자 모델 정의
class User(UserMixin, db.Model):
    id = db.Column(db.Integer, primary_key=True)  # 사용자의 ID, 고유 식별자
    username = db.Column(db.String(80), unique=True, nullable=False)  # 사용자 이름, 고유해야 함
    email = db.Column(db.String(120), unique=True, nullable=False)  # 사용자 이메일, 고유해야 함
    password = db.Column(db.String(128))  # 사용자 비밀번호

    def __repr__(self):
        return f'<User {self.username}>'

# 애플리케이션 컨텍스트 안에서 데이터베이스 테이블 생성
with app.app_context():
    db.create_all()

@login_manager.user_loader
```

```python
def load_user(user_id):
    return User.query.get(int(user_id))  # 주어진 사용자 ID에 해당하는 사용자 객체를 반환

@app.route('/')
def index():
    return 'Home Page'

@app.route('/protected')
@login_required  # 로그인한 사용자만 액세스 가능
def protected():
    return f'Logged in as {current_user.username}'  # 현재 로그인한 사용자의 이름을 표시

@app.route('/login', methods=['GET', 'POST'])
def login():
    if request.method == 'POST':
        username = request.form['username']
        password = request.form['password']
        user = User.query.filter_by(username=username).first()  # 데이터베이스에서 사용자 조회
        if user and user.password == password:
            login_user(user)  # 사용자가 존재하고 비밀번호가 맞다면 로그인 처리
            return redirect(url_for('protected'))  # 보호된 페이지로 리디렉션
    # 로그인 폼 HTML 반환
    return '''
        <form method="post">
            Username: <input type="text" name="username"><br>
            Password: <input type="password" name="password"><br>
            <input type="submit" value="Login">
        </form>
    '''

@app.route('/logout')
@login_required  # 로그인한 사용자만 액세스 가능
def logout():
    logout_user()  # 현재 사용자 로그아웃 처리
    return redirect(url_for('index'))  # 홈페이지로 리디렉션
```

```
@app.route('/create_test_user')
def create_test_user():
    test_user = User(username='testuser', email='test@example.
com', password='testpassword')   # 테스트 사용자 생성
    db.session.add(test_user)
    db.session.commit()   # 데이터베이스에 테스트 사용자 추가
    return 'Test user created'   # 사용자 생성 완료 메시지 반환
```

주요 구성 요소를 그룹핑하여 각각에 대해 자세히 설명하겠습니다. 이 예에서는 funcoding 사용자와 해당 비밀번호로 localhost에 있는 flaskdb 데이터베이스를 사용하도록 설정되어 있습니다. SQLALCHEMY_TRACK_MODIFICATIONS는 SQLAlchemy의 이벤트 시스템에 대한 추적을 활성화 또는 비활성화하고 여기서는 성능을 위해 비활성화합니다.

```
# 데이터베이스 설정
app.config['SQLALCHEMY_DATABASE_URI'] = 'mysql+pymysql://
funcoding:funcoding@localhost/flaskdb'
app.config['SQLALCHEMY_TRACK_MODIFICATIONS'] = False
# Flask 애플리케이션을 위한 비밀 키 설정
app.config['SECRET_KEY'] = 'mysecretkey'

db = SQLAlchemy(app)   # SQLAlchemy 인스턴스 생성
```

SECRET_KEY는 플라스크 애플리케이션에서 중요한 역할을 하는데, 세션 및 쿠키와 같은 보안 관련 기능에서 사용되는 비밀 키입니다. 이 키는 플라스크 내부적으로 데이터를 암호화할 때 사용되므로 외부에 노출되지 않도록 관리해야 합니다.

SQLAlchemy(app)은 플라스크 애플리케이션에 SQLAlchemy를 연결하는 부분으로, ORM(Object-Relational Mapping)을 제공하여 파이썬 클래스와 데이터베이스 테이블 간의 관계를 설정하고 쿼리를 편리하게 작성할 수 있게 도와줍니다.

app.config['SQLALCHEMY_TRACK_MODIFICATIONS'] 설정은 플라스크 애플리케이션에 SQLAlchemy가 객체 변경을 추적할지 말지를 지정합니다. 예를 들어 테이블의 데이터를 가지고 있는 객체에 데이터를 업데이트하고 commit()을 실행하면, 관련 변경을 알리기 위한 신호를 발생시키고 관련 변경을 추적합니다.

```
app.config['SQLALCHEMY_TRACK_MODIFICATIONS'] = False
```

기본적으로 True로 설정되어 있어서 모델이 변경될 때마다 신호를 보냅니다. 이는 추가적인 메모리와 프로세서 사용을 초래할 수 있기 때문에 객체 추적 기능이 필요하지 않은 경우에는 이 값을 False로 설정하는 것이 좋습니다.

다만, 과거에는 Flask-SQLAlchemy의 SQLALCHEMY_TRACK_MODIFICATIONS 기본값이 True였으나 최신 버전에서는 성능상의 이유로 기본값이 False로 변경되었습니다. 따라서 이 설정을 명시적으로 False로 지정하지 않아도 기본적으로 객체 변경 추적 기능이 비활성화됩니다.

LoginManager()는 Flask-Login 라이브러리의 핵심으로, 사용자의 로그인 상태를 관리합니다.

```
login_manager = LoginManager()  # Flask-Login의 LoginManager 인스턴스 생성
login_manager.init_app(app)  # 애플리케이션에 LoginManager 적용
login_manager.login_view = 'login'  # 로그인 페이지의 뷰 함수 이름을 설정합니다.
```

init_app()을 사용해 애플리케이션에 LoginManager()를 등록하고, login_view 속성을 통해 로그인 페이지의 엔드포인트를 설정합니다. 사용자가 로그인이 필요한 페이지에 접근할 때 로그인 페이지로 리다이렉트되도록 합니다. 여기서 login()은 다음 라우트의 실제 실행 함수명을 넣으면 됩니다.

```
@app.route('/login', methods=['GET', 'POST'])
def login():
```

User 클래스는 사용자의 데이터를 저장하는 데이터베이스 모델입니다.

```
# 사용자 모델 정의
class User(UserMixin, db.Model):
    id = db.Column(db.Integer, primary_key=True)  # 사용자의 ID, 고유 식별자
    username = db.Column(db.String(80), unique=True, nullable=False)  # 사용자 이름, 고유해야 함
    email = db.Column(db.String(120), unique=True, nullable=False)  # 사용자 이메일, 고유해야 함
    password = db.Column(db.String(128))  # 사용자 비밀번호
```

```
    def __repr__(self):
        return f'<User {self.username}>'

# 애플리케이션 컨텍스트 안에서 데이터베이스 테이블 생성
with app.app_context():
    db.create_all()

@login_manager.user_loader
def load_user(user_id):
    return User.query.get(int(user_id))   # 주어진 사용자 ID에 해당하
는 사용자 객체를 반환
```

UserMixin은 Flask-Login에서 필요한 메서드를 제공하는 믹스인 클래스입니다. user_loader 콜백 함수는 사용자 ID를 받아 해당하는 사용자 객체를 데이터베이스에서 가져옵니다. Flask-Login은 사용자의 인증 상태를 관리하기 위해 이 함수를 사용합니다.

다음 코드에서 @login_required 데코레이터는 특정 뷰 함수에 접근하기 전에 사용자가 로그인했는지 확인합니다.

```
@app.route('/protected')
@login_required   # 로그인한 사용자만 액세스 가능
def protected():
    return f'Logged in as {current_user.username}'   # 현재 로그인한
사용자의 이름을 표시

@app.route('/login', methods=['GET', 'POST'])
def login():
    if request.method == 'POST':
        username = request.form['username']
        password = request.form['password']
        user = User.query.filter_by(username=username).first()   #
데이터베이스에서 사용자 조회
        if user and user.password == password:
            login_user(user)   # 사용자가 존재하고 비밀번호가 맞다면 로그
인 처리
            return redirect(url_for('protected'))   # 보호된 페이지
로 리디렉션
    # 로그인 폼 HTML 반환
```

```
    return '''
        <form method="post">
            Username: <input type="text" name="username"><br>
            Password: <input type="password" name="password"><br>
            <input type="submit" value="Login">
        </form>
    '''

@app.route('/logout')
@login_required   # 로그인한 사용자만 액세스 가능
def logout():
    logout_user()   # 현재 사용자 로그아웃 처리
    return redirect(url_for('index'))   # 홈페이지로 리디렉션
```

로그인하지 않은 사용자가 접근하려고 하면, login_manager.login_view에 설정된 로그인 페이지로 리다이렉트됩니다. login_user() 함수는 로그인 프로세스를 처리하며, 사용자 객체를 받아 사용자가 로그인했다는 정보를 세션에 저장합니다. logout_user() 함수는 사용자 로그아웃을 처리합니다.

플라스크 애플리케이션의 URL 엔드포인트를 설정하고, 해당 엔드포인트에 GET 요청이 들어왔을 때 실행될 함수를 정의합니다.

```
@app.route('/create_test_user')
def create_test_user():
    test_user = User(username='testuser', email='test@example.com', password='testpassword')   # 테스트 사용자 생성
    db.session.add(test_user)
    db.session.commit()   # 데이터베이스에 테스트 사용자 추가
    return 'Test user created'   # 사용자 생성 완료 메시지 반환
```

@app.route('/create_test_user') 데코레이터는 해당 함수가 /create_test_user 경로에 대한 요청을 처리한다는 것을 의미합니다. create_test_user() 함수 내부에서는 User 모델 인스턴스를 생성하고, 사용자 이름, 이메일, 비밀번호를 설정합니다.

이후 db.session.add(test_user)를 통해 새로운 User 객체를 데이터베이스 세션에 추가하고, db.session.commit()을 호출하여 데이터베이스에 변경 사항을 영구적으로 저장합니다. 이 라우트는 테스트 목적으로 사용되며, 실제 애플리케이션에서는 사용자가 회원가입 폼을 통해 자신의 데이터를 입력하고 계정을 생성하는 방식이 일반적입니다.

## 주요 라우트

다음 순서대로 테스트하면서, 주요 라우트에 대해 이해해봅니다.

- **홈페이지(/ 라우트)**

'/' URL로 접속하면 'Home Page'라는 텍스트를 반환합니다.

- **테스트 사용자 생성(/create_test_user 라우트)**

이 라우트를 통해 테스트용 사용자를 데이터베이스에 추가합니다. 사용자 이름은 testuser, 이메일은 test@example.com, 비밀번호는 testpassword로 설정됩니다.

- **보호된 페이지(/protected 라우트)**

이 페이지는 @login_required 데코레이터로 인해 로그인한 사용자만 접근 가능합니다. 현재 로그인한 사용자의 username을 출력합니다. 로그인 전에 해당 페이지를 접근하면, 로그인 페이지로 리다이렉트됩니다.

- **로그인 기능(/login 라우트)**

로그인 화면을 볼 수 있습니다. Username에 testuser, Password에 testpassword를 입력하고 <Login> 버튼을 클릭하면 웹페이지가 http://127.0.0.1:5000/protected 라우트로 자동 이동하며, Logged in as testuser 메시지를 확인할 수 있습니다.

- **로그아웃 기능(/logout 라우트)**

이 라우트에 접근하면 사용자를 로그아웃시키고 홈페이지로 리다이렉트합니다. 이 상태에서 직접 http://127.0.0.1:5000/protected 라우트로 이동하면, Unauthorized(인증이 안 되었음) 메시지를 확인할 수 있습니다.

## 테스트 방법

1. 앞의 코드를 app.py로 저장한 후, flask run으로 실행합니다.
2. 웹 브라우저를 열고 http://127.0.0.1:5000/ 주소를 입력하여 메인 페이지에 접속 가능함을 확인합니다.
3. http://127.0.0.1:5000/create_test_user에 접속하여 테스트 사용자를 생성합니다. 성공적으로 생성되면 'Test user created' 메시지가 표시됩니다.
4. http://127.0.0.1:5000/login 주소로 이동하면 로그인 폼이 제공됩니다. Username에

testuser, Password에 testpassword를 입력하고 로그인을 시도합니다. 성공적으로 로그인이 되면, 보호된 페이지인 http://127.0.0.1:5000/protected로 리디렉션되며, 현재 로그인한 사용자의 username과 함께 Logged in as testuser와 같이 표시됩니다.

5. 로그인한 상태에서 http://127.0.0.1:5000/logout 주소로 이동하면, 사용자는 로그아웃되고 홈페이지(/)로 리디렉션됩니다.

6. 로그아웃 상태에서 http://127.0.0.1:5000/protected 주소로 직접 이동하려고 하면, 로그인 페이지로 리디렉션되며 로그인이 필요하다는 메시지를 볼 수 있습니다.

## 3.2.5 | 세션을 이용한 상태 관리

플라스크의 session 객체는 사용자별 상태를 관리하기 위한 수단으로, 쿠키에 암호화된 형태로 데이터를 저장합니다. 이는 사용자가 다시 사이트에 방문했을 때 이전의 상태를 유지할 수 있게 해줍니다.

플라스크 애플리케이션을 설정할 때 SECRET_KEY를 지정해야 하는데, 이는 세션 데이터를 암호화하는 데 사용됩니다.

```
app.config['SECRET_KEY'] = 'mysecretkey'
```

로그인에 성공하면, 해당 사용자의 정보를 세션에 저장할 수 있습니다. 여기에서는 user_id를 예로 들었습니다.

```
from flask import session

@app.route('/login', methods=['GET', 'POST'])
def login():
    if request.method == 'POST':
        username = request.form['username']
        password = request.form['password']
        user = User.query.filter_by(username=username).first()
        if user and user.check_password(password):  # check_
password는 예시입니다.
            session['user_id'] = user.id
            return redirect(url_for('index'))
    return render_template('login.html')
```

세션에 저장된 정보는 애플리케이션의 다른 부분에서도 사용할 수 있습니다.

```
@app.route('/index')
def index():
    user_id = session.get('user_id')
    if user_id:
        user = User.query.get(user_id)
        return f'Hello, {user.username}'
    return 'You are not logged in'
```

Flask-Login과 세션은 다음과 같은 차이가 있습니다.

- **Flask-Login**: 이 확장은 사용자 인증을 관리하는 고수준의 인터페이스를 제공합니다. 로그인 상태 유지, 사용자 리디렉션, 'Remember Me' 기능 등 여러 복잡한 인증 작업을 간단하게 만들어 줍니다.
- **세션**: 이는 낮은 수준의 상태 관리 메커니즘을 제공합니다. 즉, 개발자가 직접 세션 데이터를 설정, 조회, 제거해야 합니다.

Flask-Login은 내부적으로 session을 사용해 사용자 상태를 저장하고 관리합니다. 예를 들어, login_user() 함수를 호출하면 Flask-Login은 사용자의 ID를 세션에 저장합니다. 따라서 이 두 기술은 서로 보완적입니다.

Flask-Login을 사용하면 복잡한 인증 로직을 쉽게 처리할 수 있지만, 일반적인 상태 관리에는 세션이 더 적합할 수 있습니다. 예를 들어, 장바구니 항목이나 사용자 설정 같은 것을 세션에 저장할 수 있습니다.

## 3.2.6 | 예제로 이해하는 세션

코드를 업데이트하여 플라스크의 세션을 사용하도록 수정했습니다. 로그인 성공 시에 세션에 user_id를 저장하고, 로그아웃 시에는 세션에서 user_id를 제거합니다.

```
# 필요한 모듈들을 임포트합니다.
from flask import Flask, request, redirect, url_for, session  # 웹 애플리케이션과 세션 관리
from flask_sqlalchemy import SQLAlchemy  # ORM을 위한 플라스크 확장
```

```python
from flask_login import LoginManager, login_required, login_user,
logout_user, UserMixin, current_user  # 사용자 인증 관리

# 플라스크 애플리케이션 인스턴스를 생성합니다.
app = Flask(__name__)
# 데이터베이스 설정을 애플리케이션 설정에 추가합니다. 여기서는 MySQL을 사용하고
있습니다.
app.config['SQLALCHEMY_DATABASE_URI'] = 'mysql+pymysql://
funcoding:funcoding@localhost/flaskdb'
# SQLAlchemy의 수정 추적 기능을 비활성화합니다. (성능상의 이유로 권장됩니다.)
app.config['SQLALCHEMY_TRACK_MODIFICATIONS'] = False
# 세션 및 쿠키에 대한 보안 향상을 위해 필요한 비밀 키를 설정합니다.
app.config['SECRET_KEY'] = 'mysecretkey'

# SQLAlchemy 인스턴스를 생성하고 애플리케이션에 바인딩합니다.
db = SQLAlchemy(app)

# 로그인 관리자 인스턴스를 생성합니다.
login_manager = LoginManager()
login_manager.init_app(app)  # 애플리케이션에 로그인 관리자를 적용합니다.
login_manager.login_view = 'login'  # 사용자가 로그인해야 하는 뷰를 설
정합니다.

# 데이터베이스 모델을 정의합니다. UserMixin은 Flask-Login에서 제공하는 기본
사용자 모델입니다.
class User(UserMixin, db.Model):
    id = db.Column(db.Integer, primary_key=True)  # 사용자 ID
    username = db.Column(db.String(80), unique=True,
nullable=False)  # 사용자 이름
    email = db.Column(db.String(120), unique=True,
nullable=False)  # 이메일
    password = db.Column(db.String(128))  # 비밀번호

    # 객체의 문자열 표현을 정의합니다.
    def __repr__(self):
        return f'<User {self.username}>'

# 사용자 ID로 사용자를 로드하는 콜백 함수를 정의합니다.
@login_manager.user_loader
def load_user(user_id):
```

```python
    return User.query.get(int(user_id))

# 데이터베이스 테이블을 생성합니다.
with app.app_context():
    db.create_all()

# 인덱스 뷰를 정의합니다. '/' 경로로 접근할 경우 실행됩니다.
@app.route('/')
def index():
    user_id = session.get('user_id')  # 세션에서 user_id를 가져옵니다.
    if user_id:
        user = User.query.get(user_id)
        return f'Logged in as {user.username}'  # 로그인된 상태를 표시합니다.
    return 'You are not logged in'  # 로그인되지 않은 상태를 표시합니다.

# 보호된 페이지를 위한 뷰를 정의합니다. 이 페이지는 로그인이 필요합니다.
@app.route('/protected')
@login_required  # 로그인이 필요하다는 데코레이터입니다.
def protected():
    # 현재 로그인한 사용자의 이름을 표시합니다.
    return f'Logged in as {current_user.username}'

# 로그인 뷰를 정의합니다. GET과 POST 메서드를 모두 처리합니다.
@app.route('/login', methods=['GET', 'POST'])
def login():
    if request.method == 'POST':
        # 폼 데이터로부터 사용자 이름과 비밀번호를 가져옵니다.
        username = request.form['username']
        password = request.form['password']
        # 데이터베이스에서 사용자를 조회합니다.
        user = User.query.filter_by(username=username).first()
        # 사용자가 존재하고 비밀번호가 맞다면
        if user and user.password == password:
            login_user(user)  # 사용자를 로그인시킵니다.
            session['user_id'] = user.id  # 세션에 user_id를 저장합니다.
            return redirect(url_for('protected'))  # 보호된 페이지로 리다이렉트합니다.
    # 로그인 폼을 렌더링합니다.
```

```
    return '''
        <form method="post">
            Username: <input type="text" name="username"><br>
            Password: <input type="password" name="password"><br>
            <input type="submit" value="Login">
        </form>
    '''

# 로그아웃 뷰를 정의합니다.
@app.route('/logout')
@login_required  # 로그인이 필요하다는 데코레이터입니다.
def logout():
    logout_user()  # 사용자를 로그아웃시킵니다.
    session.pop('user_id', None)  # 세션에서 user_id를 제거합니다.
    return redirect(url_for('index'))  # 인덱스 페이지로 리다이렉트합니다.

# 테스트 사용자를 생성하는 뷰를 정의합니다.
@app.route('/create_test_user')
def create_test_user():
    test_user = User(username='testuser', email='test@example.com', password='testpassword')  # 새로운 테스트 사용자를 생성합니다.
    db.session.add(test_user)  # 세션에 추가합니다.
    db.session.commit()  # 변경 사항을 커밋합니다.
    return 'Test user created'  # 테스트 사용자가 생성되었다는 메시지를 출력합니다.
```

## 코드 변경 사항 및 세션 관련 문법

- **Import 수정**: 플라스크의 세션을 사용하기 위해 from flask import session을 추가했습니다.

```
from flask import Flask, request, redirect, url_for, session  # session import 추가
```

- **로그인 성공 시 세션 저장**: 로그인이 성공했을 때, session 딕셔너리에 user_id를 저장합니다. 이렇게 하면 해당 사용자가 로그인 상태임을 알 수 있습니다.

```
if user and user.password == password:
    login_user(user)
```

```
session['user_id'] = user.id   # session에 user_id 저장
```

- **로그아웃 시 세션 제거**: 로그아웃할 때는 session.pop() 메서드를 사용하여 user_id를 세션에서 제거합니다. 두 번째 인자 None은 키가 존재하지 않을 경우 반환할 값입니다.

```
session.pop('user_id', None)   # session에서 user_id 제거
```

- **세션 정보 활용**: / 라우트에서는 session.get('user_id')를 사용하여 세션에 저장된 user_id를 가져옵니다. 이 값이 있으면 해당 사용자가 로그인한 상태임을 알 수 있습니다.

```
user_id = session.get('user_id')   # session에서 user_id 가져오기
```

### 세션 관련 문법과 동작

- **세션 저장**: session은 딕셔너리 형태로 사용할 수 있으며, session['key'] = value 형태로 값을 저장할 수 있습니다.
- **세션 조회**: session.get('key') 또는 session['key'] 형태로 값을 조회합니다. get() 메서드를 사용하면 키가 존재하지 않을 경우 None을 반환합니다.
- **세션 제거**: session.pop('key', None) 형태로 값을 제거합니다. pop() 메서드는 키가 존재하면 해당 값을 제거하고 반환합니다. 존재하지 않으면 두 번째 인자를 반환합니다.
- **세션 유지**: 플라스크의 session은 쿠키를 통해 클라이언트에 저장됩니다. 서버는 이 쿠키를 암호화하여 보안을 유지하고, 애플리케이션의 SECRET_KEY를 이용해 암호화와 복호화를 수행합니다.

이러한 session을 통해 사용자의 로그인 상태를 유지하고 관리할 수 있습니다.

### 테스트 방법

1. 사전에 MySQL 데이터베이스에 flaskdb가 있어야 하고, user 테이블에는 아무 데이터도 없어야 하므로 기존 데이터를 DELETE FROM user 등의 SQL 구문으로 삭제합니다.

2. 앞의 코드를 app.py로 저장한 후, 터미널에서 flask run으로 실행합니다.

3. 웹 브라우저를 열고 http://127.0.0.1:5000/ 주소로 이동합니다. "You are not logged in" 메시지가 보여야 합니다.

4. 테스트 사용자 생성: http://127.0.0.1:5000/create_test_user 주소로 이동하여 테스트 사용자를 생성합니다. "Test user created" 메시지가 보여야 합니다. 기존 테스트 데이터가 남아 있으면 동일한 username을 저장하여 에러가 날 수 있습니다. 테스트 전에 user 테이블의 데이터는 모두 삭제해야 합니다.

5. 로그인: http://127.0.0.1:5000/login 주소로 이동하여 Username에 testuser, Password에 testpassword를 입력하고 로그인을 시도합니다. 성공하면 /protected 페이지로 리디렉션되고 "Logged in as testuser" 메시지를 볼 수 있어야 합니다.

6. 보호된 페이지 액세스: 로그인 후 http://127.0.0.1:5000/protected 주소로 이동하여 보호된 페이지에 접근합니다. 로그인한 사용자의 이름과 함께 "Logged in as testuser" 메시지를 볼 수 있어야 합니다.

7. http://127.0.0.1:5000/ 주소로 이동하면 역시 로그인한 사용자의 이름과 함께 "Logged in as testuser in index page" 메시지를 볼 수 있어야 합니다.

8. 로그아웃: http://127.0.0.1:5000/logout 주소로 이동하여 로그아웃을 진행합니다. 로그아웃 후 http://127.0.0.1:5000 페이지로 리디렉션되며 로그아웃되어 "You are not logged in" 메시지가 다시 보여야 합니다.

이러한 방식으로 사용자 기반 웹 서비스 구현이 가능합니다.

# 3.3 RESTful API

RESTful API는 간단하게 말하자면 컴퓨터나 스마트폰 애플리케이션이 서버에 정보를 요청하거나 보낼 수 있는 방법 중 하나입니다. 서버(server)는 정보가 저장된 컴퓨터를 말하고, 클라이언트(client)는 그 정보를 사용하려는 사람이나 애플리케이션을 의미합니다.

RESTful API는 이러한 정보 교환을 단순하고 효율적으로 만들어줍니다. 이는 주로 웹사이트나 애플리케이션에서 다양한 서비스를 이용할 때 중요한 역할을 합니다. 예를 들어, 날씨 애플리케이션이 서버에 "오늘 서울의 날씨는 어떤가요?"라고 물으면, 서버는 "비 올 확률 80%"라고 답하는 것이죠. 이러한 대화를 가능하게 하는 것이 RESTful API입니다.

## 3.3.1 | HTTP 메서드 이해하기

HTTP 메서드는 말 그대로 서버와 클라이언트가 "어떻게" 대화할 것인지를 정해 놓은 규칙입니다. 여기서 사용되는 주요 동사(명령어)는 다음과 같습니다:

- **GET(조회)**: 클라이언트가 서버에게 "이 정보 좀 줘"라고 요청하는 것입니다. 예를 들어, 웹 브라우저에서 웹페이지를 열 때, 서버에게 그 페이지의 정보를 '가져오라'는 GET 요청을 합니다.
- **POST(생성)**: 클라이언트가 서버에 새로운 정보를 '보내는' 것입니다. 예를 들어, 새 글을 블로그에 올릴 때 그 글의 내용을 서버에 '올리라'는 POST 요청을 합니다.
- **PUT(수정)**: 이미 서버에 있는 정보를 '바꾸는' 것입니다. 예를 들어, 블로그에 올린 글의 내용을 수정하면 그 수정된 내용을 서버에 '바꾸라'는 PUT 요청을 합니다.
- **DELETE(삭제)**: 서버에 있는 정보를 '지우는' 것입니다. 예를 들어, 블로그의 글을 삭제하면 그 글을 서버에서 '지우라'는 DELETE 요청을 합니다.

이렇게 각 요청 방법(GET, POST, PUT, DELETE)마다 할 수 있는 일이 정해져 있어, 서버와 클라이언트가 서로 무엇을 원하는지 쉽게 이해할 수 있습니다.

## 3.3.2 | RESTful API 구현하기

플라스크에서는 app.route라는 데코레이터를 사용해 각각의 HTTP 메서드에 맞는 함수를 지정합니다. 데코레이터는 기본적으로 함수의 기능을 확장해주는 코드 조각입니다. 여기서는 @app.route('/user', methods=['GET', 'POST']) 이런 식으로 사용됩니다. 이 부분이 있으면, /user URL에 대한 요청이 들어올 때 플라스크가 어떤 코드를 실행할지 결정합니다.

```
from flask import Flask, request

app = Flask(__name__)

@app.route('/user', methods=['GET', 'POST'])
def manage_user():
    if request.method == 'GET':
        # GET 요청 처리 로직
        return "User data"
    elif request.method == 'POST':
        # POST 요청 처리 로직
        return "Create user"
```

위 코드를 분석해보면, 먼저 from flask import Flask, request로 플라스크와 request 모듈을 가져옵니다. 플라스크 모듈은 웹 서버의 기능을 담당하고, request 모듈은 클라이언트의 요청을 처리하는 데 사용됩니다.

methods=['GET', 'POST'] 옵션은 이 URL 경로(/user)에서 어떤 HTTP 메서드(GET, POST 등)를 처리할 것인지 명시합니다. 만약 이 부분이 없다면, 플라스크는 GET 요청만을 기본으로 처리합니다.

request.method는 클라이언트로부터 들어온 HTTP 메서드가 무엇인지를 알려주는 변수입니다. 이 변수를 이용해 조건문(if, elif)을 작성하면 들어온 요청이 GET인지, POST인지에 따라 다른 로직을 실행할 수 있습니다.

- **GET 요청**: 이 경우, 함수는 "User data"라는 문자열을 반환합니다. 실제로는 데이터베이스에서 사용자 정보를 가져와 반환하는 로직이 들어갈 수 있습니다.
- **POST 요청**: 여기서는 "Create user"라는 문자열을 반환합니다. 실제 상황에서는 데이터베이스에 새로운 사용자를 생성하는 로직이 필요하겠죠.

이렇게 각각의 HTTP 메서드에 따라 다른 작업을 수행할 수 있도록 플라스크에서는 app.route 데코레이터와 request.method 변수를 제공합니다.

이번에는 PUT과 DELETE 메서드를 어떻게 처리하는지 알아보겠습니다. 먼저, PUT 메서드는 기존의 데이터를 수정할 때 사용합니다. DELETE 메서드는 데이터를 삭제할 때 사용합니다. 코드에 PUT과 DELETE를 추가해보겠습니다.

```
from flask import Flask, request

app = Flask(__name__)

@app.route('/user', methods=['GET', 'POST', 'PUT', 'DELETE'])
def manage_user():
    if request.method == 'GET':
        # GET 요청 처리 로직
        return "User data"
    elif request.method == 'POST':
        # POST 요청 처리 로직
        return "Create user"
    elif request.method == 'PUT':
        # PUT 요청 처리 로직
        return "Update user"
    elif request.method == 'DELETE':
        # DELETE 요청 처리 로직
        return "Delete user"
```

이전에 설명한 methods 옵션에 'PUT', 'DELETE'를 추가했습니다. 이렇게 하면 /user URL 경로에서 PUT과 DELETE 메서드 요청도 처리할 수 있게 됩니다.

• PUT 메서드

함수는 "Update user"라는 문자열을 반환합니다. 실제로는 데이터베이스의 특정 사용자 데이터를 수정하는 로직이 들어갑니다. 일반적으로 클라이언트가 서버에 어떤 데이터를 수정하고 싶다고 요청을 하면, 이 메서드가 사용됩니다.

• DELETE 메서드

이 경우 함수는 "Delete user"라는 문자열을 반환합니다. 실제로는 데이터베이스에서 특정 사용자를 삭제하는 로직이 들어갈 것입니다.

**테스트 방법**

1. 앞 코드를 app.py 파일에 저장한 후, 터미널을 열고 flask run으로 실행합니다.

2. 웹 브라우저에서 http://127.0.0.1:5000/user 주소로 이동합니다. 이것은 서버에 GET 요청을 보내고 "User data"라는 응답을 받아야 합니다.

웹 브라우저는 기본적으로 GET 요청을 보내므로 다른 HTTP 메서드를 사용하려면 curl이나 다른 HTTP 클라이언트를 사용해야 합니다.

- **GET 요청**

터미널에서 다음 명령어를 입력하여 GET 요청을 보냅니다:

```
curl -X GET http://127.0.0.1:5000/user
```

서버는 "User data"라는 응답을 반환해야 합니다.

- **POST 요청**

POST 요청을 보내려면 다음과 같이 입력합니다:

```
curl -X POST http://127.0.0.1:5000/user
```

서버는 "Create user"라는 응답을 반환해야 합니다.

- **PUT 요청**

PUT 요청은 리소스를 업데이트하기 위해 사용됩니다. 이를 테스트하려면 다음과 같이 입력합니다:

```
curl -X PUT http://127.0.0.1:5000/user
```

서버는 "Update user"라는 응답을 반환해야 합니다.

- **DELETE 요청**

DELETE 요청은 리소스를 삭제하기 위해 사용됩니다. 다음 명령어로 테스트할 수 있습니다.

```
curl -X DELETE http://127.0.0.1:5000/user
```

서버는 "Delete user"라는 응답을 반환해야 합니다. 앞의 curl 명령어는 기본적인 요청을 보내는 방법을 보여줍니다. 실제 애플리케이션에서는 데이터를 함께 전송하거나 헤더를 설정하는 등 더 복잡한 요청이 필요할 수 있습니다. 예를 들어, JSON 형식의 데이터를 POST 요청으로 보낼 때는 curl에 -H "Content-Type: application/json" 헤더를 추가하고 -d 옵션으로 데이터를 전달해야 합니다.

## 》jsonify

jsonify는 플라스크 라이브러리에서 제공하는 함수로, 파이썬의 기본 자료형을 JSON 형태로 변환해주고 HTTP 응답을 반환합니다. 일반적으로 이 함수는 API에서 클라이언트에게 JSON 데이터를 응답으로 보낼 때 많이 사용됩니다.

- **데이터 타입 변환**: 파이썬의 딕셔너리, 리스트, 튜플 등을 JSON 형태로 쉽게 변환해줍니다.
- **HTTP 응답**: MIME 타입을 application/json으로 설정한 상태에서 HTTP 응답을 반환합니다.

다음 코드를 app.py로 저장하고 flask run으로 실행한 후, http://127.0.0.1:5000/api에 접속하면 my_dict 딕셔너리가 다음과 같이 JSON 형태로 변환되어 반환됩니다.

```
from flask import Flask, jsonify

app = Flask(__name__)

@app.route('/api', methods=['GET'])
def my_api():
    my_dict = {"name": "John", "age": 30, "city": "New York"}
    return jsonify(my_dict)
```

기본적으로 웹 브라우저로 접속하는 링크는 HTTP의 GET 메서드를 사용합니다.

```
HTTP/1.1 200 OK
Content-Type: application/json
{
    "name": "John",
    "age": 30,
    "city": "New York"
}
```

jsonify는 플라스크 개발에서 굉장히 편리하게 사용되는 함수로, API 응답을 간결하고 명확하게 만듭니다.

## 》 예제로 이해하는 RESTful API

간단한 플라스크 애플리케이션을 만들어 각 HTTP 메서드를 테스트할 수 있는 코드를 작성해보겠습니다. 다음 코드는 사용자 데이터(user_data)를 관리하기 위한 간단한 RESTful API 예제입니다. GET, POST, PUT, DELETE 네 가지 HTTP 메서드를 사용하여 데이터를 조회, 생성, 수정, 삭제합니다.

```python
from flask import Flask, request, jsonify

app = Flask(__name__)
user_data = {}  # 딕셔너리로 사용자 데이터를 저장합니다.

@app.route('/user/<username>', methods=['GET', 'POST', 'PUT', 'DELETE'])
def manage_user(username=None):
    global user_data  # 전역 변수 user_data 사용

    if request.method == 'GET':
        return jsonify({username: user_data.get(username, "Not found")})

    elif request.method == 'POST':
        new_data = request.json  # JSON 형태의 데이터를 받습니다.
        user_data[username] = new_data
        return jsonify(new_data), 201

    elif request.method == 'PUT':
        update_data = request.json
        if username in user_data:
            user_data[username].update(update_data)
            return jsonify(update_data)
        else:
            return jsonify({"error": "username not found"}), 404

    elif request.method == 'DELETE':
        if username in user_data:
```

```
            del user_data[username]
            return jsonify({"result": "deleted"}), 200
    else:
        return jsonify({"error": "username not found"}), 404
```

## 》 curl로 테스트하기

### POST: 새 사용자 생성

```
curl -X POST -H "Content-Type: application/json" -d
"{\"username\":\"john\"}" http://127.0.0.1:5000/user/john
```

- **-X POST**: POST 메서드를 사용
- **-H "Content-Type: application/json"**: 전송할 데이터의 형식은 JSON
- **-d '{"username":"john"}'**: 전송할 데이터

### GET: 데이터 조회

```
curl -X GET http://127.0.0.1:5000/user/john
```

### PUT: 데이터 수정

```
curl -X PUT -H "Content-Type: application/json" -d "{\"age\":31}"
http://127.0.0.1:5000/user/john
```

### DELETE: 데이터 삭제

```
curl -X DELETE http://127.0.0.1:5000/user/john
```

이러한 방법으로 curl 명령어를 사용해 메서드별로 API를 테스트할 수 있습니다. -X 옵션은 사용할 HTTP 메서드를 지정하고, -H 옵션은 헤더를 설정하는 데 사용합니다. -d 옵션은 POST나 PUT과 같이 데이터를 전송할 때 사용하는 옵션입니다.

# 3.4 캐싱

## 3.4.1 | 캐싱이란 무엇인가?

캐싱(caching)은 데이터 처리의 효율성을 높이는 기술입니다. 데이터를 한 번 받아오거나 계산한 결과를 메모리와 같은 빠르게 접근할 수 있는 임시 저장 공간에 보관하는 것을 의미합니다. 이 저장 공간을 '캐시(cache)'라 부릅니다.

예를 들어, 웹 서비스에서 사용자가 특정 페이지를 요청할 때 서버는 데이터베이스 조회, 계산 등 복잡한 작업을 거쳐 응답을 제공합니다. 사용자가 동일한 페이지를 다시 요청하면 서버는 같은 작업을 반복해야 합니다. 캐싱을 활용하면 첫 번째 응답을 캐시에 저장해두고, 동일한 요청이 있을 때는 복잡한 처리 없이 캐시에서 즉시 응답을 제공할 수 있습니다. 이는 서버의 부하를 줄이고 사용자에게 더 빠른 응답을 가능하게 합니다.

캐싱은 애플리케이션의 성능과 사용자 경험을 크게 향상시킬 수 있는 강력한 도구입니다. 하지만 적절한 전략과 신중한 관리가 필요합니다. 캐싱의 주요 장점은 시스템 성능의 향상입니다. 반복적인 요청에 대한 응답 시간을 줄일 수 있으며, 서버의 부하를 감소시킬 수 있습니다.

그러나 캐싱의 단점도 있습니다. 캐싱된 데이터는 항상 최신 데이터가 아닐 수 있으므로 캐시 데이터의 유효성을 주기적으로 확인하고 업데이트해야 합니다. 따라서 동적으로 변경되는 페이지에 대해서는 캐싱 기능을 추천하지 않습니다.

캐싱 전략은 애플리케이션의 요구 사항과 특성에 따라 다르게 설정될 수 있습니다. 가장 중요한 것은 어떤 데이터를 얼마나 오래 캐싱할 것인지 결정하는 것입니다. 자주 변경되지 않는 정적 데이터는 길게 캐싱할 수 있으나 자주 변경되는 데이터는 짧은 시간 동안만 캐싱해야 합니다.

## 3.4.2 | 캐싱 구현하기

플라스크에서는 flask_caching 확장을 이용하여 캐싱을 손쉽게 구현할 수 있습니다. flask_caching은 플라스크 애플리케이션에 캐싱 기능을 추가해주는 확장 도구로서 다음 명령어로 설치합니다.

```
pip install Flask-Caching==2.1.0
```

다음 예제에서는 플라스크 애플리케이션에 flask_caching 확장을 연결하고, @cache.cached(timeout=60) 데코레이터를 사용하여 index 라우트의 결과를 60초 동안 캐시하도록 설정합니다.

```
from flask import Flask, render_template
from flask_caching import Cache

app = Flask(__name__)
cache = Cache(app, config={'CACHE_TYPE': 'simple'})

@app.route('/')
@cache.cached(timeout=60)    # 결과를 60초 동안 캐시합니다.
def index():
    return render_template('index.html')
```

60초 동안 캐싱한다는 것은 데이터를 처음 요청받았을 때의 응답을 캐시에 저장하고, 이후에 동일한 요청이 들어오면 캐시에서 해당 데이터를 바로 제공한다는 뜻입니다. 이 캐싱된 정보는 정확히 60초 동안만 유효하며, 60초가 지나면 캐시는 자동으로 해당 데이터를 삭제하거나 무효화합니다. 즉, 60초라는 시간은 데이터의 '신선도'를 보장하는 유효 시간입니다. 이 시간 동안은 서버는 캐시에서 빠르게 데이터를 검색하여 사용자에게 전달할 수 있으며, 이는 성능 향상과 더불어 서버의 자원을 절약하는 효과를 가져옵니다.

**테스트 방법**

앞서 익힌 대로 render_template() 함수를 사용하여 HTML 템플릿을 렌더링할 때 플라스크는 기본적으로 프로젝트 루트 디렉터리에 있는 templates라는 이름의 폴더를 찾습니다. 이 폴더 내에서 HTML 파일을 찾아 렌더링합니다. 따라서 위 코드를 테스트해보려면 다음 index.html 템플릿 파일을 만들고, 그 파일을 올바른 위치에 넣어야 합니다.

플라스크 애플리케이션의 루트 디렉터리에서 templates라는 이름의 폴더를 생성합니다.

```
/my_flask_app
│    app.py
└────/templates
```

templates 폴더 안에 index.html 파일을 생성한 후 다음과 같은 내용을 index.html 파일에 입력합니다.

```
<!DOCTYPE html>
<html lang="ko">
<head>
    <meta charset="UTF-8">
    <meta name="viewport" content="width=device-width, initial-scale=1.0">
    <title>Flask 앱 환영 페이지</title>
</head>
<body>
    <h1>환영합니다!</h1>
    <p>Flask 앱의 메인 페이지입니다.</p>
</body>
</html>
```

이후에 플라스크 코드를 app.py로 저장하고 flask run으로 실행한 후, http://127.0.0.1:5000/에 접속하면 환영 메시지를 확인할 수 있습니다.

# 3.5 배포

배포(deployment)란 개발한 웹 애플리케이션을 실제 사용자가 접근할 수 있는 환경에 올리는 과정을 의미합니다. 즉, 내 컴퓨터에서만 작동하는 애플리케이션을 인터넷에 연결된 서버에 올려서 누구나 웹 브라우저를 통해 사용할 수 있게 만드는 것이죠.

## 3.5.1 | 웹 서버와 SGI

웹 서버란 실제로 사용자의 요청을 받고 응답을 주는 엔진엑스(Nginx), 아파치(Apache) 등을 말하며, 네트워크 통신의 전반적인 부분을 담당합니다. Nginx, 아파치와 같은 웹 서버와 플라스크 애플리케이션 등 웹 애플리케이션 사이에서는 통신이 필요합니다. 서버 게이트웨이 인터페이스(Server Gateway Interface, SGI)가 바로 그 통신 규약입니다. 이 규약을 통해 웹 서버는 사용자의 HTTP 요청을 웹 애플리케이션에 전달하고, 애플리케이션의 응답을 다시 사용자에게 전달합니다. 플라스크에서의 SGI는 그중에서도 플라스크 웹 애플리케이션과 웹 서버 사이의 통신 방식만을 정의합니다.

그런데 "flask run" 명령만으로도 플라스크 애플리케이션이 동작하다 보니 "왜 굳이 SGI가 필요한 건가?"라는 의문이 들 수 있습니다. "flask run" 명령은 개발 환경에서 테스트 목적으로 사용되며 내부적으로 간단한 WSGI 서버를 실행시킵니다. 이는 개발 시 빠른 테스트를 위해 플라스크가 지원하는 기능입니다. 그러나 이것은 운영 환경에서 사용하기에는 부족한 면이 많습니다.

- **성능 이슈**: 플라스크의 내장 서버는 단순하고 가볍기 때문에 많은 트래픽을 처리하기에는 부적합합니다.
- **보안 문제**: 플라스크의 내장 서버는 보안 기능이 부족하여 직접 인터넷에 노출하는 것은 위험합니다.
- **확장성과 유지보수**: 복잡한 운영 환경에서는 웹 서버 소프트웨어(Nginx, Apache 등)가 제공하는 다양한 기능(SSL, 로드밸런싱 등)이 필요합니다.

따라서 운영 환경에서는 웹 서버와 함께 SGI를 사용하여 안정성, 확장성, 보안성을 높이는 것이 좋습니다. SGI는 WSGI(Web Server Gateway Interface)와 ASGI(Asynchronous Server Gateway Interface)로 타입이 나뉩니다. 차이점은 주로 동기(synchronous)와 비동기(asynchronous)의 지원 여부입니다. WSGI는 동기적 처리를, ASGI는 비동기적 처리를 지원합니다.

- **WSGI**: 동기적인 웹 애플리케이션을 위한 표준입니다. 예를 들어, 플라스크와 장고가 기본적으로 WSGI를 사용합니다.
- **ASGI**: 비동기적인 웹 애플리케이션을 위한 표준입니다. FastAPI나 Django Channels 같은 애플리케이션에서 사용됩니다.

## 3.5.2 | WSGI를 지원하는 플라스크

플라스크는 파이썬의 WSGI를 지원하는 웹 프레임워크입니다. WSGI는 파이썬 애플리케이션 또는 프레임워크와 웹 서버 사이의 표준 인터페이스로, 웹 서버와 애플리케이션 간의 통신을 가능하게 합니다.

Gunicorn은 파이썬 WSGI HTTP 서버로, 플라스크 애플리케이션을 실행하기 위해 많이 선택되는 프로그램입니다. Gunicorn 외에도 플라스크 애플리케이션을 운영 환경에서 실행하기 위한 여러 WSGI 서버 옵션이 있습니다. 각각의 서버는 독특한 특성과 최적화된 사용 사례가 있습니다. 다음은 몇 가지 대안적인 WSGI 서버입니다

- **uWSGI**: uWSGI는 Gunicorn과 매우 비슷하지만, 좀 더 복잡한 설정을 가지고 있으며 성능이 더 뛰어나다고 알려져 있습니다. Nginx와의 통합이 매우 잘 되며, uWSGI는 Nginx와 함께 사용할 때 가장 잘 동작하는 것으로 유명합니다.
- **Daphne**: Daphne는 주로 장고에서 사용되지만 플라스크와도 호환되는 ASGI 서버입니다. 이 서버는 비동기 파이썬 웹 프레임워크를 위해 설계되었으며, 웹소켓과 같은 실시간 기능을 필요로 하는 애플리케이션에 적합합니다.
- **mod_wsgi**: 아파치의 모듈로, 플라스크 애플리케이션을 직접 아파치 웹 서버 내에서 실행할 수 있게 해줍니다. 이 방식은 아파치를 이미 사용하고 있는 경우에 편리할 수 있습니다.

여기서는 대표적으로 Gunicorn을 사용해 플라스크 애플리케이션을 배포해보겠습니다.

## 3.5.3 | Gunicorn으로 플라스크 애플리케이션 배포하기

먼저, 아래의 간단한 플라스크 애플리케이션 예제를 보겠습니다. 이 코드를 app.py라는 이름의 파일로 저장합니다.

```python
# app.py
from flask import Flask
app = Flask(__name__)

@app.route('/')
def hello_world():
    return 'Hello, World!'
```

이제, 위에서 작성한 app.py 파일을 사용하여 Gunicorn으로 플라스크 애플리케이션을 실행하는 방법을 알아보겠습니다.

### 》 Gunicorn 설치 및 실행

다른 라이브러리를 설치할 때와 마찬가지로 비주얼 스튜디오 코드의 터미널 환경에서 진행합니다.

- Gunicorn 설치

```
pip install gunicorn==21.2.0
```

- Gunicorn으로 플라스크 애플리케이션 실행

```
gunicorn "app:app"
```

기본 설정으로 app.py 파일의 플라스크 애플리케이션을 실행합니다. app:app에서 첫 번째 app은 파일 이름(app.py에서 .py를 제외한 부분)을 나타내고, 두 번째 app은 플라스크 인스턴스를 나타냅니다.

### 》 Gunicorn 옵션 설명

- 워커 프로세스 설정(-w 또는 --workers)

```
gunicorn -w 4 "app:app"
```

워커 프로세스를 4개로 설정하여 애플리케이션을 실행합니다.

• 서버 바인딩(-b 또는 --bind)

```
gunicorn -b 0.0.0.0:8000 "app:app"
```

서버를 모든 인터페이스의 8000 포트에 바인딩합니다.

• 데몬 모드 실행(--daemon)

```
gunicorn --daemon "app:app"
```

애플리케이션을 백그라운드에서 실행합니다.

• 로그 파일 설정(--access-logfile 및 --error-logfile)

```
gunicorn --access-logfile access.log --error-logfile error.log
"app:app"
```

액세스 및 에러 로그를 각각 access.log와 error.log 파일에 기록합니다.

• 타임아웃 설정(--timeout)

```
gunicorn --timeout 120 "app:app"
```

워커가 120초 동안 응답하지 않으면 재시작됩니다.

각각의 옵션은 서버의 성능과 동작을 조정하기 위해 사용되며, 특히 워커 수나 타임아웃 같은 설정은 실제 운영 환경에 따라 조정되어야 합니다. 서버의 자원, 애플리케이션의 요구사항, 트래픽의 양 등을 고려하여 최적의 구성을 찾는 것이 중요합니다.

> **Gunicorn의 워커란?**
> 워커(worker)는 Gunicorn 서버가 동시에 처리할 수 있는 요청의 수를 결정하는 프로세스입니다. 플라스크 애플리케이션의 동시성을 다루는 데 사용되며, 각 워커는 독립적으로 요청을 받아 처리할 수 있는 별도의 프로세스입니다. 여러 워커를 사용하면 동시에 여러 요청을 처리할 수 있으므로 애플리케이션의 처리 능력이 향상됩니다. 그러나 워커 수를 무작정 늘리는 것이 항상 최선은 아닙니다. 워커가 많을수록 더 많은 시스템 자원(CPU, 메모리)을 사용하게 되므로 서버의 사양에 맞게 적절한 수를 설정해야 합니다.

## 》Gunicorn과 Nginx 연동

플라스크 애플리케이션을 직접 외부에 노출하는 것은 성능과 보안 측면에서 좋지 않습니다. 따라서 Gunicorn을 사용하여 플라스크 애플리케이션을 실행하고, Nginx나 아파치 같은 웹 서버와 연동하여 안정성과 효율성을 높이는 것이 일반적인 방식입니다. Gunicorn이 여러 워커를 관리하여 애플리케이션 요청을 처리하고, Nginx나 아파치는 정적 파일을 처리하거나 HTTPS 같은 보안 프로토콜을 제공하여 전체적인 성능과 보안을 강화합니다.

Nginx나 아파치의 세부 설정에 익숙하다면, 다음 예를 참고하여 Gunicorn 기반 플라스크 애플리케이션을 Nginx 등의 웹 서버와 연결할 수 있습니다.

플라스크 애플리케이션을 Gunicorn과 Nginx와 연동하는 전체 예시와 각 설정에 대한 상세한 설명을 살펴보겠습니다. Gunicorn이 이미 설치되어 있고 플라스크 애플리케이션이 'myapp.py' 파일에 'app'이라는 이름으로 정의되어 있다고 가정하겠습니다.

## 》Gunicorn 설정하기

Gunicorn을 설정할 때 몇 가지 중요한 옵션을 고려해야 합니다. 첫째, '-w' 또는 '--workers' 옵션은 동시에 처리할 수 있는 워커(프로세스)의 수를 정하는 것으로 CPU 코어 수의 두 배를 사용하는 것이 효과적입니다. 둘째, '--bind' 옵션은 Gunicorn이 네트워크 소켓을 어디에 바인딩할지를 지정합니다. TCP/IP 주소와 포트(e.g. 127.0.0.1:8000)를 사용하는 일반적인 바인딩은 다음과 같습니다.

```
gunicorn --workers=4 --bind=127.0.0.1:8000 myapp:app
```

참고로, UNIX 소켓 파일을 사용하여 서버를 구성할 수도 있습니다. 예를 들어 '--bind unix:/tmp/myapp.sock'와 같이 설정하면 Gunicorn은 '/tmp/myapp.sock'라는 소켓 파일에 바인딩하여 통신합니다. 이 방식은 리눅스 등 서버 환경에서만 가능합니다. 다음은 UNIX 소켓 파일 바인딩을 사용한 Gunicorn 실행 예시입니다.

```
gunicorn --workers=4 --bind unix:/tmp/myapp.sock myapp:app
```

## 》Nginx 설정하기

Nginx를 설정할 때는 /etc/nginx/sites-available/에 있는 설정 파일을 수정하거나 새로운 파일을 생성합니다. 그리고 /etc/nginx/sites-enabled/에 심볼릭 링크를 만들어 활성화합니다.

다음은 Nginx의 설정 파일 예시입니다.

```
server {
    listen 80;   # Nginx가 HTTP 요청을 listen할 포트
    server_name example.com;   # 관리하고자 하는 도메인 이름

    location / {
        proxy_pass http://127.0.0.1:8000;   # Gunicorn 서버로 요청을 전달
        proxy_set_header Host $host;   # 요청 헤더에 Host를 설정
        proxy_set_header X-Real-IP $remote_addr;   # 클라이언트의 실제 IP 주소
        proxy_set_header X-Forwarded-For $proxy_add_x_forwarded_for;   # 프록시를 통해 전달된 요청의 IP 주소
        proxy_set_header X-Forwarded-Proto $scheme;   # 요청에 사용된 프로토콜 (http 또는 https)
    }

    # 정적 파일에 대한 처리. Nginx가 직접 제공하는 것이 효율적입니다.
    location /static/ {
        alias /path/to/your/static/files;   # 정적 파일이 위치한 경로
        expires 30d;   # 정적 파일 캐시 만료 기간 설정
    }
}
```

**설정 상세 설명**

- **listen**: 이 지시어는 Nginx가 클라이언트의 요청을 기다리는 포트 번호를 설정합니다. 80은 기본적으로 HTTP 요청에 사용되는 포트입니다.
- **server_name**: 이 서버 블록에서 처리할 도메인 또는 서브도메인을 지정합니다.
- **location /**: 이 블록은 모든 요청에 대해 실행됩니다. proxy_pass를 통해 이 요청들을 Gunicorn으로 전달합니다.
- **proxy_set_header**: 프록시 서버를 통해 요청을 전달할 때, 원본 요청 정보를 유지할 수 있도록 헤더를 설정합니다.

- **location /static/**: 이 지시어는 정적 파일을 처리하는 방법을 구체화합니다. alias를 통해 정적 파일이 위치한 서버 내의 실제 경로를 설정합니다.

## 》테스트 및 재시작

설정이 끝난 후에는 Nginx를 재시작해야 변경 사항이 적용됩니다. 다음 명령은 서버 환경에 따라 다를 수 있습니다. 변경 사항이 적용되면 정상적으로 백엔드 API가 동작합니다.

```
sudo nginx -t    # 설정 파일의 문법 오류를 검사합니다.
sudo systemctl restart nginx    # Nginx 서비스를 재시작합니다.
```

위 명령어를 통해 설정에 오류가 없는지 확인하고, Nginx를 재시작하여 새 설정을 적용합니다. 보안을 위해서는 SSL/TLS 설정을 추가하여 HTTPS를 통한 암호화된 연결을 사용할 것을 권장합니다. Let's Encrypt는 무료로 SSL 인증서를 발급해주며, Certbot 같은 도구를 사용하여 자동으로 Nginx 설정을 업데이트할 수 있습니다.

# 3.6 테스팅

테스팅(testing)이란 개발한 소프트웨어가 예상대로 작동하는지 검증하는 과정입니다. 이는 버그(bug)를 미리 찾아 수정하거나 새로운 기능을 추가했을 때 기존 기능에 문제가 발생하지 않는지 확인하는 데 중요합니다.

테스팅 없이 코드를 배포(deploy)하면 사용자가 버그를 만나거나 시스템이 예상치 못한 방식으로 작동할 위험이 있습니다. 테스팅은 이러한 문제를 미리 발견하고, 높은 품질의 소프트웨어를 제공하는 데 도움을 줍니다.

## 3.6.1 | 플라스크에서의 테스팅

플라스크에서는 pytest나 플라스크 자체의 unittest를 이용하여 테스팅을 할 수 있습니다. 이 섹션에서는 플라스크의 unittest를 이용한 기본적인 테스팅에 대해 설명하겠습니다.

테스트를 위한 간단한 플라스크 애플리케이션을 만들어보겠습니다. 파일명은 my_app.py로 하겠습니다.

```python
# my_app.py
from flask import Flask
app = Flask(__name__)

@app.route('/')
def index():
    return 'Hello, World!'
```

이 코드를 flask --app my_app.py run으로 실행하고, 루트 URL('/')에 접속하면 "Hello, World!"라는 메시지를 반환합니다.

다음으로 플라스크 애플리케이션을 테스트하기 위해서는 테스트 케이스를 작성해야 합니다. 테스트 케이스는 특정 기능이 예상한 대로 동작하는지 확인하는 코드입니다. 다음은 플라스크 애플리케이션의 루트 URL('/')에 대한 기본적인 테스트를 수행하는 테스트 케이스입니다.

```
# test_app.py
import unittest
from my_app import app   # my_app 모듈에서 플라스크 애플리케이션을 가져옵니다.

# BasicTestCase 클래스는 unittest.TestCase를 상속받습니다.
class BasicTestCase(unittest.TestCase):

    # index 라우트를 테스트하는 메서드입니다.
    def test_index(self):
        # 플라스크 애플리케이션을 위한 테스트 클라이언트 인스턴스를 생성합니다.
        tester = app.test_client(self)
        # 테스트 클라이언트를 사용하여 루트 URL로 GET 요청을 보냅니다.
        response = tester.get('/', content_type='html/text')
        # 응답받은 상태 코드가 200인지 확인합니다.
        self.assertEqual(response.status_code, 200)
```

위 코드에서 app.test_client() 메서드는 플라스크 애플리케이션을 테스트하기 위한 테스트 클라이언트를 생성합니다. 이 테스트 클라이언트는 실제 웹 서버를 실행하지 않고도 애플리케이션에 요청을 보내고 그 응답을 확인할 수 있게 해줍니다.

tester.get() 메서드는 지정된 경로로 HTTP GET 요청을 보내는 데 사용됩니다. response.status_code는 서버가 반환한 HTTP 상태 코드를 나타냅니다. self.assertEqual() 메서드는 unittest의 기능으로, 두 값을 비교하여 같으면 테스트를 통과합니다.

테스팅 관련 주요 문법은 다음과 같습니다.

- **import unittest**: unittest 테스팅 프레임워크를 가져옵니다. 파이썬의 표준 라이브러리에 포함되어 있으며 테스트를 작성하고 실행하는 데 필요한 도구를 제공합니다.
- **unittest.TestCase**: 모든 테스트 케이스는 이 클래스를 상속받아야 하며, 여러 가지 어설션 메서드(assertion methods)를 제공하여 테스트를 쉽게 작성할 수 있게 합니다.

- 어설션 메서드(assertion methods)는 unittest.TestCase 클래스가 제공하는 메서드의 한 종류로, 테스트 중에 조건이 참인지 확인하기 위해 사용합니다. 이들 메서드는 테스트하려는 조건이 예상대로 작동하는지 검증하는 데 핵심적인 역할을 합니다.

테스트 중에 어떤 값이나 표현식이 특정 조건을 충족하는지 확인할 필요가 있을 때 어설션 메서드를 사용합니다. 예를 들어 두 값이 같은지, 어떤 값이 True인지, 예외가 발생하는지 등을 검사할 수 있습니다.

기본적인 어설션 메서드 예시는 다음과 같습니다

- assertEqual(a, b): a와 b가 같은지 확인합니다.
- assertTrue(x): x가 True인지 확인합니다.
- assertFalse(x): x가 False인지 확인합니다.
- assertRaises(Error): 지정된 예외가 발생하는지 확인합니다.
- assertIn(a, b): a가 b 컨테이너에 포함되어 있는지 확인합니다.
- assertIsNone(x): x가 None인지 확인합니다.

이러한 메서드들은 테스트를 작성할 때 기대하는 결과를 명확히 표현하고, 코드가 올바르게 동작하는지 자동으로 검증할 수 있게 해주는 강력한 도구입니다. unittest 프레임워크는 테스트 실패 시 테스트 결과에 대한 자세한 정보를 출력하여 디버깅을 돕습니다.

- test_client(): 플라스크 애플리케이션의 테스트 클라이언트 인스턴스를 생성합니다. 이를 사용하여 실제 서버를 구동하지 않고도 HTTP 요청을 애플리케이션에 보낼 수 있습니다.
- get(): 테스트 클라이언트의 메서드로, HTTP GET 요청을 보내고 응답을 받는 데 사용됩니다.
- assertEqual(): 어설션 메서드 중 하나로 앞의 설명과 같이 두 값이 같은지 확인하는 메서드입니다. 테스트하려는 값이 예상한 값과 다르면 테스트가 실패합니다.

### 3.6.2 | 테스트 실행하기

작성한 테스트 케이스를 실행하기 위해서는 터미널에서 다음 명령을 입력합니다.

```
python -m unittest test_app.BasicTestCase
```

이 명령어는 파이썬의 unittest 모듈을 이용해 test_app.py 파일 내의 BasicTestCase 클래스에 있는 테스트들을 실행하라는 지시입니다.

- **-m unittest**: -m 옵션은 모듈을 스크립트로 실행하려고 할 때 사용됩니다. -m unittest 명령은 unittest 모듈을 명령줄에서 실행하도록 합니다.
- **test_app.BasicTestCase**: test_app.py 파일에 정의된 BasicTestCase 클래스를 지정합니다. 해당 클래스 내의 모든 테스트 메서드가 실행됩니다.

해당 명령어를 실행하면 BasicTestCase 클래스에 있는 모든 테스트 메서드가 실행됩니다. 테스트가 성공적으로 완료되면, 터미널에 'OK'가 출력됩니다. 이는 모든 테스트 케이스가 예상한 결과와 일치한다는 것을 의미합니다. 만약 테스트가 실패한다면, 실패한 테스트에 대한 정보와 함께 실패 이유가 출력되어 개발자가 문제를 진단하고 해결할 수 있도록 돕습니다.

```
----------------------------------------------------------------------
Ran 1 test in 0.004s

OK
```

### 3.6.3 | unittest의 다양한 기능

unittest는 파이썬 프로그램을 테스트하는 대표적인 라이브러리입니다. 따라서 다양한 기능을 가지고 있습니다. 이 중에서 플라스크 테스트 시 참고할 만한 기능에 대해서 알아봅니다.

```python
# test_app.py
import unittest
from my_app import app  # 테스트할 플라스크 애플리케이션을 가져옵니다.

class AdvancedTestCase(unittest.TestCase):

    def setUp(self):
        # 플라스크 애플리케이션의 테스트 클라이언트를 생성합니다.
        # self.tester는 테스트 동안 사용할 가상의 클라이언트 객체입니다.
        self.tester = app.test_client(self)

    def tearDown(self):
        # 테스트가 끝난 후 정리 작업을 수행합니다. 현재는 비어 있는 상태입니다.
        pass
```

```
    def test_index(self):
        # self.tester 객체를 사용하여 루트 URL('/')로 HTTP GET 요청을 보냅니다.
        response = self.tester.get('/', content_type='html/text')
        # 응답의 상태 코드가 200인지 확인합니다.
        self.assertEqual(response.status_code, 200)
```

플라스크 애플리케이션의 테스트를 위해 unittest 라이브러리를 사용하면, setUp() 메서드 안에서 테스트에 필요한 준비 작업을 할 수 있습니다. 이 예제에서 self.tester는 테스트 동안 HTTP 요청을 보내고 응답을 받기 위한 테스트 클라이언트 객체를 참조하는 변수입니다. app.test_client() 메서드는 플라스크 애플리케이션에 대한 테스트 클라이언트를 생성합니다. 이 테스트 클라이언트를 사용하면 실제 서버를 실행하지 않고도 HTTP 요청을 애플리케이션에 보낼 수 있습니다. 이로 인해 빠르고 효율적으로 애플리케이션을 테스트할 수 있습니다.

## 》 unittest의 주요 메서드

### setUp() 메서드
- 테스트 클래스 내에서 각 테스트 메서드가 실행되기 전에 먼저 실행됩니다.
- 테스트에 필요한 객체 생성, 테스트 환경 구성 등의 작업을 수행합니다.
- 이 예제에서는 app.test_client()를 호출하여 self.tester 객체를 생성합니다. 이는 테스트를 위한 가상의 클라이언트 역할을 합니다.

### tearDown() 메서드
- 각 테스트 메서드 실행 후 호출되며, setUp()에서 생성된 객체를 정리하거나 테스트 환경을 초기 상태로 복구하는 데 사용됩니다.
- 예를 들어 데이터베이스 세션을 닫거나 임시 파일을 삭제하는 등의 작업을 수행합니다.

### 테스트 메서드
- test_로 시작하는 메서드는 unittest에 의해 자동으로 테스트 메서드로 인식됩니다.
- 이 메서드들 내에서 실제 테스트를 수행합니다. 예를 들어 HTTP 요청을 보내고, 응답을 확인하는 등의 작업을 합니다.

터미널에서 다음 명령어를 실행하면 unittest 테스트 러너가 지정된 테스트 클래스의 모든 테스트 메서드를 자동으로 찾아 실행합니다. 이 코드에서 setUp() 메서드는 AdvancedTestCase 클래스의 각 테스트 메서드 실행 전에 self.tester 객체를 생성하여 할당합니다. 이 객체는 test_index() 메서드에서 루트 URL로 GET 요청을 보내는 데 사용되며, 그 결과로 받은 응답의 상태 코드를 확인하여 테스트가 성공했는지 검증합니다.

```
python -m unittest test_app.AdvancedTestCase
```

OK가 출력되면 테스트가 성공적으로 실행된 것입니다.

## 》 다수의 테스트 케이스 실행

unittest를 활용해서 다양한 테스트 케이스를 한 번에 테스트할 수 있습니다.

```
# test_app.py
import unittest
from my_app import app  # 플라스크 애플리케이션을 my_app 모듈에서 가져옵니다.

# AdvancedTestCase 클래스는 unittest.TestCase를 상속받아 여러 테스트 케이스를 정의합니다.
class AdvancedTestCase(unittest.TestCase):

    # setUp 메서드는 각 테스트 메서드를 실행하기 전에 호출됩니다.
    def setUp(self):
        # self.tester는 플라스크의 test_client 인스턴스를 참조합니다.
        # 이를 통해 실제 HTTP 서버를 구동하지 않고도 HTTP 요청을 테스트할 수 있습니다.
        self.tester = app.test_client(self)

    # test_index 메서드는 루트 경로('/')에 대한 테스트를 정의합니다.
    def test_index(self):
        # 루트 경로에 GET 요청을 보냅니다. content_type은 요청의 타입을 지정합니다.
        response = self.tester.get('/', content_type='html/text')
        # 응답의 상태 코드가 200(정상)인지 확인합니다.
        self.assertEqual(response.status_code, 200)
```

```
    # test_index_text 메서드는 루트 경로의 응답 텍스트를 테스트합니다.
    def test_index_text(self):
        # 루트 경로에 GET 요청을 보내고 응답 데이터를 검증합니다.
        response = self.tester.get('/', content_type='html/text')
        # 응답 데이터가 'Hello, World!'와 일치하는지 바이트 문자열로 확인합니다.
        self.assertEqual(response.data, b'Hello, World!')

    # test_another_route 메서드는 다른 경로('/another')에 대한 테스트를 정의합니다.
    def test_another_route(self):
        # '/another' 경로에 GET 요청을 보내고 상태 코드를 검증합니다.
        response = self.tester.get('/another', content_type='html/text')
        # 해당 경로가 존재하지 않으므로 상태 코드가 404(찾을 수 없음)인지 확인합니다.
        self.assertEqual(response.status_code, 404)
```

**실행 명령**

```
python -m unittest test_app.AdvancedTestCase
```

위 명령을 사용하면, AdvancedTestCase 클래스에 정의된 모든 테스트 메서드(test_로 시작하는 메서드)가 실행됩니다. 모든 테스트가 통과하면 터미널에 OK가 출력되며, 실패하는 경우에는 실패한 테스트에 대한 정보와 함께 에러 메시지가 출력됩니다.

# 3.7 플라스크 성능 개선 팁

웹 애플리케이션의 성능을 개선하는 것은 사용자에게 더 빠르고 쾌적한 서비스를 제공하고, 서버 자원을 효율적으로 사용하기 위해 필수적입니다. 플라스크 애플리케이션의 성능을 끌어올릴 수 있는 몇 가지 방법을 간략히 추가로 살펴보겠습니다.

## 3.7.1 | 데이터베이스 쿼리 최적화

데이터베이스 쿼리 최적화는 웹 애플리케이션의 성능을 결정짓는 결정적인 요소입니다. 적절하게 최적화된 쿼리는 데이터 검색 시간을 단축시켜 사용자 경험을 개선하고, 시스템 리소스의 효율적인 사용을 가능하게 합니다.

- **선택적 데이터 로드**: ORM(Object-Relational Mapping)을 사용하는 환경에서는 .all() 메서드를 사용하여 불필요하게 많은 데이터를 로드하는 것보다 .first()나 .limit()를 사용하여 필요한 데이터만 요청하는 것이 메모리 사용과 처리 시간을 절약합니다.

- **N+1 쿼리 문제 해결**: join, select_related, prefetch_related와 같은 ORM 기능들을 적절히 활용함으로써 관련된 객체를 한 번의 데이터베이스 트랜잭션으로 불러와 N+1 쿼리 문제를 예방할 수 있습니다. 이는 여러 개의 연관된 쿼리가 각각의 행에 대해 실행되는 것을 방지하여 성능 저하를 막아줍니다.

- **적절한 인덱스 설정**: 데이터베이스에서 자주 조회되는 컬럼에 인덱스를 적용하는 것은 검색 속도를 극적으로 향상시킬 수 있습니다. 인덱스는 데이터베이스가 테이블의 특정 컬럼에 빠르게 접근할 수 있도록 도와주며, 특히 큰 데이터 세트에서 그 효과가 두드러집니다.

- **결과 캐싱**: 자주 호출되는 쿼리의 결과를 메모리 내 캐시에 저장함으로써 반복적인 데이터베이스 호출을 줄일 수 있습니다. 캐싱된 데이터는 다음 요청 때 빠르게 반환되어 성능 향상에 기여합니다.

데이터베이스 쿼리 최적화는 단순히 빠른 성능을 넘어서 데이터베이스 서버의 부하를 줄이고 전체적인 애플리케이션의 안정성을 높이는 데에도 기여합니다. 따라서 개발자는 데이터베이스 쿼리 최적화를 위한 다양한 전략을 숙지하고 적용할 필요가 있습니다.

### 3.7.2 | 정적 파일 최적화 및 캐싱의 진화된 전략

정적 파일의 효과적인 관리는 웹 애플리케이션의 속도와 성능을 크게 향상시킬 수 있는 핵심 요소입니다. 사용자의 대기 시간을 줄이고 서버 부하를 감소시키며, 대역폭 사용을 최적화하는 방법으로 다음과 같은 전략들을 적용할 수 있습니다.

- **코드 최소화**: CSS 및 자바스크립트 파일의 압축(minification)은 주석, 공백, 개행 문자 등 불필요한 문자를 제거하여 파일 크기를 최소화합니다. 이는 네트워크 지연을 감소시키고, 페이지 로드 시간을 단축함으로써 전반적인 사용자 경험을 향상시킵니다.

- **지능적 캐싱**: CDN 서비스나 캐싱 프록시 서버를 이용하여 정적 파일을 전 세계에 분산시키고, 사용자에게 가장 가까운 위치에서 파일을 제공합니다. 또한 캐시 만료 기간, 변경 빈도 등을 고려하여 HTTP 헤더를 통해 캐시를 세심하게 관리합니다.

- **파일 버전 관리**: 파일 이름에 버전 번호나 해시를 추가하여 캐시 무효화 문제를 해결합니다. 새로운 버전의 애플리케이션을 배포할 때 클라이언트가 자동으로 최신 파일을 다운로드하도록 강제할 수 있습니다.

- **서버 측 최적화**: Nginx나 아파치와 같은 웹 서버는 정적 파일을 처리하기 위한 다양한 설정 옵션을 제공합니다. 예를 들어, expires 헤더를 통해 브라우저 캐시의 수명을 정하거나 gzip을 사용해 파일을 압축하여 전송합니다. 이는 트래픽을 줄이고 로딩 시간을 단축시켜 서버의 성능을 극대화합니다.

이러한 전략들은 웹 애플리케이션의 성능을 결정짓는 중요한 요소들입니다. 디자이너와 개발자 모두가 이러한 최적화 전략을 숙지하고 적극적으로 적용해야 할 필요가 있습니다. 정적 파일의 최적화 및 캐싱은 사이트의 반응 속도를 높이고 서버 부하를 줄이며, 사용자 만족도를 높이는 데 기여합니다.

### 3.7.3 | 로깅을 활용한 효과적인 디버깅

로깅은 애플리케이션에서 발생하는 이벤트를 시간 순서대로 기록하는 과정입니다. 이는 개발자가 코드를 모니터링하고, 예상치 못한 동작이나 버그를 파악하는 데 매우 중요한 역할을 합니다. 로깅을 통해 애플리케이션의 행동을 이해하고 문제가 발생했을 때 빠르게 원인을 찾아낼 수 있습니다.

- **문제 해결**: 로깅은 예외 발생 시 스택 추적(stack trace)을 기록하여 문제를 해결하는 데 도움을 줍니다. 예외가 발생한 정확한 코드 라인을 파악할 수 있어 디버깅 시간을 크게 단축할 수 있습니다.
- **성능 모니터링**: 로그를 통해 시스템의 성능 관련 메트릭을 수집할 수 있습니다. 예를 들어, 응답 시간이나 메모리 사용량 같은 성능 지표를 기록하여 성능 저하의 원인을 분석할 수 있습니다.
- **안정성 향상**: 정기적인 로그 분석을 통해 잠재적인 문제를 사전에 발견하고, 시스템의 안정성을 향상시킬 수 있습니다.
- **감사 및 컴플라이언스**: 로깅은 사용자의 행동을 기록하고 시스템의 변경 사항을 추적하는 데 필요합니다. 이는 감사 목적으로 중요하며, 때로는 법적 요구 사항을 충족시키는 데 필요할 수도 있습니다.
- **로깅 레벨 설정**: DEBUG, INFO, WARNING, ERROR, CRITICAL 등 다양한 로깅 레벨을 사용하여 메시지의 중요도에 따라 다른 처리를 할 수 있습니다.
- **로테이션과 보존**: 로그 파일의 크기가 너무 커지는 것을 방지하기 위해 로그 로테이션(log rotation)을 구현할 수 있습니다. 이는 로그 파일을 정기적으로 새 파일로 교체하고, 오래된 파일은 압축하거나 삭제합니다.
- **중앙집중화**: 대규모 시스템에서는 로그를 한곳에서 모니터링하고 분석할 수 있는 중앙집중화된 로깅 시스템을 구축하는 것이 유용합니다.
- **외부 서비스 활용**: ELK(Elasticsearch, Logstash, Kibana) 스택이나 Splunk 같은 로깅 서비스를 사용하면 로그 데이터를 쉽게 수집, 검색, 분석하고 시각화할 수 있습니다.

애플리케이션의 성능과 안정성을 유지하고 향상시키기 위해 로깅 시스템을 구현하고, 이를 통한 정기적인 로그 분석을 실시하는 것이 중요합니다. 로깅은 개발 과정뿐만 아니라 운영 단계에서도 지속적인 품질 관리를 위한 필수적인 도구입니다.

## 3.7.4 | 고도화된 코드 최적화 기법

코드 최적화는 애플리케이션의 효율성을 극대화하고 사용자 경험을 높이는 데 필수적인 과정입니다. 플라스크 같은 가벼운 프레임워크를 사용할 때도 몇 가지 진보된 최적화 전략을 통해 성능을 크게 향상시킬 수 있습니다.

- **성능 측정**: 플라스크 애플리케이션의 각 기능과 요청 처리 시간을 면밀히 분석하여 성능 저하를 초래하는 코드를 정확히 식별합니다. 이는 '프로파일링'이라고 하는 과정을 통해 수행되며, 병목 현상이나 불필요한 자원 사용을 드러내는 데 큰 도움이 됩니다.
- **작업 분산**: 계산 집약적이거나 시간 소모적인 작업들을 메인 애플리케이션 스레드로부터 분리하여 백그라운드에서 실행합니다. 이는 Celery와 같은 비동기 작업 큐를 사용하여 수행될 수 있으며, 메인 스레드가 요청 처리에 집중할 수 있도록 해 사용자에게 빠른 응답 시간을 제공합니다.
- **동시성 증가**: 멀티 프로세싱과 스레딩을 활용하여 플라스크 애플리케이션을 복수의 작업 단위로 나누어 동시에 실행합니다. Gunicorn과 같은 WSGI HTTP 서버를 활용하면, 여러 프로세스 및 스레드에서 애플리케이션을 구동시켜 단일 서버에서도 많은 요청을 효과적으로 처리할 수 있습니다.

이러한 최적화 기법들은 플라스크 애플리케이션의 반응성과 처리 능력을 상당히 향상시킬 수 있습니다. 프로파일링을 통한 세심한 성능 분석, 백그라운드 작업으로의 비동기 처리, 그리고 멀티 프로세싱 및 스레딩을 통한 동시성 관리는 모든 플라스크 개발자가 고려해야 할 중요한 최적화 전략들입니다. 이를 통해 최종 사용자에게 빠르고 부드러운 서비스 경험을 제공하는 것이 가능해집니다.

이상의 성능 개선 팁을 적절히 참고하여 적용하면 플라스크 애플리케이션의 처리 속도를 크게 향상시키고, 사용자 경험을 개선하는 데 큰 도움이 될 것입니다.

# 플라스크 프로젝트

4.1 첫 번째 코드: 플라스크 애플리케이션 생성
4.2 두 번째 코드: 템플릿 사용과 라우팅 확장
4.3 세 번째 코드: 데이터베이스 연동 및 CRUD 구현
4.4 네 번째 코드: 사용자 인증
4.5 다섯 번째 코드: 사용자별 메모 관리
4.6 여섯 번째 코드: 웹페이지 개선
4.7 일곱 번째 코드: 사용자 편의성 향상
4.8 여덟 번째 코드: MVC 패턴 적용

# 4.1 첫 번째 코드: 플라스크 애플리케이션 생성

그동안 익힌 플라스크 기능을 기반으로 간단한 웹서비스를 개발해봅시다. 모든 코드는 다음 링크의 각 폴더에서 단계별로 확인할 수 있습니다.

- https://github.com/DaveLee-fun/flask_basic

해당 프로젝트의 첫 번째 단계에서는 플라스크 애플리케이션의 기본 구조를 설정합니다. 여기서는 flask run 명령어를 사용하여 애플리케이션을 실행할 수 있도록 준비합니다.

다음과 같이 폴더 구조를 만듭니다. 여기서는 프로젝트 폴더를 my_memo_app으로 정의하였으며, 해당 폴더와 하부 폴더명은 가이드에 맞게 진행해야 합니다.

```
my_memo_app/
├── templates/
└── app.py
```

### 4.1.1 | 플라스크 애플리케이션 생성 및 flask run 설정

app.py 파일을 생성하고, 플라스크 애플리케이션의 기본 구조를 작성합니다.

```python
from flask import Flask

app = Flask(__name__)

@app.route('/')
def home():
    return 'Welcome to My Memo App!'
```

이 코드는 다음을 수행합니다.

- Flask 인스턴스를 생성합니다(app = Flask(__name__)).
- 루트 URL('/')에 접근했을 때 실행되는 home() 함수를 정의합니다. 이 함수는 간단한 환영 메시지를 반환합니다.

## 4.1.2 | flask run을 사용한 애플리케이션 실행

비주얼 스튜디오 코드에서 터미널을 오픈한 후 flask run을 실행합니다. 그리고 웹 브라우저에서 http://127.0.0.1:5000/ 주소로 접속하면 'Welcome to My Memo App!'이라는 메시지를 볼 수 있습니다.

> **플라스크 디버그 모드**
>
> 환경 변수를 설정하면 플라스크를 디버그 모드로 명시적으로 실행할 수 있습니다. 이는 운영체제에 따라 다를 수 있으며, 다음은 일반적인 방법입니다.
>
> FLASK_APP 설정은 flask run 실행 시 어떤 파일을 실행할지를 설정하는 것이며, FLASK_DEBUG는 플라스크 애플리케이션 실행 시 디버그 모드를 켤지를 설정하는 것입니다. 참고로 FLASK_DEBUG=1이 디버그 모드를 활성화하는 것이고 FLASK_DEBUG=0은 디버그 모드를 비활성화하는 것입니다. 디버그 모드가 켜져 있으면 에러 메시지가 보다 자세히 출력됩니다. 다만, 운영 환경에서는 보안상의 이유로 디버그 모드를 비활성화하는 것이 매우 중요합니다. 디버그 모드가 활성화되어 있으면 에러 발생 시 민감한 정보가 사용자에게 노출될 수 있기 때문입니다.
>
> - 윈도우
>
> ```
> set FLASK_APP=app.py
> set FLASK_DEBUG=1
> flask run
> ```
>
> - 맥OS/리눅스
>
> ```
> export FLASK_APP=app.py
> export FLASK_DEBUG=1
> flask run
> ```

> 파이썬 라이브러리는 수시로 업데이트가 되기에 디버그 모드를 활성화하면 내부에서 사용하는 watchdog 라이브러리와 충돌이 발생하여 에러가 날 수 있습니다. 이 때에는 pip uninstall watchdog으로 기존에 설치된 watchdog 라이브러리를 삭제한 후, 다음과 같이 watchdog 버전을 강제로 올려야 합니다.
>
> ```
> pip install watchdog==4.0.0
> ```

이제 기본적인 플라스크 애플리케이션 구조를 설정하고, flask run을 사용하여 실행할 수 있는 준비가 완료되었습니다. 다음 단계에서는 사용자 인터페이스 개발, 데이터베이스 연동, 그리고 기능 구현을 진행할 예정입니다.

# 4.2 두 번째 코드: 템플릿 사용과 라우팅 확장

이제 플라스크 애플리케이션에 템플릿을 추가하고 라우팅을 확장하여 웹페이지를 더 풍부하게 확장해봅시다. 이 단계에서는 플라스크의 render_template 기능을 사용하여 HTML 템플릿을 렌더링하고, 다양한 URL 경로에 대한 처리를 추가합니다.

## 4.2.1 | HTML 템플릿 생성

먼저 templates 폴더 안에 HTML 템플릿 파일을 생성합니다. 이 예시에서는 home.html 이라는 파일을 만들어봅시다.

```html
<!DOCTYPE html>
<html lang="ko">
<head>
    <meta charset="UTF-8">
    <title>마이 메모 앱에 오신 것을 환영합니다</title>
</head>
<body>
    <h1>마이 메모 앱에 오신 것을 환영합니다!</h1>
    <p>이것은 간단한 온라인 메모장 애플리케이션입니다.</p>
</body>
</html>
```

이 HTML 파일은 기본적인 웹페이지 구조로 되어 있으며, 간단한 환영 메시지를 포함하고 있습니다.

## 4.2.2 | 플라스크 애플리케이션에서 템플릿 렌더링

이제 플라스크 애플리케이션에서 루트 URL('/') 경로에 대한 뷰 함수를 수정하여, render_template() 함수를 임포트하고 사용해서 home.html 템플릿을 렌더링하도록 합니다. 수정한 부분이 정상적으로 동작하는지 확인하기 위해서는 플라스크 서버를 재실행해야 함을 잊지 않습니다.

```
from flask import Flask, render_template

app = Flask(__name__)

@app.route('/')
def home():
    return render_template('home.html')
```

이 코드는 루트 URL에 대한 요청이 있을 때 home.html 템플릿을 렌더링하여 사용자에게 보여줍니다.

### 4.2.3 | 추가적인 라우팅 설정

프로젝트의 확장성을 고려하여 위 코드에 이어서 다음 페이지 관련 코드도 추가합니다. 예를 들어, 사용자가 'About' 페이지에 접근할 수 있도록 설정해보겠습니다.

```
@app.route('/about')
def about():
    return '이것은 마이 메모 앱의 소개 페이지입니다.'
```

이제 사용자가 http://127.0.0.1:5000/about 주소로 접근하면, '이것은 마이 메모 앱의 소개 페이지입니다.'라는 메시지가 표시됩니다.

### 4.2.4 | 애플리케이션 실행 및 테스트

1. flask run 명령어를 통해 애플리케이션을 실행합니다.

2. 웹 브라우저에서 http://127.0.0.1:5000/ 주소로 접속해 home.html 페이지를 확인합니다.

3. http://127.0.0.1:5000/about 주소로 이동하여 새로 추가된 'About' 페이지를 확인합니다.

이 단계를 통해 플라스크 애플리케이션에 HTML 템플릿을 사용하는 방법과 다양한 경로를 설정하는 방법을 배웠습니다. 다음 단계에서는 사용자 인터페이스를 더 발전시키고, 데이터베이스와의 연동을 준비할 것입니다.

## 4.3 세 번째 코드: 데이터베이스 연동 및 CRUD 구현

본 단계에서는 플라스크 애플리케이션에 MySQL 데이터베이스를 연동하고, CRUD(생성, 읽기, 업데이트, 삭제) 기능을 구현합니다. 이를 통해 애플리케이션에서 사용자 데이터를 효율적으로 관리할 수 있습니다.

### 4.3.1 | 데이터베이스 연동 및 모델 정의

이 단계에서는 플라스크 애플리케이션에 MySQL 데이터베이스를 연동하고, "간단한 온라인 메모장"에 적합한 데이터 모델을 정의합니다. 기존의 라우트(/ 및 /about)는 유지되며, 데이터베이스 관련 기능이 추가됩니다.

먼저, MySQL 데이터베이스 서버에 my_memo_app 데이터베이스를 새로 생성합니다. 이 데이터베이스는 애플리케이션에서 사용할 메모 데이터를 저장할 것입니다.

```
CREATE DATABASE my_memo_app;
```

app.py 파일을 수정하여 데이터베이스 연동 및 모델 정의를 추가합니다. 기존에 작성한 코드는 그대로 유지합니다. 다음 코드를 위한 라이브러리와 버전은 다음과 같습니다.

```
pip install Flask-SQLAlchemy==3.1.1
pip install pymysql==1.1.0
```

각자 MySQL 접속 환경에 따라 다음 SQLALCHEMY_DATABASE_URI를 수정합니다. 다음 코드는 MySQL username과 password가 funcoding인 경우입니다.

```
from flask import Flask, render_template
from flask_sqlalchemy import SQLAlchemy

app = Flask(__name__)

# 데이터베이스 설정
```

```
app.config['SQLALCHEMY_DATABASE_URI'] = 'mysql+pymysql://
funcoding:funcoding@localhost/my_memo_app'
db = SQLAlchemy(app)

# 데이터 모델 정의
class Memo(db.Model):
    id = db.Column(db.Integer, primary_key=True)
    title = db.Column(db.String(100), nullable=False)
    content = db.Column(db.String(1000), nullable=False)

    def __repr__(self):
        return f'<Memo {self.title}>'

# 기존 라우트
@app.route('/')
def home():
    return render_template('home.html')

@app.route('/about')
def about():
    return '이것은 마이 메모 앱의 소개 페이지입니다.'

# 데이터베이스 생성
with app.app_context():
    db.create_all()
```

코드의 가장 상단에서 다음과 같이 SQLAlchemy를 설정했습니다. 이를 위해 플라스크와 SQLAlchemy 라이브러리를 불러오고 필요한 구성을 정의합니다.

```
from flask import Flask
from flask_sqlalchemy import SQLAlchemy

app = Flask(__name__)
app.config['SQLALCHEMY_DATABASE_URI'] = 'mysql+pymysql://
username:password@localhost/my_memo_app'
db = SQLAlchemy(app)
```

이 코드에서 SQLALCHEMY_DATABASE_URI는 MySQL 데이터베이스에 연결하는 데 필요한 정보를 포함합니다. 여기서 username, password, localhost, my_memo_app은 각각 사용자 이름, 비밀번호, 호스트 주소, 데이터베이스 이름에 해당하는 부분입니다. 이들은 실제 환경에 맞게 설정해야 합니다.

- **데이터 모델 정의**: 플라스크 애플리케이션에서 사용할 데이터 모델을 정의합니다. 이 예시에서는 Memo라는 모델을 생성하여 메모의 제목과 내용을 저장하는 테이블을 정의합니다.
- **애플리케이션 컨텍스트에서 테이블 생성**: 플라스크 애플리케이션 컨텍스트 내에서 db.create_all() 메서드를 호출하여 데이터베이스 테이블을 생성합니다.
- 기존의 루트 경로(/ 및 /about)는 그대로 유지됩니다.

이 단계를 통해 플라스크 애플리케이션에 데이터베이스를 연동하고, 기본적인 데이터 모델을 설정하는 방법을 배웠습니다. 이제 CRUD 기능을 구현하여 사용자가 실제로 메모를 작성하고 관리할 수 있게 할 수 있습니다.

## 4.3.2 | CRUD 기능 구현

CRUD 기능을 구현하여 사용자가 메모를 생성(Create), 조회(Read), 수정(Update), 삭제(Delete)할 수 있게 합니다. 다음은 각 기능이 구현된 코드와 이를 테스트하는 방법을 curl 명령어를 사용하여 설명합니다.

```python
from flask import Flask, render_template, request, jsonify, abort
from flask_sqlalchemy import SQLAlchemy

app = Flask(__name__)

# 데이터베이스 설정
app.config['SQLALCHEMY_DATABASE_URI'] = 'mysql+pymysql://funcoding:funcoding@localhost/my_memo_app'
db = SQLAlchemy(app)

# 데이터 모델 정의
class Memo(db.Model):
    id = db.Column(db.Integer, primary_key=True)
    title = db.Column(db.String(100), nullable=False)
    content = db.Column(db.String(1000), nullable=False)

    def __repr__(self):
        return f'<Memo {self.title}>'

# 기존 라우트
```

```python
@app.route('/')
def home():
    return render_template('home.html')

@app.route('/about')
def about():
    return '이것은 마이 메모 앱의 소개 페이지입니다.'

# 데이터베이스 생성
with app.app_context():
    db.create_all()

# 메모 생성
@app.route('/memos/create', methods=['POST'])
def create_memo():
    title = request.json['title']
    content = request.json['content']
    new_memo = Memo(title=title, content=content)
    db.session.add(new_memo)
    db.session.commit()
    return jsonify({'message': 'Memo created'}), 201

# 메모 조회
@app.route('/memos', methods=['GET'])
def list_memos():
    memos = Memo.query.all()
    return jsonify([{'id': memo.id, 'title': memo.title, 'content': memo.content} for memo in memos]), 200

# 메모 업데이트
@app.route('/memos/update/<int:id>', methods=['PUT'])
def update_memo(id):
    memo = Memo.query.filter_by(id=id).first()
    if memo:
        memo.title = request.json['title']
        memo.content = request.json['content']
        db.session.commit()
        return jsonify({'message': 'Memo updated'}), 200
    else:
        abort(404, description="Memo not found")
```

```python
# 메모 삭제
@app.route('/memos/delete/<int:id>', methods=['DELETE'])
def delete_memo(id):
    memo = Memo.query.filter_by(id=id).first()
    if memo:
        db.session.delete(memo)
        db.session.commit()
        return jsonify({'message': 'Memo deleted'}), 200
    else:
        abort(404, description="Memo not found")
```

코드에 사용된 jsonify()와 abort() 함수는 플라스크 웹 프레임워크에서 흔히 사용되는 기능입니다. 이들은 각각 JSON 응답을 생성하고 HTTP 에러를 처리하는 데 사용됩니다.

jsonify() 함수는 파이썬 데이터 구조를 JSON 형식으로 변환하고, 이를 클라이언트에게 응답으로 보내는 데 사용됩니다. 플라스크에서 JSON 응답을 반환할 때 주로 사용되며, 데이터를 쉽게 클라이언트와 주고받을 수 있게 해줍니다. 예를 들어, jsonify({'message': 'Memo created'})는 파이썬 딕셔너리 {'message': 'Memo created'}를 JSON 형식으로 변환하고, 이를 클라이언트에게 응답으로 보냅니다. 200은 HTTP 상태 코드로, 성공적인 요청을 의미합니다. jsonify() 함수는 기본적으로 200 OK 상태 코드를 반환하지만, 필요에 따라 다른 상태 코드를 지정할 수 있습니다.

abort() 함수는 HTTP 에러를 발생시키는 데 사용됩니다. 예를 들어, 요청된 리소스가 존재하지 않는 경우 404 Not Found 에러를 발생시키기 위해 사용될 수 있습니다. abort(404, description="Memo not found")는 404 Not Found 상태 코드와 함께 "Memo not found"라는 에러 설명을 반환합니다. 이 함수는 주로 요청 처리 중 문제가 발생했을 때 에러 응답을 즉시 반환하는 데 사용됩니다. 이러한 방식으로 jsonify()와 abort()는 플라스크 애플리케이션에서 응답 처리와 에러 관리를 위해 널리 사용되는 함수입니다.

전체 코드는 다음 깃허브(GitHub)의 00_FLASKSTART 폴더에서 확인할 수 있습니다.

- https://github.com/DaveLee-fun/flask_basic

### 4.3.3 | CRUD 기능 테스트

- **메모 생성**: 먼저 새 메모를 생성합니다. 이 단계에서는 "Test Memo"라는 제목과 "This is a test

memo."라는 내용을 가진 메모를 만듭니다.
- **메모 조회**: 생성된 메모를 조회합니다. 이 단계에서는 모든 메모의 목록을 확인할 수 있으며, 생성한 메모가 목록에 나타나는지 확인합니다.
- **메모 업데이트**: 생성된 메모의 내용을 수정합니다. 이 예시에서는 메모의 제목을 "Updated Memo"로, 내용을 "Updated content."로 변경합니다.
- **메모 삭제**: 수정된 메모를 삭제합니다. 메모 삭제 후 다시 메모 조회를 수행하여 해당 메모가 목록에서 제거되었는지 확인합니다.

각 단계를 차례로 진행하면서 플라스크 애플리케이션의 CRUD 기능이 올바르게 동작하는지 확인할 수 있습니다.

### 》메모 생성

```
curl -X POST http://127.0.0.1:5000/memos/create -H "Content-Type: application/json" -d "{\"title\":\"Test Memo\",\"content\":\"This is a test memo.\"}"
```

### 》메모 조회

```
curl http://127.0.0.1:5000/memos
```

### 》메모 업데이트

메모 조회의 결과에서 ID를 확인하여, 특정 ID의 메모를 수정할 수 있습니다. 다음은 메모의 ID가 1인 경우를 가정합니다.

```
curl -X PUT http://127.0.0.1:5000/memos/update/1 -H "Content-Type: application/json" -d "{\"title\":\"Updated Memo\",\"content\":\"Updated content.\"}"
```

### 》메모 삭제

역시 메모 조회의 결과에서 ID를 확인하여, 특정 ID의 메모를 삭제할 수 있습니다. 다음은 메모의 ID가 1인 경우를 가정합니다.

```
curl -X DELETE http://127.0.0.1:5000/memos/delete/1
```

# 4.4 네 번째 코드: 사용자 인증

이 단계에서는 사용자 인증 기능을 구현합니다. 이제 "간단한 온라인 메모장" 프로젝트에 사용자 인증 기능을 추가합니다. 이 기능은 기존에 구현한 코드에 통합됩니다. 사용자 인증은 Flask-Login 확장을 활용하여 구현하며, 이를 통해 로그인, 로그아웃, 그리고 사용자 세션 관리를 수행합니다.

## 4.4.1 | Flask-Login을 활용한 사용자 인증 구현

Flask-Login 및 Werkzeug(벨저크)를 설치합니다. Werkzeug는 비밀번호를 해시하기 위해 사용됩니다.

```
pip install Flask-Login==0.6.3
pip show Werkzeug==3.0.1
```

세션 및 쿠키 활용을 위해 SECRET_KEY를 추가합니다.

```
app.config['SQLALCHEMY_DATABASE_URI'] = 'mysql+pymysql://
funcoding:funcoding@localhost/my_memo_app'
# SQLAlchemy의 수정 추적 기능을 비활성화합니다. (성능상의 이유로 권장됩니다.)
app.config['SQLALCHEMY_TRACK_MODIFICATIONS'] = False
# 세션 및 쿠키에 대한 보안 향상을 위해 필요한 비밀 키를 설정합니다.
app.config['SECRET_KEY'] = 'mysecretkey'
```

app.py 파일에 Flask-Login 관련 설정을 추가합니다.

```
from flask_login import LoginManager, UserMixin, login_user,
logout_user, login_required, current_user

login_manager = LoginManager()
login_manager.init_app(app)
login_manager.login_view = 'login'  # 로그인 페이지의 뷰 함수 이름
```

사용자 모델을 정의하고, 데이터베이스 스키마에 반영합니다.

```python
from werkzeug.security import generate_password_hash, check_password_hash

class User(UserMixin, db.Model):
    id = db.Column(db.Integer, primary_key=True)
    username = db.Column(db.String(100), unique=True, nullable=False)
    email = db.Column(db.String(100), unique=True, nullable=False)
    password_hash = db.Column(db.String(512))

    def set_password(self, password):
        self.password_hash = generate_password_hash(password)

    def check_password(self, password):
        return check_password_hash(self.password_hash, password)
```

Flask-Login이 현재 로그인한 사용자를 로드할 수 있도록 사용자 로딩 함수를 정의합니다.

```python
@login_manager.user_loader
def load_user(user_id):
    return User.query.get(int(user_id))
```

회원가입 기능을 추가합니다. 이 기능을 통해 새로운 사용자가 시스템에 등록할 수 있게 됩니다.

```python
@app.route('/signup', methods=['GET', 'POST'])
def signup():
    if request.method == 'POST':
        username = request.form['username']
        email = request.form['email']
        password = request.form['password']

        user = User(username=username, email=email)
        user.set_password(password)

        db.session.add(user)
```

```
        db.session.commit()

        return jsonify({'message': 'Account created
successfully'}), 201
    return render_template('signup.html')
```

로그인 및 로그아웃을 처리하기 위한 라우트를 추가합니다.

```
@app.route('/login', methods=['GET', 'POST'])
def login():
    if request.method == 'POST':
        user = User.query.filter_by(username=request.
form['username']).first()
        if user and user.check_password(request.
form['password']):
            login_user(user)
            return jsonify({'message': 'Logged in
successfully'}), 200
        return abort(401, description="Invalid credentials")
    return render_template('login.html')

@app.route('/logout')
@login_required
def logout():
    logout_user()
    return jsonify({'message': 'Logged out successfully'}), 200
```

전체 코드는 다음 링크의 01_FLASKLOGIN 폴더에서 확인할 수 있습니다.

- https://github.com/DaveLee-fun/flask_basic

이렇게 사용자 인증 기능을 통합하면, 프로젝트는 로그인 및 로그아웃 기능을 제공하며 사용자별 메모 관리가 가능해집니다. 사용자 인증 기능은 기존의 CRUD 기능과 함께 웹 애플리케이션의 보안성을 강화하고, 사용자 경험을 향상시킵니다. 다음 단계에서는 이 기능을 바탕으로 추가적인 기능 개발을 진행합니다.

## 4.4.2 | 사용자 인증 테스트

프로젝트의 사용자 인증 기능을 테스트하기 위해 회원가입, 로그인, 로그아웃 기능을 순차적으로 테스트합니다. 이 과정은 프런트엔드 페이지가 없으므로 curl 명령을 사용하여 수행합니다.

### 》 회원가입

먼저, 새 사용자 계정을 생성하기 위해 회원가입 기능을 테스트합니다.

```
curl -X POST -d "username=newuser&email=newuser@example.com&password=newpassword" http://127.0.0.1:5000/signup
```

이 명령은 newuser라는 사용자명, newuser@example.com 이메일, 그리고 newpassword 비밀번호를 가진 새로운 사용자 계정을 생성합니다.

### 》 로그인

생성한 계정으로 로그인을 시도합니다.

```
curl -X POST -d "username=newuser&password=newpassword" http://127.0.0.1:5000/login
```

이 명령은 newuser 사용자명과 newpassword 비밀번호를 사용하여 로그인을 시도합니다.

### 》 로그아웃

로그인한 상태에서 로그아웃을 시도합니다.

```
curl -X GET http://127.0.0.1:5000/logout
```

이 명령은 현재 로그인한 사용자를 로그아웃합니다.

위의 curl 명령을 사용하여 사용자 인증 기능이 올바르게 작동하는지 확인할 수 있습니다. 각 단계에서 반환되는 응답을 확인하여 기능이 정상적으로 수행되었는지 검증합니다.

# 4.5 다섯 번째 코드: 사용자별 메모 관리

이번 단계에서는 온라인 메모장 프로젝트의 핵심 기능인 사용자별 메모 관리를 구현하고, 사용자 인터페이스를 개선합니다. 이를 위해 우선 메모 모델을 수정하여 각 메모가 특정 사용자에게 속하도록 설정합니다. 그리고 이를 바탕으로 사용자가 자신의 메모만 조회할 수 있도록 애플리케이션의 라우트를 개선합니다.

## 4.5.1 | 사용자별 메모 관리 구현

사용자별 메모 관리를 위해 Memo 모델에 사용자 참조를 추가합니다. 이를 통해 각 메모가 어떤 사용자에게 속하는지 식별할 수 있게 됩니다.

```
class Memo(db.Model):
    id = db.Column(db.Integer, primary_key=True)
    user_id = db.Column(db.Integer, db.ForeignKey('user.id'))  # 사용자 참조 추가
    title = db.Column(db.String(100), nullable=False)
    content = db.Column(db.String(1000), nullable=False)

    def __repr__(self):
        return f'<Memo {self.title}>'
```

이 변경으로 Memo 인스턴스는 이제 user_id 속성을 통해 연관된 User 인스턴스와 연결됩니다. 이는 사용자가 자신의 메모를 관리하는 데 중요한 역할을 합니다.

사용자별 메모 관리를 위해 메모 조회 라우트를 수정합니다. 이제 로그인한 사용자는 자신이 작성한 메모만 볼 수 있습니다.

```
# 메모 조회
@app.route('/memos', methods=['GET'])
@login_required
def list_memos():
```

```
    memos = Memo.query.filter_by(user_id=current_user.id).all()
# 현재 로그인한 사용자의 메모만 조회
    return render_template('memos.html', memos=memos,
username=current_user.username)  # 사용자별 메모를 표시하는 템플릿 렌더링
```

이 라우트는 로그인한 사용자의 ID(current_user.id)를 사용하여 Memo 테이블에서 해당 사용자의 메모만 필터링합니다. 그런 다음, 이 메모들을 memos.html 템플릿에 전달하여 사용자가 자신의 메모를 볼 수 있도록 합니다.

메모 생성 기능에서 현재 로그인한 사용자의 ID를 Memo 모델에 저장하여, 해당 메모가 어떤 사용자에 의해 생성되었는지 식별할 수 있도록 합니다.

```
@app.route('/memos/create', methods=['POST'])
@login_required
def create_memo():
    title = request.json['title']
    content = request.json['content']
    new_memo = Memo(user_id=current_user.id, title=title,
content=content)  # 현재 로그인한 사용자의 ID 추가
    db.session.add(new_memo)
    db.session.commit()
    return jsonify({'message': 'Memo created'}), 201
```

메모 업데이트 기능에서는 먼저 해당 메모가 현재 로그인한 사용자의 것인지 확인한 다음, 메모를 업데이트합니다.

```
@app.route('/memos/update/<int:id>', methods=['PUT'])
@login_required
def update_memo(id):
    memo = Memo.query.filter_by(id=id, user_id=current_user.id).
first()  # 현재 사용자의 메모만 선택
    if memo:
        memo.title = request.json['title']
        memo.content = request.json['content']
        db.session.commit()
        return jsonify({'message': 'Memo updated'}), 200
    else:
        abort(404, description="Memo not found or not
authorized")
```

마찬가지로 메모 삭제 기능에서도 현재 로그인한 사용자가 해당 메모의 소유자인지 확인한 후, 삭제를 진행합니다.

```python
@app.route('/memos/delete/<int:id>', methods=['DELETE'])
@login_required
def delete_memo(id):
    memo = Memo.query.filter_by(id=id, user_id=current_user.id).first()    # 현재 사용자의 메모만 선택
    if memo:
        db.session.delete(memo)
        db.session.commit()
        return jsonify({'message': 'Memo deleted'}), 200
    else:
        abort(404, description="Memo not found or not authorized")
```

지금까지의 수정 사항을 반영한 app.py의 전체 코드는 다음 링크의 02_FLASKLOGINADVANCE 폴더에서 확인할 수 있습니다.

- https://github.com/DaveLee-fun/flask_basic

## 4.5.2 | memos.html 작성

사용자별 메모 조회 라우트에서 표시해줄 memos.html 템플릿을 작성합니다. memos.html 템플릿은 HTML과 함께 Jinja2 템플릿 엔진을 사용할 것입니다. memos.html 파일은 플라스크 애플리케이션의 템플릿 파일로, templates 폴더 내에 위치해야 합니다. 플라스크는 기본적으로 templates 폴더를 뷰의 HTML 템플릿을 저장하는 위치로 사용합니다. 따라서 구조는 다음과 같습니다:

```
my_memo_app/
├── templates/
│   └── memos.html        # 사용자별 메모를 나열하는 템플릿
└── app.py                # 애플리케이션 초기화 및 라우팅 설정
```

이렇게 구성하면 플라스크 애플리케이션에서 render_template('memos.html', memos=memos) 함수를 사용하여 memos.html 템플릿을 렌더링할 수 있으며, 이때 memos 변수에 사용자별 메모 데이터를 전달할 수 있습니다.

이 템플릿은 플라스크 애플리케이션에서 사용자별로 메모를 나열하고, 사용자가 메모를 보고, 추가, 수정, 삭제할 수 있는 인터페이스를 제공할 것입니다.

```html
<!DOCTYPE html>
<html lang="ko">
<head>
    <meta charset="UTF-8">
    <title>나의 메모</title>
    <style>
        /* 여기에 CSS 스타일을 추가할 수 있습니다 */
        body { font-family: Arial, sans-serif; }
        .memo { margin-bottom: 20px; padding: 10px; border: 1px solid #ddd; }
        .memo-title { font-weight: bold; }
    </style>
</head>
<body>
    <h1>나의 메모</h1>
    <p><a href="/memos/create">새 메모 추가</a></p>
    {% for memo in memos %}
    <div class="memo">
        <h2 class="memo-title">{{ memo.title }}</h2>
        <p>{{ memo.content }}</p>
        <a href="/memos/update/{{ memo.id }}">수정</a> |
        <a href="/memos/delete/{{ memo.id }}">삭제</a>
    </div>
    {% endfor %}
</body>
</html>
```

이 템플릿은 다음과 같은 주요 기능을 포함합니다:

- **메모 목록**: {% for memo in memos %} 루프를 사용하여 사용자의 모든 메모를 나열합니다.
- **메모 제목 및 내용**: 각 메모의 제목({{ memo.title }})과 내용({{ memo.content }})을 표시합니다.
- **메모 수정 및 삭제 링크**: 각 메모에 대한 수정 및 삭제 링크를 제공합니다. 이 링크들은 각각 /memos/update/{{ memo.id }} 및 /memos/delete/{{ memo.id }}로 연결됩니다.
- **새 메모 추가 링크**: 사용자가 새 메모를 추가할 수 있는 링크를 제공합니다.

이 템플릿은 플라스크 애플리케이션의 list_memos 뷰 함수에서 memos 변수를 전달받아 사용자별로 메모를 표시하는 데 사용됩니다. CSS 스타일은 추가적인 디자인 요소를 위해 사용되며, 필요에 따라 수정할 수 있습니다.

memos.html 전체 코드도 다음 링크의 02_FLASKLOGINADVANCE 폴더에서 확인할 수 있습니다.

- https://github.com/DaveLee-fun/flask_basic

### 4.5.3 | 메모 관리 기능 테스트

이번에는 테이블 구조를 수정하였으므로 MySQL의 기존 테이블을 모두 삭제한 후, 새로 플라스크 애플리케이션을 실행하고, 테스트할 필요가 있습니다. 아직 프런트엔드 페이지가 구축되지 않았으므로 테스트는 curl 명령으로 진행합니다. 테스트 절차는 회원가입, 로그인, 메모 생성, 조회, 업데이트, 삭제를 순차적으로 진행합니다. 실무에서도 백엔드는 curl 명령으로 API를 검증하는 것이 일반적입니다.

#### 》 회원가입

먼저 새 사용자 계정을 생성합니다. 다음 curl 명령을 사용하여 회원가입을 진행합니다.

```
curl -X POST http://127.0.0.1:5000/signup -d "username=새사용자&email=새사용자@example.com&password=새비밀번호"
```

#### 》 로그인

생성한 계정으로 로그인합니다. 성공적인 로그인은 서버의 응답으로 세션 쿠키를 반환합니다.

```
curl -i -X POST http://127.0.0.1:5000/login -d "username=새사용자&password=새비밀번호"
```

위와 같이 회원가입 후, 동일 아이디와 패스워드로 로그인을 하면 다음과 같은 정보가 출력됩니다.

```
HTTP/1.1 200 OK
Server: Werkzeug/3.0.1 Python/3.11.5
Date: Wed, 15 Nov 2023 10:27:02 GMT
```

```
Content-Type: application/json
Content-Length: 42
Vary: Cookie
Set-Cookie: session=.eJwlzksOwjAMBcC7ZM3CnziOuUzVOC-
CbQsrxN2pxAVG8ynbOnA-yv11vHEr23OWe_H07FWrc-skELelNFzROHbbkVMWT2V
JDOOV6Kt1UeIBAw1zCjYb0EpUQZm1RayqQauj5UQ1zyHhwXHh04KIZ6aoEGPPck
XeJ47_Rsr3B3b2LnE.ZVSc9g.hx20nQNNKzs9kVjyMiRrL60ly2Y; HttpOnly;
Path=/
Connection: close

{
  "message": "Logged in successfully"
}
```

여기에서 Set-Cookie 헤더에 포함된 다음 값이 쿠키값입니다. 원 데이터의 다음 데이터 다음의 데이터인 ; HttpOnly; Path=/ 부분은 쿠키값이 아닙니다.

```
session=.eJwlzksOwjAMBcC7ZM3CnziOuUzVOC-CbQsrxN2pxAVG8ynbOnA-
yv11vHEr23OWe_H07FWrc-skELelNFzROHbbkVMWT2VJDOOV6Kt1UeIBAw1zCj
Yb0EpUQZm1RayqQauj5UQ1zyHhwXHh04KIZ6aoEGPPckXeJ47_Rsr3B3b2LnE.
ZVSc9g.hx20nQNNKzs9kVjyMiRrL60ly2Y
```

## 》메모 생성

로그인 후, 새 메모를 생성합니다. 이 단계에서는 curl 명령에 세션 쿠키를 포함해야 합니다.

```
curl -X POST http://127.0.0.1:5000/memos/create -b "쿠키값" -H
"Content-Type: application/json" -d "{\"title\":\"새 메모\",
\"content\":\"메모 내용\"}"
# 예시
curl -X POST http://127.0.0.1:5000/memos/create -b "session=.
eJwlzksOwjAMBcC7ZM3CnziOuUzVOC-CbQsrxN2pxAVG8ynbOnA-
yv11vHEr23OWe_H07FWrc-skELelNFzROHbbkVMWT2VJDOOV6Kt1UeIBAw1zCj
Yb0EpUQZm1RayqQauj5UQ1zyHhwXHh04KIZ6aoEGPPckXeJ47_Rsr3B3b2LnE.
ZVSc9g.hx20nQNNKzs9kVjyMiRrL60ly2Y" -H "Content-Type:
application/json" -d "{\"title\":\"새 메모\", \"content\":\"메모 내
용\"}"
```

## » 메모 조회

현재 로그인한 사용자의 모든 메모를 조회합니다. 쿠키값은 각자의 쿠키값으로 수정해야 합니다.

```
curl -X GET http://127.0.0.1:5000/memos -b "쿠키값"
```

출력값은 다음과 같습니다. 본래의 memos.html에서 Jinja2 템플릿 엔진 관련 문법을 기반으로 기존에 동일 사용자 ID로 입력한 새 메모 추가, 메모 내용이 포함되어 있음을 확인할 수 있습니다. 이와 같이 사용자별 입력한 데이터를 위 명령으로 확인할 수 있습니다.

```html
<!DOCTYPE html>
<html lang="ko">
<head>
    <meta charset="UTF-8">
    <title>나의 메모</title>
    <style>
        /* 여기에 CSS 스타일을 추가할 수 있습니다 */
        body { font-family: Arial, sans-serif; }
        .memo { margin-bottom: 20px; padding: 10px; border: 1px solid #ddd; }
        .memo-title { font-weight: bold; }
    </style>
</head>
<body>
    <h1>나의 메모</h1>
    <p><a href="/memos/create">새 메모 추가</a></p>

    <div class="memo">
        <h2 class="memo-title">새 메모</h2>
        <p>메모 내용</p>
        <a href="/memos/update/1">수정</a> |
        <a href="/memos/delete/1">삭제</a>
    </div>
</body>
</html>
```

## » 메모 업데이트

특정 메모를 업데이트합니다. 이를 위해서는 메모의 ID를 확인해야 합니다. 아직 특정 메모 ID를 확인할 수 있는 방법이 없으므로, 메모의 ID는 메모 조회 결과에서 보이는 <a href="/memos/update/메모ID" 코드를 확인하여 메모 ID를 확인합니다.

이를 기반으로 메모 ID를 수정하여 다음과 같이 특정 메모를 수정할 수 있습니다.

```
curl -X PUT http://127.0.0.1:5000/memos/update/메모ID -b "쿠키값"
-H "Content-Type: application/json" -d "{\"title\":\"업데이트된 제
목\", \"content\":\"업데이트된 내용\"}"

# 예시
curl -X PUT http://127.0.0.1:5000/memos/update/1 -b "session=.
eJwlzksOwjAMBcC7ZM3CnziOuUzVOC-CbQsrxN2pxAVG8ynbOnA-
yv11vHEr23OWe_H07FWrc-skELelNFzROHbbkVMWT2VJDOOV6Kt1UeIBAw1zCj
Yb0EpUQZm1RayqQauj5UQ1zyHhwXHh04KIZ6aoEGPPckXeJ47_hsv3B3bzLnA.
ZVSjeQ.rJb6Nn75xo0Rh1zbaRFHrzhKf08" -H "Content-Type:
application/json" -d "{\"title\":\"업데이트된 제목\", \"content\":\"
업데이트된 내용\"}"
```

## » 메모 삭제

특정 메모를 삭제합니다. 메모 업데이트와 동일하게 삭제할 메모 ID를 MySQL에서 확인한 후, 해당 ID로 메모 ID를 수정하여 명령합니다.

```
curl -X DELETE http://127.0.0.1:5000/memos/delete/메모ID -b "쿠키
값"

# 예시
curl -X DELETE http://127.0.0.1:5000/memos/delete/1 -b
"session=.eJwlzksOwjAMBcC7ZM3CnziOuUzVOC-CbQsrxN2pxAVG8ynbOnA-
yv11vHEr23OWe_H07FWrc-skELelNFzROHbbkVMWT2VJDOOV6Kt1UeIBAw1zCj
Yb0EpUQZm1RayqQauj5UQ1zyHhwXHh04KIZ6aoEGPPckXeJ47_hsv3B3bzLnA.
ZVSjeQ.rJb6Nn75xo0Rh1zbaRFHrzhKf08"
```

## 》로그아웃

마지막으로 사용자를 로그아웃합니다.

```
curl -X GET http://127.0.0.1:5000/logout -b "쿠키값"
```

이 가이드를 따라 애플리케이션의 기능을 체계적으로 테스트하여 모든 기능이 정상적으로 작동하는지 확인할 수 있습니다.

# 4.6 여섯 번째 코드: 웹페이지 개선

지금까지는 프런트엔드 페이지가 없어서 curl 명령으로만 테스트를 진행하였습니다. 여기서는 프런트엔드 페이지를 개선 또는 추가해서 메모 프로젝트를 웹에서도 확인할 수 있도록 합니다. 프런트엔드 페이지는 HTML, CSS, 자바스크립트로 작성하되, Jinja2 템플릿에 연동되어 플라스크 애플리케이션에서 동작할 수 있도록 합니다. 프런트엔드 분야 관련 기술은 본 서적의 범위를 벗어나므로 필요한 코드 파일만 열거하기로 하겠습니다.

개선 또는 추가할 파일은 memos.html과 home.html입니다.

```
my_memo_app/
├── templates/
│   ├── memos.html        # 사용자별 메모를 나열하는 템플릿
│   └── home.html         # 로그인 및 회원가입 페이지
└── app.py                # 애플리케이션 초기화 및 라우팅 설정
```

여기서부터는 코드가 매우 길어지기 때문에 다음 링크의 03_FLASKMEMO 폴더에서 관련 코드를 확인하며 실습하기 바랍니다.

- https://github.com/DaveLee-fun/flask_basic

## 4.6.1 | home.html 작성

우선 home.html은 http://127.0.0.1:5000/과 같이 루트 라우트에서 보여지는 페이지입니다. 웹페이지를 통해 로그인 및 회원가입 기능을 제공하기 위해 다음과 같이 코드를 변경합니다.

```
<!DOCTYPE html>
<html lang="ko">
<head>
    <meta charset="UTF-8">
```

```html
    <title>마이 메모 앱 홈페이지</title>
    <style>
        body { font-family: Arial, sans-serif; }
        .container {
            width: 300px;
            margin: auto;
            border: 1px solid #ddd;
            padding: 20px;
        }
        .form-group {
            margin-bottom: 10px;
        }
        .form-group label, .form-group input {
            display: block;
            width: 100%;
        }
        .form-group input {
            padding: 5px;
            margin-top: 5px;
        }
        .buttons {
            display: flex;
            justify-content: space-between;
            margin-top: 20px;
        }
    </style>
</head>
<body>
    <div class="container">
        <h1>마이 메모 앱에 오신 것을 환영합니다!</h1>
        <p>간단한 메모를 작성하고 관리할 수 있는 앱입니다.</p>

        <form action="/login" method="post">
            <div class="form-group">
                <label for="username">사용자 이름:</label>
                <input type="text" id="username" name="username" required>
            </div>
            <div class="form-group">
                <label for="password">비밀번호:</label>
```

```
                <input type="password" id="password"
name="password" required>
            </div>
            <div class="buttons">
                <input type="submit" value="로그인">
                <a href="/signup">회원가입</a>
            </div>
        </form>
    </div>
</body>
</html>
```

## 4.6.2 | memos.html 작성

다음으로 로그인 후 자신의 메모 리스트를 확인하고, 수정, 삭제 및 새로운 메모까지 추가할 수 있는 memos.html 파일을 추가합니다.

```
<!DOCTYPE html>
<html lang="ko">
<head>
    <meta charset="UTF-8">
    <title>나의 메모</title>
    <link href="https://stackpath.bootstrapcdn.com/
bootstrap/4.3.1/css/bootstrap.min.css" rel="stylesheet">
    <link href="https://cdnjs.cloudflare.com/ajax/libs/font-
awesome/5.15.1/css/all.min.css" rel="stylesheet">
    <style>
        .container {
            margin-top: 20px;
            max-width: 800px;
        }

        .card {
            margin-bottom: 20px;
            border: none;
            box-shadow: 0 4px 8px rgba(0,0,0,.1);
            background-color: #fff;
        }
```

```css
.card-body {
    position: relative;
    padding: 10px;
}

.memo-title, .memo-content {
    width: 100%;
    margin-bottom: 10px;
    border: 1px solid #ddd;
    background-color: #fff;
    padding: 10px;
}

.memo-title {
    font-size: 1.1rem;
}

.memo-content {
    min-height: 100px;
}

.edit-buttons {
    margin: 10px;
    text-align: right;
    margin-right: 0px;
    margin-bottom: 0px;
}

.edit-buttons .btn {
    background-color: #f8f9fa;
    border: none;
    border-radius: 5px;
    margin-left: 5px;
    padding: 5px 10px;
    color: #495057;
    transition: all 0.3s ease;
}

.edit-buttons .btn:hover {
    background-color: #e2e6ea;
```

```css
        transform: scale(1.1);
}

.edit-buttons .btn-edit {
    background-color: #E74C3C;
    color: #fff;
}

.edit-buttons .btn-edit:hover {
    background-color: #C0392B;
}

.edit-buttons .btn-delete {
    background-color: #3498DB;
    color: #fff;
}

.edit-buttons .btn-delete:hover {
    background-color: #2980B9;
}

.btn-primary {
    background-color: #3F464D;
    border-color: #007bff;
}

.btn-primary:hover {
    background-color: #0056b3;
    border-color: #0056b3;
}

.btn-block {
    display: block;
    width: 100%;
}

.header-bar {
    background-color: #FF8066; /* 변경된 헤더바 배경색 */
    padding: 10px 0; /* 상하 패딩 */
    text-align: center; /* 텍스트 가운데 정렬 */
```

```css
        border-radius: 10px; /* 둥근 꼭짓점 */
        box-shadow: 0 4px 6px rgba(0,0,0,.1); /* 그림자 효과 */
        animation: slideDown 0.5s ease-out; /* 슬라이드 다운 애니메이션 */
        margin: 10px;
        position: relative;
        display: flex; /* 플렉스박스 레이아웃 적용 */
        justify-content: center; /* 가로 중앙 정렬 */
        align-items: center; /* 세로 중앙 정렬 */
    }

    .header-item {
        position: absolute;
        top: 50%;
        transform: translateY(-50%);
    }

    .header-item:first-child {
        left: 20px;
    }

    .header-item:last-child {
        right: 20px;
    }

    .username-button, .logout-button {
        display: flex;
        align-items: center;
    }

    .username-button i, .logout-button i {
        margin-right: 5px;
    }

    .header-bar h1 {
        color: white; /* 헤더바 텍스트 색상 */
        margin: 0; /* 여백 제거 */
        font-size: 1.3em; /* 폰트 크기 조정 */
        font-weight: bold;
        transition: all 0.3s ease-in-out; /* 부드러운 변화 효과 */
```

```css
        }

        .header-content {
            text-align: center;
        }

        .user-info {
            position: absolute; /* 절대 위치 지정 */
            top: 10px;
            right: 20px;
            font-size: 0.9rem; /* 폰트 크기 조정 */
        }

        .logout-button {
            margin-left: 10px; /* 로그아웃 버튼과 사용자 ID 사이의 간격 */
        }

        .btn-sm {
            padding: 0.15rem 0.5rem;
            font-size: .8rem;
            line-height: 1.5;
            border-radius: 0.2rem;
        }

        /* 슬라이드 다운 애니메이션 효과 */
        @keyframes slideDown {
            from {
                transform: translateY(-100%);
                opacity: 0;
            }
            to {
                transform: translateY(0);
                opacity: 1;
            }
        }
    </style>
    <script>
        function createMemo() {
            var title = document.getElementById('new-title').value;
```

```javascript
            var content = document.getElementById('new-content').value;

            fetch('/memos/create', {
                method: 'POST',
                headers: {
                    'Content-Type': 'application/json',
                },
                body: JSON.stringify({ title: title, content: content })
            })
            .then(response => response.json())
            .then(data => {
                console.log(data);
                window.location.reload(); // 페이지 새로고침
            })
            .catch((error) => {
                console.error('Error:', error);
            });
        }

        function toggleEdit(id) {
            var titleEl = document.getElementById('title-' + id);
            var contentEl = document.getElementById('content-' + id);

            var isReadOnly = titleEl.readOnly;

            titleEl.readOnly = !isReadOnly;
            contentEl.readOnly = !isReadOnly;

            if (!isReadOnly) {
                updateMemo(id);
            }
        }

        function updateMemo(id) {
            var title = document.getElementById('title-' + id).value;
            var content = document.getElementById('content-' + 
```

4 플라스크 프로젝트

```
id).value;

            fetch('/memos/update/' + id, {
                method: 'PUT',
                headers: {
                    'Content-Type': 'application/json',
                },
                body: JSON.stringify({ title: title, content: content })
            })
            .then(response => response.json())
            .then(data => {
                console.log(data);
                alert('메모가 업데이트되었습니다.');
            })
            .catch((error) => {
                console.error('Error:', error);
            });
        }

        function deleteMemo(id) {
            if (!confirm('메모를 삭제하시겠습니까?')) return;

            fetch('/memos/delete/' + id, {
                method: 'DELETE',
            })
            .then(response => response.json())
            .then(data => {
                console.log(data);
                window.location.reload(); // 페이지 새로고침
            })
            .catch((error) => {
                console.error('Error:', error);
            });
        }
    </script>
</head>

<body>
    <div class="container">
```

```html
<!-- 헤더바 추가 -->
<div class="header-bar">
    <div class="header-item">
        <a href="#" class="btn btn-sm btn-danger username-button">
            <i class="fas fa-user"></i> {{ username }}
        </a>
    </div>
    <h1>나의 메모</h1>
    <div class="header-item">
        <a href="/logout" class="btn btn-sm btn-danger logout-button">
            <i class="fas fa-sign-out-alt"></i> 로그아웃
        </a>
    </div>
</div>
<div class="card">
    <div class="card-body">
        <input type="text" id="new-title" placeholder="새 메모 제목" class="form-control memo-title">
        <textarea id="new-content" placeholder="내용을 입력하세요" class="form-control memo-content"></textarea>
        <button onclick="createMemo()" class="btn btn-primary btn-block">메모 추가</button>
    </div>
</div>

{% for memo in memos %}
<div class="card memo">
    <div class="card-body">
        <input type="text" id="title-{{ memo.id }}" value="{{ memo.title }}" class="form-control memo-title" readonly>
        <textarea id="content-{{ memo.id }}" class="form-control memo-content" readonly>{{ memo.content }}</textarea>
        <div class="edit-buttons">
            <button onclick="toggleEdit({{ memo.id }})" class="btn btn-edit"><i class="fas fa-edit"></i></button>
            <button onclick="deleteMemo({{ memo.id }})"
```

```
                class="btn btn-delete"><i class="fas fa-trash-alt"></i></button>
                </div>
            </div>
        </div>
        {% endfor %}
    </div>
</body>
</html>
```

이제 정상 로그인 후에 다음과 같은 화면을 볼 수 있습니다.

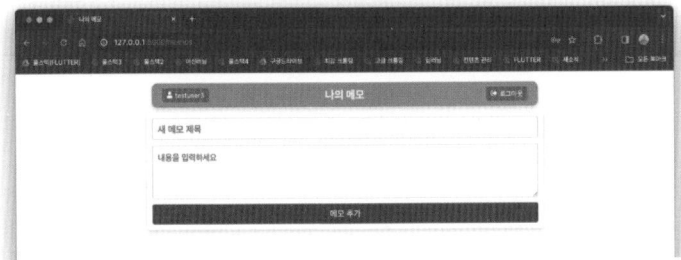

## 4.6.3 | 테스트

이제 프런트엔드 페이지가 만들어졌으므로 기존 app.py 파일과 함께 웹 브라우저를 통해 테스트할 수 있습니다.

1. http://127.0.0.1:5000/에 접속하여 사용자 이름과 비밀번호를 기입한 후, 회원가입을 클릭합니다. 회원가입 성공 후의 동작은 아직 구현하지 않았으므로 에러 메세지가 출력되더라도 다음 로그인을 진행합니다.

2. 다시 http://127.0.0.1:5000/에 재접속하여 가입한 사용자 이름과 비밀번호를 입력하고, 로그인을 클릭합니다. 로그인 성공 후의 동작도 아직 수정하지 않았으므로 성공했다는 메시지만 보이면 회원가입 및 로그인 모두 정상 동작한 것입니다.

3. 이번에는 http://127.0.0.1:5000/memos에 접속합니다. 접속하면 로그인한 아이디가 표시되며, 아이디별 메모를 추가, 수정, 삭제할 수 있습니다. 저장된 메모는 리스트 형태로

표시됩니다. 우측 상단의 로그아웃을 통해 로그아웃도 가능합니다. 로그아웃 성공 후의 동작도 아직 수정하지 않았으므로 로그아웃되었다는 메시지만 확인할 수 있습니다.

4. 로그아웃 후 다시 http://127.0.0.1:5000/memos에 접속하면 에러가 납니다. 로그인 상태가 아닌 경우의 동작에 대해 아직 개선하지 않았기 때문이며, 이를 통해 로그인이 되었을 때만 http://127.0.0.1:5000/memos에 정상 접속할 수 있음을 확인할 수 있습니다.

## 4.7 일곱 번째 코드: 사용자 편의성 향상

사용자 경험을 개선하기 위해, 이번 단계에서는 사용자의 행동에 따라 적절한 페이지로 리다이렉트하는 기능을 구현합니다. 이를 위해 플라스크의 redirect()와 url_for() 함수를 활용합니다. 두 함수를 사용하기 위해, import 구문을 먼저 다음과 같이 수정합니다.

```
from flask import Flask, render_template, request, jsonify, abort, redirect, url_for
from flask_sqlalchemy import SQLAlchemy
from flask_login import LoginManager, UserMixin, login_user, logout_user, login_required, current_user
from werkzeug.security import generate_password_hash, check_password_hash
```

다음 링크의 04_FLASKMEMOADVANCE 폴더에서 전체 코드를 참고할 수 있습니다.

- https://github.com/DaveLee-fun/flask_basic

### 4.7.1 | 로그인 기능 개선

사용자가 로그인에 성공하면 홈페이지로 리다이렉트하고, 실패하면 에러 메시지를 팝업으로 표시합니다. 이를 위해 app.py 파일의 다음 라우트를 수정합니다.

```
@app.route('/login', methods=['GET', 'POST'])
def login():
    if request.method == 'POST':
        user = User.query.filter_by(username=request.form['username']).first()
        if user and user.check_password(request.form['password']):
            login_user(user)
            return jsonify({'message': '로그인을 성공하였습니다. 메모 페이지로 이동합니다.'}), 200
```

```
            # 에러 메시지를 JSON 형태로 반환
            return jsonify({'error': '아이디가 없거나 패스워드가 다릅니
다.'}), 401
    return redirect(url_for('home'))
```

### 4.7.2 | 회원가입 기능 개선

회원가입 성공 시 로그인 페이지로 리다이렉트하고, 실패 시 에러 메시지를 팝업으로 표시합니다. 이를 위해 app.py 파일의 다음 라우트를 수정합니다.

```
@app.route('/signup', methods=['GET', 'POST'])
def signup():
    if request.method == 'POST':
        username = request.form['username']
        email = request.form['email']
        password = request.form['password']
        # 회원가입 실패 시 에러 메시지를 JSON 형태로 반환 (프론트엔드 페이지
에서 해당 메시지를 기반으로 팝업을 띄움)
        existing_user = User.query.filter((User.username == 
username) | (User.email == email)).first()
        if existing_user:
            return jsonify({'error': '사용자 이름 또는 이메일이 이미 사
용 중입니다.'}), 400
        user = User(username=username, email=email)
        user.set_password(password)
        db.session.add(user)
        db.session.commit()
        return jsonify({'message': '회원가입이 성공하였습니다. 기입한 아
이디와 패스워드로 로그인할 수 있습니다.'}), 201
    return redirect(url_for('home'))  # 비정상 요청의 경우 리다이렉트
```

### 4.7.3 | 프론트엔드 페이지 수정

로그인 및 회원가입 성공 또는 실패 시 적절한 메시지를 팝업으로 표시하고, 성공 시에는 적절한 페이지로 리다이렉트합니다. 이를 위해 home.html 페이지도 다음과 같이 수정합니다.

```
<!DOCTYPE html>
<html lang="ko">
```

```html
<head>
    <meta charset="UTF-8">
    <title>마이 메모 앱 홈페이지</title>
    <style>
        body { font-family: Arial, sans-serif; }
        .container {
            width: 300px;
            margin: auto;
            border: 1px solid #ddd;
            padding: 20px;
        }
        .form-group {
            margin-bottom: 10px;
        }
        .form-group label, .form-group input {
            display: block;
            width: 100%;
        }
        .form-group input {
            padding: 5px;
            margin-top: 5px;
        }
        .buttons {
            display: flex;
            justify-content: space-between;
            margin-top: 20px;
        }
    </style>
</head>
<body>
    <div class="container">
        <h1>마이 메모 앱에 오신 것을 환영합니다!</h1>
        <p>간단한 메모를 작성하고 관리할 수 있는 앱입니다.</p>

        <!-- 로그인 폼 -->
        <form id="loginForm" action="/login" method="post">
            <div class="form-group">
                <label for="username">사용자 이름:</label>
                <input type="text" id="username" name="username" required>
```

```html
            </div>
            <div class="form-group">
                <label for="password">비밀번호:</label>
                <input type="password" id="password" name="password" required>
            </div>
            <div class="buttons">
                <input type="submit" value="로그인">
                <button type="button" onclick="showSignupForm()">회원가입</button>
            </div>
        </form>

        <!-- 회원가입 폼 (초기에는 숨겨져 있음) -->
        <form id="signupForm" style="display:none;" action="/signup" method="post">
            <div class="form-group">
                <label for="signupUsername">사용자 이름:</label>
                <input type="text" id="signupUsername" name="username" required>
            </div>
            <div class="form-group">
                <label for="signupEmail">이메일:</label>
                <input type="email" id="signupEmail" name="email" required>
            </div>
            <div class="form-group">
                <label for="signupPassword">비밀번호:</label>
                <input type="password" id="signupPassword" name="password" required>
            </div>
            <div class="buttons">
                <input type="submit" value="회원가입">
            </div>
        </form>
    </div>

    <script>
        document.getElementById('loginForm').addEventListener('submit', function(e) {
```

```
            e.preventDefault();
            const formData = new FormData(this);
            fetch('/login', {
                method: 'POST',
                body: formData
            })
            .then(response => {
                if (!response.ok) {
                    return response.json().then(err => { throw new Error(err.error); });
                }
                return response.json();
            })
            .then(data => {
                alert(data.message);
                // 성공 시 페이지 리디렉션
                window.location.href = '/memos';
            })
            .catch(error => {
                alert('로그인 실패: ' + error.message);
            });
        });

        document.getElementById('signupForm').addEventListener('submit', function(e) {
            e.preventDefault();
            const formData = new FormData(this);
            fetch('/signup', {
                method: 'POST',
                body: formData
            })
            .then(response => {
                if (!response.ok) {
                    return response.json().then(err => { throw new Error(err.error); });
                }
                return response.json();
            })
            .then(data => {
                alert(data.message);
```

```
                // 회원가입 성공 시 로그인 페이지로 리디렉션
                window.location.href = '/';
            })
            .catch(error => {
                alert('회원가입 실패: ' + error.message);
            });
        });

        function showSignupForm() {
            // 로그인 폼 숨기기
            document.getElementById('loginForm').style.display = 'none';
            // 회원가입 폼 보이기
            document.getElementById('signupForm').style.display = 'block';
        }
    </script>
</body>
</html>
```

이제 실행하면 다음과 같은 초기 화면을 확인할 수 있습니다.

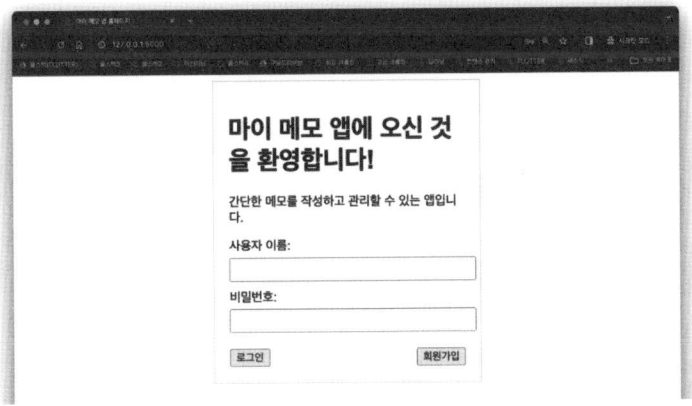

또한, <회원가입> 버튼을 누르면 다음과 같은 화면이 나타납니다.

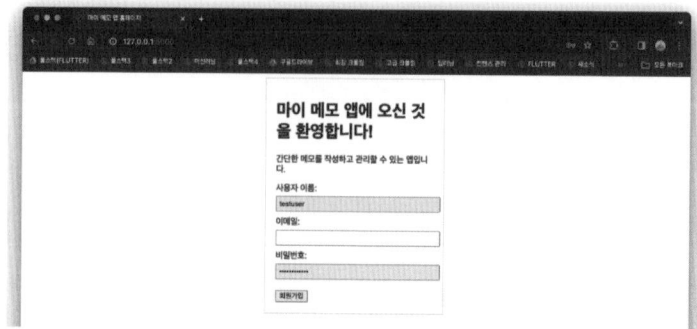

### 4.7.4 | 로그아웃 기능 개선

사용자가 로그아웃할 때 홈페이지로 리다이렉트합니다. 이를 위해 app.py 파일의 다음 라우트를 수정합니다.

```
@app.route('/logout')
@login_required
def logout():
    logout_user()
    return redirect(url_for('home'))  # 로그아웃 후 메인 페이지로 리다이렉트
```

이러한 개선 사항을 통해 사용자 경험을 향상시키고, 웹 애플리케이션의 사용성을 높일 수 있습니다. 사용자가 로그인, 회원가입, 로그아웃을 할 때 더 명확한 피드백을 받고, 자연스러운 페이지 전환을 경험할 수 있게 됩니다.

### 4.7.5 | 테스트

사용자 편의성도 개선하였으니 브라우저만으로도 테스트할 수 있습니다.

1. http://127.0.0.1:5000/에 접속한 후 회원가입을 클릭하고 사용자 이름, 이메일, 비밀번호를 입력해 회원가입을 합니다. 회원가입에 성공하면, 메인 페이지로 자동으로 이동합니다.

2. 메인 페이지에서 가입한 사용자 이름과 비밀번호를 입력하고, 로그인을 클릭합니다. 로그인에 성공했다는 메시지가 나타나면 확인을 클릭합니다. 메모를 확인할 수 있는 페이지로 자동으로 이동함을 확인할 수 있습니다.

3. 메모를 확인할 수 있는 페이지에서는 상단 좌측에 로그인한 아이디가 표시되며 아이디별 메모를 추가, 수정, 삭제할 수 있습니다. 저장된 메모는 리스트 형태로 표시됩니다. 우측 상단의 로그아웃을 통해 로그아웃도 가능합니다.

4. 로그아웃 후 다시 http://127.0.0.1:5000/memos에 접속하면 다시 메인 페이지로 이동합니다. 이를 통해 메모 페이지는 로그인한 사용자만 접속할 수 있음을 확인할 수 있습니다.

# 4.8 여덟 번째 코드: MVC 패턴 적용

MVC(Model-View-Controller) 패턴은 소프트웨어 개발에서 널리 사용되는 아키텍처 패턴입니다. 이 패턴은 애플리케이션을 세 가지 주요 구성 요소로 분리합니다:

- **모델(Model)**: 데이터와 비즈니스 로직을 관리합니다. 데이터베이스 상호 작용과 같은 기능을 포함합니다.
- **뷰(View)**: 사용자 인터페이스를 담당합니다. 사용자가 보는 화면을 구성하고 사용자의 입력을 받아들입니다.
- **컨트롤러(Controller)**: 사용자의 입력을 받아 모델과 뷰를 조정합니다. 사용자의 요청에 따라 모델을 업데이트하고, 적절한 뷰를 선택하여 사용자에게 보여줍니다.

MVC 패턴의 장점은 다음과 같습니다.

- **유지보수 용이성**: MVC는 애플리케이션의 구조를 명확하게 분리하여 각 부분의 유지보수를 용이하게 합니다.
- **개발 효율성 증가**: 개발자들이 모델, 뷰, 컨트롤러를 독립적으로 개발할 수 있어 팀 작업에서 효율성이 높아집니다.
- **확장성 및 유연성**: 새로운 기능을 추가하거나 기존 기능을 수정할 때 기존 코드에 미치는 영향을 최소화합니다.

## 4.8.1 | 현재 app.py 파일 구조

현재의 app.py 구조는 플라스크 프레임워크를 사용하여 기본적인 MVC 패턴을 따르고 있습니다. 그러나 명확한 구조적 분리를 통해 MVC 패턴을 더욱 강화할 수 있습니다. 다음은 현재 파일 구조를 MVC 패턴에 맞춰 재구성하는 방법입니다.

- 모델

app.py 내에 정의된 Memo와 User 클래스는 데이터 모델을 나타냅니다. 이 클래스들을 별도의 파일로 분리하여 모델을 명확하게 구분할 수 있습니다. 예를 들어, models.py 파일을 생성하고 Memo와 User 클래스를 이 파일로 옮깁니다.

• 뷰

뷰는 사용자 인터페이스를 관리하며, 현재 templates/ 디렉터리에 home.html과 memos.html 파일로 구성되어 있습니다. 이 부분은 현재 구조를 유지합니다.

• 컨트롤러

컨트롤러는 사용자의 요청을 처리하고 모델과 뷰 사이의 상호 작용을 관리합니다. 현재 app.py 파일에 컨트롤러 로직이 포함되어 있습니다. 이를 개선하기 위해, 라우팅 및 요청 처리 로직을 controllers.py 파일로 분리할 수 있습니다.

다음과 같이 파일 구조를 개선합니다.

```
my_memo_app/
├── templates/
│   ├── memos.html
│   └── home.html
├── login_manager.py      # login_manager 별도 파일로 분리 (순환 참조 문제 해결)
├── models.py             # 데이터 모델 (User, Memo 클래스)
├── controllers.py        # 라우팅 및 요청 처리
└── app.py                # 애플리케이션 초기화 및 설정
```

전체 프로젝트 코드는 다음 깃허브페이지에서 확인할 수 있습니다.

- https://github.com/DaveLee-fun/flaskmvc_basic

## 4.8.2 | MVC 패턴 적용

애플리케이션에 MVC 패턴을 적용하기 위해 app.py, models.py, controllers.py 파일을 분리하고 구성하는 방법을 설명하겠습니다. 현재 app.py에 있는 모든 코드를 이 세 가지 파일로 분할할 것입니다.

login_manager.py는 login_manager를 여러 파일에서 참조함에 따라 순환 참조 문제로 에러가 발생하는 것을 막기 위해 생성합니다.

```python
# login_manager.py
from flask_login import LoginManager

login_manager = LoginManager()
```

app.py는 플라스크 애플리케이션을 초기화하고 설정을 구성하는 역할을 담당합니다.

```python
from flask import Flask
from flask_sqlalchemy import SQLAlchemy
from models import db
from login_manager import login_manager
from controllers import setup_routes

app = Flask(__name__)

# 구성 설정
app.config['SQLALCHEMY_DATABASE_URI'] = 'mysql+pymysql://funcoding:funcoding@localhost/my_memo_app'
app.config['SQLALCHEMY_TRACK_MODIFICATIONS'] = False
app.config['SECRET_KEY'] = 'mysecretkey'

# 데이터베이스 및 로그인 관리자 초기화
db.init_app(app)
login_manager.init_app(app)
login_manager.login_view = 'login'

# 라우팅 설정
setup_routes(app)

if __name__ == '__main__':
    with app.app_context():
        db.create_all()
    app.run()
```

models.py는 데이터 모델과 관련된 클래스와 설정을 포함합니다.

```python
from flask_sqlalchemy import SQLAlchemy
from flask_login import UserMixin
from werkzeug.security import generate_password_hash, check_password_hash
```

```python
db = SQLAlchemy()

class Memo(db.Model):
    id = db.Column(db.Integer, primary_key=True)
    user_id = db.Column(db.Integer, db.ForeignKey('user.id'))
    title = db.Column(db.String(100), nullable=False)
    content = db.Column(db.String(1000), nullable=False)

    def __repr__(self):
        return f'<Memo {self.title}>'

class User(UserMixin, db.Model):
    id = db.Column(db.Integer, primary_key=True)
    username = db.Column(db.String(100), unique=True, nullable=False)
    email = db.Column(db.String(100), unique=True, nullable=False)
    password_hash = db.Column(db.String(512))

    def set_password(self, password):
        self.password_hash = generate_password_hash(password)

    def check_password(self, password):
        return check_password_hash(self.password_hash, password)
```

controllers.py에는 사용자 요청을 처리하는 라우팅 및 관련 로직이 포함됩니다.

```python
from flask import render_template, request, jsonify, abort, redirect, url_for
from flask_login import login_user, logout_user, login_required, current_user
from models import db, User, Memo
from login_manager import login_manager

def setup_routes(app):

    @login_manager.user_loader
    def load_user(user_id):
        return User.query.get(int(user_id))
```

```
# 기존 라우트
@app.route('/')
def home():
    return render_template('home.html')

@app.route('/about')
def about():
    return '이것은 마이 메모 앱의 소개 페이지입니다.'

@app.route('/login', methods=['GET', 'POST'])
def login():
    if request.method == 'POST':
        user = User.query.filter_by(username=request.form['username']).first()
        if user and user.check_password(request.form['password']):
            login_user(user)
            return jsonify({'message': '로그인을 성공하였습니다. 메모 페이지로 이동합니다.'}), 200
        # 에러 메시지를 JSON 형태로 반환
        return jsonify({'error': '아이디가 없거나 패스워드가 다릅니다.'}), 401
    return redirect(url_for('home'))


@app.route('/logout')
@login_required
def logout():
    logout_user()
    return redirect(url_for('home'))  # 로그아웃 후 메인 페이지로 리다이렉트

@app.route('/signup', methods=['GET', 'POST'])
def signup():
    if request.method == 'POST':
        username = request.form['username']
        email = request.form['email']
        password = request.form['password']

        # 회원가입 실패 시 에러 메시지를 JSON 형태로 반환 (프런트엔드
```

페이지에서 해당 메시지를 기반으로 팝업을 띄움)
            existing_user = User.query.filter((User.username == username) | (User.email == email)).first()
            if existing_user:
                return jsonify({'error': '사용자 이름 또는 이메일이 이미 사용 중입니다.'}), 400

            user = User(username=username, email=email)
            user.set_password(password)

            db.session.add(user)
            db.session.commit()

            return jsonify({'message': '회원가입이 성공하였습니다. 기입한 아이디와 패스워드로 로그인할 수 있습니다.'}), 201
        return redirect(url_for('home'))  # 비정상 요청의 경우 리다이렉트

    # 메모 조회
    @app.route('/memos', methods=['GET'])
    @login_required
    def list_memos():
        memos = Memo.query.filter_by(user_id=current_user.id).all()  # 현재 로그인한 사용자의 메모만 조회
        return render_template('memos.html', memos=memos, username=current_user.username)   # 사용자별 메모를 표시하는 템플릿 렌더링

    @app.route('/memos/create', methods=['POST'])
    @login_required
    def create_memo():
        title = request.json['title']
        content = request.json['content']
        new_memo = Memo(user_id=current_user.id, title=title, content=content)  # 현재 로그인한 사용자의 ID 추가
        db.session.add(new_memo)
        db.session.commit()
        return jsonify({'message': 'Memo created'}), 201

    # 메모 업데이트
    @app.route('/memos/update/<int:id>', methods=['PUT'])
    @login_required
```
```

```python
    def update_memo(id):
        memo = Memo.query.filter_by(id=id, user_id=current_user.id).first()  # 현재 사용자의 메모만 선택
        if memo:
            memo.title = request.json['title']
            memo.content = request.json['content']
            db.session.commit()
            return jsonify({'message': 'Memo updated'}), 200
        else:
            abort(404, description="Memo not found or not authorized")

    # 메모 삭제
    @app.route('/memos/delete/<int:id>', methods=['DELETE'])
    @login_required
    def delete_memo(id):
        memo = Memo.query.filter_by(id=id, user_id=current_user.id).first()  # 현재 사용자의 메모만 선택
        if memo:
            db.session.delete(memo)
            db.session.commit()
            return jsonify({'message': 'Memo deleted'}), 200
        else:
            abort(404, description="Memo not found or not authorized")
```

전체 웹 서비스 사용자 시나리오와 관련 화면은 다음과 같습니다.

<회원가입> 버튼을 누르고 관련 정보를 기입합니다.

다시 로그인 화면이 나타나면 회원가입한 사용자 이름과 비밀번호를 기입하고 <로그인> 버튼을 클릭합니다. 사용자 이름은 이메일과 다르므로 사용자 이름을 작성합니다.

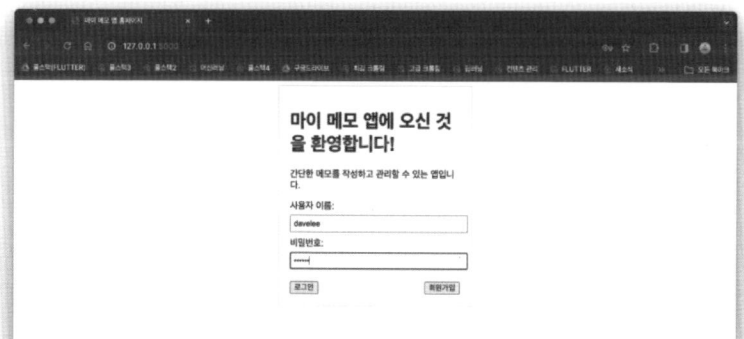

다음과 같이 나만의 메모를 저장, 수정, 삭제할 수 있으며 우측 상단의 <로그아웃> 버튼을 통해 로그아웃할 수 있습니다.

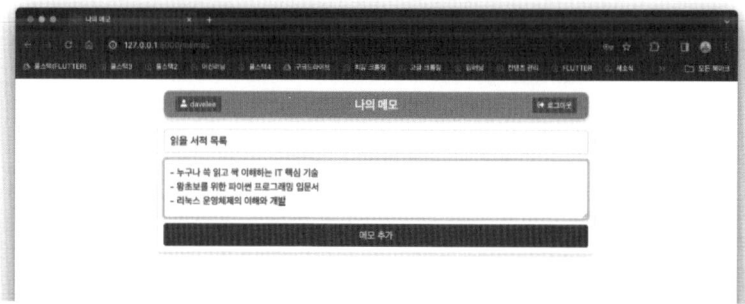

앞의 코드는 플라스크 애플리케이션에서 MVC 패턴을 적용하기 위한 기본적인 구조를 제공합니다. MVC 패턴을 적용한 플라스크 애플리케이션의 구조는 개발자에게 여러 가지 이점을 제공합니다. 이 패턴을 채택함으로써 코드의 가독성, 유지보수성 및 확장성이 향상됩니다. 각 파일(login_manager.py, app.py, models.py, controllers.py)이 특정 역할을 수행함으로써, 이러한 이점들이 실현됩니다. 다음은 각 파일의 특징입니다.

### 1. login_manager.py

login_manager.py 파일은 Flask-Login의 LoginManager 인스턴스를 정의합니다. 이 분리는 다음과 같은 이점을 가집니다.

- **순환 참조 방지**: 여러 파일에서 login_manager를 참조할 때 발생하는 순환 참조 문제를 방지합니다. 순환 참조는 모듈 간 종속성으로 인해 발생할 수 있으며, 이를 방지하기 위해 login_manager를 별도의 모듈로 분리합니다.
- **재사용성 향상**: login_manager가 별도의 모듈에 있으면 다른 모듈에서 쉽게 재사용할 수 있습니다. 이는 애플리케이션의 다양한 부분에서 일관된 사용자 인증 방식을 유지하는 데 도움이 됩니다.
- **기능 추가 시 유연성**: 향후 사용자 인증 관련 기능을 추가하거나 수정할 때 login_manager.py만 수정하면 됩니다. 이는 기능 확장을 쉽게 만들어 주며, 다른 모듈에 영향을 주지 않습니다.

### 2. app.py

app.py 파일은 플라스크 애플리케이션의 초기화 및 기본 설정을 담당합니다. 이 구조의 주요 이점은 다음과 같습니다.

- **중앙화된 설정**: 모든 기본 설정이 한곳에 모여 있어 관리가 용이합니다. 예를 들어 데이터베이스 연결 문자열, 애플리케이션의 비밀 키 등을 중앙에서 관리할 수 있습니다.
- **애플리케이션 초기화의 명확성**: 플라스크 인스턴스와 필요한 확장 기능의 초기화가 app.py에서 명확하게 이루어집니다. 이는 애플리케이션의 구조를 이해하기 쉽게 만들어줍니다.
- **기능 확장 용이성**: 새로운 기능이나 확장을 추가할 때 app.py 파일만 수정하면 됩니다. 이는 애플리케이션의 확장성을 높여 줍니다.

## 3. models.py

models.py 파일은 데이터베이스 모델을 정의합니다. 이 구조는 다음과 같은 이점을 제공합니다.

- **모델 중심의 설계**: 데이터 모델은 애플리케이션의 핵심 구성 요소이며, 이를 별도의 모듈로 분리함으로써 모델 중심의 설계를 장려합니다.
- **데이터 무결성 및 관계 관리**: 데이터베이스 테이블과 그 관계를 명확하게 정의하여 데이터 무결성을 유지하는 데 도움이 됩니다.
- **모듈화 및 재사용성**: 모델을 별도의 파일로 분리하면 코드의 재사용성이 향상되며, 다른 애플리케이션 부분과의 결합도가 낮아집니다.

## 4. controllers.py

controllers.py 파일은 사용자의 요청을 처리하는 컨트롤러 로직을 포함합니다. 이 구조의 이점은 다음과 같습니다.

- **관심사의 분리**: 컨트롤러 로직을 별도로 분리함으로써 라우팅 및 요청 처리와 관련된 코드를 한곳에 집중할 수 있습니다. 이는 코드의 가독성과 유지보수성을 높여줍니다.
- **확장성 및 유지보수성**: 새로운 라우트나 컨트롤러를 추가하거나 수정할 때, 다른 모듈에 영향을 주지 않고 독립적으로 작업할 수 있습니다.
- **기능별 구성**: 각 라우트와 관련된 기능들을 명확하게 구분하여 기능별로 코드를 관리할 수 있습니다. 이는 특히 대규모 애플리케이션에서 유용합니다.

이러한 파일 분리 및 구조화는 향후 기능 추가 및 유지보수 시 명확한 경계를 제공하며, 각 기능의 추가나 변경이 전체 시스템에 미치는 영향을 최소화합니다. 이는 애플리케이션의 확장성과 유연성을 크게 향상시키며, 개발자가 보다 효율적으로 작업할 수 있도록 도와줍니다.

# 플라스크를 마치며

플라스크 사용법을 상세히 다룬 국내 도서가 없었기 때문에, 이 책에 가능한 많은 옵션과 설명을 담으려고 노력했습니다. 하지만 책이라는 매체의 한계상 실시간으로 코드를 작성하고 실행하는 과정을 보여주기는 어렵습니다. 그리고 프로젝트 코드를 별도 링크로 공유하였지만, 각 문법을 테스트할 수 있는 작은 코드 조각까지 모두 공유하는 데에 한계가 있습니다. 또한, 파이썬 중급 문법이나 HTTP 프로토콜 등 웹 기술의 기본 지식을 함께 익힌다면, 플라스크를 더 선명히 이해하고 활용할 수 있는데 지면의 한계로 관련 기술까지는 다루지 못하였습니다. 따라서 본 서적의 한계를 극복하기 위해 온라인 강의를 만들었습니다. 다음 강의는 구글에 '잔재미코딩'을 검색하거나 잔재미코딩 웹사이트(fun-coding.org) 접속을 통해 확인할 수 있습니다.

- **가장 빠른 풀스택: 파이썬 백엔드와 웹기술 부트캠프**
  **플라스크와 백엔드 기본 [풀스택 Part1-1]**

해당 강의에서는 플라스크와 파이썬 중급 문법을 쉽게 설명하고, 바로 짧은 코드로 실습해 볼 수 있도록 특별한 자료를 제공합니다. 개발 환경 구축과 코드 작성 및 실행을 모두 영상으로 설명하고 있으니 큰 도움이 되리라 생각합니다. 여기에 HTTP 프로토콜과 같은 필수 배경 지식까지 자세히 안내합니다. 이후 챕터부터 살펴볼 FastAPI 기술에서도 파이썬 중급과 HTTP 프로토콜 배경 지식이 필요하기에, 해당 강의를 통해 관련 지식과 플라스크에 익숙해진다면 FastAPI까지 수월하고 빠르게 익힐 수 있을 것입니다.

- **풀스택을 위한 탄탄한 프런트엔드 부트캠프**
  HTML, CSS, 바닐라 자바스크립트 + ES6  [풀스택 Part2]

본 서적은 파이썬 백엔드 기술을 다루고 있지만, 하나의 온전한 웹 또는 앱 서비스를 구현하려면 화면을 구성하는 프런트엔드와 서버를 구축하는 서버 기술도 필요합니다. 각 기술 또한 한 권의 책으로 엮을 수 있을 만큼 많은 내용을 포함하고 있어 익히는 데 충분한 시간이 필요합니다. 플라스크에도 프런트엔드와 연결하는 템플릿이 있고 프로젝트에서도 웹 기술이 필요하였지만, 본 서적의 범위가 아니므로 관련된 기술까지 설명하지는 않았습니다.

플라스크 템플릿 기능만 활용해도 프런트엔드를 더해 자바스크립트, HTML, CSS로 구현되는 하나의 온전한 웹 서비스를 완성할 수 있습니다. 해당 강의는 프런트엔드 배경 지식과 주요 문법을 짧은 코드로 학습할 수 있도록 특별한 자료로 구성되어 있으며, 개발 환경 구축과 코드 작성 및 실행을 모두 영상으로 확인할 수 있습니다. 본 서적과 함께 학습한다면 백엔드와 프런트엔드 모두를 다룰 수 있게 될 것입니다.

- **풀스택을 위한 도커와 최신 서버 기술**
  리눅스, Nginx, AWS, HTTPS, 플라스크 배포  [풀스택 Part3]

서버를 구축하기 위해서는 기본적으로 웹 서버나 클라우드 컴퓨팅, 그리고 최근 많이 사용하는 도커 기술을 익혀야 합니다. 만약 플라스크로 작성한 웹 서비스를 실제 서버상에서 자신만의 URL을 기반으로 운영하고자 한다면, 해당 강의를 수강해보세요. 서버를 처음 익히는 사람을 대상으로 리눅스부터 도커 기술까지 서버 구축에 꼭 필요한 모든 기술을 상세하게 설명합니다. 역시 코드 조각으로 주요 문법을 실습할 수 있는 특별한 자료로 구성되어 있으며, 개발 환경 구축과 코드 작성 및 실행을 모두 영상으로 설명합니다.

- **처음하는 플러터(Flutter) 기초부터 실전까지**
  쉽고 견고하게 단계별로 다양한 프로젝트까지  [풀스택 Part4]

마지막으로, 앱을 만들고 싶다면 플러터 강의를 학습해보세요. 플러터는 구글에서 직접 개발한 최신 프런트엔드 프레임워크입니다. 이 프레임워크를 사용하면 하나의 코드로 안드로이드와 아이폰용 앱, 웹과 PC 프로그램까지 만들 수 있습니다.

기존에는 그럴듯한 서비스를 개발하려면 각 기술 한계로 리액트(React), 리덕스(Redux), 웹팩(Webpack), 타입스크립트(TypeScript), Next.js 등 보완할 수 있는 방대한 기술을 익혀야 했습니다. 앱 또한 안드로이드를 위한 안드로이드 자바 프레임워크, iOS를 위한 스위프트(Swift)를 알아야 합니다. 만약, 그럴듯한 서비스를 완성했다 해도 거기에 어울리는 디자인도 필요합니다. 이런 전략으로는 하나의 아이디어 구현을 위해 수십 명의 개발자와 디자이너 등 기술자가 필요합니다. 반면에 플러터는 하나의 코드만으로 웹과 앱, PC 프로그램까지 만들 수 있습니다. 또한, 미리 디자인된 위젯이라는 기능을 활용하는 방식이므로 디자이너 없이도 그럴듯한 화면을 구성할 수 있습니다. 따라서 본 서적을 통해 익힌 파이썬 백엔드 기술과 플러터를 잘 조합하면 혼자서도 웹과 앱을 만들 수 있게 됩니다.

- **가장 빠른 풀스택 로드맵**

처음 IT를 익히는 사람도 난도를 서서히 올려가며 차근차근 학습할 수 있도록 전체 강의를 패키지로 엮은 로드맵도 제공하고 있습니다. 해당 로드맵은 기본기를 시작으로 풀스택 개발을 위해 필요한 모든 지식을 포함합니다. 각 강의는 관련 문법을 코드 조각으로 빠르게 연습하며 기술을 바로 자신의 것으로 만들 수 있도록 꼼꼼하게 구성되어 있습니다.

백엔드, 프런트엔드, 서버 등 세부 분야를 전문으로 하는 개발자도 시니어급이 되기 위해서는 풀스택 기술을 습득할 필요가 있습니다. 전체 웹과 앱 구조를 정확히 이해하고 설계할 수 있어야 하며, 다른 분야와 협업이 가능해야 합니다. 그러려면 서비스 개발 전반을 이해해야 합니다. 또한, 자신만의 서비스를 개발하기 위해서도 여러 세부 분야의 기술을 알아야 합니다. 관련된 핵심 기술을 이해하고 활용할 수 있는 풀스택 개발자가 되어야 자신만의 아이디어를 온전히 반영해 서비스를 개발할 수 있습니다. 이때, 해당 로드맵이 큰 도움이 되리라 믿습니다.

본 서적과 관련 온라인 강의가 독자들의 개발 경험에 도움이 되기를 바라며, 장점이 많은 플라스크와 FastAPI도 보다 널리 활용되었으면 좋겠습니다.

# FastAPI 시작하기

5.1 안녕, FastAPI!
5.2 라우팅
5.3 타입 힌트
5.4 HTTP 메서드
5.5 Pydantic
5.6 FastAPI 응답 모델
5.7 FastAPI 응답 클래스
5.8 요청
5.9 예외 처리

# 5.1 안녕, FastAPI!

FastAPI는 파이썬 언어를 위해 설계된 최신 웹 프레임워크로, 특히 API 개발에 최적화되어 있습니다. FastAPI는 비동기 프레임워크인 Starlette(스타레테)를 기반으로 웹 요청을 처리하며, 데이터 검증과 설정을 위해 Pydantic(파이단틱) 라이브러리를 사용합니다.

FastAPI는 그 이름에서 알 수 있듯이 성능에 중점을 두고 있으며, 특히 '비동기(async)' 프로그래밍을 지원함으로써 I/O 작업이 많은 애플리케이션에서 빠른 처리 속도를 제공합니다. 이는 예를 들어 데이터베이스 쿼리나 서버 간 통신과 같은 네트워크 요청을 기다리는 동안 다른 작업을 처리할 수 있게 해줍니다.

RESTful API를 쉽게 구축할 수 있게 돕는 것이 FastAPI의 가장 큰 장점입니다. RESTful API는 웹 서비스에서 클라이언트와 서버 간에 데이터를 교환하는 데 사용되는 일반적인 방식입니다. FastAPI는 이러한 API를 구축할 때 필요한 많은 기본 설정과 보일러플레이트 코드를 줄여줍니다. 보일러플레이트 코드(boilerplate code)란, 애플리케이션의 동작과 관련 없이 반복되어 작성되어야 하는 코드 조각들을 말합니다. 이러한 코드는 대부분의 프로그래밍 작업에서 일반적으로 필요한 기본적인 설정이나 준비 작업을 수행하기 위해 사용됩니다.

또한, 다른 파이썬 웹 프레임워크인 플라스크와 비교했을 때 플라스크는 간단하고 직관적이어서 많은 개발자에게 사랑받지만, 기본적으로 '동기(sync)' 처리를 기반으로 하고 있습니다. 동기 처리는 한 번에 하나의 작업만 처리할 수 있어서 I/O 바운드 작업이 많은 애플리케이션에서는 FastAPI가 제공하는 비동기 처리 방식이 더 효율적일 수 있습니다.

요약하면, FastAPI는 비동기 처리를 강력하게 지원하며 빠르고 효율적인 API 개발을 위한 현대적인 기능들을 제공하는 파이썬 웹 프레임워크입니다.

> **FastAPI의 장점과 플라스크와의 비교**
>
> - **성능**
> FastAPI는 매우 빠른 웹 프레임워크입니다. 플라스크나 장고보다도 빠르며, 심지어 Go 언어에

도 버금갑니다. 플라스크에 비해 FastAPI는 비동기 처리에 최적화되어 있어 특히 I/O 바운드 작업에서 더 빠릅니다.

- **자동 문서화**

FastAPI는 API만 작성하면 자동으로 API 문서를 생성합니다. 플라스크에서도 Swagger(스웨거)와 같은 별도의 확장 기능을 사용하면, API를 문서화할 수 있습니다. 다만, FastAPI는 이러한 기능이 기본 내장되어 있어 별도의 확장 기능 없이도 쉽게 문서를 생성할 수 있습니다.

- **쉬운 유효성 검사**

FastAPI는 Pydantic 라이브러리를 활용하여 데이터 유효성 검사를 간단히 수행할 수 있습니다. 플라스크에서는 별도의 라이브러리를 사용하여 데이터 유효성 검사를 해야 합니다.

- **비동기 프로그래밍**

FastAPI는 비동기 작업을 간단히 처리할 수 있습니다. 플라스크는 기본적으로 동기 작업에 최적화되어 있습니다.

FastAPI를 사용하려면 파이썬 3.6 이상의 버전이 필요합니다. 파이썬 설치부터 터미널과 비주얼 스튜디오 코드 등 개발 환경 구축 방식은 챕터 2와 동일합니다. FastAPI 라이브러리 설치는 다른 파이썬 라이브러리와 마찬가지로 터미널에서 다음 명령어로 간단히 수행할 수 있습니다.

```
pip install fastapi==0.104.1
```

## 5.1.1 | Hello, World! API 만들기

FastAPI와 플라스크를 사용해 간단한 "Hello, World!" API를 만들고 테스트하는 방법을 보겠습니다.

### » FastAPI 코드 작성

```python
# main.py 로 저장
from fastapi import FastAPI  # FastAPI 라이브러리를 import 합니다.

app = FastAPI()  # FastAPI 인스턴스를 생성합니다.

@app.get("/")  # HTTP GET 요청을 "/" 경로로 받을 준비를 합니다.
```

```
def read_root():  # 해당 요청을 처리할 함수를 정의합니다.
    return {"message": "Hello, World!"}  # JSON 형태의 응답을 반환합니다.
```

- **from fastapi import FastAPI**: FastAPI 클래스를 가져옵니다.
- **app = FastAPI()**: FastAPI 인스턴스를 생성합니다.
- **@app.get("/")**: 데코레이터를 사용해 HTTP GET 요청을 어떤 함수가 처리할지 지정합니다. 여기서는 "/" 경로에 대한 GET 요청을 처리합니다.
- **def read_root()**: GET 요청을 처리할 함수입니다. 이름은 임의로 지정할 수 있습니다.
- **return {"message": "Hello, World!"}**: 함수에서는 JSON 형태의 응답을 반환합니다. FastAPI가 자동으로 이를 JSON 형식으로 변환해줍니다.

## 》 플라스크 코드와의 비교

```
# app.py 로 저장
# 이는 FastAPI의 'from fastapi import FastAPI'와 동일한 역할을 하는 플라스크의 import 문입니다.
from flask import Flask
# FastAPI에서 'app = FastAPI()'에 해당하는 부분으로, 플라스크 애플리케이션의 인스턴스를 생성합니다.
app = Flask(__name__)

# FastAPI에서 '@app.get("/")'에 해당하는 플라스크의 라우트 데코레이터입니다.
@app.route('/')
# FastAPI에서의 'def read_root()':와 유사한 함수로, 루트 URL의 GET 요청을 처리합니다.
def hello_world():
    # FastAPI의 'return {"message": "Hello, World!"}'와 같은 JSON 응답을 반환합니다.
    return {'message': 'Hello, World!'}
```

## 》 서버 실행

FastAPI 애플리케이션을 로컬에서 실행하고 싶다면, Uvicorn이라는 ASGI 서버 구현체가 필요합니다. Uvicorn은 비동기 웹 서버로, FastAPI의 비동기 처리 기능과 호환되어 효율적인 성능을 발휘합니다. 이를 위해 먼저 Uvicorn을 설치해야 하는데, 다음 명령어를 통해 설치할 수 있습니다.

```
pip install uvicorn==0.27.0.post1
```

> **윈도우에서의 Uvicorn**
>
> 윈도우에서 Uvicorn을 설치하면, 다음과 같은 경고 메시지가 나타날 수도 있습니다. 이는 uvicorn.exe 실행 파일이 PATH에 등록되어 있지 않다는 의미이며, 해당 경로가 PATH에 등록되어 있지 않다면 터미널에서 uvicorn 명령을 바로 사용할 수 없습니다.
>
> **WARNING**: The script uvicorn.exe is installed in 'C:\Users\jhlee\AppData\Roaming\Python\Python311\Scripts' which is not on PATH.
>   Consider adding this directory to PATH or, if you prefer to suppress this warning, use --no-warn-script-location.
>
> 해당 경고 메시지는 uvicorn 명령이 있는 폴더가 PATH 에 등록되어 있지 않기 때문에 나타나는 메세지입니다. 해당 메세지가 나타나면 PATH를 설정해주어야 하며 해당 방법은 챕터 2에서 상세히 설명하였으므로 참고하여 경고 메시지의 경로를 PATH 에 등록합니다. PATH에 등록한 후에는 비주얼 스튜디오 코드를 완전히 껐다가 새로 켠 후에 비로소 새로운 PATH가 적용되니 이 점도 확인하기 바랍니다.

설치가 완료되었다면 FastAPI 애플리케이션을 실행하는 단계로 넘어갈 수 있습니다. 이를 위해 FastAPI 코드가 담긴 파이썬 파일을 main.py로 저장하고, 다음과 같이 터미널에 입력합니다.

```
uvicorn main:app --reload
```

- **main**: FastAPI 애플리케이션 코드가 작성된 파이썬 파일의 이름을 의미합니다(main.py 파일 내에 있다고 가정).
- **app**: FastAPI 인스턴스를 생성하는 객체의 변수 이름을 가리킵니다(즉, app = FastAPI()라고 정의된 경우).
- **--reload**: 이 옵션은 개발 중에 코드를 수정할 때마다 서버가 자동으로 재시작하도록 설정합니다. 코드 변경 사항이 바로 적용되도록 해서 개발 과정을 더 빠르고 효율적으로 만들어줍니다.

명령어를 실행하고 나면, FastAPI 애플리케이션은 기본적으로 http://127.0.0.1:8000 주소에서 서비스됩니다. 브라우저에서 이 주소로 접속하면 FastAPI 애플리케이션에 접근할 수 있습니다.

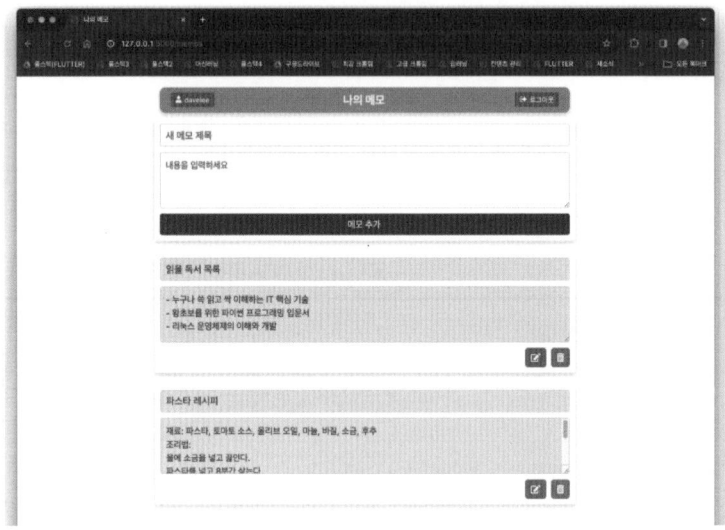

FastAPI에는 Uvicorn 외에 다른 ASGI 지원 프레임워크에서도 사용할 수 있지만, FastAPI는 Uvicorn의 비동기 처리 기능을 최대한 활용하여 뛰어난 성능을 제공하므로 FastAPI+Uvicorn이 가장 권장되는 조합입니다.

## 》플라스크 서버 실행

플라스크 애플리케이션을 실행할 때는 Uvicorn과는 다른 명령어를 사용합니다. 터미널에서 다음과 같이 입력하면 플라스크 애플리케이션을 실행할 수 있으며, 디폴트로 app.py 파일을 실행하므로 앞선 플라스크 코드를 실행하려면 해당 코드를 app.py로 저장해야 합니다.

```
flask run
```

이 명령어를 사용하면 플라스크 애플리케이션이 http://127.0.0.1:5000 주소에서 실행되는데, 이는 플라스크의 기본 호스트와 포트 설정입니다. FastAPI와 마찬가지로, 해당 주소로 브라우저를 통해 접근하면 플라스크 애플리케이션을 볼 수 있습니다.

요약하자면 FastAPI와 플라스크 모두 터미널을 통해 실행할 수 있지만, 사용하는 명령어와 실행되는 서버의 종류가 다릅니다. FastAPI는 비동기 처리를 위해 Uvicorn을 사용하는 것이 표준적이며, 플라스크는 자체적인 서버를 사용하거나 Gunicorn 등의 동기 처리 기반 프로그램을 사용합니다.

## 5.1.2 | 자동 문서화

FastAPI에서 눈에 띄는 기능 중 하나가 바로 자동 문서화입니다. 이것이 왜 중요한지 이해하려면, 개발을 하면서 자주 마주치는 문제 중 하나인 '문서화의 부재'를 떠올려보면 좋습니다. 개발자가 API를 개발하고 나면, 그다음 단계는 일반적으로 이 API가 어떻게 동작하는지를 문서화하는 것입니다. 이 과정은 시간이 많이 들고, 자주 업데이트해야 하는 문제가 있습니다. 이러한 문제를 자동 문서화 기능을 통해 해결할 수 있습니다.

FastAPI를 사용하면 코드에 작성된 타입 힌트(type hint)와 함께 추가적인 데코레이터나 매개변수를 통해 API에 대한 문서를 자동으로 생성합니다. 예를 들어, "Hello, World!" 예제에서 @app.get("/")라는 라우터를 정의했습니다. FastAPI는 이 정보를 바탕으로 해당 API 엔드포인트(endpoint)에 대한 문서를 자동으로 생성합니다.

자동 문서화의 장점을 정리하면 다음과 같습니다.

- **시간 절약**: 수동으로 문서를 업데이트할 필요가 없으므로, 개발에 더 많은 시간을 쏟을 수 있습니다.
- **항상 최신 정보 유지**: 코드가 업데이트되면 문서도 자동으로 업데이트되므로, 문서가 오래되어 무용지물이 되는 일이 없습니다.
- **API 테스트**: Swagger UI 또는 리독에서 직접 API를 호출하여 테스트할 수 있습니다. 이는 특히 프런트엔드 개발자나 다른 백엔드 개발자와 협업할 때 유용합니다.
- **타입 검사와 유효성 검증**: 문서를 생성할 때 FastAPI는 코드에 명시된 타입 힌트와 유효성 검사 규칙을 참고하여 문서에 반영합니다. 이로 인해 API를 사용하는 개발자가 실수를 줄일 수 있습니다.

자동 문서화는 FastAPI를 사용하는 데 있어 큰 장점 중 하나이며, 이를 활용하면 개발 과정이 더욱 효율적이고 간편해집니다.

FastAPI 애플리케이션을 실행한 상태에서 웹 브라우저의 주소창에 http://127.0.0.1:8000/docs를 입력하면, Swagger UI(스웨거 UI)라는 문서화 툴을 볼 수 있습니다. 여기에서는 각 API 엔드포인트의 상세 정보를 볼 수 있고, 실제로 API를 테스트해볼 수도 있습니다.

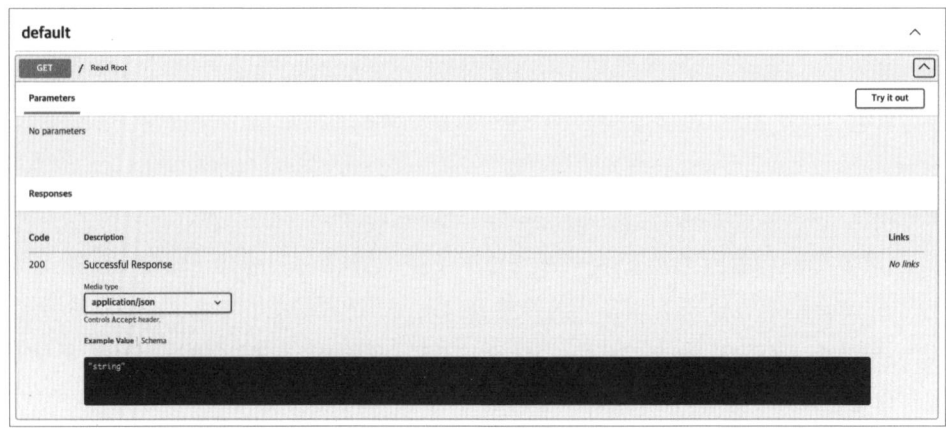

또한 http://127.0.0.1:8000/redoc 주소로 접속하면 리독(ReDoc)을 이용한 또 다른 형태의 문서를 볼 수 있습니다.

## 》Swagger UI(Docs)

FastAPI에서는 주로 두 가지 형태의 자동 문서화를 지원합니다. Swagger UI(일반적으로 /docs 경로에서 접근)와 리독(/redoc 경로에서 접근), 이 두 문서화 툴은 몇 가지 중요한 차이점이 있습니다.

- **대화형 API 테스트 가능**: Swagger UI는 API 엔드포인트를 실제로 호출하여 테스트할 수 있습니다.
- **매개변수 형태 및 예시 표시**: 요청 바디, 경로 매개변수, 쿼리 매개변수 등을 자세히 설명하며, 예시 값을 제공합니다.
- **OAuth2 지원**: OAuth2를 사용한 인증을 직접 테스트할 수 있습니다.
- **커스터마이징 가능**: 플러그인이나 추가 설정으로 UI를 변경할 수 있습니다.

Swagger UI를 살펴봅시다.

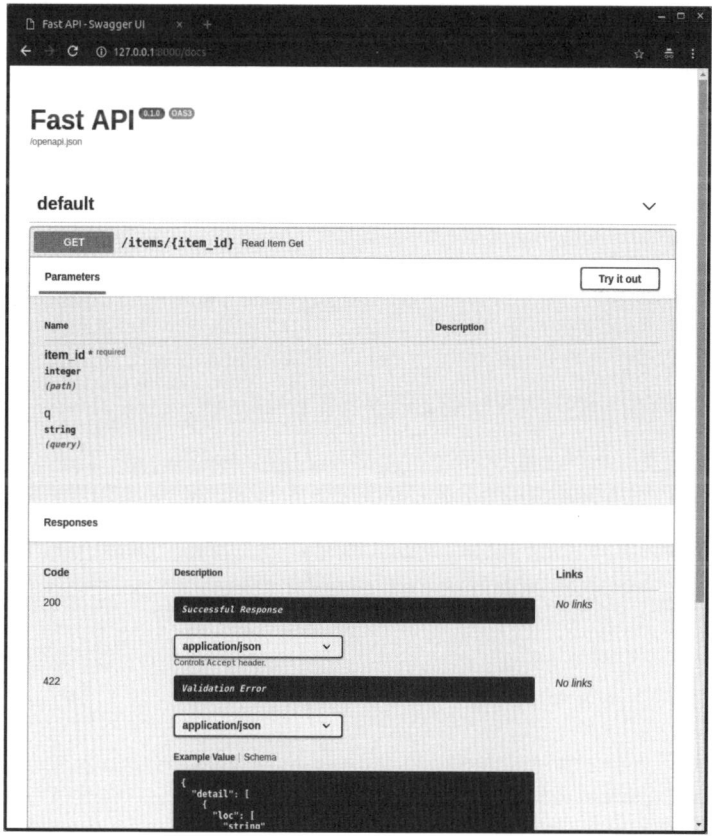

- **Endpoint List**: 화면 좌측에는 사용 가능한 모든 API 엔드포인트가 나열됩니다.
- **Test Button**: 각 엔드포인트 옆에 있는 <Try it out> 버튼을 클릭하면 해당 API를 직접 테스트할 수 있습니다.
- **Parameters Input**: API 호출에 필요한 매개변수를 입력하는 부분입니다.
- **Execute**: 매개변수를 입력한 뒤, 이 버튼을 클릭해 API를 호출합니다.
- **Response**: API 호출의 결과가 이곳에 표시됩니다.

처음 화면에서 위와 같은 정보가 보이지 않는다면, [GET] 메뉴 오른쪽 끝에 있는 아래 화살표를 클릭하여 폴딩 화면을 펼친 후, <Try it out> 버튼을 누르고, <Execute> 버튼을 누르면 됩니다.

## 》리독

다음은 리독의 특징입니다.

- **더 깔끔한 UI**: 리독은 상대적으로 더 깔끔하고 직관적인 UI를 제공합니다.
- **마크다운 지원**: API 설명을 위해 마크다운 문법을 지원합니다.
- **단일 페이지 구조**: 모든 정보를 하나의 페이지에서 볼 수 있어, 문서의 전체 구조를 한눈에 파악하기 쉽습니다.
- **대화형 테스트 불가능**: 리독은 대화형 API 테스트를 지원하지 않습니다.

각 문서화 툴의 장단점을 비교하여 프로젝트의 요구 사항이나 팀의 선호도에 따라 적절히 선택하여 사용하면 됩니다. 리독의 UI는 다음과 같습니다.

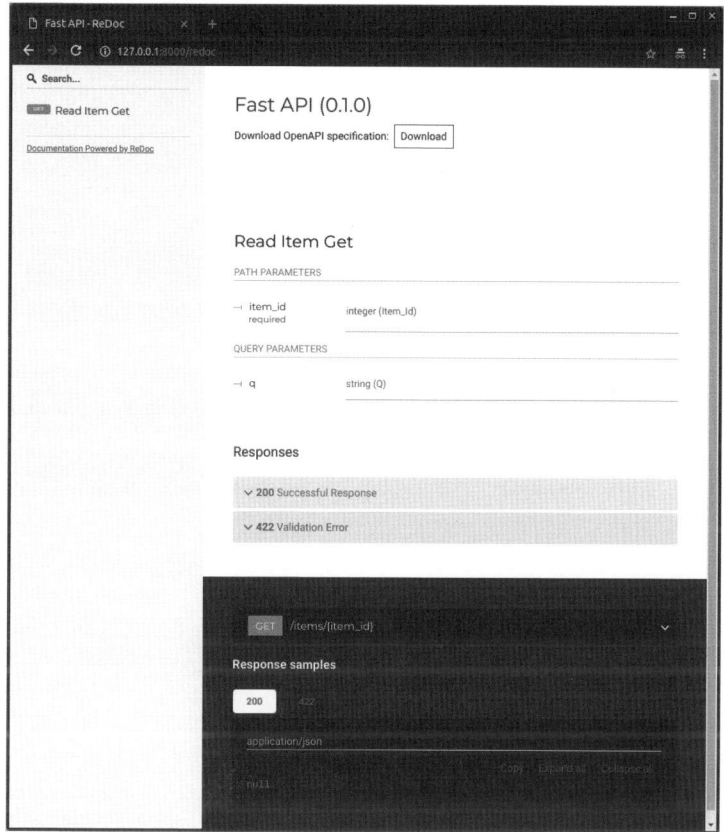

- **Side Menu**: 화면 좌측의 사이드 메뉴에서 API의 전반적인 구조를 확인할 수 있습니다.
- **Endpoint Description**: 각 엔드포인트의 상세한 설명과 요청/응답 예시가 제공됩니다.
- **Models**: 사용되는 데이터 모델의 구조와 설명이 나와 있습니다.

## 》 자동 문서화의 주요 용어

웹과 인터넷 관련 IT 기술에 익숙하지 않다면, Swagger UI와 리독에서 보이는 정보가 무엇을 의미하는지 해석에 어려움이 있을 수 있습니다. "Hello, World!" 예제를 기반으로 Swagger UI에서 <Try it out> 버튼과 <Execute> 버튼을 클릭합니다.

- curl
  - 배경지식: curl은 터미널(명령 프롬프트)에서 사용할 수 있는 명령줄 도구로, 웹사이트나 API 서버와 통신할 수 있게 해줍니다.
  - 이미지에서의 의미: curl 명령어는 해당 API를 호출하는 방법을 나타냅니다. 이 경우, GET 요청을 http://127.0.0.1:8000/ 주소로 보내라는 명령입니다.

- GET / Read Root
  - 배경지식: HTTP 요청은 여러 종류가 있는데 GET은 가장 기본적인 유형으로, 서버로부터 정보를 조회하는 데 사용됩니다.
  - 이미지에서의 의미: / 경로(루트 경로)로 GET 요청을 보낼 때의 문서화입니다.

- 200
  - 배경지식: HTTP 응답 코드는 서버가 클라이언트의 요청에 어떻게 응답했는지를 나타내는 숫자 코드입니다. 200 코드는 요청이 성공적으로 완료되었음을 의미합니다.

- **이미지에서의 의미**: 이 API 엔드포인트를 호출했을 때 성공적인 응답을 받으면, 서버는 200 응답 코드와 함께 데이터를 반환합니다.

- application/json
  - **배경지식**: application/json은 MIME 타입의 하나로, 데이터가 JSON 형식으로 반환되었음을 나타냅니다. MIME 타입은 데이터의 종류를 나타내는 문자열입니다.
  - **이미지에서의 의미**: 이 API 엔드포인트에서 반환되는 응답 데이터는 JSON 형식임을 나타냅니다.

- Response body
  - **배경지식**: 서버의 응답에는 헤더와 바디(body)가 포함됩니다. 바디는 서버가 반환하는 실제 데이터를 포함합니다.
  - **이미지에서의 의미**: { "message": "Hello, World!" }는 서버가 반환하는 실제 데이터입니다. 이 경우, 메시지로 "Hello, World!"를 반환합니다.

- Response headers
  - **배경지식**: 응답 헤더는 서버의 응답에 대한 메타데이터(정보의 정보)를 포함하고 있습니다.
  - **이미지에서의 의미**: content-length, content-type 등의 헤더 정보를 볼 수 있습니다. 이는 반환된 데이터의 길이, 데이터 타입 등의 정보를 나타냅니다.

# 5.2 라우팅

라우팅은 클라이언트로부터 오는 HTTP 요청을 알맞은 로직(함수나 메서드)으로 연결하는 과정을 의미합니다. 즉, 특정 URL을 어떤 함수가 처리할지를 정의하는 것입니다. 라우팅은 클라이언트의 요청을 적절한 처리 로직에 연결하는 기능을 수행합니다. FastAPI에서는 데코레이터를 사용하여 이를 매우 간단하게 할 수 있습니다.

## 5.2.1 | 기본 라우팅

가장 간단한 형태의 라우팅은 HTTP GET 메서드를 사용하는 경우입니다. 아래 예시는 루트 URL(http://127.0.0.1:8000/)에 GET 요청을 하면 "Hello, FastAPI"라는 응답을 보내는 예입니다.

```
from fastapi import FastAPI

app = FastAPI()

@app.get("/")
def read_root():
    return {"message": "Hello, FastAPI"}
```

## 5.2.2 | 경로 매개변수

FastAPI는 사용자의 요청을 구체적으로 명시하기 위해 경로 매개변수와 쿼리 매개변수라는 두 가지 종류의 매개변수를 사용합니다. 두 용어는 경로 파라미터와 쿼리 파라미터로도 불립니다.

경로 매개변수는 URL의 특정 부분을 변수로써 사용하여 동적으로 변할 수 있는 값을 처리할 때 사용합니다. 이 매개변수들은 URL의 구조 안에 직접 포함되어 있기 때문에 경로의 일부로 인식됩니다. 예를 들어, /items/1과 /items/2라는 URL에서 1과 2는 각각 다른 아이템을 식별하는 고유한 값으로, 경로 매개변수 item_id를 통해 서버에 전달됩니다.

```
@app.get("/items/{item_id}")
def read_item(item_id):
    return {"item_id": item_id}
```

위 코드에서 {item_id}는 경로 매개변수를 정의하는 부분으로, 사용자가 방문하는 URL의 해당 부분에 있는 값을 int 타입으로 read_item() 함수에 전달합니다.

FastAPI를 사용하여 여러 개의 경로 매개변수를 포함하는 라우트를 만들 때, URL의 여러 부분을 동적으로 캡처하여 함수에 전달할 수 있습니다. 예를 들어 사용자가 /users/123/items/foobar와 같은 URL에 액세스하는 경우, 여기에는 두 개의 경로 매개변수가 있습니다. 하나는 사용자 식별자(user_id)이고 다른 하나는 아이템 이름(item_name)입니다.

복수의 경로 매개변수를 사용하지 않는 경우의 예시 코드는 다음과 같습니다:

```
from fastapi import FastAPI

app = FastAPI()

@app.get("/users/{user_id}/items/{item_name}")
def read_user_item(user_id, item_name):
    # 여기서 user_id와 item_name은 문자열로 전달됩니다.
    return {"user_id": user_id, "item_name": item_name}
```

이 예시에서 사용자가 /users/123/items/foobar URL로 요청을 보낼 때, 123은 user_id로, foobar는 item_name으로 각각 함수의 매개변수로 전달됩니다. FastAPI는 기본적으로 경로 매개변수를 문자열로 처리합니다.

복수의 경로 매개변수를 사용하는 것은 웹 API에서 매우 일반적이며, 이를 통해 클라이언트는 서버에 특정 자원을 정확하게 요청할 수 있습니다. 서버는 이 정보를 사용하여 요청받은 자원을 찾아 응답할 수 있습니다. 이 방식은 URL 경로의 의미를 더욱 명확하게 하고, 웹 서비스의 구조를 이해하기 쉽게 만듭니다.

### 5.2.3 | 쿼리 매개변수

반면 쿼리 매개변수는 URL의 경로 이후 ?로 시작되는 부분에 정의되며, 키-값 쌍의 형태로 정보를 전달하는 데 사용됩니다. 이 매개변수들은 주로 필터링, 정렬, 페이지네이션 등과 같이 요청을 더 세부적으로 조정할 필요가 있을 때 활용됩니다. 쿼리 매개변수는 선택적이며, 동일한 경로에 대해서 다양한 연산을 가능하게 합니다.

```
@app.get("/items/")
def read_items(skip, limit):
    return {"skip": skip, "limit": limit}
```

위 예시에서 skip과 limit 매개변수는 쿼리 매개변수입니다. 사용자가 /items/?skip=5&limit=5와 같이 요청을 보내면, 서버는 이를 해석하여 skip과 limit에 해당하는 값을 함수의 매개변수로 사용합니다.

쿼리 매개변수는 다음 두 코드와 같이 작성할 수 있습니다. 두 코드 사이의 주요 차이점은 매개변수의 기본값 설정에 있습니다.

첫 번째 코드에서는 skip과 limit 매개변수에 기본값이 설정되어 있지 않습니다.

```
@app.get("/items/")
def read_items(skip, limit):
    return {"skip": skip, "limit": limit}
```

이는 클라이언트가 이 매개변수들을 반드시 URL 쿼리에 포함하여 값을 제공해야 함을 의미합니다. 예를 들어, /items/?skip=5&limit=5처럼 매개변숫값을 명시적으로 지정하지 않으면, FastAPI는 에러를 반환할 것입니다.

반면 두 번째 코드에서는 skip과 limit 매개변수에 기본값이 설정되어 있습니다.

```
@app.get("/items/")
def read_items(skip = 0, limit = 10):
    return {"skip": skip, "limit": limit}
```

즉, 클라이언트가 이 값들을 제공하지 않아도 기본값인 0과 10이 사용됩니다. 이는 클라이언트가 매개변수를 생략해도 요청이 성공하며, 서버는 기본 설정된 값으로 응답을 반환합니다.

경로 매개변수와 쿼리 매개변수는 이처럼 각각 URL의 경로와 쿼리 스트링으로부터 정보를 수집하는 역할을 하며, FastAPI는 이 두 가지 매개변수를 명확하게 구분하여 사용함으로써 API의 정확성과 편의성을 대폭 향상시킵니다. 개발자는 이를 통해 복잡한 요청도 명료하게 처리할 수 있는 강력한 API를 설계할 수 있습니다.

### 5.2.4 | curl을 사용한 테스트

지금까지의 라우팅 코드를 모아서 FastAPI 코드를 작성하고 실행해보겠습니다.

```python
from fastapi import FastAPI

app = FastAPI()

@app.get("/")
def read_root():
    return {"message": "Hello, FastAPI"}

@app.get("/items/{item_id}")
def read_item(item_id):
    return {"item_id": item_id}

@app.get("/items/")
def read_items(skip = 0, limit = 10):
    return {"skip": skip, "limit": limit}
```

이 코드를 main.py로 저장한 후, 터미널에서 다음과 같이 실행합니다.

```
uvicorn main:app --reload
```

curl은 Client URL의 약자로, 다양한 프로토콜을 지원하는 명령행 기반의 네트워크 도구입니다. 주로 웹 서버와의 상호작용을 위해 사용되며 HTTP, HTTPS, FTP 등 다양한 프로토콜을 지원합니다. curl 명령어가 왜 필요한지부터 설치, 주요 옵션까지 이전 챕터에서 상세히 기술하였으므로 여기서는 바로 curl 명령을 사용하여 FastAPI의 라우트를 테스트하기로 합니다. 각 주소를 브라우저에서 접속해도 유사한 결과를 확인할 수 있으므로 curl 명령에 익숙해진다는 차원에서 이번에는 curl 명령어로 테스트를 가이드하고, 이후에는 브라우저 상에서 접속해서 테스트하기로 합니다.

먼저 기본 라우팅을 테스트합니다. 루트 URL에 GET 요청을 보내서 라우팅을 확인합니다.

```
curl http://127.0.0.1:8000/
```

테스트 결과는 다음과 같습니다.

```
{"message": "Hello, FastAPI"}
```

다음은 경로 매개변수 item_id를 5로 지정하여 테스트합니다.

```
curl http://127.0.0.1:8000/items/5
```

테스트 결과는 다음과 같습니다.

```
{"item_id": 5}
```

그리고 쿼리 매개변수 skip을 20, limit을 2로 설정하여 테스트합니다.

```
curl "http://127.0.0.1:8000/items/?skip=20&limit=2"
```

테스트 결과는 다음과 같습니다.

```
{"skip": 20, "limit": 2}
```

다음과 같이 skip과 limit을 설정하지 않으면 기본값이 출력됩니다.

```
curl "http://127.0.0.1:8000/items/"
```

테스트 결과는 다음과 같습니다.

```
{"skip":0,"limit":10}
```

# 5.3 타입 힌트

타입 힌트(type hint)는 프로그래밍에서 변수나 함수의 예상 타입을 명시적으로 표시하는 기술입니다. FastAPI는 파이썬의 타입 힌트를 사용하여 요청을 검증하고, 적절한 데이터가 요청과 응답에 사용되도록 돕습니다. 이 기능을 통해 개발자는 별도의 검증 로직을 작성하지 않고도 안정적인 API를 구축할 수 있습니다.

## 5.3.1 | 기본 타입 힌트

FastAPI에서 경로 매개변수나 쿼리 매개변수에 타입 힌트를 추가하면, 해당 타입에 맞지 않는 요청은 자동으로 거부됩니다. 또한, 매개변수에 기본값을 설정하여 선택적으로 만들 수 있습니다.

```python
# main.py 파일
from fastapi import FastAPI

app = FastAPI()

# 경로 매개변수 사용 예제
@app.get("/items/{item_id}")
def read_item(item_id: int):   # q는 기본값이 None인 쿼리 매개변수
    return {"item_id": item_id}

# 쿼리 매개변수 사용 예제
@app.get("/getdata/")
def read_items(data: str = "funcoding"):   # data의 기본값은 'funcoding'
    return {"data": data}

# 실행: uvicorn main:app --reload
```

코드를 저장한 뒤 웹 브라우저에서 다음 순서에 따라 테스트해봅니다.

- 브라우저를 열고 http://127.0.0.1:8000/items/123으로 접속하면 {"item_id": 123}이 출력됩니다.
- http://127.0.0.1:8000/items/fun과 같이 item_id에 해당하는 데이터를 정수(int) 타입이 아닌 다른 데이터 타입으로 넣으면 에러가 발생합니다. 이처럼 해당 타입에 맞지 않는 요청은 자동으로 거부됩니다.
- http://127.0.0.1:8000/getdata/?data=somequery와 같이 data 쿼리 매개변수를 넣으면 {"data":"somequery"}가 출력됩니다.
- http://127.0.0.1:8000/getdata/와 같이 data 쿼리 매개변수를 넣지 않으면 기본값으로 {"data":"funcoding"}이 출력됩니다.
- http://127.0.0.1:8000/getdata/?data=1.1과 같이 data 쿼리 매개변수를 넣으면 {"data":"1.1"}이 출력됩니다. 이는 1.1 이 문자열(str)이 될 수도 있기 때문에 문자열로 인지하여 정상 처리한 것입니다.

### 5.3.2 | 고급 타입 힌트

FastAPI는 typing 모듈에서 제공하는 List, Dict 같은 고급 타입 힌트를 사용하여 요청 데이터를 쉽게 다룰 수 있습니다. 다음은 각각의 사용 예시입니다.

```python
# main.py 파일
from fastapi import FastAPI, Query
from typing import List, Dict

app = FastAPI()

# List 데이터 타입을 쿼리 매개변수로 받는 라우트 예제
@app.get("/items/")
def read_items(q: List[int] = Query([])):  # 빈 리스트를 기본값으로 설정
    return {"q": q}

# Dict 데이터 타입을 요청 바디로 받는 라우트 예제
@app.post("/create-item/")
def create_item(item: Dict[str, int]):
    return item

# 실행: uvicorn main:app --reload
```

Query는 쿼리 매개변수의 기본값을 설정하는 데 사용되며, 유효성 검사 및 메타데이터 선언에도 사용됩니다. 여기서 Query([])는 해당 쿼리 매개변수가 필수가 아님을 나타내고, 기본값으로 빈 리스트를 제공합니다. Dict와는 달리 List 타입 힌트의 경우에는 List[int] = Query([])와 같이 반드시 Query() 관련 구문을 함께 넣어주어야 타입 힌트 유효성 검사가 정상 동작합니다.

이제 웹 브라우저와 HTTP 클라이언트에서 테스트해보겠습니다. List 타입의 데이터를 쿼리 매개변수로 사용하려면, 각 항목에 대해 쿼리 매개변수를 반복해서 명시해야 합니다. 다음은 curl을 사용하여 q 쿼리 매개변수와 함께 여러 값을 리스트로 전송하는 방법입니다.

```
curl "http://127.0.0.1:8000/items/?q=1&q=2&q=3"
```

웹 브라우저로도 http://127.0.0.1:8000/items/?q=1&q=2&q=3으로 접속하면 쿼리 매개변수로 전달한 리스트 [1, 2, 3]이 {"q": [1, 2, 3]} 형태로 JSON 응답을 받을 수 있습니다.

반면에, 웹 브라우저로도 http://127.0.0.1:8000/items/?q=하나&q=둘&q=셋으로 접속하면 쿼리 매개변수로 전달한 리스트 ["하나", "둘", "셋"]의 각 아이템이 정수가 아닌 문자열이므로, List[int] 타입 힌트에 맞지 않아서 에러를 출력합니다. 이를 통해 타입 힌트 유효성 검사가 정상 동작함을 확인할 수 있습니다.

http://127.0.0.1:8000/create-item/ 주소에 HTTP POST 요청을 전송할 때는 curl 명령어를 사용해야 합니다. 예를 들어, 다음과 같은 curl 명령어를 터미널에 입력하여 JSON 바디을 함께 전송할 수 있습니다.

```
curl -X POST "http://127.0.0.1:8000/create-item/" -H "accept: application/json" -H "Content-Type: application/json" -d "{\"name\": 1}"
```

위 명령을 실행하면 서버는 {"name":1} 형태의 요청 바디를 받고, 그대로 응답으로 반환합니다.

이렇게 각 타입에 맞지 않는 데이터를 요청했을 때 FastAPI가 어떻게 대응하는지 테스트를 통해 알아볼 수 있습니다. 타입 힌트는 코드의 가독성과 함께 API의 안정성을 높여줍니다.

## 5.3.3 | 타입 힌트로 사용 가능한 데이터 타입

다음은 타입 힌트로 사용할 수 있는 일반적인 파이썬 데이터 타입의 목록입니다.

- 기본 데이터 타입
  - int: 정수
  - float: 부동소수점 숫자
  - str: 문자열
  - bool: 불리언(True 또는 False)

- 컬렉션 타입
  - List: 변경 가능한 순서가 있는 컬렉션

    e.g. List[int]는 정수의 리스트를 나타낸다.
  - Tuple: 변경 불가능한 순서가 있는 컬렉션

    e.g. Tuple[str, int]는 문자열과 정수의 튜플을 나타낸다.
  - Dict: 키와 값의 쌍을 갖는 컬렉션

    e.g. Dict[str, float]는 문자열 키와 부동소수점 숫자 값의 딕셔너리를 나타낸다.
  - Set: 중복 없는 항목의 컬렉션

    e.g. Set[bool]은 불리언 값의 세트를 나타낸다.

- 특수 타입
  - None: 아무런 값을 갖지 않음을 나타냄
  - Any: 모든 타입을 허용, 타입 검사를 무시하고자 할 때 사용

- **typing 모듈의 고급 타입**
  - **Optional**: 값이 있거나 None일 수 있는 타입
    e.g. Optional[str]은 문자열이거나 None일 수 있음
  - **Union**: 여러 타입 중 하나일 수 있는 값
    e.g. Union[int, str]은 정수 또는 문자열이 될 수 있음
  - **Callable**: 호출 가능한 객체(함수 등)를 나타냄
    e.g. Callable[[int, int], int]는 두 정수 매개변수를 받고 정수를 반환하는 함수
  - **Iterable**: 반복 가능한 객체를 나타냄
    e.g. Iterable[str]은 문자열을 항목으로 갖는 반복 가능 객체
  - **Sequence**: 시퀀스 타입을 나타냄
    e.g. Sequence[float]는 부동소수점 숫자의 시퀀스

- **사용자 정의 타입**
  - 클래스나 다른 타입 힌트를 사용하여 사용자 정의 타입을 생성할 수 있음
    e.g. 클래스 Person을 정의하고 def get_person() -> Person:과 같이 사용할 수 있음

이러한 타입은 단독으로 사용하거나 typing 모듈의 다양한 기능과 결합하여 더 복잡한 타입 힌트를 만드는 데 사용할 수 있습니다. 예를 들어, List[Dict[str, Union[int, str]]]은 문자열을 키로 하고 정수 또는 문자열을 값으로 하는 딕셔너리의 리스트를 나타냅니다.

FastAPI는 이러한 타입 힌트를 사용하여 요청에서 받은 데이터의 형식을 검증하고, 응답 데이터를 적절한 형식으로 변환하며 API에 대한 문서를 자동으로 생성합니다.

# 5.4 HTTP 메서드

HTTP 메서드는 클라이언트가 서버에게 어떤 동작을 해달라고 요청하는 방식을 정의합니다. FastAPI는 이러한 메서드를 사용하여 요청의 의도를 명확히 하고, 적절한 엔드포인트에 연결하는 라우팅을 수행합니다.

- **GET**: 이 메서드는 서버로부터 정보를 요청할 때 사용합니다. 데이터를 가져오는 read-only 작업에 적합하며, 서버의 상태나 데이터를 변경하지 않습니다. 예를 들어 사용자의 프로필 데이터나 게시글 목록을 가져올 때 GET 요청을 사용합니다.
- **POST**: 서버에 데이터를 전송하여 새로운 리소스를 생성하려고 할 때 POST 메서드를 사용합니다. 예를 들어 새 사용자를 등록하거나 게시글을 작성할 때 사용합니다. POST 요청은 데이터를 서버의 특정 경로에 제출하며, 해당 데이터는 주로 요청 바디에 포함됩니다.
- **PUT**: PUT 메서드는 지정된 리소스의 전체 업데이트를 수행합니다. 예를 들어, 사용자의 전체 프로필을 업데이트하는 경우에 PUT 요청을 사용할 수 있습니다. PUT은 리소스가 존재하지 않는 경우 새로 생성할 수도 있지만, 주로 기존 리소스의 완전한 교체를 의미합니다.
- **DELETE**: DELETE 메서드는 지정된 리소스를 삭제할 때 사용합니다. 이 요청은 서버에 리소스의 제거를 지시하며, 성공적으로 처리된 경우 리소스에 더 이상 접근할 수 없습니다. 예를 들어, 사용자가 자신의 계정을 삭제하거나 작성한 게시글을 제거하고 싶을 때 DELETE 요청을 사용할 수 있습니다.

FastAPI를 사용하면 이러한 메서드를 각각의 라우팅 데코레이터(@app.get(), @app.post(), @app.put(), @app.delete() 등)와 함께 사용하여 다양한 HTTP 요청을 처리하는 API를 손쉽게 구성할 수 있습니다.

## 5.4.1 | FastAPI 코드 작성

```
from fastapi import FastAPI

app = FastAPI()
```

```python
@app.get("/")
def read_root():
    return {"message": "Hello, FastAPI"}

@app.get("/items/{item_id}")
def read_item(item_id: int):
    return {"item_id": item_id}

@app.get("/items/")
def read_items(skip: int = 0, limit: int = 10):
    return {"skip": skip, "limit": limit}

@app.post("/items/")
def create_item(item: dict):
    return {"item": item}

@app.put("/items/{item_id}")
def update_item(item_id: int, item: dict):
    return {"item_id": item_id, "updated_item": item}

@app.delete("/items/{item_id}")
def delete_item(item_id: int):
    return {"message": f"Item {item_id} has been deleted"}
```

이 코드를 main.py 파일에 저장한 다음, 터미널에서 아래와 같이 실행해주세요.

```
uvicorn main:app --reload
```

## 5.4.2 | curl을 사용한 테스트

### » POST 메서드 테스트

새 아이템을 생성해보겠습니다. 아이템은 JSON 형태로 전달됩니다. FastAPI에서는 요청 바디로부터 데이터를 받기 위해 반드시 Pydantic 모델을 사용해야 하는 것은 아니지만, Pydantic 모델을 사용하는 것을 권장합니다. POST 메서드는 데이터를 요청 바디에 넣어서 전송하므로 해당 데이터 처리를 위해서는 Pydantic 모델을 고려할 수 있습니다. 다만, 해당 모델을 익히기 전이므로 위 코드는 직접 파이썬의 내장 dict 타입을 사용하였습니다.

파이썬의 내장 dict 타입을 직접 사용하면 Pydantic은 요청 바디가 JSON 형식이라는 것만을 기대하고, 그 내용에 대해서는 검증을 수행하지 않습니다. curl 명령에서 -d 옵션을 사용할 때 Content-Type 헤더를 지정하지 않으면 기본적으로 application/x-www-form-urlencoded로 설정됩니다. 그래서 이 경우에는 -H "Content-Type: application/json" 헤더를 추가해야 합니다. 이렇게 하면 curl이 데이터를 JSON으로 보내고 FastAPI가 이를 dict로 변환하여 정상 동작할 수 있습니다.

```
curl -X POST "http://127.0.0.1:8000/items/" -H "Content-Type: application/json" -d "{\"name\":\"item1\", \"value\":42}"
```

테스트 결과는 다음과 같습니다.

```
{"item": {"name": "item1", "value": 42}}
```

## 》 PUT 메서드 테스트

아이템 ID가 1인 아이템의 정보를 업데이트해보겠습니다.

```
curl -X PUT "http://127.0.0.1:8000/items/1" -H "accept: application/json" -d "{\"name\": \"updated_item\", \"value\": 43}"
```

테스트 결과는 다음과 같습니다.

```
{"item_id": 1, "updated_item": {"name": "updated_item", "value": 43}}
```

## 》 DELETE 메서드 테스트

아이템 ID가 1인 아이템을 삭제해보겠습니다.

```
curl -X DELETE "http://127.0.0.1:8000/items/1" -H "accept: application/json"
```

테스트 결과는 다음과 같습니다.

```
{"message": "Item 1 has been deleted"}
```

# 5.5 Pydantic

FastAPI에서 Pydantic(파이단틱)은 데이터 검증과 데이터 직렬화를 매우 쉽게 만들어줍니다. 먼저, '데이터 검증'과 '데이터 직렬화'가 무엇인지 알아보겠습니다.

여기서부터는 난도가 높을 수 있습니다. 플라스크를 충분히 익힌 후 역량을 쌓아 FastAPI를 접해야 수월하게 이해할 수 있을 것입니다. 잔재미코딩 사이트(fun-coding.org)에서 다음 온라인 강의를 참고해보세요.

- **가장 빠른 풀스택**: 파이썬 백엔드와 웹기술 부트캠프 (플라스크와 백엔드 기본) [풀스택 Part1-1]
- **가장 빠른 풀스택**: 파이썬 백엔드 FastAPI 부트캠프 (FastAPI부터 비동기 SQLAlchemy까지) [풀스택 Part1-2]

데이터 검증(data validation)이란 사용자나 다른 시스템이 보내는 데이터가 올바른 형식과 값인지 확인하는 과정입니다. 예를 들어, 사용자가 금액을 입력할 때 문자열을 넣으면 이는 올바르지 않은 데이터입니다. 데이터 검증을 통해 이런 잘못된 정보를 사전에 차단할 수 있습니다.

데이터 직렬화(data serialization)란 복잡한 데이터 구조를 바이트나 문자열로 변환해서 다른 시스템과 쉽게 데이터를 교환할 수 있는 형태로 만드는 것입니다. 반대 과정을 '역직렬화'라고 하며, 이는 문자열이나 바이트를 원래의 데이터 구조로 되돌리는 것입니다.

데이터 검증과 데이트 직렬화는 다음과 같은 이유로 필요합니다.

- **데이터 검증**: 잘못된 데이터가 처리되는 것을 막아서 버그나 다양한 문제를 예방합니다.
- **데이터 직렬화**: 서로 다른 시스템끼리 데이터를 쉽게 주고받을 수 있게 해줍니다.

특히 FastAPI에서는 요청 바디로부터 데이터를 받기 위해 반드시 Pydantic 모델을 사용해야 하는 것은 아니지만, Pydantic 모델을 사용하는 것을 권장합니다. 데이터 요청을 위해 자주 사용하는 HTTP POST 메서드는 데이터를 요청 바디에 넣어서 전송하므로, POST 메서드로 API를 선언하는 경우에는 Pydantic 모델 사용을 고려할 필요가 있습니다.

## 5.5.1 | Pydantic 모델 적용

다음 코드에서 Item 클래스가 Pydantic 모델입니다. 이 모델은 name, price, is_offer라는 세 가지 필드를 가집니다.

```python
# main.py 파일
from fastapi import FastAPI
from pydantic import BaseModel

app = FastAPI()

class Item(BaseModel):
    name: str
    price: float
    is_offer: bool = None

@app.post("/items/")
def create_item(item: Item):
    return {"item": item.dict()}

# 실행: uvicorn main:app --reload
```

위 코드를 주석과 같이 저장하고 실행한 후, curl로 POST 메서드를 테스트하기 위해 새 아이템을 생성해보겠습니다. JSON 형태로 전달됩니다.

```
curl -X POST "http://127.0.0.1:8000/items/" -H "accept: application/json" -H "Content-Type: application/json" -d "{\"name\": \"Bread\", \"price\": 3.5, \"is_offer\": true}"
```

테스트 결과는 다음과 같습니다.

```
{"item": {"name": "Bread", "price": 3.5, "is_offer": true}}
```

price를 문자열로 보낼 경우에는 FastAPI가 자동으로 에러를 반환합니다.

```
curl -X POST "http://127.0.0.1:8000/items/" -H "accept: application/json" -H "Content-Type: application/json" -d "{\"name\": \"Bread\", \"price\": \"invalid\", \"is_offer\": true}"
```

## 5.5.2 | Pydantic 기본 문법

Pydantic은 데이터 유효성 검사와 데이터 직렬화를 강력하고 쉽게 만드는 다양한 문법을 제공합니다. 이러한 문법과 FastAPI 코드 예시, 그리고 curl을 사용한 테스트 방법을 자세히 살펴보겠습니다.

### 》 변수 타입

name: str 형태는 FastAPI와 Pydantic 모델에서 변수 타입을 명시하는 방법입니다. 여기서 name은 변수 이름이고, str은 변수 타입입니다. 사용 가능한 키워드는 다음과 같습니다.

- **int**: 정수
- **float**: 실수
- **bool**: 불리언(True/False)
- **str**: 문자열
- **datetime.datetime**: 날짜와 시간
- **Optional**: typing 모듈의 일부로, 필드가 선택적임을 나타냅니다. 이는 None 값도 허용한다는 것을 의미합니다.

이 밖에도 Pydantic과 FastAPI는 다양한 커스텀 타입을 지원합니다.

```python
from fastapi import FastAPI
from pydantic import BaseModel
from typing import Optional

app = FastAPI()

class Item(BaseModel):
    name: str
    description: Optional[str] = None
    price: float
    tax: float = 0.1

@app.post("/items/")
async def create_item(item: Item):
    return {"item": item.dict()}
```

```
# main.py 로 저장 후 테스트
# uvicorn main:app --reload
```

위의 FastAPI 코드는 Item이라는 Pydantic 모델을 사용하여 입력 데이터를 예상되는 형식에 맞게 자동으로 변환하고 유효성 검사를 수행합니다. Item 모델에는 다음 필드가 포함됩니다.

- **name**: 문자열, 필수
- **description**: 문자열, 선택적이며 기본값은 None
- **price**: 부동소수점 숫자, 필수
- **tax**: 부동소수점 숫자, 선택적이며 기본값은 0.1

## 》 curl 테스트

curl 명령으로 POST 요청을 보내면, 요청 바디에 포함된 JSON 데이터는 Item 모델의 인스턴스로 변환됩니다. Pydantic은 제공된 필드의 타입을 확인하고 price 같은 필수 필드가 포함되어 있는지, 그리고 tax 같은 선택적 필드가 없을 경우 기본값을 사용하는지 검증합니다. 그런 다음 유효성 검사를 통과한 데이터로 Item 객체를 생성하고, 이를 .dict() 메서드를 통해 딕셔너리로 변환하여 응답으로 반환합니다.

```
curl -X POST "http://127.0.0.1:8000/items/" -H "accept:
application/json" -H "Content-Type: application/json" -d
"{\"name\": \"Soap\", \"price\": 2.5}"
```

위의 curl 명령을 실행한 결과로 다음과 같은 JSON 응답이 반환됩니다.

```
{
    "item": {
        "name": "Soap",
        "description": null,
        "price": 2.5,
        "tax": 0.1
    }
}
```

이 결과는 Item 모델에 따라 name과 price 필드가 채워진 것을 보여주며, description은 선택적이므로 null로 표시되고 tax는 기본값인 0.1이 적용된 것을 확인할 수 있습니다.

## 》필드 제약 조건

Field는 Pydantic 모델에서 필드에 추가적인 정보나 제약 조건을 지정할 때 사용하는 함수입니다. 다양한 인자를 통해 세부 설정을 할 수 있으며 주요 옵션은 다음과 같습니다.

- **default**: 필드의 기본값을 지정합니다. 만약 기본값이 없다면 필수 입력 필드가 됩니다.
- **alias**: JSON 필드의 이름을 파이썬 변수와 다르게 지정할 때 사용합니다.
- **title**: 스키마에서 볼 수 있는 추가적인 정보로, 주로 문서화에 사용됩니다.
- **description**: 필드에 대한 설명을 추가합니다. 주로 API 문서에서 확인할 수 있습니다.
- **min_length & max_length**: 문자열 길이의 최솟값과 최댓값을 지정합니다.
- **gt(greater than), lt(less than)**: 숫자의 크기 제약을 추가합니다.
- **regex**: 정규 표현식을 통한 패턴 매칭을 할 수 있습니다.

다음은 Field를 사용한 예제 코드입니다.

```python
from fastapi import FastAPI
from pydantic import BaseModel, Field
from typing import List

app = FastAPI()

class Item(BaseModel):
    # `name`은 최소 2자, 최대 50자를 가져야 하며 필수 필드입니다.
    name: str = Field(..., title="Item Name", min_length=2, max_length=50)

    # `description`은 선택 필드이며, 최대 300자까지 가능합니다.
    description: str = Field(None, description="The description of the item", max_length=300)

    # `price`는 0보다 커야 하며 필수 필드입니다.
    price: float = Field(..., gt=0, description="The price must be greater than zero")
```

```
    # `tag` 필드는 선택적이며, 기본값으로 빈 리스트를 갖습니다. JSON에서는
'item-tags'로 나타납니다.
    tag: List[str] = Field(default=[], alias="item-tags")

@app.post("/items/")
async def create_item(item: Item):
    # 아이템 생성을 위한 엔드포인트로, 모델 인스턴스의 딕셔너리 표현을 반환합니다.
    return {"item": item.dict()}

# main.py 로 저장 후 테스트
# uvicorn main:app --reload
```

이 예제에서 Field() 함수에서 ...(줄임표, ellipsis)는 필드가 필수임을 나타내는 데 사용됩니다. 즉, 해당 필드는 클라이언트로부터 값을 받아야 하며 기본값이 제공되지 않았음을 의미합니다. 참고로 Pydantic 버전에 따라 ...(줄임표)가 없어도 자동으로 필수 필드로 처리될 수 있습니다(e.g. Field(title="Item Name", min_length=2, max_length=50)).

앞 코드에서 name과 price 필드에 줄임표를 사용하여 이들이 필수 입력값임을 나타내고 있습니다. description 필드에는 기본값으로 None이 설정되어 있어 선택적이며, tag 필드는 기본값으로 빈 리스트를 가지므로 선택적입니다. 또한 tag 필드는 alias 매개변수를 통해 JSON에서 사용될 때의 이름을 "item-tags"로 지정하고 있습니다.

이렇게 모델을 정의하면 FastAPI는 자동으로 요청 데이터의 유효성을 검증하고, 데이터를 적절한 형식으로 변환하며, 자동 문서화를 제공합니다.

## 》 Field 테스트

curl로 테스트할 수 있는 다양한 케이스와 그 결과를 확인하며, Field 사용법을 이해해보기로 합니다.

- 케이스 1: 정상적인 요청

```
curl -X POST "http://127.0.0.1:8000/items/" -H "accept: application/json" -H "Content-Type: application/json" -d "{\"name\": \"MyItem\", \"price\": 35.4}"
```

이 요청은 서버로부터 200 OK 응답을 받습니다. JSON 바디에 정의된 name과 price 필드가 Pydantic 모델의 필드 제약 조건을 충족하기 때문입니다.

- **케이스 2**: name 필드의 길이가 짧은 경우

```
curl -X POST "http://127.0.0.1:8000/items/" -H "accept:
application/json" -H "Content-Type: application/json" -d
"{\"name\": \"A\", \"price\": 35.4}"
```

422 Unprocessable Entity 에러가 발생하며, name 필드의 길이가 Pydantic 모델에서 설정한 min_length 조건을 만족하지 않았음을 나타내는 에러 메시지를 반환합니다.

- **케이스 3**: price 필드가 0보다 작거나 같은 경우

```
curl -X POST "http://127.0.0.1:8000/items/" -H "accept:
application/json" -H "Content-Type: application/json" -d
"{\"name\": \"MyItem\", \"price\": -1}"
```

이 요청도 422 Unprocessable Entity 에러를 반환합니다. price 필드가 Pydantic 모델에 정의된 gt(Greater Than) 조건을 위반하고 있기 때문입니다.

- **케이스 4**: 필수 필드를 누락한 경우(name 누락)

```
curl -X POST "http://127.0.0.1:8000/items/" -H "accept:
application/json" -H "Content-Type: application/json" -d
"{\"price\": 35.4}"
```

필수 필드인 name이 누락되어 있기 때문에 서버는 422 Unprocessable Entity 에러와 함께 필드가 누락되었다는 메시지를 반환합니다.

- **케이스 5**: 여러 제약 조건을 위반한 경우

```
curl -X POST "http://127.0.0.1:8000/items/" -H "accept:
application/json" -H "Content-Type: application/json" -d
"{\"name\": \"A\", \"price\": -1}"
```

두 가지 제약 조건을 모두 위반하였기 때문에 서버는 422 Unprocessable Entity 에러를 반환하고, 각각의 제약 조건 위반에 대한 에러 메시지를 포함합니다.

이러한 테스트를 통해 Field() 함수를 사용하여 모델 필드에 설정된 제약 조건과 검증 로직이 제대로 작동하는지 확인할 수 있습니다. Pydantic은 제약 조건에 맞지 않는 입력을 받을 경우, 해당 에러에 대한 상세한 정보를 포함한 응답을 반환하여 개발자가 에러를 쉽게 식별하고 해결할 수 있도록 도와줍니다.

### 5.5.3 | 중첩된 모델

중첩된 모델이라는 것은 하나의 모델이 다른 모델을 포함하는 구조를 의미합니다. 이런 구조는 복잡한 데이터 형태를 모델링할 때 유용합니다. 예를 들어, 여기서 Item 클래스는 Image 클래스를 포함하고 있습니다. Item 모델을 보면 image: Image로 정의되어 있는데, 이는 Item 모델이 Image 타입의 image 필드를 가진다는 것을 의미합니다.

```python
from fastapi import FastAPI
from pydantic import BaseModel

app = FastAPI()

class Image(BaseModel):
    url: str
    name: str

class Item(BaseModel):
    name: str
    description: str
    image: Image

@app.post("/items/")
def create_item(item: Item):
    return {"item": item.dict()}

# main.py 로 저장 후 테스트
# uvicorn main:app --reload
```

- **class Image(BaseModel)**: 이미지에 대한 정보를 담는 Pydantic 모델을 정의합니다. 여기에는 url과 name이라는 두 가지 필드가 있습니다.

- **class Item(BaseModel)**: 아이템에 대한 정보를 담는 Pydantic 모델을 정의합니다. 이 모델은 name, description, 그리고 image라는 필드를 가집니다. 특히, image 필드의 타입은 앞서 정의한 Image 클래스입니다.

- **def create_item(item: Item)**: FastAPI 라우트에서 이 Item 모델을 사용합니다. 클라이언트로부터 전달받은 JSON 데이터가 Item 모델과 일치하는지 자동으로 검사합니다.

이 코드를 저장하고 실행한 후에는 curl을 사용하여 테스트할 수 있습니다.

```
curl -X POST "http://127.0.0.1:8000/items/" -H "accept:
application/json" -H "Content-Type: application/json" -d
"{\"name\": \"Smartphone\", \"description\": \"Latest model\",
\"image\": {\"url\": \"http://example.com/image.jpg\", \"name\":
\"front_view\"}}"
```

이 curl 명령은 http://127.0.0.1:8000/items/ 주소로 POST 요청을 보내고, JSON 형식의 아이템 데이터를 전달합니다. 이 예에서는 name, description, 그리고 중첩된 image 객체를 포함한 JSON 데이터를 전달합니다. 이렇게 하면 FastAPI는 Item 모델을 기반으로 들어온 데이터의 유효성을 자동으로 검사하고, 응답으로 그 데이터를 반환합니다.

이처럼 중첩된 모델을 사용할 때의 장점은 다음과 같습니다.

- **재사용성**: Image 모델을 여러 다른 모델에서 재사용할 수 있습니다.
- **가독성**: 복잡한 데이터 구조를 좀 더 읽기 쉽게 만들어줍니다.
- **유지보수**: 나중에 Image 모델을 업데이트하면, 그 모델을 사용하는 모든 부분에서 자동으로 업데이트됩니다.

## 5.5.4 | List와 Union

List와 Union은 복잡한 데이터 구조와 다형성을 모델링할 때 유용한 타입 힌트입니다.

- **List**: List[<type>] 형식을 사용하여 지정된 <type>의 여러 값을 갖는 배열이나 리스트를 나타냅니다. 예를 들어 List[int]는 정수들의 리스트를 의미하며, List[str]은 문자열들의 리스트를 의미합니다. Pydantic 모델에서 리스트를 사용하면 리스트 내 각 아이템에 대해 정의된 타입의 유효성이 검사됩니다.
- **Union**: Union[<type1>, <type2>, ...] 형식으로 여러 타입 중 하나를 허용하는 변수를 정의할 수 있습니다. 예를 들어 Union[int, str]은 해당 필드가 정수 또는 문자열일 수 있음을 나타냅니다. Pydantic은 제공된 값이 Union에 지정된 타입 중 하나와 일치하는지 검사합니다.

```
from fastapi import FastAPI
from pydantic import BaseModel
from typing import List, Union

app = FastAPI()

class Item(BaseModel):
    name: str
    tags: List[str]
    variant: Union[int, str]

@app.post("/items/")
def create_item(item: Item):
    return {"item": item.dict()}

# main.py 로 저장 후 테스트
# uvicorn main:app --reload
```

Item이라는 Pydantic 모델을 사용하여 name, tags, variant 필드를 정의했습니다. 여기서 tags는 문자열 리스트를, variant는 정수 또는 문자열을 받을 수 있습니다.

다음 명령은 POST 요청을 /items/ 엔드포인트로 보내고, 요청 바디에 Item 모델의 인스턴스를 JSON 형식으로 포함합니다. 이 JSON 데이터는 name 필드에 문자열 "Laptop", tags 필드에 "electronics"와 "office"를 포함하는 문자열 리스트, 그리고 variant 필드에 문자열 "Pro"를 갖습니다.

```
curl -X POST "http://127.0.0.1:8000/items/" -H "accept:
application/json" -H "Content-Type: application/json" -d
"{\"name\": \"Laptop\", \"tags\": [\"electronics\", \"office\"],
\"variant\": \"Pro\"}"
```

## 》제네릭 타입

제네릭 타입은 일종의 '타입 템플릿'입니다. 그래서 List[T] 같은 형태로 사용합니다. 여기서 T는 '아무 타입이나' 올 수 있습니다. 그래서 제네릭 타입을 사용하면 여러 다른 타입에 대해 동일한 로직을 적용할 수 있습니다.

T는 타입 변수(type variable)라고 부르며, 주로 제네릭에서 자주 볼 수 있습니다. T는 단순

한 변수일 뿐, 의미 자체는 없습니다. T 대신에 U, V, W 등 다른 알파벳을 사용해도 되지만, T는 type의 첫 글자라서 관례적으로 많이 사용됩니다. T는 그 자리에 어떤 타입이 들어갈 수 있는지를 나타내는 '자리 표시자' 정도로 생각하면 됩니다.

FastAPI와 Pydantic에서 제네릭 타입을 사용하려면 typing 모듈의 TypeVar와 Generic 클래스를 이용합니다.

- **TypeVar**: TypeVar는 타입 변수를 생성하며, 제네릭 클래스나 함수가 사용할 수 있는 타입 매개변수를 정의합니다. 동적 타이핑 언어인 파이썬에서 TypeVar는 정적 타입 검사 도구가 타입 정보를 이해하고 검사할 수 있게 만드는 역할을 합니다. 제네릭 타입을 사용하려면 먼저 타입 변수를 명시적으로 선언해야 하며, 그것이 바로 TypeVar의 역할입니다. TypeVar를 선언할 때는 일반적으로 변수 이름과 같은 문자열을 인자로 전달합니다. 예를 들어 T = TypeVar('T')와 같이 작성합니다.
- **Generic[T]**: Generic[T]는 T를 타입 매개변수로 가지는 제네릭 클래스를 정의할 때 사용합니다.

T = TypeVar('T')에서 사용되는 T는 제네릭 프로그래밍의 관례를 따르는 표현입니다. 여기서 T는 타입 변수(type variable)를 정의할 때 사용되는 이름입니다. 이 구문에서 왼쪽과 오른쪽 T의 역할은 서로 다릅니다.

- **왼쪽의 T**: 이것은 타입 변수의 이름으로, 코드 내에서 타입 힌트로 사용됩니다. 예를 들어, Generic[T] 또는 List[T]와 같이 실제 코드에서 제네릭 타입으로 사용될 때 참조하는 이름입니다.
- **오른쪽의 'T'**: 이것은 TypeVar 함수에 전달되는 문자열 리터럴로, TypeVar 객체를 생성할 때 내부적으로 사용되는 식별자입니다. 파이썬의 타입 시스템과 관련된 도구들(e.g. linters, IDEs)이 타입 정보를 처리할 때 이 문자열을 사용하여 타입 변수를 식별합니다.

즉, 왼쪽의 T는 타입 변수를 코드 내에서 사용하기 위한 식별자이며, 오른쪽의 'T'는 그 타입 변수를 내부적으로 구별하기 위한 문자열입니다. 이 구분은 주로 타입 체크 도구나 런타임이 아닌 타입 힌트를 분석할 때 중요합니다.

TypeVar를 정의할 때 오른쪽에 전달하는 문자열 'T'는 문서화와 가독성을 위한 것이며, 이 문자열이 타입 체커에 의해 사용되는 실제 타입 변수의 이름이 됩니다. 왼쪽에 사용된 T는 이후 코드에서 해당 타입 변수를 참조할 때 사용하는 이름입니다.

이러한 구문은 파이썬에서 타입 힌트를 사용할 때 일관성을 유지하고, 타입 변수를 명확히 식별하기 위한 관례적인 방식입니다. 다른 변수 이름을 사용할 수도 있지만, T는 제네릭 타입의 'Type'을 나타내는 전통적인 이름으로 널리 받아들여지고 있습니다.

다른 예로, 만약 두 개의 다른 타입 변수가 필요하다면 U = TypeVar('U')와 같이 다른 문자를 사용하여 선언할 수 있습니다. 이는 T와는 독립적인 또 다른 타입 변수를 정의하는 것이며, 이러한 방식으로 복잡한 타입 구조를 만들 수 있습니다.

TypeVar와 제네릭 타입에 대한 코드 예시입니다.

```
from typing import TypeVar, Generic
from pydantic import BaseModel

# 타입 변수 T를 선언합니다. 이것은 커스텀 제네릭 타입을 만들기 위한 첫 단계입니다.
# 여기서 'T'는 임의의 타입을 나타내는 타입 변수입니다.
T = TypeVar('T')

# Generic[T]를 상속받는 클래스를 정의함으로써, GenericItem은 어떤 타입 T도
받을 수 있는 제네릭 클래스가 됩니다.
# 이 클래스는 이름(name)과 내용(content)을 필드로 가지며, content의 타입은
동적으로 결정됩니다.
class GenericItem(BaseModel, Generic[T]):
    name: str    # 아이템의 이름 필드, 문자열 타입
    content: T   # 아이템의 내용 필드, T 타입
```

Pydantic과 FastAPI에서 제네릭 타입을 사용하면 데이터 모델의 유연성을 높이면서도 타입 안정성을 유지할 수 있습니다. 제네릭 타입을 이용하면 다양한 데이터 타입에 대해 같은 로직을 적용할 수 있는 모델을 만들 수 있습니다.

다음은 Pydantic에서의 제네릭 타입 예시입니다.

```
from typing import TypeVar, Generic
from pydantic import BaseModel
from fastapi import FastAPI

app = FastAPI()

# T는 제네릭 타입에서 사용될 타입 변수입니다.
```

```python
T = TypeVar('T')

# GenericItem 클래스는 제네릭 타입 T를 사용하는 모델입니다.
# 이 모델은 다양한 타입의 `content` 필드를 가질 수 있습니다.
class GenericItem(BaseModel, Generic[T]):
    name: str  # 아이템의 이름 필드
    content: T  # 제네릭 타입을 사용하는 아이템의 내용 필드

# 이 엔드포인트는 정수 타입의 `content`를 가진 GenericItem 객체를 생성합니다.
@app.post("/generic_items/")
def create_item(item: GenericItem[int]):
    return {"item": item.dict()}

# main.py 로 저장 후 테스트
# uvicorn main:app --reload
```

이 코드에서 GenericItem 클래스는 name 필드와 함께 타입이 T인 content 필드를 가지고 있습니다. create_item() 함수에서는 GenericItem을 int 타입으로 인스턴스화 하여 content 필드에 정수 타입을 요구합니다.

### 》 curl 테스트

윈도우와 맥에서 실행 가능한 curl 명령은 다음과 같습니다:

```
curl -X POST "http://127.0.0.1:8000/generic_items/" -H "accept: application/json" -H "Content-Type: application/json" -d "{\"name\": \"Generic\", \"content\": 42}"
```

이 curl 명령은 POST 메서드를 사용하여 /generic_items/ 엔드포인트에 데이터를 전송합니다. HTTP 헤더는 요청이 JSON을 받아들이고(JSON에 대한 accept), JSON 형식의 데이터를 전송한다는 것을 나타냅니다(Content-Type: application/json). 요청 바디(-d)에는 name과 content가 포함된 JSON 객체가 전달됩니다.

서버에서는 GenericItem[int] 타입에 따라 content가 정수인지 검사하고, 타입이 일치하면 요청된 데이터를 그대로 반환합니다. 만약 content로 정수가 아닌 다른 타입의 데이터를 보내면, Pydantic은 타입 에러를 반환하여 요청이 유효하지 않음을 알려줍니다.

# 5.6 FastAPI 응답 모델

FastAPI 응답 모델은 클라이언트에 반환되는 데이터의 구조를 정의하는 데 사용되는 강력한 기능입니다. 응답 모델을 정의함으로써 API는 반환되는 데이터의 유효성을 보장하고, OpenAPI 스키마(자동 문서화)를 생성하여 API 사용자에게 명확한 정보를 제공합니다.

FastAPI에서 응답 모델은 필수는 아니지만, 매우 권장되는 기능입니다. 응답 모델을 사용하면 API가 반환하는 데이터의 구조를 명확하게 정의하고, API 문서를 자동으로 생성하여 사용자에게 제공할 수 있으며 반환 데이터의 유효성 검사를 자동으로 수행할 수 있습니다.

FastAPI의 경로 연산에서 response_model 매개변수를 사용하여 응답 모델을 지정할 수 있습니다. 이 매개변수는 경로 연산 함수에 의해 반환되는 데이터의 형태를 Pydantic 모델로 정의하게 해줍니다. 이 모델은 반환된 데이터가 클라이언트로 전송되기 전에 시리얼라이즈되는 방식을 결정합니다. 여기서 시리얼라이즈(serialize)라는 용어는 데이터를 일련의 비트로 변환하여 파일, 메모리, 네트워크를 통해 저장하거나 전송할 수 있는 형식으로 만드는 과정을 말합니다.

```python
from fastapi import FastAPI
from pydantic import BaseModel

app = FastAPI()

class Item(BaseModel):
    name: str
    description: str = None
    price: float

def get_item_from_db(id):
    # 매우 간단한 아이템 반환
    return {
        "name": "Simple Item",
        "description": "A simple item description",
```

```
        "price": 50.0,
        "dis_price": 45.0
    }

@app.get("/items/{item_id}", response_model=Item)
def read_item(item_id: int):
    # 데이터베이스에서 item_id에 해당하는 아이템을 검색 후 반환
    item = get_item_from_db(item_id)
    return item
```

이 코드에서 read_item() 함수는 response_model로 Item을 사용합니다. 이는 함수가 Item 인스턴스를 반환하거나 Item 모델로 시리얼라이즈할 수 있는 데이터(e.g. dict)를 반환한다는 의미입니다.

response_model은 다음과 같은 장점이 있습니다.

- **데이터 검증**: 반환되는 데이터가 response_model에 정의된 모델의 필드 및 타입과 일치하는지 FastAPI에 의해 자동으로 검증됩니다.
- **자동 문서 생성**: FastAPI는 response_model을 사용하여 API 문서에 정확한 응답 형식을 표시합니다. 이는 API 사용자가 기대할 수 있는 응답의 구조를 이해하는 데 도움이 됩니다.
- **보안**: response_model은 경로 연산이 노출할 데이터를 제한하는 데 사용할 수 있습니다. 예를 들어, 모델에서 반환하지 않아야 하는 내부 정보를 숨길 수 있습니다.

response_model을 지정하지 않으면 FastAPI는 반환된 객체를 그대로 JSON으로 변환하여 클라이언트에 반환합니다. 이 경우 모든 데이터가 노출될 수 있으며, 자동 문서화 기능을 완전히 활용하지 못할 수도 있습니다.

결론적으로 response_model은 필수적이지는 않지만 API를 더 안전하고, 명확하며, 사용하기 쉽게 만들어주는 중요한 기능입니다. 주요 응답 모델의 종류는 다음과 같습니다.

- **기본 응답 모델**: 가장 일반적인 형태. Pydantic 클래스를 이용해 모델을 정의할 수 있습니다.
- **Generic 응답 모델**: 제네릭 타입을 활용하여 다양한 타입의 응답을 동일한 엔드포인트에서 다룰 수 있습니다.
- **Union 응답 모델**: 여러 가능한 모델 중 하나가 될 수 있는 경우에 유용합니다.
- **List 응답 모델**: 리스트 형태의 데이터를 반환할 때 사용합니다.

응답 모델은 FastAPI에서 클라이언트에게 반환될 데이터의 구조를 선언적으로 정의합니다. 이를 통해 데이터의 유효성 검사, 자동 문서화, 그리고 클라이언트로 보낼 데이터의 시리얼라이즈가 이루어집니다.

## 5.6.1 | 기본 응답 모델

Pydantic의 BaseModel을 상속하여 API 응답으로 사용할 데이터 모델을 정의합니다. FastAPI 경로 연산에서 response_model 매개변수를 이용해 이 모델을 지정하면, 해당 경로 연산은 지정된 모델에 따라 응답 데이터를 검증하고 시리얼라이즈합니다.

```python
from fastapi import FastAPI
from pydantic import BaseModel

app = FastAPI()

# Pydantic 모델을 정의합니다. 이 모델은 응답 데이터의 구조를 나타냅니다.
class Item(BaseModel):
    name: str   # 아이템의 이름 필드
    price: float   # 아이템의 가격 필드

# FastAPI 경로 연산을 정의합니다. 이 연산은 GET 요청을 처리하고,
# `response_model`을 `Item`으로 지정하여 반환할 데이터의 구조를 정의합니다.
@app.get("/item/", response_model=Item)
def get_item():
    # 데이터베이스나 다른 데이터 소스에서 아이템을 가져와 반환합니다.
    # 여기서는 예시를 위해 고정된 값을 반환합니다.
    return {"name": "milk", "price": 3.5}

# main.py 로 저장 후 FastAPI 애플리케이션을 실행합니다.
# uvicorn main:app -reload
```

위 예제에서 Item 모델은 name과 price 필드를 가지고 있으며, get_item() 함수는 Item 모델을 response_model로 사용하여 API 경로 연산을 정의합니다. 이는 /item/ 경로로 들어오는 GET 요청에 대해 Item 모델 구조로 응답을 반환하게 됩니다.

다음 curl 명령은 GET 메서드를 사용하여 /item/ 엔드포인트에 요청을 보냅니다.

```
curl -X GET "http://127.0.0.1:8000/item/"
```

FastAPI 애플리케이션은 get_item() 함수에 의해 정의된 응답 모델(Item)에 따라 데이터를 검증하고 JSON 형식으로 클라이언트에게 반환합니다. 응답은 {"name": "milk", "price": 3.5}와 같이 Item 모델 구조에 맞추어진 JSON 데이터입니다.

## 5.6.2 | Generic 응답 모델

Generic 응답 모델은 FastAPI에서 타입 매개변수를 이용하여 유연한 응답 타입을 정의할 수 있게 합니다. 이는 다양한 데이터 타입에 대해 재사용 가능한 응답 모델을 만들고자 할 때 유용합니다.

```
from typing import TypeVar, Generic
from fastapi import FastAPI
from pydantic.generics import GenericModel

app = FastAPI()

# 제네릭 타입 매개변수 T를 선언합니다.
T = TypeVar("T")

# GenericModel을 상속받아 제네릭 응답 모델을 생성합니다.
# 이 모델은 다양한 타입의 'data' 필드를 포함할 수 있습니다.
class GenericItem(GenericModel, Generic[T]):
    data: T  # 'data' 필드의 타입은 제네릭 타입 매개변수 T로 선언됩니다.

# 경로 연산에서 'response_model'을 GenericItem[str]로 지정하여
# 반환되는 'data' 필드가 문자열 타입임을 명시합니다.
@app.get("/generic_item/", response_model=GenericItem[str])
async def get_generic_item():
    # 응답 모델에 맞춰 'data' 필드에 문자열 값을 반환합니다.
    return {"data": "generic item"}

# main.py 로 저장 후 FastAPI 애플리케이션을 실행합니다.
# uvicorn main:app -reload
```

위 코드에서 GenericItem 클래스는 GenericModel과 Generic[T]를 상속받아 제네릭 타입 T를 사용합니다. 이는 GenericItem 모델이 어떠한 타입의 data 필드도 가질 수 있음을 의미합니다. Get_generic_item() 함수에서는 이 모델을 str 타입의 data 필드를 가진 모델로 구체화하여 사용하고 있습니다.

윈도우와 맥에서 실행 가능한 curl 명령은 다음과 같습니다.

```
curl -X GET "http://127.0.0.1:8000/generic_item/"
```

위 curl 명령은 GET 메서드를 사용하여 /generic_item/ 엔드포인트에 요청을 보내고, 서버는 GenericItem[str] 모델에 정의된 대로 문자열 타입의 data 필드를 갖는 JSON 응답을 반환합니다. 응답은 {"data": "generic item"}처럼 data 필드에 "generic item" 문자열 값을 포함하는 JSON 객체입니다. 이 결과는 GenericItem[str] 응답 모델의 구조에 따라 반환된 데이터를 나타냅니다.

### 5.6.3 | Union 응답 모델

Union 응답 모델은 파이썬의 typing 모듈에 있는 Union 타입을 사용하여 하나의 경로 연산에서 여러 다른 모델 중 하나를 반환할 수 있도록 합니다. 이는 API가 다양한 가능성 중 하나를 선택해서 반환해야 할 때 매우 유용합니다. Union은 타입 힌트로 사용되며, 여기에 지정된 모델 중 하나가 응답 데이터로 사용될 수 있음을 나타냅니다.

```python
from typing import Union
from fastapi import FastAPI
from pydantic import BaseModel

app = FastAPI()

# 각각의 동물을 나타내는 Pydantic 모델을 정의합니다.
class Cat(BaseModel):
    name: str  # 고양이의 이름 필드

class Dog(BaseModel):
    name: str  # 개의 이름 필드

# 경로 연산을 정의합니다. 여기서 response_model은 Union[Cat, Dog]로 지정
되어 있습니다.
# 이는 반환되는 응답이 Cat 혹은 Dog 모델 중 하나의 형태를 띠게 됩니다.
@app.get("/animal/", response_model=Union[Cat, Dog])
async def get_animal(animal: str):
    # 쿼리 매개변수로 'animal'을 받아서 그에 맞는 동물 데이터를 반환합니다.
    if animal == "cat":
        return Cat(name="Whiskers")
```

```
    else:
        return Dog(name="Fido")

# main.py 로 저장 후 FastAPI 애플리케이션을 실행합니다.
# uvicorn main:app --reload
```

이 코드에서 Cat과 Dog 클래스는 각각 고양이와 개의 데이터를 모델링합니다. get_animal() 함수는 쿼리 매개변수로 받은 animal 값에 따라 Cat 또는 Dog 인스턴스를 반환합니다. response_model=Union[Cat, Dog]에 의해 반환되는 데이터가 Cat 또는 Dog 모델 중 하나와 일치하는지 FastAPI에 의해 자동으로 검증됩니다.

윈도우와 맥에서 실행 가능한 curl 명령은 다음과 같습니다. 고양이 데이터를 요청하는 curl 명령입니다.

```
curl -X GET "http://127.0.0.1:8000/animal/?animal=cat"
```

다음은 개 데이터를 요청하는 curl 명령입니다.

```
curl -X GET "http://127.0.0.1:8000/animal/?animal=dog"
```

위 curl 명령은 /animal/ 엔드포인트로 GET 요청을 보내고, 쿼리 매개변수 animal의 값에 따라 서버는 Cat 또는 Dog 모델에 정의된 형태의 JSON 응답을 반환합니다. 응답은 쿼리 매개변수 animal의 값이 "cat"인 경우 {"name": "Whiskers"}, "dog"인 경우 {"name": "Fido"}처럼 해당 동물 이름을 포함하는 JSON 객체입니다. 이는 Union[Cat, Dog] 응답 모델에 의해 정의된 데이터 구조에 따라 반환된 것입니다.

### 5.6.4 | List 응답 모델

List 응답 모델은 FastAPI에서 리스트 형태의 데이터를 반환할 때 사용합니다. 이 모델은 List 타입 힌트와 함께 사용되며, 반환되는 데이터가 리스트의 각 항목이 특정 모델을 준수하는지를 검증합니다. 이를 통해 API 사용자는 반환된 데이터가 일정한 구조를 가지는 배열임을 기대할 수 있습니다.

```
from typing import List
from fastapi import FastAPI
from pydantic import BaseModel
```

```
app = FastAPI()

# Pydantic 모델을 정의합니다. 이 모델은 응답 데이터의 각 항목의 구조를 나타냅
니다.
class Item(BaseModel):
    name: str  # 아이템의 이름 필드

# 경로 연산을 정의합니다. 여기서 response_model은 List[Item]으로 지정되어
있습니다.
# 이는 반환되는 응답이 Item 인스턴스들의 리스트임을 명시합니다.
@app.get("/items/", response_model=List[Item])
async def get_items():
    # 데이터베이스나 다른 데이터 소스에서 아이템 리스트를 가져와 반환합니다.
    # 여기서는 예시를 위해 고정된 리스트를 반환합니다.
    return [{"name": "Item 1"}, {"name": "Item 2"}]

# main.py 로 저장 후 FastAPI 애플리케이션을 실행합니다.
# uvicorn main:app --reload
```

위 예제에서 Item 클래스는 아이템의 구조를 정의하며, get_items() 함수는 List[Item]을 response_model로 사용하여 반환할 데이터의 구조를 정의합니다. 이 구조에 따라 /items/ 경로로 들어오는 GET 요청에 대해 Item 인스턴스의 리스트가 JSON 배열로 반환됩니다.

윈도우와 맥에서 실행 가능한 curl 명령은 다음과 같습니다.

```
curl -X GET "http://127.0.0.1:8000/items/"
```

위 curl 명령은 GET 메서드를 사용하여 /items/ 엔드포인트에 요청을 보내고, 서버는 List[Item] 모델에 정의된 대로 Item 객체의 리스트를 갖는 JSON 응답을 반환합니다. 응답은 Item 모델의 구조에 맞추어진 [{"name": "Item 1"}, {"name": "Item 2"}]와 같은 JSON 데이터 배열입니다. 이는 FastAPI에서 response_model을 통해 정의된 리스트 응답 모델의 구조에 따라 반환된 데이터입니다.

FastAPI의 응답 모델을 적절히 활용하면 다양한 상황에서 유연하게 응답 데이터를 관리하며, 클라이언트에게 일관된 데이터 구조를 제공할 수 있습니다. 이는 클라이언트가 API의 응답을 예측 가능하고 신뢰성 있게 처리할 수 있도록 도와줍니다.

# 5.7 FastAPI 응답 클래스

FastAPI에서 응답 클래스는 서버가 클라이언트에게 반환하는 HTTP 응답의 종류를 정의합니다. 이를 통해 개발자는 반환되는 데이터의 형식을 제어하고, 특정 HTTP 응답의 동작을 세밀하게 조정할 수 있습니다.

다음은 주요 응답 클래스 리스트입니다.

- **JSONResponse**: 클라이언트에게 JSON 형식의 데이터를 반환합니다. 이 클래스는 파이썬의 딕셔너리나 Pydantic 모델을 JSON 문자열로 변환하여 응답 바디에 담아 전송합니다.
- **HTMLResponse**: 클라이언트에게 HTML 형식의 데이터를 반환합니다. 주로 웹페이지의 내용을 반환할 때 사용합니다.
- **PlainTextResponse**: 클라이언트에게 단순 텍스트 형식의 응답을 반환합니다. 이는 로깅, 간단한 메시지 전달 등에 적합합니다.
- **RedirectResponse**: 이 응답 클래스는 클라이언트를 지정된 다른 URL로 리디렉션하는 HTTP 응답을 생성합니다. 이는 사용자를 다른 페이지로 유도할 때 유용합니다.

이제 JSONResponse의 예제 코드를 살펴보겠습니다.

```
from fastapi import FastAPI
from fastapi.responses import JSONResponse

app = FastAPI()

# JSONResponse를 response_class로 사용하여 경로 연산을 정의합니다.
# 이 경로 연산은 JSON 형식의 응답을 반환합니다.
@app.get("/json", response_class=JSONResponse)
def read_json():
    # 딕셔너리를 반환하면, FastAPI는 이를 JSONResponse 객체로 변환하여 응답합니다.
    return {"msg": "This is JSON"}
```

```
# main.py 로 저장 후 FastAPI 애플리케이션을 실행합니다.
# uvicorn main:app --reload
```

이 코드에서 /json 경로는 JSONResponse를 사용하여 JSON 형식으로 데이터를 반환합니다. FastAPI는 이 경로 연산에 의해 반환된 딕셔너리를 자동으로 JSON 형식의 문자열로 변환하고, 클라이언트에 해당 문자열을 응답 바디로 전송합니다.

윈도우와 맥에서 실행 가능한 curl 명령은 다음과 같습니다.

```
curl -X GET "http://127.0.0.1:8000/json"
```

위 curl 명령은 /json 엔드포인트에 GET 요청을 보내고, 서버는 JSONResponse 클래스에 정의된 대로 JSON 형식의 응답을 반환합니다. 응답은 {"msg": "This is JSON"}과 같이 msg 키에 "This is JSON"이라는 메시지를 포함하는 JSON 객체입니다. 이는 JSONResponse 클래스를 사용하여 정의된 응답 형식에 따라 반환된 데이터입니다.

## 5.7.1 | HTMLResponse 예제 코드

```python
from fastapi import FastAPI
from fastapi.responses import HTMLResponse

app = FastAPI()

# HTMLResponse를 response_class로 사용하여 경로 연산을 정의합니다.
# 이 경로 연산은 HTML 형식의 응답을 반환합니다.
@app.get("/html", response_class=HTMLResponse)
def read_html():
    # HTML 형식의 문자열을 반환합니다.
    # FastAPI는 이를 HTMLResponse 객체로 변환하여 응답합니다.
    return "<h1>This is HTML</h1>"

# main.py 로 저장 후 FastAPI 애플리케이션을 실행합니다.
# uvicorn main:app --reload
```

/html 경로는 HTMLResponse를 사용하여 HTML 형식의 데이터를 반환합니다. 이는 클라이언트에게 웹페이지의 일부 또는 전체 HTML 마크업을 보내고자 할 때 유용합니다.

```
curl -X GET "http://127.0.0.1:8000/html"
```

응답은 <h1>This is HTML</h1>과 같이 HTML 형식의 데이터를 포함합니다.

## 5.7.2 | PlainTextResponse 예제 코드

```python
from fastapi import FastAPI
from fastapi.responses import PlainTextResponse

app = FastAPI()

# PlainTextResponse를 response_class로 사용하여 경로 연산을 정의합니다.
# 이 경로 연산은 텍스트 형식의 응답을 반환합니다.
@app.get("/text", response_class=PlainTextResponse)
def read_text():
    # 단순 텍스트 문자열을 반환합니다.
    # FastAPI는 이를 PlainTextResponse 객체로 변환하여 응답합니다.
    return "This is Plain Text"

# main.py 로 저장 후 FastAPI 애플리케이션을 실행합니다.
# uvicorn main:app --reload
```

/text 경로는 PlainTextResponse를 사용하여 단순 텍스트 형식의 데이터를 반환합니다. 이는 로깅 메시지, 단순한 안내 문구 등을 반환할 때 적합합니다.

```
curl -X GET "http://127.0.0.1:8000/text"
```

응답은 This is Plain Text와 같이 단순 텍스트 형식의 데이터를 포함합니다.

## 5.7.3 | RedirectResponse 예제 코드

```python
from fastapi import FastAPI
from fastapi.responses import RedirectResponse, PlainTextResponse

app = FastAPI()

# RedirectResponse를 사용하여 경로 연산을 정의합니다.
# 클라이언트를 '/text' 경로로 리디렉션합니다.
```

```
@app.get("/redirect")
def read_redirect():
    return RedirectResponse(url="/text")

# '/text' 경로는 PlainTextResponse를 반환하는 간단한 경로 연산입니다.
@app.get("/text", response_class=PlainTextResponse)
def read_text():
    return "This is Plain Text"

# main.py 로 저장 후 FastAPI 애플리케이션을 실행합니다.
# uvicorn main:app --reload
```

위 코드에는 세 개의 경로 연산이 정의되어 있습니다. 첫 번째는 /redirect로 요청이 들어올 때 /text로 리디렉션합니다. 두 번째는 /text로 요청이 들어올 때 "This is Plain Text"라는 응답을 반환합니다.

```
curl -X GET "http://127.0.0.1:8000/redirect" -L
```

curl 명령의 -L 옵션은 리디렉션을 따르도록 지시합니다. 이 옵션이 없으면 curl은 리디렉션된 URL의 내용을 자동으로 가져오지 않습니다.

/redirect 경로에 대한 요청은 /text 경로로 리디렉션되고, 최종적으로 "This is Plain Text"라는 응답을 받습니다. 전체적으로 이러한 설정은 FastAPI 애플리케이션에서 다양한 응답 유형과 리디렉션 로직을 효율적으로 관리할 수 있게 해줍니다.

# 5.8 요청

웹 애플리케이션에서의 요청(request)은 클라이언트가 서버로부터 정보를 얻거나 서버에 정보를 전달하기 위해 보내는 HTTP 메시지입니다. FastAPI를 사용하면 이러한 요청 데이터를 쉽게 처리하고 관리할 수 있습니다.

요청에는 여러 데이터 전송 방법이 있는데, 그중 쿼리 매개변수(query parameter)와 요청 바디(request body)가 가장 흔히 사용됩니다. 쿼리 매개변수는 웹 URL에서 ?(물음표) 기호 뒤에 오는 키-값 쌍으로 이루어진 문자열입니다. 예를 들어, http://example.com/items?id=1에서 id=1 부분이 쿼리 매개변수이며, 클라이언트는 이를 통해 서버에 특정 데이터를 요청합니다.

## 5.8.1 | FastAPI에서 쿼리 매개변수 다루기

FastAPI에서는 Query 클래스를 사용하여 쿼리 매개변수를 선언하고 검증 규칙을 추가할 수 있습니다. 이 클래스를 함수의 매개변수 기본값으로 사용하면 해당 매개변수가 쿼리 매개변수임을 FastAPI에 알려줍니다.

```
from fastapi import FastAPI, Query

app = FastAPI()

# '/users/' 경로에 대한 GET 요청을 처리하는 경로 연산을 정의합니다.
# 이 경로 연산은 쿼리 매개변수 'q'를 받아들입니다.
@app.get("/users/")
def read_users(q: str = Query(None, max_length=50)):
    # 쿼리 매개변수 'q'는 선택적이며, 최대 길이가 50이라는 제약 조건이 있습니다.
    # Query()의 첫 번째 인자로 None을 전달함으로써 'q'가 선택적임을 명시합니다.
    return {"q": q}
```

```
# main.py 로 저장 후 FastAPI 애플리케이션을 실행합니다.
# uvicorn 파일명:app --reload
```

이 예시에서는 /users/ 경로에 대한 GET 요청을 처리하는 함수 read_users()를 정의했습니다. 이 함수는 q라는 쿼리 매개변수를 받으며, Query 클래스를 통해 이 매개변수가 선택적이며 최대 길이가 50이라는 것을 FastAPI에 알려줍니다.

윈도우와 맥에서 실행 가능한 curl 명령은 다음과 같습니다.

```
curl -X GET "http://127.0.0.1:8000/users/?q=somequery"
```

위 curl 명령은 /users/ 엔드포인트로 GET 요청을 보내고, 쿼리 매개변수 q에 "somequery" 값을 전달합니다. 서버는 이 값을 받아 {"q": "somequery"} 형태의 JSON 응답을 반환합니다.

이러한 방식으로 FastAPI는 요청 데이터를 효율적으로 처리하고, 개발자가 데이터 유효성 검증, 문서화, 그리고 데이터 처리 로직을 간편하게 구현할 수 있게 해줍니다.

## 5.8.2 | Query 클래스의 주요 옵션

FastAPI에서 Query 클래스는 단순히 값을 전달하는 것 이상의 기능을 제공합니다. 개발자는 Query 클래스를 사용하여 쿼리 매개변수에 추가적인 메타데이터와 제약 조건을 지정할 수 있습니다. 이를 위해 다음과 같이 FastAPI의 Query 클래스는 다양한 옵션을 제공합니다.

Query(default, 옵션리스트)

- **default**: 매개변수의 기본값을 지정합니다. 이 값이 None이면 매개변수는 선택적이 됩니다.

다음 옵션 리스트 중 필요한 설정을 넣을 수 있습니다.

  - **min_length**: 문자열 매개변수에 대한 최소 길이를 지정합니다.
  - **max_length**: 문자열 매개변수에 대한 최대 길이를 지정합니다.
  - **alias**: 매개변수의 별칭을 지정합니다. 이를 통해 URL에서 사용하는 이름과 함수 내에서 사용하는 이름을 다르게 할 수 있습니다.
  - **deprecated**: 매개변수가 더 이상 사용되지 않음을 명시합니다. 이는 API 문서에 표시되어 사용자가 해당 매개변수를 사용하지 않도록 경고합니다.

- **description**: 매개변수에 대한 설명을 추가합니다. 이 설명은 API 문서에 표시되어 매개변수의 사용 목적이나 기대되는 값 등을 설명할 수 있습니다.
- **ge**: (greater than or equal to) 매개변숫값이 지정된 값 이상이어야 함을 명시합니다.
- **le**: (less than or equal to) 매개변숫값이 지정된 값 이하이어야 함을 명시합니다.
- **regex**: 매개변숫값이 일치해야 하는 정규 표현식 패턴을 지정합니다.
- **title**: 매개변수의 설명 제목을 지정합니다. 이는 주로 API 문서에서 매개변수를 설명할 때 사용됩니다.
- **example**: 매개변수의 예시 값을 제공합니다. 이는 문서에서 매개변수의 예상 입력값을 보여주는 데 도움을 줍니다.

Query 클래스의 이러한 옵션들을 사용함으로써 FastAPI에서는 매개변수에 대한 상세한 검증 규칙과 문서화 정보를 제공할 수 있으며, 이는 API의 사용성과 안정성을 높이는 데 기여합니다.

## 》 alias

FastAPI의 alias 옵션은 클라이언트가 URL에 입력하는 쿼리 매개변수의 이름과 서버 내부에서 사용하는 변수명을 분리하여 설정할 수 있게 해줍니다. 이 기능은 API의 내부 구현을 숨기거나, 클라이언트에게 보다 친숙한 또는 직관적인 매개변수 이름을 제공하고자 할 때 유용합니다.

```python
from fastapi import FastAPI, Query

app = FastAPI()

# '/items/' 경로 연산을 정의합니다.
# 'internal_query' 매개변수는 외부에서는 'search'라는 이름의 쿼리 매개변수
로 접근합니다.
@app.get("/items/")
def read_items(internal_query: str = Query(None,
alias="search")):
    # 클라이언트는 'search'라는 이름으로 쿼리 매개변수를 전송합니다.
    # FastAPI 애플리케이션은 이를 'internal_query'라는 내부 변수로 처리합니다.
    return {"query_handled": internal_query}
```

```
# main.py 로 저장 후 FastAPI 애플리케이션을 실행합니다.
# uvicorn 파일명:app --reload
```

이 예제에서는 /items/ 경로에 대한 GET 요청을 처리할 때 클라이언트가 search라는 이름으로 전송한 쿼리 매개변수를 서버 내부에서는 internal_query라는 변수명으로 처리합니다. 이렇게 alias를 사용하면 내부 변수명을 클라이언트에게 노출하지 않으면서도 의미 있는 이름을 유지할 수 있습니다.

**테스트 방법**

1. 웹 브라우저를 열거나 콘솔에서 cURL 명령을 사용하여 http://127.0.0.1:8000/items/?search=test 주소로 요청을 보냅니다.

2. 서버는 search 쿼리 매개변수를 받아 internal_query 변수로 처리하고, 응답 데이터로 {"query_handled": "test"}를 반환합니다.

이렇게 alias를 활용하면 클라이언트와 서버 간의 인터페이스를 유연하게 관리할 수 있으며, API 설계 시 내부 구현 로직을 추상화하여 깔끔하고 안전한 API를 제공할 수 있습니다.

## 》 deprecated

FastAPI의 deprecated 옵션은 개발자가 API를 진화시키고 변경 사항을 관리할 수 있게 해줍니다. 특정 쿼리 매개변수가 구식이 되었거나 더 이상 사용되지 않을 때 deprecated=True로 설정하여 API 사용자에게 해당 매개변수를 향후 사용하지 말 것을 권장하는 명확한 신호를 보냅니다.

```
from fastapi import FastAPI, Query

app = FastAPI()

# '/users/' 경로 연산을 정의합니다.
# 'q' 매개변수를 deprecated로 표시하여 이 매개변수가 더 이상 사용되지 않음을
나타냅니다.
@app.get("/users/")
def read_users(q: str = Query(None, deprecated=True)):
    # 클라이언트는 'q'라는 이름으로 쿼리 매개변수를 전송할 수 있으나,
```

```
        # 이 매개변수는 곧 지원되지 않을 예정임을 명시합니다.
        return {"q": q}

# main.py 로 저장 후 FastAPI 애플리케이션을 실행합니다.
# uvicorn 파일명:app --reload
```

이 예제에서 /users/ 경로는 q라는 쿼리 매개변수를 받지만, deprecated=True를 설정하여 API 문서화 도구에서 사용자에게 해당 매개변수의 사용을 자제하도록 권고합니다.

**테스트 방법**

1. 웹 브라우저를 열고 Swagger UI(http://127.0.0.1:8000/docs)에 접속합니다.

2. /users/ 엔드포인트의 문서를 확인하면, q 매개변수에 더 이상 사용되지 않음을 나타내는 표시를 확인할 수 있습니다. 이는 사용자에게 해당 매개변수를 더 이상 사용하지 말 것을 알리는 시각적인 표시입니다.

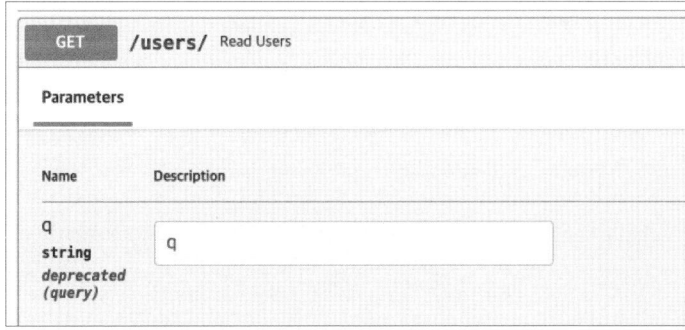

이처럼 deprecated 옵션을 사용함으로써 FastAPI에서는 API의 변경 관리를 용이하게 하고, 사용자에게 API의 변화를 명확히 전달할 수 있습니다. 이는 오래된 API 버전을 점진적으로 퇴출시키는 데 도움을 주며, 사용자가 최신 API를 사용하도록 유도합니다.

## 》 description

FastAPI에서 description 옵션을 사용하면, 개발자는 쿼리 매개변수에 대한 상세한 설명을 추가할 수 있습니다. 이 설명은 Swagger UI와 같은 API 문서화 도구에서 해당 쿼리 매개변수 옆에 표시되어 API 사용자가 해당 매개변수의 용도를 쉽게 이해할 수 있게 해줍니다. 이는 특히 복잡하거나 추가적인 컨텍스트가 필요한 매개변수를 문서화할 때 유용합니다.

```
from fastapi import FastAPI, Query

app = FastAPI()

# '/info/' 경로 연산을 정의합니다.
# 'info' 매개변수에 대한 설명을 Query의 description 옵션을 통해 추가합니다.
@app.get("/info/")
def read_info(info: str = Query(None, description="정보를 입력해 주세요.")):
    # 클라이언트는 'info'라는 이름으로 쿼리 매개변수를 전송할 수 있고,
    # 이 매개변수에 대한 설명을 Swagger UI에서 확인할 수 있습니다.
    return {"info": info}

# main.py 로 저장 후 FastAPI 애플리케이션을 실행합니다.
# uvicorn 파일명:app --reload
```

위 예제에서 /info/ 경로는 info라는 쿼리 매개변수를 받으며, 이 매개변수는 description을 통해 "정보를 입력해 주세요."라는 설명을 가집니다. 이 설명은 API 문서에서 사용자가 볼 수 있습니다.

**테스트 방법**

1. 웹 브라우저를 열고 Swagger UI(http://127.0.0.1:8000/docs)에 접속합니다.

2. /info/ 엔드포인트의 문서를 확인하면 info 매개변수 옆에 "정보를 입력해 주세요."라는 설명이 표시됩니다. 이는 사용자가 해당 매개변수의 의도를 쉽게 이해할 수 있도록 도와줍니다.

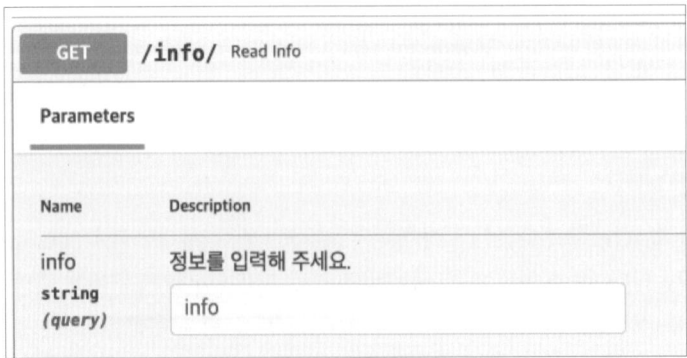

FastAPI에서 description 옵션을 활용함으로써 API의 사용성을 향상시키고 사용자에게 명확한 지침을 제공할 수 있습니다. 이는 API의 이해도를 높이고, 사용자가 API를 올바르게 사용할 수 있도록 안내하는 중요한 역할을 합니다.

## 5.8.3 | 요청 바디

### 》 HTTP 프로토콜과 요청

프로토콜은 컴퓨터나 원격 장치 간 통신을 위한 규칙의 집합입니다. 이러한 규칙은 데이터 포맷, 타이밍, 시퀀싱, 에러 처리 방법 등을 포함하여 네트워크상에서 정보가 어떻게 전송되어야 하는지를 정의합니다. 일반적인 통신 프로토콜에는 TCP/IP, HTTP, FTP 등이 있으며, 각각은 다양한 통신 요구 사항을 충족하기 위해 설계되었습니다.

HTTP(HyperText Transfer Protocol)는 웹에서 데이터를 교환하기 위한 프로토콜입니다. WWW(World Wide Web)의 기초가 되는 이 프로토콜은 클라이언트와 서버 간에 HTML 문서나 이미지 같은 리소스를 요청하고 전송하는 데 사용됩니다. HTTP는 상태가 없는 (stateless) 프로토콜이지만, 쿠키 등의 기술을 사용하여 상태 정보를 유지할 수 있습니다.

HTTP 요청(HTTP request)은 클라이언트가 서버에 특정 작업을 요청하는 메시지입니다. 이는 일반적으로 웹 브라우저(클라이언트)에서 웹 서버로 정보를 얻거나, 서버상의 데이터를 수정하기 위해 사용됩니다. HTTP 요청은 다음과 같이 구성됩니다.

- **Method**: 서버에 요청하는 작업의 유형을 정의합니다(e.g. GET, POST, PUT).
- **URL**: 요청이 지시되는 리소스의 위치를 나타냅니다.
- **Headers**: 요청에 대한 메타데이터를 포함하며 인증, 캐싱, 클라이언트 유형 등의 정보를 담습니다.
- **Body**: 일부 HTTP 메서드(POST, PUT)에서 사용되며, 전송할 데이터를 담습니다.

### 》 FastAPI에서의 요청 바디 처리

요청 바디(request body)는 클라이언트가 서버로 전송하는 데이터의 본문입니다. 주로 POST, PUT, PATCH 메서드를 사용할 때 볼 수 있으며, 서버가 수행해야 할 상세한 작업이나 서버에 제출할 데이터를 포함합니다. 예를 들어 사용자가 웹 폼을 통해 데이터를 전송할 때, 그 데이터는 요청 바디에 포함되어 서버로 전송됩니다.

- **Headers**: 예를 들어 Content-Type 헤더는 서버에게 바디의 데이터 유형이 application/json인 JSON 데이터임을 알립니다.
- **Body**: 실제 데이터를 담고 있으며 클라이언트가 서버에 제공하려는 내용을 포함합니다. 예를 들어 새 사용자 프로필을 생성하는 POST 요청의 바디에는 사용자 이름, 이메일 주소 등이 포함될 수 있습니다.

HTTP 프로토콜은 이러한 요청을 사용하여 웹상의 다양한 작업을 수행합니다. 이 프로토콜을 기반으로 구축된 웹 애플리케이션은 풍부한 사용자 경험을 제공하며, 현대 인터넷 사용의 기초를 이루고 있습니다. FastAPI와 같은 현대적인 웹 프레임워크는 이러한 HTTP 프로토콜을 기반으로 하여 개발자가 간편하게 웹 API를 구축하고 관리할 수 있도록 지원합니다.

FastAPI는 요청 바디를 처리하는 강력한 메커니즘을 제공합니다. 클라이언트로부터 서버로 전송되는 데이터, 특히 복잡한 구조의 데이터를 캡처하고 처리할 때 Body() 함수를 사용합니다. Body() 함수를 모든 요청에 사용하지는 않습니다. POST, PUT, PATCH 메서드(이러한 메서드들은 주로 서버의 상태를 변경할 수 있는 데이터를 전송하는 데 사용됨)에서만 데이터가 HTTP 프로토콜의 바디 부분에 넣어지므로, 해당 메서드에서만 요청 바디를 정의하기 위해 Body() 함수를 사용합니다.

반면에 GET 요청은 데이터를 서버로부터 검색하기 위해 사용되며, 일반적으로 데이터를 전송하는 바디를 포함하지 않습니다. GET 요청의 데이터는 URL의 일부인 쿼리 매개변수 또는 URL 경로에 포함되어 전송됩니다. 따라서 GET 요청에서는 Body() 함수를 사용하지 않으며, 대신 Query(), Path(), 또는 Header()와 같은 다른 함수들을 사용하여 매개변수를 정의합니다.

예를 들어 사용자가 특정 항목의 ID로 정보를 요청하는 GET 요청을 하는 경우, 항목의 ID는 쿼리 매개변수나 URL 경로의 일부로 전송됩니다. FastAPI에서는 이를 다음과 같이 처리합니다.

```
from fastapi import FastAPI, Query

app = FastAPI()

@app.get("/items/")
def read_items(item_id: int = Query(...)):
    # item_id는 쿼리 매개변수를 통해 전달됩니다.
```

```
        return {"item_id": item_id}
```

Body() 함수는 이러한 경우에는 적합하지 않으며, 그 사용은 요청 바디가 필요한 POST, PUT, PATCH 메서드에 국한됩니다.

```
from fastapi import FastAPI, Body

app = FastAPI()

# POST 메서드로 '/items/' 경로에 데이터를 전송하는 경로 연산을 정의합니다.
@app.post("/items/")
def create_item(item: dict = Body(...)):
    # 클라이언트가 전송하는 JSON 바디 데이터를 'item'이라는 변수로 받습니다.
    # 'dict' 타입은 JSON 바디가 Python 딕셔너리로 파싱될 것임을 나타냅니다.
    # Body(...)는 이 필드가 클라이언트로부터 필수로 제공되어야 함을 나타냅니다.
    return {"item": item}

# main.py 로 저장 후 FastAPI 애플리케이션을 실행합니다.
# uvicorn 파일명:app --reload
```

위 코드에서 create_item() 함수는 클라이언트로부터 JSON 형식의 데이터를 받아 처리합니다. 여기서 Body(...)의 줄임표(...)는 해당 필드가 필수라는 것을 의미하며, 클라이언트가 요청 바디에 'item' 데이터를 포함하지 않으면 FastAPI는 에러를 발생시킵니다.

필드가 필수가 아닌 선택적인 경우, Body(None)을 사용하여 기본값을 None으로 설정할 수 있습니다.

```
@app.post("/items/")
def create_item(item: dict = Body(None)):
    # 선택적으로 JSON 바디 데이터를 받습니다. 제공되지 않으면 'item'은 None
이 됩니다.
    return {"item": item}
```

**테스트 방법**

1. POST 방식이므로 curl 명령으로 데이터를 전송합니다.

```
curl -X POST "http://127.0.0.1:8000/items/" -H "accept:
application/json" -H "Content-Type: application/json" -d
"{\"key\":\"value\"}"
```

2. curl 명령은 POST 메서드를 사용하여 /items/ 경로로 JSON 데이터를 전송합니다. -H 옵션으로 지정된 헤더는 요청이 JSON 형식임을 나타냅니다.

서버는 {"item": {"key": "value"}} 형태의 JSON 응답을 반환합니다. 이 응답은 클라이언트가 보낸 데이터가 서버에 의해 올바르게 수신되고 처리되었음을 나타냅니다.

FastAPI를 사용함으로써 개발자는 클라이언트로부터 서버로의 복잡한 데이터 전송을 쉽게 처리할 수 있으며, Body() 함수의 다양한 옵션을 통해 유효성 검증 및 필수 여부를 설정할 수 있습니다. 이는 클라이언트-서버 간의 상호작용을 효과적으로 관리하고, 개발자가 직관적이고 안전한 API를 설계할 수 있도록 돕습니다.

## 》 요청 바디의 다양한 옵션

FastAPI에서 Body() 함수를 사용하여 요청 바디를 정의할 때, 추가적인 옵션을 제공하여 API의 요구 사항을 더욱 세밀하게 조정할 수 있습니다. 이러한 옵션들을 통해 개발자는 클라이언트로부터 받은 데이터를 더욱 정밀하게 제어하고, API 문서화를 통해 사용자에게 유용한 정보를 제공할 수 있습니다.

```
from fastapi import FastAPI, Body

app = FastAPI()

@app.post("/advanced_items/")
def create_advanced_item(
    item: dict = Body(
                    default=None,    # 필수가 아닌 필드 기본값 설정
                    example={"key": "value"},    # 문서에 표시될 예
시 값
                    media_type="application/json",    # 미디어 타
입 명시
```

```
                        alias="item_alias",    # 별칭 설정(실제 사용 X)
                        title="Sample Item",   # 문서 제목
                        description="This is a sample item",  # 상
세 설명
                        deprecated=False)):  # 사용 중단 여부
    return {"item": item}

# main.py 로 저장 후 FastAPI 애플리케이션을 실행합니다.
# uvicorn 파일명:app --reload
```

이 코드에서 사용된 옵션들의 기능은 다음과 같습니다.

- **default**: 이 필드가 선택적임을 나타내며, 기본값으로 None을 설정하여 바디 데이터가 제공되지 않은 경우를 처리합니다.
- **example**: 자동 문서화 도구에서 해당 필드에 대해 예시 값을 제공합니다. 이는 API 사용자가 요청을 구성하는 방법을 이해하는 데 도움이 됩니다.
- **media_type**: 요청 바디의 미디어 타입을 지정합니다. 여기서는 application/json을 사용하여 JSON 형식의 데이터를 전송받을 것임을 명시합니다.
- **alias**: 요청 바디의 JSON 필드에 대한 별칭을 설정합니다. 본 예제에서는 실제로는 사용되지 않습니다.
- **title**: 문서에서 바디에 대해 보여줄 제목을 설정합니다. "Sample Item"으로 설정하여 문서에서 이를 쉽게 식별할 수 있습니다.
- **description**: 요청 바디에 대한 상세 설명을 제공합니다. "This is a sample item"으로 설정하여 해당 필드의 용도를 설명합니다.
- **deprecated**: 이 필드가 더 이상 사용되지 않는다고 표시하는 옵션입니다. 현재는 False로 설정되어 있어 사용이 중단되지 않았음을 나타냅니다.

## 테스트 방법

테스트 가능한 curl 명령은 다음과 같습니다.

```
curl -X POST "http://127.0.0.1:8000/advanced_items/" -H "accept:
application/json" -H "Content-Type: application/json" -d
"{\"key\": \"value\"}"
```

해당 명령을 실행하면 서버는 {"item": {"key": "value"}} 형태로 응답합니다. 예제에서 제시된 alias는 실제 코드에서 사용되지 않으므로, 요청 바디는 {"key": "value"} 형태로 보내야 합니다.

제목과 설명은 FastAPI의 자동 문서화 기능(http://127.0.0.1:8000/docs)에서 확인할 수 있습니다. FastAPI를 통해 복잡한 데이터 구조와 요구 사항을 가진 애플리케이션을 위한 강력하고 유연한 API를 구축할 수 있으며, 개발자는 Body()의 다양한 옵션을 활용하여 API 설계의 정밀도를 높일 수 있습니다.

# 5.9 예외 처리

예외 처리(exception handling)는 프로그래밍에서 발생할 수 있는 예상치 못한 에러 또는 예외 상황에 대처하는 프로세스입니다. FastAPI는 파이썬의 기본 예외 처리 메커니즘과 함께 웹 애플리케이션에 특화된 추가적인 예외 처리 기능을 제공합니다. 이를 통해 개발자는 API 사용자에게 명확하고 유용한 피드백을 제공합니다.

## 5.9.1 | 기본 예외 처리

FastAPI에서는 파이썬의 표준 try/except 문법을 사용하여 예외를 처리합니다. try 블록 안에서 실행되는 코드에서 예외가 발생하면 except 블록으로 제어가 이동하고 해당 블록의 코드가 실행됩니다. 이 방식을 통해 발생 가능한 에러를 예측하고 적절하게 대응할 수 있습니다.

```python
from fastapi import FastAPI, HTTPException

app = FastAPI()

# '/items/' 경로에 대한 GET 요청을 처리하는 경로 연산을 정의합니다.
@app.get("/items/{item_id}")
def read_item(item_id: int):
    # 예외가 발생할 가능성이 있는 코드를 try 블록 안에 작성합니다.
    try:
        # item_id가 음수인 경우 ValueError를 발생시킵니다.
        if item_id < 0:
            raise ValueError("음수는 허용되지 않습니다.")
    except ValueError as e:
        # 발생한 ValueError를 HTTPException으로 변환하여 처리합니다.
        # 클라이언트에게 상태 코드 400과 에러 메시지를 반환합니다.
        raise HTTPException(status_code=400, detail=str(e))

# main.py 로 저장 후 FastAPI 애플리케이션을 실행합니다.
```

```
# uvicorn 파일명:app --reload
```

이 코드에서 read_item() 함수는 클라이언트로부터 item_id를 매개변수로 받아들입니다. item_id가 음수일 경우 ValueError가 발생하고, 이는 즉시 HTTPException으로 처리됩니다. 이렇게 HTTPException을 발생시키면 FastAPI는 클라이언트에게 400 Bad Request 상태 코드와 함께 에러 메시지 "음수는 허용되지 않습니다."를 전달합니다.

### 테스트 방법

curl 명령을 통해 다음과 같이 테스트할 수 있습니다.

```
curl -X GET "http://127.0.0.1:8000/items/-1"
```

이 명령을 실행하면 FastAPI 애플리케이션은 HTTPException을 통해 정의된 400 상태 코드와 "음수는 허용되지 않습니다."라는 에러 메시지를 반환할 것입니다.

FastAPI의 예외 처리 메커니즘을 사용함으로써 개발자는 사용자가 겪을 수 있는 에러 상황에 대해 효과적으로 대응하고, 명확한 에러 메시지와 적절한 HTTP 상태 코드를 통해 API의 신뢰성과 사용자 경험을 향상시킬 수 있습니다.

## 5.9.2 | HTTPException 클래스

FastAPI는 HTTPException 클래스를 활용하여 API에서 발생하는 예외를 클라이언트에게 명확하게 알릴 수 있도록 도와줍니다. 이를 통해 발생할 수 있는 다양한 에러 상황에 대해 HTTP 상태 코드와 에러 메시지를 정의하고 반환할 수 있습니다. HTTPException은 FastAPI에서 예외 처리를 위한 기본적이고 강력한 도구입니다.

```python
from fastapi import FastAPI, HTTPException

app = FastAPI()

# '/items/{item_id}' 경로에 대한 GET 요청을 처리하는 경로 연산을 정의합니다.
@app.get("/items/{item_id}")
def read_item(item_id: int):
    # 특정 조건(여기서는 item_id가 42일 때)에 에러를 발생시키고자 할 때
    HTTPException을 사용합니다.
```

```
        if item_id == 42:
                # 클라이언트에게 404 Not Found 상태 코드와 "Item not found" 메
시지를 반환합니다.
                raise HTTPException(status_code=404, detail="Item not
found")
        # 위의 조건에 해당하지 않는 경우, 정상적으로 아이템 정보를 반환합니다.
        return {"item_id": item_id}

# main.py 로 저장 후 FastAPI 애플리케이션을 실행합니다.
# uvicorn 파일명:app --reload
```

이 코드에서 item_id가 42일 경우, 서버는 HTTPException을 발생시켜 클라이언트에게 404 상태 코드와 함께 "Item not found"라는 상세 메시지를 반환합니다. 이는 API 사용자에게 해당 아이템이 서버에 존재하지 않음을 명확하게 알려주는 중요한 메커니즘입니다.

raise는 파이썬에서 예외를 발생시키기 위해 사용하는 키워드입니다. 프로그램 실행 중 특정 조건에서 표준 흐름을 중단하고 예외 처리 루틴을 시작할 때 raise 구문을 사용합니다.

HTTPException을 raise하는 이유는 FastAPI에서 예외 상황을 처리하고 클라이언트에게 적절한 HTTP 상태 코드와 에러 메시지를 전달하기 위함입니다. 예외를 발생시키면 FastAPI가 이를 감지하고 정의된 예외 처리기를 호출하여 사용자에게 지정된 응답을 반환합니다. 이 메커니즘을 사용함으로써 API는 예상치 못한 동작이나 에러에 대해 명확한 피드백을 제공할 수 있으며, 이는 API의 신뢰성과 사용자 경험을 향상시키는 데 중요한 역할을 합니다.

### 테스트 방법

curl 명령을 사용하여 FastAPI에서 정의한 HTTPException을 테스트합니다. 다음 명령은 터미널에서 실행할 수 있으며, 특정 item_id에 대한 정보를 요청하는 과정에서 서버가 어떻게 응답하는지 확인할 수 있습니다.

```
curl -X GET "http://127.0.0.1:8000/items/42"
```

이 명령은 서버에 item_id 42에 대한 정보를 GET 요청합니다. 위 curl 명령을 실행하면, 서버는 HTTPException을 통해 설정된 404 상태 코드와 "Item not found"라는 메시지를 반환할 것입니다. 이는 서버에서 item_id 42에 해당하는 항목을 찾을 수 없을 때 정의된 동작입니다.

- **status_code**

HTTP 상태 코드는 클라이언트에게 요청의 성공, 실패 또는 그 외의 상태를 알려주는 중요한 지표입니다.

```
raise HTTPException(status_code=404)
```

- **detail**

클라이언트에게 반환할 상세 메시지는 사용자가 이해할 수 있는 에러 정보를 제공합니다.

```
raise HTTPException(status_code=404, detail="Item not found")
```

- **headers**

응답과 함께 전달할 HTTP 헤더를 설정하여 클라이언트에 추가 정보를 제공합니다.

```
raise HTTPException(status_code=404, detail="Item not found",
headers={"X-Error": "There was an error"})
```

### 5.9.3 | HTTP 헤더

HTTP 헤더는 클라이언트와 서버 간의 통신에서 추가적인 정보를 제공하는 중요한 역할을 합니다. HTTP 헤더에 대한 설정을 위해서는 세부적인 HTTP 프로토콜 스펙에 대한 깊은 이해가 필요하지만, 간략히 주로 설정하는 HTTP 헤더 값에 대해서도 정리합니다. 다음은 HTTPException에서 사용할 수 있는 일반적인 헤더들의 예시입니다.

- **WWW-Authenticate 헤더**

```
raise HTTPException(
    status_code=401,
    detail="Not authenticated",
    headers={"WWW-Authenticate": "Bearer"}
)
# 클라이언트에게 어떤 인증 방식을 사용해야 하는지 알려줍니다. 주로 401
Unauthorized 응답과 함께 사용됩니다.
```

• Retry-After 헤더

```
raise HTTPException(
    status_code=429,
    detail="Too Many Requests",
    headers={"Retry-After": "120"}
)
# 클라이언트가 서비스에 대한 요청을 너무 많이 보냈을 때, 일정 시간 후에 다시 시
도하라는 지시를 전달합니다.
```

• X-Rate-Limit 헤더

```
raise HTTPException(
    status_code=429,
    detail="Rate limit exceeded",
    headers={"X-Rate-Limit": "100"}
)
# 사용자가 한정된 시간 내에 요청할 수 있는 최대 횟수를 알려줍니다.
```

• X-Error 헤더

```
raise HTTPException(
    status_code=500,
    detail="Internal Server Error",
    headers={"X-Error": "Database connection failed"}
)
# 내부 서버 에러 발생 시, 에러의 세부 사항을 클라이언트에게 전달합니다.
```

• Cache-Control 헤더

```
raise HTTPException(
    status_code=200,
    detail="Response Information",
    headers={"Cache-Control": "no-cache"}
)
# 클라이언트에게 해당 응답을 캐시하지 말라는 지시를 합니다. 데이터가 실시간으로
갱신되어야 할 때 유용합니다.
```

- Location 헤더

```
raise HTTPException(
    status_code=201,
    detail="New item created",
    headers={"Location": "/items/5"}
)
# 새로 생성된 리소스의 URI를 클라이언트에게 제공합니다. 주로 201 Created 응
답에서 사용됩니다.
```

이 예시들은 HTTPException을 사용하여 FastAPI에서 특정 HTTP 응답 상태와 함께 클라이언트에게 유용한 정보를 전달하는 방법을 보여줍니다. 이를 통해 클라이언트는 받은 HTTP 상태 코드와 헤더를 바탕으로 적절한 조치를 취할 수 있습니다.

HTTPException의 status_code에 주로 설정하는 HTTP 상태 코드 값은 다음과 같이 정리할 수 있습니다.

- **200**: 요청이 성공적으로 처리되었습니다.
- **201**: 요청이 성공적으로 처리되었고, 새로운 리소스가 생성되었습니다.
- **400**: 서버가 요청을 이해할 수 없음을 나타냅니다.
- **401**: 인증이 필요함을 나타냅니다.
- **403**: 서버가 요청을 이해했으나 승인을 거부합니다.
- **404**: 서버가 요청한 리소스를 찾을 수 없음을 나타냅니다.
- **500**: 서버 내부에 에러가 발생했음을 나타냅니다.

이러한 예외 처리 메커니즘과 상태 코드를 통해 FastAPI 애플리케이션은 클라이언트에게 명확하고 유용한 피드백을 제공하며, 문제 발생 시 적절한 해결책을 안내할 수 있습니다.

# FastAPI와 풀스택

6.1 템플릿
6.2 정적 파일
6.3 APIRouter
6.4 쿼리 매개변수와 경로 매개변수
6.5 백그라운드 태스크
6.6 스트리밍 응답
6.7 웹소켓

# 6.1 템플릿

FastAPI는 웹 프레임워크로서 웹 서버 구축에 필요한 다양한 기능을 제공하며, 이 중 템플릿 엔진 지원이 포함됩니다. 이 기능은 HTML 파일 내에서 데이터를 동적으로 처리할 수 있도록 해주며, FastAPI는 Jinja2라는 강력한 템플릿 엔진을 사용하여 HTML 내에서 파이썬 코드를 사용할 수 있게 해줍니다. 프런트엔드 개발에 사용되는 기본 기술, 즉 HTML과 CSS는 웹페이지의 구조와 스타일을 정의하는 데 필수적입니다. 본 문서에서는 FastAPI와 백엔드 기술에 초점을 맞추고 있으므로 HTML 문법에 대한 세부적인 설명은 다루지 않습니다만, 템플릿 엔진을 사용하는 방법에 대해서는 자세히 설명하도록 하겠습니다.

FastAPI를 사용하기 전에 Jinja2 패키지를 포함한 필요한 패키지들을 설치해야 합니다. Jinja2는 FastAPI의 템플릿을 취급할 때 요구되는 중요한 패키지입니다.

```
pip install jinja2==3.1.2
```

템플릿 파일들을 보관할 디렉터리를 설정해야 합니다. 이 디렉터리는 일반적으로 "templates"라고 명명되며 HTML 파일들을 이곳에 저장합니다. 프로젝트의 구조는 다음과 같습니다. 이후 테스트에서 사용할 구조와 index.html 파일이므로 우선 관련 파일을 작성합니다.

```
- my_project/
    - main.py
    - templates/
        - index.html
```

여기서 main.py는 FastAPI 애플리케이션의 메인 코드를 포함하는 파일이고, templates 디렉터리는 HTML 템플릿 파일들을 저장하는 장소입니다. index.html은 실제 웹페이지의 구조를 정의하는 HTML 파일입니다.

index.html 파일은 다음과 같이 작성하며, {{ username }}을 통해 동적 데이터를 삽입합니다. 파이썬 코드에서 설정한 username 변수의 값이 HTML에 반영되어 동적인 웹페이지를 생성하는 데 사용됩니다.

```
<!DOCTYPE html>
<html>
<head>
    <title>FastAPI Template Example</title>
</head>
<body>

<h1>Hello, {{ username }}</h1>

</body>
</html>
```

FastAPI는 설정된 templates 디렉터리 안에서 index.html 파일을 찾아 해당 파일에 데이터를 채워 넣고, 이를 사용자에게 보여주는 HTML 파일로 렌더링합니다. 이러한 과정을 렌더링(rendering)이라고 하며, 템플릿 엔진이 HTML 파일과 파이썬 변수를 결합하여 최종적인 웹페이지를 생성합니다.

## 6.1.1 | FastAPI 설정

FastAPI 프레임워크에서 Jinja2 템플릿을 사용하기 위해서는 몇 가지 설정 작업이 필요합니다. 이 설정은 주로 Jinja2Templates 클래스를 이용합니다.

FastAPI의 fastapi.templating 모듈에서 Jinja2Templates 클래스를 임포트하여 사용합니다. 이 클래스는 Jinja2 템플릿 엔진을 FastAPI와 연결해주는 역할을 합니다.

```
from fastapi import FastAPI
from fastapi.templating import Jinja2Templates
```

FastAPI 애플리케이션 인스턴스를 생성합니다. 이 인스턴스는 웹 애플리케이션의 모든 설정과 라우팅을 관리합니다.

```
app = FastAPI()
```

Jinja2Templates 클래스를 이용해서 템플릿 디렉터리를 설정합니다. 여기서 디렉터리는 앞서 생성한 templates 폴더를 가리킵니다.

```
templates = Jinja2Templates(directory="templates")
```

Jinja2Templates 클래스의 directory 매개변수의 디폴트 값은 "templates"입니다. 따라서 템플릿 파일이 "templates" 폴더에 있다면, directory 매개변수를 명시적으로 설정하지 않아도 됩니다.

```
templates = Jinja2Templates()
```

이렇게 작성해도 FastAPI는 자동으로 "templates" 폴더를 템플릿 디렉터리로 인식합니다. 다만, 명시적으로 디렉터리를 지정하는 것이 코드를 읽는 다른 사람에게 더 명확하게 설정을 전달할 수 있으므로 명시적 설정을 권장합니다.

- **directory**: 이 옵션은 템플릿 파일이 위치한 디렉터리 경로를 지정합니다. 디폴트 값은 "templates"입니다.
- **encoding**: 템플릿 파일의 인코딩을 지정할 수 있습니다. 디폴트는 "utf-8"입니다.
- **auto_reload**: 이 옵션은 개발 중에 템플릿 파일이 변경될 경우 자동으로 리로드 여부를 설정합니다. 디폴트는 None이며, FastAPI 설정에 따라 자동 설정됩니다.

이렇게 설정하면 FastAPI 애플리케이션은 custom_folder 디렉터리를 템플릿 폴더로 사용하고, "utf-8" 인코딩을 적용한 상태로 템플릿을 로드합니다. 또한, 템플릿 파일에 변경이 생기면 자동으로 리로드됩니다.

```
templates = Jinja2Templates(directory="custom_folder",
encoding="utf-8", auto_reload=True)
```

이제 FastAPI 애플리케이션이 Jinja2 템플릿 엔진과 연동되었습니다. 다음 단계는 이 템플릿을 실제로 렌더링하는 라우팅 함수를 작성하는 것입니다.

### 6.1.2 | 템플릿 렌더링

FastAPI에서 HTML 템플릿에 데이터를 삽입하려면 Jinja2Templates 클래스의 TemplateResponse 메서드를 사용합니다.

```python
from fastapi import FastAPI, Request
from fastapi.templating import Jinja2Templates

app = FastAPI()
templates = Jinja2Templates(directory="templates")

@app.get("/")
def read_root(request: Request):
    return templates.TemplateResponse("index.html", {"request": request, "username": "John"})
```

- Jinja2Templates를 사용해서 templates 객체를 초기화합니다. 이 객체가 "templates" 폴더에 있는 HTML 파일들을 렌더링하는 것을 도와줍니다.
- read_root라는 라우터 함수를 정의하고, request: Request를 매개변수로 설정합니다. FastAPI가 이 Request 객체를 자동으로 만들어줍니다. 이 객체는 템플릿으로 전달되어 사용됩니다.
- FastAPI에서 templates.TemplateResponse() 메서드를 사용하면 "index.html" 템플릿이 렌더링됩니다. 이 메서드는 템플릿으로 전달될 변수들을 담은 딕셔너리 {"request": request, "username": "John"}을 두 번째 인자로 받습니다. 특히, TemplateResponse를 활용할 때는 Request 객체를 딕셔너리에 포함시키는 것이 필수적입니다. 이는 FastAPI의 템플릿 시스템이 클라이언트의 HTTP 요청 정보를 포함하는 Request 객체에 의존하기 때문입니다. request 매개변수 외에 username과 같은 추가 데이터도 이 딕셔너리에 포함시켜 템플릿에 전달할 수 있으며, 이를 통해 템플릿 내에서 동적인 데이터 처리가 가능해집니다.

### 6.1.3 | username을 요청에서 받기

HTTP 요청에서 username을 받아 템플릿에 전달하는 예제를 만들어보겠습니다. 이를 위해 FastAPI의 경로 매개변수 또는 쿼리 매개변수를 사용합니다.

**경로 매개변수 사용 예제**

```python
from fastapi import FastAPI, Request
from fastapi.templating import Jinja2Templates

app = FastAPI()
templates = Jinja2Templates(directory="templates")
```

```
@app.get("/user/{username}")
def get_user(request: Request, username: str):
    return templates.TemplateResponse("index.html", {"request": request, "username": username})

# main.py 로 저장 후 FastAPI 애플리케이션을 실행합니다.
# uvicorn 파일명:app --reload
```

### 테스트 방법

1. 코드를 실행한 후, 웹 브라우저에서 http://127.0.0.1:8000/user/John을 방문하면 username으로 "John"이 표시됩니다.

2. 만약 URL을 http://127.0.0.1:8000/user/Jane으로 변경하면, username으로 "Jane"이 표시됩니다.

### 쿼리 매개변수 사용 예제

```
from fastapi import FastAPI, Request
from fastapi.templating import Jinja2Templates

app = FastAPI()
templates = Jinja2Templates(directory="templates")

@app.get("/user")
def get_user(request: Request, username: str = "John"):
    return templates.TemplateResponse("index.html", {"request": request, "username": username})

# main.py 로 저장 후 FastAPI 애플리케이션을 실행합니다.
# uvicorn 파일명:app --reload
```

### 테스트 방법

1. 이 코드를 실행한 후 웹 브라우저에서 http://127.0.0.1:8000/user를 방문하면, 디폴트 username으로 "John"이 표시됩니다.

2. 만약 URL을 http://127.0.0.1:8000/user?username=Jane으로 변경하면, username으로 "Jane"이 표시됩니다.

이렇게 하면 FastAPI와 Jinja2 템플릿을 사용하여 사용자의 요청에 따라 동적으로 콘텐츠를 변경할 수 있는 웹페이지를 만들 수 있습니다. 웹 브라우저에서 다양한 username 값을 테스트해보면 이 기능의 유용성을 더 잘 느낄 수 있을 것입니다.

만약 다음과 같은 문제가 발생하면 FastAPI가 자동으로 에러 메시지를 출력할 것입니다. 그 메시지를 잘 읽어보고 문제를 해결하면 됩니다.

- **디렉터리 확인**: Jinja2Templates의 directory 인자에서 설정한 디렉터리 경로가 올바른지 확인하세요. 경로가 잘못되면 템플릿을 찾을 수 없어 에러가 발생합니다.
- **템플릿 파일 이름 확인**: TemplateResponse() 함수에서 사용하는 템플릿 파일 이름이 실제로 디렉터리에 존재하는지 확인하세요. 파일 이름이 잘못되면 에러가 발생합니다.

템플릿을 사용하는 것은 처음에는 조금 복잡해 보일 수 있지만, 몇 번만 연습하면 매우 직관적이고 강력한 도구로 활용할 수 있습니다. HTML과 파이썬을 적절히 결합하여 다양한 웹 애플리케이션을 쉽게 개발할 수 있습니다.

## 6.1.4 | FastAPI와 Jinja2의 기본 문법

### 》변수 출력: {{ variable_name }}

변수 출력은 Jinja2 템플릿에서 기본적인 작업 중 하나입니다. 이 문법을 이용하면 파이썬 코드에서 생성한 변수를 HTML 페이지에 쉽게 삽입할 수 있습니다.

|safe 필터를 사용하면 HTML 태그가 포함된 문자열을 웹페이지에서 안전하게 렌더링할 수 있습니다. 예를 들어 변수에 저장된 문자열에 HTML 태그가 포함되어 있다면, 그대로 렌더링하고 싶을 때 이 필터를 사용합니다.

```
from fastapi import FastAPI, Request
from fastapi.templating import Jinja2Templates

app = FastAPI()
templates = Jinja2Templates(directory="templates")

@app.get("/safe")
def read_root_safe(request: Request):
    my_variable_with_html = "<h1>Hello, FastAPI!</h1>"
```

```
    return templates.TemplateResponse("index_with_safe.html", 
{"request": request, "my_variable_with_html": my_variable_with_
html})

# main.py 로 저장 후 FastAPI 애플리케이션을 실행합니다.
# uvicorn 파일명:app --reload
```

HTML 코드는 다음과 같이 작성합니다.

```
<!DOCTYPE html>
<html>
<head>
    <title>FastAPI & Jinja2 with Safe Filter</title>
</head>
<body>
    {{ my_variable_with_html|safe }}
</body>
</html>
```

**테스트 방법**

웹 브라우저에서 http://127.0.0.1:8000/safe를 접속하면 큰 제목으로 "Hello, FastAPI!"가 표시됩니다. 코드에서 my_variable_with_html은 "<h1>Hello, FastAPI!</h1>"라는 문자열 값을 가지고 있습니다. 이 변수는 TemplateResponse를 통해 HTML에 전달됩니다. 이때, html 파일에서는 |safe 필터가 적용되어 있으므로 <h1>Hello, FastAPI!</h1> 문자열 안의 큰 제목 표시 HTML 태그인 <h1>이 웹페이지에 적용되어 웹페이지에서는 "Hello, FastAPI!"만 큰 제목으로 표시됩니다. 만약 |safe 필터를 사용하지 않는다면 <h1> 태그가 그대로 문자열로 출력되어 웹페이지에 <h1>Hello, FastAPI!</h1>이라고 보일 것입니다.

다만, |safe 필터는 사용자 입력을 그대로 렌더링할 때 주의가 필요합니다. 사용자로부터 받은 데이터를 그대로 렌더링한다면 XSS(Cross-Site Scripting)와 같은 보안 문제가 발생할 수 있습니다. 따라서 신중히 사용해야 합니다.

## 》주석: {# comment #}

주석은 코드 내에서 설명이나 메모를 남기기 위해 사용합니다. 주석은 렌더링되지 않아 사용자에게는 보이지 않습니다. 주석은 시작 태그 {#와 끝 태그 #} 사이에 위치합니다. 이 안에 한 라인 또는 여러 라인을 넣어 다중 라인 주석을 만들 수 있습니다.

다음은 HTML 코드 예시입니다.

```html
<!DOCTYPE html>
<html>
<head>
    <title>FastAPI & Jinja2</title>
</head>
<body>
    {{ my_variable }}
    {#
        이것은 주석입니다.
        이 부분은 렌더링되지 않습니다.
        이렇게 여러 줄로 확장할 수 있어요.
    #}
</body>
</html>
```

다음은 FastAPI 코드 예시입니다.

```python
from fastapi import FastAPI, Request
from fastapi.templating import Jinja2Templates

app = FastAPI()
templates = Jinja2Templates(directory="templates")

@app.get("/")
def read_root(request: Request):
    return templates.TemplateResponse("index.html", {"request": request, "my_variable": "Hello, FastAPI!"})

# main.py 로 저장 후 FastAPI 애플리케이션을 실행합니다.
# uvicorn 파일명:app --reload
```

### 테스트 방법

코드를 실행하고 웹 브라우저에서 http://127.0.0.1:8000/으로 접속하면 "Hello, FastAPI!" 라는 문구만 나타납니다. 주석은 렌더링되지 않으므로 웹페이지에서 보이지 않습니다.

이렇게 FastAPI와 Jinja2를 활용하면 주석을 통해 코드를 더 이해하기 쉽게 만들 수 있습니다.

- **제어문**: {% if ... %} ... {% endif %}

  제어문을 사용하면 렌더링되는 HTML 콘텐츠를 동적으로 변경할 수 있습니다. Jinja2의 제어문은 FastAPI 코드에서 받은 변수의 값을 기반으로 HTML을 조건적으로 렌더링하는 데 사용합니다.

- **if문**: {% if ... %} ... {% endif %}
- **else문**: {% else %} ...
- **elseif문**: {% elif ... %} ...

다음은 FastAPI 코드 예시입니다.

```
from fastapi import FastAPI, Request
from fastapi.templating import Jinja2Templates

app = FastAPI()
templates = Jinja2Templates(directory="templates")

@app.get("/greet")
def greeting(request: Request, time_of_day: str):
    return templates.TemplateResponse("index.html", {"request":
request, "time_of_day": time_of_day})

# main.py 로 저장 후 FastAPI 애플리케이션을 실행합니다.
# uvicorn 파일명:app --reload
```

다음은 HTML 코드 예시입니다.

```
<!DOCTYPE html>
<html>
<head>
    <title>FastAPI & Jinja2 with Control Statements</title>
</head>
<body>
    {% if time_of_day == "morning" %}
        <h1>Good Morning!</h1>
    {% elif time_of_day == "afternoon" %}
        <h1>Good Afternoon!</h1>
    {% else %}
```

```
        <h1>Good Evening!</h1>
    {% endif %}
</body>
</html>
```

**테스트 방법**

FastAPI 애플리케이션을 실행합니다.

1. 웹 브라우저에서 http://127.0.0.1:8000/greet?time_of_day=morning으로 접속하면 "Good Morning!"이라는 문구가 나타납니다.

2. 웹 브라우저에서 http://127.0.0.1:8000/greet?time_of_day=afternoon으로 접속하면 "Good Afternoon!"이라는 문구가 나타납니다.

3. 웹 브라우저에서 http://127.0.0.1:8000/greet?time_of_day=evening으로 접속하면 "Good Evening!"이라는 문구가 나타납니다.

여기에서는 time_of_day라는 문자열 변수를 사용해 조건을 판단합니다. FastAPI 애플리케이션에서 이 값을 받아 Jinja2 템플릿이 그에 따라 다르게 렌더링되는 것을 볼 수 있습니다.

이렇게 if, elif, else 제어문을 활용하면 동일한 HTML 템플릿을 여러 상황에 맞게 쉽게 재사용할 수 있습니다.

## 》 반복문: {% for item in items %} ... {% endfor %}

반복문은 Jinja2에서 동적으로 여러 요소를 렌더링할 때 자주 사용합니다. FastAPI에서 파이썬 리스트나 다른 반복 가능한 객체를 HTML 템플릿에 전달할 수 있고, Jinja2의 {% for %} 구문을 사용해서 이러한 요소를 렌더링할 수 있습니다.

```
from fastapi import FastAPI, Request
from fastapi.templating import Jinja2Templates

app = FastAPI()
templates = Jinja2Templates(directory="templates")

@app.get("/items")
def read_items(request: Request):
```

```
    my_items = ["apple", "banana", "cherry"]
    return templates.TemplateResponse("index.html", {"request":
request, "items": my_items})

# main.py 로 저장 후 FastAPI 애플리케이션을 실행합니다.
# uvicorn 파일명:app --reload
```

HTML 코드는 다음과 같이 작성합니다.

```
<!DOCTYPE html>
<html>
<head>
    <title>FastAPI & Jinja2 with For Loop</title>
</head>
<body>
    <ul>
    {% for item in items %}
        <li>{{ item }}</li>
    {% endfor %}
    </ul>
</body>
</html>
```

이 예시에서 파이썬 코드에서는 my_items 리스트를 생성하고, 이를 items라는 이름으로 HTML 템플릿에 전달합니다. HTML에서는 {% for item in items %}와 {% endfor %} 태그를 사용하여 리스트의 각 요소를 <li> 태그로 렌더링합니다.

items라는 이름은 예시에 사용된 것이며, 실제로는 어떠한 변수 이름도 사용할 수 있습니다. 또한 {% for %}와 {% endfor %} 사이에 있는 코드는 items 리스트의 각 요소에 대해 실행됩니다.

웹 브라우저에서 http://127.0.0.1:8000/items로 접속하면 "apple", "banana", "cherry"가 각각의 <li> 태그로 렌더링되어 보일 것입니다. 이렇게 반복문을 활용하면 동적인 데이터를 쉽고 효과적으로 렌더링할 수 있습니다.

다음 예제는 리스트를 직접 요청으로 받아서 출력하는 예제입니다. 이 예시에서는 문자열로 받은 데이터를 콤마(,)를 기준으로 내부에서 리스트로 만듭니다.

```python
from fastapi import FastAPI, Request
from fastapi.templating import Jinja2Templates
from typing import List

app = FastAPI()
templates = Jinja2Templates(directory="templates")

@app.get("/dynamic_items/")
def dynamic_items(request: Request, item_list: str = ""):
    items = item_list.split(",")
    return templates.TemplateResponse("index.html", {"request": request, "items": items})

# main.py 로 저장 후 FastAPI 애플리케이션을 실행합니다.
# uvicorn 파일명:app --reload
```

HTML 코드는 다음과 같이 작성합니다.

```html
<!DOCTYPE html>
<html>
<head>
    <title>FastAPI & Jinja2 with Dynamic List</title>
</head>
<body>
    <ul>
    {% for item in items %}
        <li>{{ item }}</li>
    {% endfor %}
    </ul>
</body>
</html>
```

HTML 코드는 이전 예시와 동일합니다. 차이점은 이제 items 리스트가 동적으로 생성되어 전달된다는 것입니다.

### 테스트 방법

1. 웹 브라우저에서 http://127.0.0.1:8000/dynamic_items/?item_list=apple,banana,cherry 로 접속하면 쿼리 매개변수로 전달한 리스트 값이 HTML 페이지에 렌더링됩니다.

2. 쿼리 매개변수를 여러 번 사용하여 리스트를 전달할 수 있습니다.

이렇게 HTTP 요청에서 리스트를 받아 FastAPI와 Jinja2 템플릿을 사용하여 동적 웹페이지를 만드는 방법을 살펴봤습니다. 이 기능은 사용자의 입력에 따라 다양한 데이터를 표시해야 할 때 매우 유용합니다.

## 6.1.5 | FastAPI와 Jinja2의 고급 문법

### 》 필터: {{ name | lower }}

변수에 함수를 적용합니다. 이 예에서는 문자열을 소문자로 변환합니다. Jinja2에서 제공하는 필터는 꽤 많고, 여러 상황에서 유용하게 쓸 수 있습니다. 여기서는 몇 가지 주로 사용되는 필터를 살펴봅니다.

- **capitalize**: 첫 글자를 대문자로 바꿉니다.

    e.g. {{ "hello" | capitalize }} → "Hello"

- **lower**: 모든 문자를 소문자로 변환합니다.

    e.g. {{ "HELLO" | lower }} → "hello"

- **upper**: 모든 문자를 대문자로 변환합니다.

    e.g. {{ "hello" | upper }} → "HELLO"

- **title**: 각 단어의 첫 글자를 대문자로 만듭니다.

    e.g. {{ "hello world" | title }} → "Hello World"

- **trim**: 문자열의 앞뒤 공백을 제거합니다.

    e.g. {{ "  hello  " | trim }} → "hello"

- **replace**: 문자열 내에서 지정한 부분을 다른 문자열로 교체합니다.

    e.g. {{ "hello world" | replace("world", "there") }} → "hello there"

- **length**: 리스트나 문자열의 길이를 반환합니다.

    e.g. {{ "hello" | length }} → 5

- **default**: 변수가 정의되지 않았거나 None일 경우, 지정한 기본값을 반환합니다.

  e.g. {{ my_variable | default("N/A") }}

- **round**: 숫자를 지정한 자릿수로 반올림합니다.

  e.g. {{ 42.55 | round(1) }} → 42.6

- **float**: 숫자나 문자열을 부동소수점 숫자로 변환합니다.

  e.g. {{ "42.55" | float }} → 42.55

- **int**: 숫자나 문자열을 정수로 변환합니다.

  e.g. {{ "42" | int }} → 42

- **json**: 파이썬 객체를 JSON 문자열로 변환합니다.

  e.g. {{ my_dict | json }}

이 외에도 Jinja2는 많은 필터를 제공합니다. 각 필터는 다양한 작업에 유용합니다.

## 》매크로: {% macro my_macro(x, y) %} ... {% endmacro %}

코드를 재사용할 수 있는 블록을 정의합니다. 다음 코드를 살펴봅시다.

FastAPI 코드입니다.

```
from fastapi import FastAPI, Request
from fastapi.templating import Jinja2Templates

app = FastAPI()
templates = Jinja2Templates(directory="templates")

@app.get("/")
def read_root(request: Request):
    return templates.TemplateResponse("index.html", {"request": request, "name": "John"})

# main.py 로 저장 후 FastAPI 애플리케이션을 실행합니다.
# uvicorn 파일명:app --reload
```

다음은 HTML 코드(templates/index.html)입니다.

```html
<!DOCTYPE html>
<html>
<head>
    <title>Filter & Macro Test</title>
</head>
<body>
    <!-- 'lower' 필터 적용 -->
    <p>{{ name | lower }}</p>

    <!-- 매크로 선언 -->
    {% macro greet(name) %}
        <p>Hello, {{ name }}</p>
        <p>Hello, Macro!</p>
    {% endmacro %}

    <!-- 매크로 호출 -->
    {{ greet(name) }}
        {{ greet(name) }}
</body>
</html>
```

**테스트 방법**

1. 웹 브라우저에서 http://127.0.0.1:8000/로 접속합니다.

2. 필터: 웹페이지에는 "john"이라는 이름이 소문자로 출력됩니다(원래 이름은 "John").

3. 매크로: "Hello, John"이라는 문구와 "Hello, Macro!"가 두 번씩 출력됩니다. 매크로를 사용하여 여러 라인의 코드를 함수처럼 호출할 수 있습니다.

필터와 매크로는 이런 식으로 각각 테스트할 수 있고, 같이 사용할 수도 있습니다. 필터는 변수를 쉽게 수정할 수 있게 해주고, 매크로는 코드를 재사용할 수 있게 해줍니다.

## 》 상속: {% extends 'base.html' %}

이 기능을 사용하면 기본 HTML 구조를 base.html에 작성하고, 그 구조를 다른 HTML 템플릿에서 상속받을 수 있습니다. 이는 웹사이트에서 공통으로 사용되는 부분(헤더, 푸터 등)을 효율적으로 관리할 수 있게 해줍니다.

다음은 파이썬 코드(main.py) 예시입니다.

```
from fastapi import FastAPI, Request
from fastapi.templating import Jinja2Templates

app = FastAPI()
templates = Jinja2Templates(directory="templates")

@app.get("/inherit")
def template_inherit(request: Request):
    my_text = "FastAPI와 Jinja2를 이용한 예시입니다."
    return templates.TemplateResponse("index.html", {"request": request, "text": my_text})

# main.py 로 저장 후 FastAPI 애플리케이션을 실행합니다.
# uvicorn 파일명:app --reload
```

HTML 코드(templates/base.html)는 다음과 같습니다.

```
<!DOCTYPE html>
<html>
<head>
    <title>FastAPI와 Jinja2 상속 예제</title>
</head>
<body>
    <header>
        <h1>내 웹사이트에 오신 것을 환영합니다</h1>
    </header>
    {% block content %}
    {% endblock %}
</body>
</html>
```

base.html은 {% block content %}{% endblock %}을 사용하여 상속받는 템플릿에서 내용을 추가할 수 있는 위치를 마련해 두었습니다.

```
{% extends "base.html" %}

{% block content %}
    <p>{{ text }}</p>
{% endblock %}
```

index.html은 {% extends 'base.html' %}을 사용하여 base.html을 상속받고, {% block content %} 부분을 오버라이딩하여 FastAPI로부터 전달받은 text 변수를 렌더링합니다.

**테스트 방법**

1. 웹 브라우저에서 http://127.0.0.1:8000/inherit로 접속합니다.

2. 기본 템플릿에서 나온 "내 웹사이트에 오신 것을 환영합니다"와 자식 템플릿에서 나온 "FastAPI와 Jinja2를 이용한 예시입니다." 문구를 확인할 수 있습니다.

이렇게 Jinja2의 상속 기능을 활용하면 코드의 재사용성이 높아져서 효율적인 웹 개발이 가능해집니다.

## 》 Jinja2 상속과 block의 주요 문법

- {% extends '파일명.html' %}: 다른 HTML 파일의 구조를 상속받습니다.
- {% block 블록명 %} ... {% endblock %}: 상속받을 HTML 파일에서 재정의할 수 있는 영역을 지정합니다.

먼저 base.html에서 헤더와 바디, 푸터로 나눠 각각을 다른 block으로 지정해보겠습니다. 다음은 HTML 코드(templates/base.html)입니다.

```
<!DOCTYPE html>
<html>
<head>
    <title>여러 개의 Block을 가진 Base</title>
</head>
<body>
    <header>
        {% block header %}
            <h1>기본 헤더입니다.</h1>
        {% endblock %}
```

```
        </header>
        <main>
            {% block content %}
                <p>기본 바디입니다.</p>
            {% endblock %}
        </main>
        <footer>
            {% block footer %}
                <p>기본 푸터입니다.</p>
            {% endblock %}
        </footer>
</body>
</html>
```

이제 이 base.html을 상속받아 index.html에서 각 block을 재정의해봅시다.

```
{% extends "base.html" %}

{% block content %}
    <p>사용자 정의 본문입니다.</p>
{% endblock %}
```

파이썬 코드(main.py)는 다음과 같습니다.

```
from fastapi import FastAPI, Request
from fastapi.templating import Jinja2Templates

app = FastAPI()
templates = Jinja2Templates(directory="templates")

@app.get("/multi_block")
def multi_block(request: Request):
    return templates.TemplateResponse("index.html", {"request": request})

# main.py 로 저장 후 FastAPI 애플리케이션을 실행합니다.
# uvicorn 파일명:app --reload
```

### 테스트 방법

웹 브라우저에서 http://127.0.0.1:8000/multi_block으로 접속하면 base.html에서 정의한 content block만 index.html에서 재정의한 내용으로 바뀌어 나타나고, 나머지 block은 base.html에 정의한 내용이 보입니다.

이렇게 여러 개의 block을 활용하면 기본 HTML 구조를 매번 페이지마다 작성하지 않고, 기본 HTML 구조에 특정 부분만을 선택적으로 오버라이드하여 일관된 페이지를 만들 수 있습니다. 이런 식으로 공통적인 부분을 한곳에서 관리하면 유지보수가 훨씬 쉬워집니다.

## 》 Jinja2의 include 태그의 주요 문법

- {% include '파일명.html' %}: 지정된 HTML 파일을 현재 파일에 포함시킵니다.

헤더 부분을 별도의 파일로 만듭니다.

```
<h1>공통 헤더입니다.</h1>
```

이제 이 헤더를 index.html에서 포함시켜 봅시다.

```
<!DOCTYPE html>
<html>
<head>
    <title>Include Example</title>
</head>
<body>
    {% include 'header.html' %}
    <p>이것은 바디입니다.</p>
</body>
</html>
```

다음은 파이썬 코드(main.py)입니다.

```
from fastapi import FastAPI, Request
from fastapi.templating import Jinja2Templates

app = FastAPI()
templates = Jinja2Templates(directory="templates")
```

```
@app.get("/include_example")
def include_example(request: Request):
    return templates.TemplateResponse("index.html", {"request": request})

# main.py 로 저장 후 FastAPI 애플리케이션을 실행합니다.
# uvicorn 파일명:app --reload
```

**테스트 방법**

웹 브라우저에서 http://127.0.0.1:8000/include_example로 접속하면 header.html의 내용이 index.html에 잘 포함되어 나타납니다. 같은 헤더를 여러 페이지에서 사용해야 할 때 include 태그를 활용하면 헤더의 내용을 한 번만 변경하면 모든 페이지에 반영되기 때문에 유지보수가 쉽고, 개발 생산성을 높일 수 있습니다.

## 》임포트: {% import 'macros.html' as macros %}

다른 파일에 정의된 매크로를 현재 파일에서 사용할 수 있도록 가져옵니다. 먼저, 매크로를 정의해보겠습니다.

```
{% macro input(type, name, value='', size=20) %}
    <input type="{{ type }}" name="{{ name }}" value="{{ value }}" size="{{ size }}">
{% endmacro %}
```

이 매크로는 입력 필드를 생성합니다. 이제 이 매크로를 index.html에서 가져와 사용해봅시다. 참고로 매크로 매개변수의 종류는 다음과 같습니다.

- **위치 매개변수(positional parameters)**: 이러한 매개변수는 호출 시 순서대로 값을 전달해야 합니다. 여기서 type과 name이 그 예입니다.

- **기본 매개변수(default parameters)**: 이 매개변수는 생략이 가능하며, 생략 시 설정된 기본값이 사용됩니다. 예제에서 value=' '와 size=20이 이에 해당합니다.

type과 name은 매크로에서 필수적으로 필요한 위치 매개변수입니다. 이것들은 호출할 때 순서대로 지정해주어야 합니다.

```
<!-- 'text'와 'username'은 순서대로 type과 name에 전달됩니다 -->
{{ macros.input('text', 'username') }}
```

value와 size는 기본값을 가지고 있기 때문에 생략이 가능합니다. 만약 값을 명시적으로 지정하고 싶다면, 그렇게도 할 수 있습니다.

```
<!-- value와 size를 명시적으로 지정 -->
{{ macros.input('text', 'username', 'default_username', 40) }}
```

기본값을 그대로 사용하려면 해당 매개변수를 생략하면 됩니다.

```
<!-- value와 size는 기본값을 사용 -->
{{ macros.input('text', 'username') }}
```

이처럼 기본값이 있는 매개변수는 선택적으로 사용할 수 있어 매크로의 사용성을 높이고 코드의 유연성을 증가시킵니다. 다음은 HTML 코드(templates/index.html)입니다.

```html
<!DOCTYPE html>
<html>
<head>
    <title>Import Example</title>
</head>
<body>
    {% import 'macros.html' as macros %}

    <form action="/submit" method="post">
        {{ macros.input('text', 'username') }}
        {{ macros.input('password', 'password') }}
        <input type="submit" value="Submit">
    </form>
</body>
</html>
```

파이썬 코드(main.py)는 다음과 같습니다.

```python
from fastapi import FastAPI, Request
from fastapi.templating import Jinja2Templates
```

```
app = FastAPI()
templates = Jinja2Templates(directory="templates")

@app.get("/import_example")
def import_example(request: Request):
    return templates.TemplateResponse("index.html", {"request":
request})

# main.py 로 저장 후 FastAPI 애플리케이션을 실행합니다.
# uvicorn 파일명:app --reload
```

**테스트 방법**

웹 브라우저에서 http://127.0.0.1:8000/import_example로 접속하면 macros.html에 정의된 매크로가 index.html에 잘 적용되어 나타납니다. import 태그를 사용하면 여러 페이지에 걸쳐 동일한 HTML 구조를 쉽게 재사용할 수 있습니다. 매크로를 한 번 정의해두면, 다른 HTML 페이지에서 쉽게 가져와 사용할 수 있기 때문에 코드의 중복을 줄이고 유지보수를 쉽게 할 수 있습니다.

## 》 세트: {% set variable = value %}

새로운 변수를 설정하거나 기존 변수의 값을 변경합니다. 변수를 설정하는 기본적인 사용법은 다음과 같습니다.

```
<!DOCTYPE html>
<html>
<head>
    <title>Set Example</title>
</head>
<body>
    {% set username = 'John' %}

    <p>Hello, {{ username }}!</p>
</body>
</html>
```

이 예제에서는 username이라는 변수를 설정하고 "John"이라는 값을 할당했습니다. 그다음에 이 변수를 HTML 문서에서 사용했습니다.

파이썬 코드(main.py)는 다음과 같습니다.

```
from fastapi import FastAPI, Request
from fastapi.templating import Jinja2Templates

app = FastAPI()
templates = Jinja2Templates(directory="templates")

@app.get("/set_example")
def set_example(request: Request):
    return templates.TemplateResponse("index.html", {"request": request})

# main.py 로 저장 후 FastAPI 애플리케이션을 실행합니다.
# uvicorn 파일명:app --reload
```

**테스트 방법**

웹 브라우저에서 http://127.0.0.1:8000/set_example로 접속하면 index.html에서 설정한 username 변수가 잘 적용되어 "Hello, John!"이라는 문구가 나타납니다. set 태그를 사용하면 코드 중간에서 변수를 설정하거나 변경할 수 있습니다. 이렇게 하면 동적인 내용을 쉽게 표현할 수 있으며, 코드의 가독성과 유지보수성도 향상됩니다.

## » do문: {% do navigation.append('a string') %}

do문은 템플릿 엔진 내에서 '부작용(side-effects)'을 일으키기 위한 구문입니다. 여기서 말하는 '부작용'이라는 것은 화면에는 출력되지 않지만, 내부적으로 데이터를 변경하거나 조작하는 작업을 말합니다.

do문을 사용하려면 jinja2.ext.do 확장을 Environment에서 활성화해야 합니다. 다음과 같이 Environment를 생성할 때 extensions 매개변수에 'jinja2.ext.do'를 추가하면 됩니다.

```
from jinja2 import Environment, select\_autoescape, FileSystemLoader

env = Environment(
    loader=FileSystemLoader('templates'),
    autoescape=select_autoescape(['html']),
```

```
        extensions=['jinja2.ext.do']
)
templates = Jinja2Templates(directory="templates")
templates.env = env
```

## 코드 설명

1. from jinja2 import Environment, select_autoescape, FileSystemLoader: Jinja2 라이브러리에서 필요한 클래스와 함수를 가져옵니다.

    - Environment: Jinja2 템플릿 환경을 설정하는 클래스입니다.

    - select_autoescape: 자동 이스케이프 기능을 설정하는 함수입니다.

    - FileSystemLoader: 파일 시스템에서 템플릿을 로드하는 클래스입니다.

2. env = Environment(...): Jinja2 환경을 생성합니다.

    - loader=FileSystemLoader('templates'): 템플릿 파일을 로드할 디렉토리를 지정합니다. 여기서는 templates 디렉터리를 사용합니다.

    - autoescape=select_autoescape(['html']): 자동 이스케이프 기능을 설정합니다. HTML 템플릿에 대해 자동으로 특수 문자를 이스케이프 처리합니다.

    - extensions=['jinja2.ext.do']: Jinja2 확장을 활성화합니다. 여기서는 do 문법을 사용하기 위해 'jinja2.ext.do' 확장을 추가합니다.

3. templates = Jinja2Templates(directory="templates"): Jinja2Templates 인스턴스를 생성하고, 템플릿 파일이 위치한 디렉터리를 지정합니다. 여기서는 'templates' 디렉터리를 사용합니다.

4. templates.env = env: 생성한 Jinja2 환경(env)을 templates 인스턴스의 env 속성에 할당합니다. 이렇게 하면 templates 인스턴스가 생성한 Jinja2 환경을 사용하게 됩니다.

이렇게 Environment를 생성할 때 extensions 매개변수에 'jinja2.ext.do'를 추가하면 do 문법을 사용할 수 있게 됩니다. 이제 템플릿 파일에서 do 문법을 사용하여 변수를 변경하거나 리스트에 값을 추가하는 등의 작업을 수행할 수 있습니다.

• 예시 1: 리스트에 값 추가하기

```
{% set my_list = [] %}
{% do my_list.append('apple') %}
{% do my_list.append('banana') %}
```

이 경우 my_list라는 이름의 빈 리스트를 선언하고, 그 후에 do문을 사용하여 리스트에 'apple'과 'banana'를 추가합니다.

• 예시 2: 딕셔너리 값 변경하기

```
{% set my_dict = {'key': 'old_value'} %}
{% do my_dict.update({'key': 'new_value'}) %}
```

여기서는 my_dict라는 딕셔너리에 'key'라는 키와 'old_value'라는 값을 설정한 후, do문을 사용하여 'key'의 값을 'new_value'로 변경합니다.

• 예시 3: 변숫값 증가시키기

```
{% set counter = 0 %}
{% do counter = counter + 1 %}
```

이 경우 counter라는 변수에 0을 할당하고, do문을 사용하여 counter 값을 1 증가시킵니다.

우선 파이썬 코드(main.py)는 다음과 같습니다.

```python
from fastapi import FastAPI, Request
from fastapi.templating import Jinja2Templates
from jinja2 import Environment, select_autoescape, FileSystemLoader

app = FastAPI()

env = Environment(
    loader=FileSystemLoader('templates'),
    autoescape=select_autoescape(['html']),
    extensions=['jinja2.ext.do']
)

templates = Jinja2Templates(directory="templates")
```

```
templates.env = env

@app.get("/do_example")
def do_example(request: Request):
    return templates.TemplateResponse("index.html", {"request":
request})

# main.py 로 저장 후 FastAPI 애플리케이션을 실행합니다.
# uvicorn 파일명:app --reload
```

그다음에는 do문을 사용하여 리스트에 값을 추가해봅시다.

```
<!DOCTYPE html>
<html>
<head>
    <title>Do Example</title>
</head>
<body>
    {% set navigation = [] %}

    {% do navigation.append('Home') %}
    {% do navigation.append('About') %}
    {% do navigation.append('Contact') %}

    <ul>
    {% for item in navigation %}
        <li>{{ item }}</li>
    {% endfor %}
    </ul>
</body>
</html>
```

### 테스트 방법

웹 브라우저에서 http://127.0.0.1:8000/do_example로 접속하면 navigation 리스트에 추가된 값들이 화면에 잘 나타나야 합니다. do문은 변수를 변경하거나 여기서처럼 리스트에 값을 추가하는 등의 작업을 할 때 유용합니다. 코드가 복잡해질 경우, 이런 작업을 템플릿 안에서 처리하는 것보다는 파이썬 코드에서 처리하는 것을 일반적으로 권장합니다.

## 》with문: {% with %} ... {% endwith %}

with문은 새 변수를 임시로 설정할 수 있는 범위를 지정하는 구문입니다. 이 범위 내에서만 새로운 변수가 유효하며, 범위 밖에서는 변수를 사용할 수 없습니다.

다음은 HTML 코드(templates/index.html) 예시입니다.

```html
<!DOCTYPE html>
<html>
<head>
    <title>With Example</title>
</head>
<body>
    {% set global_username = 'Jane' %}
    {% set global_fruits = ['mango', 'orange', 'grape'] %}

    <p>Global username: {{ global_username }}</p>
    <ul>
    {% for fruit in global_fruits %}
        <li>Global fruit: {{ fruit }}</li>
    {% endfor %}
    </ul>

    {% with username = 'John', fruits = ['apple', 'banana', 'cherry'] %}
        <p>Hello, {{ username }}!</p>
        <ul>
        {% for fruit in fruits %}
            <li>{{ fruit }}</li>
        {% endfor %}
        </ul>
    {% endwith %}

    <p>Global username after with block: {{ global_username }}</p>
    <ul>
    {% for fruit in global_fruits %}
        <li>Global fruit after with block: {{ fruit }}</li>
    {% endfor %}
    </ul>
</body>
</html>
```

앞선 예제에서는 set문과 with문을 모두 사용했습니다.

- set문으로 설정한 global_username과 global_fruits는 with문의 범위와 상관없이 전체 템플릿에서 사용할 수 있습니다.
- with문에서는 username과 fruits 변수를 설정하고, 그 범위 내에서만 사용합니다. endwith 이후에는 이 변수들은 더 이상 유효하지 않습니다.

파이썬 코드(main.py)는 다음과 같습니다.

```
from fastapi import FastAPI, Request
from fastapi.templating import Jinja2Templates

app = FastAPI()
templates = Jinja2Templates(directory="templates")

@app.get("/with_example")
def with_example(request: Request):
    return templates.TemplateResponse("index.html", {"request": request})

# main.py 로 저장 후 FastAPI 애플리케이션을 실행합니다.
# uvicorn 파일명:app --reload
```

### 테스트 방법

웹 브라우저에서 http://127.0.0.1:8000/with_example로 접속하면, set으로 설정한 전역 변수와 with로 설정한 지역 변수가 각자의 범위에서 어떻게 작동하는지 확인할 수 있습니다. 이렇게 with문을 사용하면 변수의 유효 범위를 명확하게 지정할 수 있어 코드의 가독성과 유지보수성이 높아집니다. set은 전역 범위에서 변수를 설정하므로 어느 위치에서든 사용할 수 있습니다. 이 두 구문의 차이점을 이해하면 더 유연하게 템플릿을 작성할 수 있습니다.

# 6.2 정적 파일

웹 애플리케이션을 만들 때 정적 파일은 굉장히 중요합니다. 정적 파일(static files)이란 HTML, CSS, 자바스크립트, 이미지 파일 같은 것들을 의미합니다. 이런 파일들은 그대로 브라우저에 전달되고, 서버에서는 변경이 없습니다. FastAPI에서도 이런 정적 파일을 쉽게 다룰 수 있는 기능을 제공합니다.

## 6.2.1 | FastAPI에서 정적 파일 다루기

main.py 코드 파일이 있는 폴더에서 static이라는 하위 폴더를 만듭니다. 그리고 static 폴더 안에 이미지 파일을 하나 넣어줍니다. 예를 들면, image.jpg라고 가정하겠습니다.

프로젝트 구조는 다음과 같습니다.

```
/
├── main.py
└── static/
    └── image.jpg
```

우선 FastAPI에서 정적 파일을 설정합니다.

```
from fastapi import FastAPI
from fastapi.staticfiles import StaticFiles

app = FastAPI()

app.mount("/static", StaticFiles(directory="static"), name="static")

# main.py 로 저장 후 FastAPI 애플리케이션을 실행합니다.
# uvicorn 파일명:app --reload
```

app.mount() 메서드를 사용해서 /static이라는 URL 경로와 static 디렉터리를 연결해주고 있습니다. 그리고 이를 static이라는 이름으로 지정했습니다.

### 테스트 방법

1. main.py를 실행시켜 FastAPI 서버를 구동시킵니다.

2. 웹 브라우저에서 http://127.0.0.1:8000/static/image.jpg로 접속합니다.

이미지가 잘 나온다면 성공입니다!

### 더 자세한 설명

- **directory**: 이 옵션은 정적 파일들이 어디에 있는지 알려주는 것입니다. 예제에서는 static 폴더를 지정했습니다.
- **name**: 이 옵션은 마운트한 정적 파일 설정에 이름을 붙여주는 것입니다. 디버깅이나 문서화할 때 유용하게 쓰입니다.

### 용어 설명

- **정적 파일(static files)**: 서버에서 변경이 없이 그대로 브라우저에 전달되는 파일들을 의미합니다. 예를 들어 HTML, CSS, 이미지 등이 있습니다.
- **마운트(mount)**: 특정 URL 경로와 실제 디렉터리(또는 다른 애플리케이션)를 연결해주는 것입니다. 예를 들어, /static으로 들어오는 요청은 static 폴더에서 처리될 거라는 걸 알려주는 것입니다.

## 6.2.2 | 정적 파일과 웹페이지 구현

FastAPI를 사용하여 웹 애플리케이션을 개발할 때, index.html과 함께 정적 파일을 어떻게 관리하고 제공할지는 중요한 문제입니다. 이 섹션에서는 FastAPI에서 정적 이미지 파일과 index.html을 효과적으로 활용하는 방법에 대해 상세히 설명하겠습니다.

프로젝트의 기본 폴더 구조는 다음과 같습니다.

```
/
├── main.py
├── static/
│   └── image.jpg
└── templates/
    └── index.html
```

- **static**: 정적 파일(이 경우에는 이미지)이 저장되는 폴더입니다.
- **templates**: HTML 파일이 저장되는 폴더입니다.

main.py 파일에서는 다음과 같이 FastAPI와 정적 파일을 설정합니다.

```
from fastapi import FastAPI, Request
from fastapi.staticfiles import StaticFiles
from fastapi.templating import Jinja2Templates

app = FastAPI()

# 정적 파일을 위한 설정
app.mount("/static", StaticFiles(directory="static"),
name="static")

templates = Jinja2Templates(directory="templates")

# 메인 페이지 라우트
@app.get("/")
def read_root(request: Request):
    return templates.TemplateResponse("index.html", {"request":
request})

# main.py 로 저장 후 FastAPI 애플리케이션을 실행합니다.
# uvicorn 파일명:app --reload
```

StaticFiles를 사용하여 /static 경로로 들어오는 요청을 static 폴더에서 처리하도록 설정하고 있습니다. templates 폴더 내의 index.html 파일은 다음과 같습니다.

```
<!DOCTYPE html>
<html>
<head>
    <title>FastAPI and Static Files</title>
</head>
<body>
    <h1>Welcome to FastAPI!</h1>
    <img src="/static/image.jpg" alt="Example Image">
</body>
</html>
```

이 HTML 파일에서는 /static/image.jpg라는 경로로 이미지 파일을 불러오고 있습니다.

**테스트 방법**

1. main.py 파일을 실행하여 FastAPI 서버를 구동합니다.

2. 웹 브라우저에서 http://127.0.0.1:8000/로 접속합니다. 페이지가 정상적으로 로딩되고 이미지가 표시되면 성공입니다.

**실무적 활용 및 이점**

- **구조적인 관리**: static과 templates 폴더를 분리함으로써 코드의 관리가 쉬워집니다.
- **효율적인 캐싱**: FastAPI의 StaticFiles 기능은 브라우저 캐싱을 자동으로 관리해주므로 더 빠른 페이지 로딩이 가능합니다.
- **보안**: FastAPI는 정적 파일에 대한 안전한 접근을 보장합니다.

이를 통해 FastAPI에서 정적 파일과 index.html을 실무적으로 활용하면 웹 애플리케이션의 성능과 유지보수성, 그리고 보안이 향상됩니다.

### 6.2.3 | 기존 웹페이지 통합

FastAPI를 사용하여 웹 애플리케이션을 개발할 때 가끔은 기존에 이미 작성된 웹페이지를 FastAPI 내에서 동작하도록 만들어야 할 때가 있습니다. 이럴 경우, FastAPI의 설정을 약간만 조정하면 기존 웹페이지를 쉽게 통합할 수 있습니다.

프로젝트의 폴더 구조는 다음과 같이 설정됩니다.

```
/
├── main.py
├── static/
│   └── img/
│       └── image.jpg
└── templates/
    └── index.html
```

- **main.py**: FastAPI 애플리케이션의 주 실행 파일입니다.
- **static/**: 정적 파일을 저장하는 폴더입니다.

- **img/**: 이미지 파일을 저장하는 하위 폴더입니다.

  **image.jpg**: 웹페이지에서 사용할 이미지입니다.

- **templates/**: HTML 템플릿을 저장하는 폴더입니다.

  - **index.html**: 웹페이지의 주 HTML 파일입니다.

templates/ 폴더 내에 다음과 같은 index.html 파일을 만들어봅시다. 이 파일은 image.jpg 라는 이미지 파일을 보여줍니다.

```html
<!DOCTYPE html>
<html>
<head>
  <title>My Web Page</title>
</head>
<body>
  <h1>Welcome to My Web Page!</h1>
  <img src="/img/image.jpg" alt="Example Image">
</body>
</html>
```

이 HTML 파일에서는 /img/image.jpg 경로로 이미지를 불러왔으니 FastAPI에서 이를 처리하기 위해 main.py에 다음과 같은 코드를 작성합니다.

```python
from fastapi import FastAPI, Request
from fastapi.staticfiles import StaticFiles
from fastapi.responses import HTMLResponse
from fastapi.templating import Jinja2Templates

app = FastAPI()

# static/img 폴더와 /img 경로를 연결
app.mount("/img", StaticFiles(directory="static/img"), name="img")

templates = Jinja2Templates(directory="templates")

@app.get("/", response_class=HTMLResponse)
def read_root(request: Request):
    return templates.TemplateResponse("index.html", {"request":
```

```
request})

# main.py 로 저장 후 FastAPI 애플리케이션을 실행합니다.
# uvicorn 파일명:app --reload
```

이렇게 하면 웹 브라우저가 /img/image.jpg라는 경로로 이미지를 요청하면 FastAPI는 static/img 폴더 안에서 image.jpg 파일을 찾아 반환합니다. 또한, 루트 경로(/)로 접속하면 index.html 파일을 반환합니다.

**테스트 방법**

1. main.py를 실행하여 FastAPI 서버를 구동합니다.

2. 웹 브라우저에서 http://127.0.0.1:8000/로 접속하여 웹페이지가 잘 나오는지 확인합니다.

웹페이지와 이미지가 정상적으로 출력되면 설정이 성공적으로 적용된 것입니다. 이런 식으로 기존 웹페이지의 HTML 파일을 그대로 사용하면서 FastAPI와 쉽게 통합할 수 있습니다. 이 방법은 기존 웹페이지를 FastAPI로 이전하거나 통합할 때 매우 유용합니다.

# 6.3 APIRouter

FastAPI에서의 APIRouter는 매우 강력한 도구입니다. 플라스크에서의 블루프린트와 유사하게 작동하며, 이를 이해하면 라우트 관리가 더욱 간편해집니다. 웹 애플리케이션을 개발할 때 코드가 길어지고 복잡해질 수 있습니다. 이런 경우에 코드를 모듈화하고 잘 구조화하는 것이 중요한데, 이때 APIRouter가 활약합니다.

FastAPI에서 APIRouter를 사용하려면 먼저 fastapi 패키지에서 APIRouter를 임포트해야 합니다.

```
from fastapi import APIRouter
```

그다음, APIRouter 객체를 생성합니다.

```
router = APIRouter()
```

이제 이 router에 라우트를 추가할 수 있습니다.

```
@router.get("/items/")
def read_items():
    return {"Hello": "World"}
```

마지막으로, 이 router를 FastAPI 애플리케이션에 포함시킵니다.

```
from fastapi import FastAPI

app = FastAPI()

app.include_router(router)
```

전체 코드는 다음과 같습니다.

```
from fastapi import FastAPI, APIRouter

app = FastAPI()

# APIRouter 객체 생성
router = APIRouter()

# router에 라우트 추가
@router.get("/items/")
def read_items():
    return {"Hello": "World"}

# FastAPI 애플리케이션에 router 포함
app.include_router(router)

# main.py 로 저장 후 FastAPI 애플리케이션을 실행합니다.
# uvicorn 파일명:app --reload
```

**테스트 방법**

1. 위에 작성한 코드를 main.py로 저장한 후, 터미널에서 uvicorn main:app --reload 명령을 실행하여 서버를 구동합니다.

2. 웹 브라우저에서 http://127.0.0.1:8000/items/로 접속해봅니다. "Hello": "World"가 출력되면 성공입니다.

APIRouter를 사용하면 여러 라우트를 효과적으로 관리할 수 있습니다. 코드의 가독성과 유지보수성도 향상되므로 복잡한 웹 애플리케이션을 구축할 때 매우 유용합니다.

## 6.3.1 | 다양한 사용법

• URL 접두사

include_router() 함수를 사용할 때 prefix 매개변수를 통해 모든 라우트에 공통으로 적용되는 URL 접두사를 설정할 수 있습니다.

```
app.include_router(router, prefix="/api/v1")
```

• 태그

tags 매개변수를 통해 자동 생성되는 API 문서에 태그를 추가할 수 있습니다.

```
app.include_router(router, tags=["items"])
```

• URL 접두사와 태그 테스트

main.py 파일에 코드를 작성합니다. 여기서는 APIRouter를 사용하여 두 개의 라우트를 정의합니다. 그리고 include_router() 함수에서 prefix와 tags 옵션을 설정합니다.

```
from fastapi import FastAPI, APIRouter

app = FastAPI()
router = APIRouter()

@router.get("/items/")
def read_items():
    return {"item": "apple"}

@router.get("/users/")
def read_users():
    return {"user": "John"}

app.include_router(router, prefix="/api/v1", tags=["items"])

# main.py 로 저장 후 FastAPI 애플리케이션을 실행합니다.
# uvicorn 파일명:app --reload
```

### 테스트 방법

1. 웹 브라우저를 열고 http://127.0.0.1:8000/docs로 이동하여 API 문서를 확인합니다.

    여기에서 "items" 태그를 확인할 수 있습니다. 그 태그를 클릭하면 /api/v1/items/와 /api/v1/users/ 라우트 정보가 나타납니다.

2. 웹 브라우저에서 다음 각각의 URL로 이동하여 실제 API를 테스트합니다.

    - **아이템 조회**: http://127.0.0.1:8000/api/v1/items/

    - **사용자 조회**: http://127.0.0.1:8000/api/v1/users/

각각의 URL을 방문하면 JSON 형식의 결과를 볼 수 있습니다. 예를 들어, 아이템 조회에서는 {"item": "apple"}이라는 응답을 받을 수 있습니다. prefix 매개변수를 통해 모든 라우트에 공통으로 적용되는 URL 접두사이므로, http://127.0.0.1:8000/users/가 아닌, /api/v1이 붙여진 http://127.0.0.1:8000/api/v1/users/ API가 동작함을 확인할 수 있습니다.

## 6.3.2 | 미들웨어 설정

FastAPI에서 APIRouter 객체는 미들웨어를 직접 추가할 수 없습니다. 대신, 미들웨어는 FastAPI 애플리케이션 인스턴스에 추가하여 이 인스턴스에 APIRouter를 포함시킬 수 있습니다.

TrustedHostMiddleware는 FastAPI 및 Starlette에 내장된 미들웨어로, 요청이 지정된 허용된 호스트 목록에 있는 호스트로부터만 오도록 제한하는 보안 기능을 제공합니다. 이는 특정 도메인이나 서브도메인에서만 API 호출을 허용하고자 할 때 유용합니다. 다양한 미들웨어 사용법에 대해서는 이후 챕터에서 상세히 설명합니다.

main.py 파일에서 미들웨어를 FastAPI 애플리케이션 인스턴스에 추가하고 APIRouter를 포함시키는 방법은 다음과 같습니다.

```
from fastapi import FastAPI, APIRouter
from fastapi.middleware.trustedhost import TrustedHostMiddleware

app = FastAPI()

# TrustedHostMiddleware 미들웨어를 추가합니다.
# 이 미들웨어는 들어오는 모든 요청의 호스트가 allowed_hosts에 지정된 호스트
중 하나인지 검사합니다.
# 만약 요청이 허용되지 않은 호스트에서 온 것이라면, 400 Bad Request 에러를
반환합니다.
# 이는 서비스가 지정된 호스트(도메인)에서만 접근 가능하도록 보안을 강화하는 데
도움을 줍니다.
app.add_middleware(
    TrustedHostMiddleware,
    allowed_hosts=["example.com", "localhost", "127.0.0.1"]
)

router = APIRouter()
```

```
# APIRouter를 사용한 라우트
@router.get("/items/")
def read_items_from_router():
    return {"message": "You are accessing the API from an allowed host via router."}

# 메인 애플리케이션에 APIRouter 포함
app.include_router(router, prefix="/api")

# 일반 애플리케이션 라우트
@app.get("/hello/")
def read_hello():
    return {"message": "Hello World"}

# main.py 로 저장 후 FastAPI 애플리케이션을 실행합니다.
# uvicorn 파일명:app --reload
```

**테스트 방법**

1. 웹 브라우저를 열고 http://127.0.0.1:8000/docs 주소로 이동하여 API 문서를 확인합니다.

2. /api/items/ 라우트와 /hello/ 라우트를 각각 다음 주소로 테스트합니다.

   - **APIRouter를 통한 라우트(허용된 호스트에서만 접근 가능)**:

     http://127.0.0.1:8000/api/items/

     개인 PC의 IP 주소는 127.0.0.1이므로 개인 PC에서 접속 시 접속이 허용되어 정상 메시지를 확인할 수 있습니다.

   - **메인 애플리케이션을 통한 일반 라우트(모든 호스트에서 접근 가능)**:

     http://127.0.0.1:8000/hello/

이 절차를 통해 특정 라우트에 대한 호스트 접근 제한을 구현하는 방법을 이해하고 확인할 수 있습니다. 미들웨어는 애플리케이션 레벨에서 정의되므로, APIRouter를 사용한 라우트에도 동일한 미들웨어 설정이 적용됩니다.

### 6.3.3 | APIRouter와 의존성 함수

의존성(dependency) 함수는 FastAPI에서 특정 라우터나 엔드포인트가 실행되기 전에 수행되는 함수입니다. 일반적으로 의존성 함수는 인증, 권한 확인, 데이터 검증 등을 수행합니다. 여기서는 간단한 예제로 사용자가 특정 토큰을 가지고 있는지 확인하는 의존성 함수를 작성해보겠습니다. 기본 문법은 다음과 같습니다.

- **Depends()**: 의존성을 설정하는 데 사용하는 함수입니다.
    e.g. Depends(의존성 함수)
- **APIRouter**: dependencies 매개변수를 이용하여 라우터 레벨에서 의존성을 설정할 수 있습니다.
    e.g. APIRouter(dependencies=[Depends(의존성 함수)])

간단하게 사용자가 특정 토큰('my-secret-token')을 URL 매개변수로 전달했는지 확인하는 의존성 함수를 작성해보겠습니다.

```python
from fastapi import FastAPI, Depends, HTTPException
from fastapi.routing import APIRouter

app = FastAPI()

def check_token(token: str):
    if token != "my-secret-token":
        raise HTTPException(status_code=401, detail="Unauthorized")
    return token

router = APIRouter(dependencies=[Depends(check_token)])

@router.get("/items/")
def get_items():
    return {"message": "Access granted, you can view the items."}

@app.get("/public/")
def read_public():
    return {"message": "This is a public endpoint."}

app.include_router(router, prefix="/api")

# main.py 로 저장 후 FastAPI 애플리케이션을 실행합니다.
# uvicorn 파일명:app --reload
```

**테스트 방법**

웹 브라우저를 열고 다음 URL을 통해 테스트를 진행합니다.

- **토큰 없이 접근**: http://127.0.0.1:8000/api/items/

    에러 메시지가 출력됩니다.

- **토큰을 포함하여 접근**: http://127.0.0.1:8000/api/items/?token=my-secret-token

    "Access granted, you can view the items." 메시지가 출력됩니다.

- **공개 엔드포인트**: http://127.0.0.1:8000/public/

    "This is a public endpoint." 메시지가 출력됩니다.

이렇게 APIRouter를 이용하여 의존성을 설정하면, 해당 라우터에 등록된 엔드포인트는 의존성을 만족해야만 접근이 가능하게 됩니다.

## 6.3.4 | APIRouter와 라우트 설정의 상속

FastAPI에서 APIRouter는 다른 APIRouter 또는 FastAPI 애플리케이션에 추가될 수 있습니다. 이때 상위 라우터에서 설정한 옵션들을 하위 라우터에서 상속받을 수 있습니다. 주로 dependencies, tags 같은 설정이 해당합니다. 이 기능은 중복 코드를 줄이고, 특정 설정을 여러 라우터에 쉽게 적용할 수 있도록 도와줍니다.

- **include_router**: 다른 APIRouter를 현재 라우터나 애플리케이션에 추가합니다.

```
app.include_router(
    another_router,
    prefix=URL 접두사,
    tags=[태그 리스트],
    dependencies=[Depends(의존성 함수)]
)
```

상속 기능은 하위 APIRouter가 상위 APIRouter 또는 FastAPI 애플리케이션에 포함될 때 상위 라우터의 설정을 그대로 물려받는 것을 의미합니다. 예를 들어, 상위 라우터에 설정한 의존성이나 태그가 하위 라우터에도 자동으로 적용되는 형태입니다.

```
from fastapi import FastAPI, Depends, HTTPException, APIRouter
```

```python
app = FastAPI()

# 공통 의존성 함수
def common_dependency():
    return "This is a common dependency"

# 상위 라우터
parent_router = APIRouter(
    prefix="/parent",
    tags=["parent"],
    dependencies=[Depends(common_dependency)]
)

@parent_router.get("/item")
def read_parent_item():
    return {"message": "This is an item from the parent router"}

# 하위 라우터
child_router = APIRouter()

@child_router.get("/item")
def read_child_item(common: str = Depends(common_dependency)):
    return {"message": "This is an item from the child router", "common": common}

# 하위 라우터를 상위 라우터에 추가 (상속)
parent_router.include_router(child_router, prefix="/child")

# 상위 라우터를 애플리케이션에 추가
app.include_router(parent_router)

# main.py 로 저장 후 FastAPI 애플리케이션을 실행합니다.
# uvicorn 파일명:app --reload
```

## 테스트 방법

웹 브라우저에서 다음 주소로 접속합니다.

- http://127.0.0.1:8000/parent/item
- http://127.0.0.1:8000/parent/child/item

상위 라우터인 parent_router에서 설정한 의존성 함수 common_dependency가 하위 라우터인 child_router에서도 동작하는 것을 확인할 수 있습니다. 이처럼 하위 라우터가 상위 라우터의 설정을 상속받아 사용하는 것을 볼 수 있습니다.

## 6.3.5 | APIRouter와 플라스크 블루프린트의 비교

APIRouter와 플라스크의 블루프린트는 웹 애플리케이션을 모듈화하고 유지 관리하기 쉽게 도와주는 도구입니다. 그러나 둘 사이에는 몇 가지 주요 차이점이 있습니다.

FastAPI에서 APIRouter를 사용하려면 객체를 생성해야 합니다.

```
from fastapi import APIRouter
router = APIRouter()
```

플라스크에서는 블루프린트 객체를 생성합니다.

```
from flask import Blueprint
blueprint = Blueprint('example', __name__)
```

FastAPI 애플리케이션에 APIRouter를 등록할 때는 include_router() 메서드를 사용합니다.

```
app.include_router(router, prefix="/api")
```

블루프린트를 애플리케이션에 등록할 때는 register_blueprint() 메서드를 사용합니다.

```
app.register_blueprint(blueprint, url_prefix="/api")
```

APIRouter는 dependencies와 middlewares를 지원하여 라우터 수준에서 의존성과 미들웨어를 적용할 수 있습니다. 플라스크는 라우터 수준에서 의존성과 미들웨어를 적용할 수 없습니다.

이런 차이점들을 고려하면, FastAPI의 APIRouter는 플라스크의 블루프린트보다 좀 더 다양한 기능을 제공합니다. 하지만 플라스크는 그 자체로도 매우 강력하고 유연한 웹 프레임워크이기 때문에, 어떤 것을 사용할지는 프로젝트의 요구 사항과 개인의 선호에 따라 다를 수 있습니다.

# 6.4 쿼리 매개변수와 경로 매개변수

FastAPI는 API를 통해 데이터를 요청할 때 주로 쿼리 매개변수와 경로 매개변수 두 가지 방식을 사용합니다. 쿼리 매개변수는 URL의 물음표(?) 기호 이후에 키-값 쌍으로 전달되며, 선택적인 데이터를 전송하는 데 적합합니다. 반면, 경로 매개변수는 URL의 특정 부분을 대체하여 필수적인 리소스 식별자로서 작동합니다.

## 6.4.1 | 쿼리 매개변수

웹 API와 상호작용할 때 쿼리 매개변수는 클라이언트가 서버에 정보를 전달하는 데 사용되는 주요 수단 중 하나입니다. URL에서 ? 기호 뒤에 위치하는 키와 값의 쌍을 쿼리 매개변수 또는 쿼리 파라미터라고 합니다. 이러한 쿼리 매개변수를 사용하면 한 URL 내에서 다양한 데이터를 서버로 전송하고, 서버는 이를 해석하여 요청에 따라 다른 결과를 반환할 수 있습니다.

예를 들어, http://example.com/items/?skip=0&limit=10 URL에서 skip=0과 limit=10이 쿼리 매개변수입니다. 이러한 매개변수를 API 경로에 포함함으로써 사용자는 좀 더 세밀하게 요청할 수 있습니다.

FastAPI에서 쿼리 매개변수를 처리하는 방법은 매우 간단합니다. 함수의 인자로 쿼리 매개변수의 이름을 추가하기만 하면 FastAPI가 이를 자동으로 인식하고 해당 URL로부터 값들을 추출하여 함수에 전달합니다.

다음은 FastAPI에서 쿼리 매개변수를 사용하는 예제 코드와 그에 대한 설명입니다.

```
from fastapi import FastAPI

app = FastAPI()

# "/items/" 경로에 대한 GET 요청을 처리하는 함수입니다.
```

```
# 'skip'과 'limit'이라는 두 개의 쿼리 매개변수를 받습니다.
@app.get("/items/")
async def read_items(skip, limit):
    # 함수가 호출될 때, FastAPI는 'skip'과 'limit' 매개변수에 대한 값을
    요청 URL에서 추출하여 전달합니다.
    # e.g. "http://example.com/items/?skip=0&limit=10" 요청은
    'skip'에 0, 'limit'에 10을 전달합니다.
    return {"skip": skip, "limit": limit}
```

이 코드에서 read_items() 함수는 skip과 limit이라는 두 개의 매개변수를 정의하고 있으며, 각각의 기본값을 0과 10으로 설정하고 있습니다. 이 방식으로 FastAPI는 쿼리 매개변수를 통해 유연하게 API의 기능을 확장할 수 있게 해주며, 사용자가 API를 더욱 쉽게 사용할 수 있도록 지원합니다.

다음은 위의 모든 설명을 포함한 실행 가능한 전체 파이썬 코드입니다.

```
from fastapi import FastAPI

app = FastAPI()

@app.get("/items/")
# 쿼리 매개변수에 다음과 같이 타입 힌트도 적용 가능하며,
# 사용자가 값을 명시하지 않을 시, 기본값도 설정 가능합니다.
def read_items(skip: int = 0, limit: int = 10):
    return {"skip": skip, "limit": limit}

# main.py 로 저장 후 FastAPI 애플리케이션을 실행합니다.
# uvicorn 파일명:app --reload
```

위 코드를 실행한 후 웹 브라우저에서 http://127.0.0.1:8000/items/?skip=5&limit=5에 접속하면, {"skip":5,"limit":5}와 같은 결과를 확인할 수 있습니다.

### 6.4.2 | 경로 매개변수

경로 매개변수는 URL의 특정 부분을 동적으로 만들어주는 요소입니다. 즉, 일정한 패턴의 URL을 동적으로 처리할 수 있게 해줍니다. 예를 들어, "사용자의 ID에 따라 다른 정보를 보여주고 싶다"면, 경로 매개변수를 사용합니다.

FastAPI에서 경로 매개변수를 사용하려면 중괄호 {}를 사용합니다. 중괄호 안에 들어가는 이름이 파이썬 함수의 매개변수 이름과 일치해야 합니다.

- **기본 형태**: {parameter}
- **타입 지정**: {parameter:type}
  e.g. {item_id: int}
- **경로 매개변수 연산자**: {parameter:path}

FastAPI에서는 타입 힌트를 사용하여 경로 매개변수의 타입을 지정합니다. 이렇게 하면 FastAPI가 자동으로 검증을 해줍니다. 예를 들어, /items/{item_id:int}에서 item_id는 정수여야 합니다.

다음 코드에서는 item_id를 경로 매개변수로 사용하여 각 아이템의 정보를 가져옵니다.

```
from fastapi import FastAPI

app = FastAPI()

@app.get("/items/{item_id}")
def read_item(item_id):
    return {"item_id": item_id}

# main.py 로 저장 후 FastAPI 애플리케이션을 실행합니다.
# uvicorn 파일명:app --reload
```

**테스트 방법**

1. 웹 브라우저를 열고 http://127.0.0.1:8000/items/1 혹은 http://127.0.0.1:8000/items/99 같은 URL을 입력합니다. 이때 1이나 99가 item_id로 전달됩니다.
2. 이렇게 하면 FastAPI가 item_id 경로 매개변수를 캡처하여 read_item() 함수에 전달하고, 그 값을 반환합니다.

## 6.4.3 | 타입 지정과 경로 매개변수 연산자

### 》 타입 지정

타입을 명시적으로 지정하면, FastAPI는 그 타입에 따라 값의 유효성을 검증합니다. 예를 들어, 다음 코드에서 item_id는 정수 타입(int)이어야 합니다.

```
from fastapi import FastAPI

app = FastAPI()

@app.get("/items/{item_id:int}")
def read_item_with_type(item_id: int):
    return {"item_id": item_id}

# main.py 로 저장 후 FastAPI 애플리케이션을 실행합니다.
# uvicorn 파일명:app --reload
```

참고로 위 코드에서 타입 지정은 경로 매개변수에서만,

```
@app.get("/items/{item_id:int}")
def read_item_with_type(item_id):
    return {"item_id": item_id}
```

또는 함수에서만 타입 지정을 해도 유사한 기능을 확인할 수 있습니다.

```
@app.get("/items/{item_id}")
def read_item_with_type(item_id:int):
    return {"item_id": item_id}
```

### 테스트 방법

위 코드를 실행한 후, 웹 브라우저에서 http://127.0.0.1:8000/items/42에 접속하면 {"item_id": 42}라는 응답을 받을 수 있습니다. 문자열로 테스트해보면, 예를 들어 http://127.0.0.1:8000/items/test라고 하면 FastAPI가 자동으로 에러 메시지를 반환합니다.

## 》 경로 매개변수 연산자

경로 매개변수 연산자 :path를 사용하면 슬래시(/)를 포함한 문자열도 캡처할 수 있습니다. 다음의 예에서 sub_path는 경로 매개변수로 사용되며, 여러 부분으로 구성할 수 있습니다.

```
from fastapi import FastAPI

app = FastAPI()

@app.get("/files/{sub_path:path}")
def read_file(sub_path: str):
    return {"sub_path": sub_path}

# main.py 로 저장 후 FastAPI 애플리케이션을 실행합니다.
# uvicorn 파일명:app --reload
```

**테스트 방법**

웹 브라우저에서 http://127.0.0.1:8000/files/folder1/folder2에 접속하면 {"sub_path": "folder1/folder2"}라는 응답을 받을 수 있습니다. 이렇게 해서 타입 지정과 경로 매개변수 연산자를 사용하여 다양한 유형의 경로 매개변수를 캡처하고 검증할 수 있습니다.

# 6.5 백그라운드 태스크

FastAPI의 BackgroundTasks는 주로 긴 작업을 별도로 처리하는 데 사용합니다. 이는 HTTP 응답을 먼저 보내고 나서도 서버에서 계속 작업을 실행할 수 있게 해줍니다. 이러한 방식은 사용자 경험을 향상시키며, 서버 리소스를 효율적으로 활용할 수 있습니다. 예를 들어, 사용자가 회원가입을 하면 "회원가입을 환영합니다"라는 이메일을 보내야 할 수 있습니다. 이메일을 보내는 작업은 시간이 걸릴 수 있기 때문에 이 작업을 별도의 배경 작업으로 처리하고, 사용자에게는 즉시 응답을 보낼 수 있습니다.

백그라운드 태스크가 필요한 이유는 다음과 같습니다.

- **비동기 처리**: 메인 로직을 멈추지 않고 다른 작업을 병렬로 실행할 수 있습니다.
- **리소스 최적화**: 주요 로직과 무관한 작업을 분리하여 리소스를 효율적으로 사용할 수 있습니다.

FastAPI의 BackgroundTasks 클래스를 임포트하고, 이를 함수의 매개변수로 추가합니다.

```
from fastapi import FastAPI, BackgroundTasks

app = FastAPI()

def write_log(message: str):
    with open("log.txt", "a") as log:
        log.write(message)

@app.get("/")
async def read_root(background_tasks: BackgroundTasks):
    background_tasks.add_task(write_log, "root endpoint was accessed")
    return {"message": "Hello World"}

# main.py 로 저장 후 FastAPI 애플리케이션을 실행합니다.
# uvicorn 파일명:app --reload
```

write_log() 함수는 로그를 작성하는 작업을 수행합니다. 그리고 이를 BackgroundTasks의 add_task() 메서드를 사용하여 백그라운드 태스크로 등록합니다.

**테스트 방법**

1. 웹 브라우저에 http://127.0.0.1:8000/를 입력하고 결과를 확인합니다.

2. 정상적으로 실행되면, main.py 파일이 실행된 폴더에 log.txt 파일이 생성됩니다. log.txt 파일을 열어 "root endpoint was accessed"라는 로그가 작성되었는지 확인합니다.

BackgroundTasks는 FastAPI의 내장 클래스로, 이를 통해 별도의 스레드에서 실행될 작업들을 관리하고 예약할 수 있습니다. 이 클래스는 FastAPI 애플리케이션에서 다양한 백그라운드 태스크를 쉽게 다룰 수 있도록 설계되었습니다. 특히, I/O 작업이나 시간이 오래 걸리는 작업에 유용합니다.

add_task()는 BackgroundTasks 클래스의 메서드입니다. 이 메서드를 사용하면 실행할 함수와 그 함수에 전달할 매개변수를 지정할 수 있습니다. 매개변수는 위치 기반 또는 키워드 기반으로 전달합니다.

```
background_tasks.add_task(func, *args, **kwargs)
```

- **func**: 실행할 함수
- ***args**: 함수에 전달할 위치 기반 매개변수
- ****kwargs**: 함수에 전달할 키워드 기반 매개변수

add_task() 메서드를 이용해 다양한 방식으로 함수와 매개변수를 전달할 수 있습니다. 간단히 한 줄씩의 코드 예시를 살펴보겠습니다.

- **기본 사용법**: 함수만 전달하는 가장 기본적인 형태입니다.

```
background_tasks.add_task(some_function)
```

- **위치 기반 매개변수 전달**: 함수와 그 함수의 위치 기반 매개변수를 전달합니다.

```
background_tasks.add_task(print, "Hello, World!")
```

- **키워드 기반 매개변수 전달**: 함수와 키워드 매개변수를 전달합니다.

```
background_tasks.add_task(print, end="---end---", sep="---sep---")
```

- **위치 및 키워드 기반 매개변수 함께 전달**: 함수와 위치 기반 매개변수, 그리고 키워드 매개변수를 함께 전달합니다.

```
background_tasks.add_task(print, "Hello", "World!", sep="---", end="---end---")
```

- **변수를 이용한 매개변수 전달**: 이미 선언된 변수를 매개변수로 전달합니다.

```
my_var = "Hello"
background_tasks.add_task(print, my_var)
```

- **여러 작업 예약**: 여러 함수를 예약합니다.

```
background_tasks.add_task(print, "First Task")
background_tasks.add_task(print, "Second Task")
```

이러한 방식으로 add_task() 메서드는 다양한 형태로 사용할 수 있으며, 복잡한 로직을 쉽게 백그라운드 태스크로 처리할 수 있습니다.

# 6.6 스트리밍 응답

스트리밍 응답(streaming response)은 일반적인 HTTP 응답과는 다르게 데이터를 일정 단위로 나누어 순차적으로 전송하는 방법입니다. 이는 대용량 파일을 다루거나 실시간으로 데이터를 전달해야 하는 상황에서 유용합니다.

스트리밍 응답의 필요성은 다음과 같습니다.

- **메모리 절약**: 대용량 파일을 한 번에 로딩하지 않기 때문에 메모리를 절약할 수 있습니다.
- **레이턴시 감소**: 클라이언트가 일부 데이터를 먼저 받아볼 수 있으므로 사용자 경험이 향상됩니다.
- **대용량 처리 가능**: 데이터가 계속해서 생성되는 경우, 이를 실시간으로 처리할 수 있습니다.

FastAPI에서는 StreamingResponse를 사용해 스트리밍 응답을 구현합니다. 서버에서 큰 CSV 파일을 생성하고 이를 사용자에게 제공해야 한다고 가정해봅시다. 이때 스트리밍 응답을 사용하면 파일을 조각조각 나눠서 전송할 수 있으므로 메모리와 네트워크 자원을 효율적으로 사용할 수 있습니다.

```
from fastapi import FastAPI
from fastapi.responses import StreamingResponse
import csv
import io

app = FastAPI()

def csv_streamer():
    data = [["name", "age"], ["alice", 32], ["bob", 29]]
    output = io.StringIO()
    writer = csv.writer(output)
    for row in data:
        writer.writerow(row)
        yield output.getvalue() # 여기에서 StreamingResponse 를 사
용하면, 중간 결과를 응답해줄 수 있음
```

```
        output.flush()
        output.truncate(0)
        output.seek(0)

@app.get("/csv")
def get_csv():
    return StreamingResponse(
        csv_streamer(),
        headers={"Content-Type": "text/csv"}
    )

# main.py 로 저장 후 FastAPI 애플리케이션을 실행합니다.
# uvicorn 파일명:app --reload
```

이 예시에서 csv_streamer() 함수는 CSV 데이터를 yield로 하나씩 전송합니다. Streaming Response를 사용하면 이 데이터가 조각조각 나뉘어서 클라이언트에게 전달됩니다.

좀 더 구체적으로는 csv_streamer() 함수는 CSV 데이터를 생성하고 이를 스트리밍하는 방식으로 구현된 제너레이터 함수입니다. 이 함수는 io.StringIO 객체를 사용하여 메모리상에 CSV 형식의 데이터를 쓰고, 각 행이 작성될 때마다 현재까지의 내용을 yield를 통해 반환합니다. 이를 통해 데이터는 연속적인 스트림으로 소비자에게 전달될 수 있으며, 전체 데이터 세트가 한 번에 메모리에 로드될 필요가 없기 때문에 메모리 사용을 최적화할 수 있습니다.

yield문은 함수의 실행을 일시 중지하고, 함수가 생성한 값을 호출자에게 전달합니다. 함수가 다시 호출되면 실행은 yield문 다음부터 계속됩니다. 이러한 방식은 데이터를 청크 (chunk) 단위로 나누어 전송하는 데 유용합니다.

csv_streamer() 함수 내에서, csv.writer는 StringIO 스트림에 CSV 형식의 행을 작성합니다. 각 행을 작성한 후, output.getvalue()를 통해 StringIO 버퍼의 내용을 가져와서 yield합니다. 이후 output.flush()를 호출하여 스트림을 비우고, output.truncate(0)으로 버퍼의 내용을 지우며, output.seek(0)으로 스트림의 위치를 처음으로 되돌립니다. 이러한 과정을 반복하면서 데이터는 행 단위로 클라이언트에게 전송됩니다.

StreamingResponse 객체는 csv_streamer() 함수에서 생성된 스트림을 응답으로 전달합니다. headers={"Content-Type": "text/csv"}를 설정함으로써 응답의 MIME 타입이 CSV 임을 명시합니다. 이 헤더는 웹 브라우저나 다른 클라이언트가 응답을 받았을 때, 데이터가

CSV 형식임을 인식하고 적절하게 처리할 수 있도록 돕습니다.

@app.get("/csv") 데코레이터는 /csv 경로로 들어오는 HTTP GET 요청을 get_csv() 함수로 라우팅합니다. 해당 함수는 StreamingResponse를 반환함으로써 요청을 받는 즉시 클라이언트에게 데이터 스트리밍을 시작합니다. 이는 대용량 데이터를 처리할 때 특히 유용하며, 클라이언트는 파일 전체를 다운로드하지 않고도 스트림의 일부를 실시간으로 받아볼 수 있습니다.

### 테스트 방법

1. 웹 브라우저에 http://127.0.0.1:8000/csv를 입력하고 결과를 확인합니다.
2. CSV 파일이 다운로드되는 것을 확인합니다.

물론, 코드 예제에서 csv_streamer() 함수는 yield를 사용하여 데이터를 하나씩 내보내고 있긴 하지만, 예제가 매우 작고 간단하기 때문에 실제로 데이터가 조각조각 나뉘어서 온다는 것을 느끼기 어렵습니다. 스트리밍은 주로 대용량 데이터를 처리할 때 빛을 발합니다. 예를 들어 수십 MB, 수백 MB의 큰 파일을 서버에서 생성하여 클라이언트에게 전달해야 하는 경우, 파일을 모두 생성한 후에 전달하는 것이 아니라 생성되는 즉시 조각조각 나눠서 전달합니다.

만약 큰 파일을 전체적으로 메모리에 올려놓고 전송한다면 그만큼의 메모리가 필요하게 되고, 이는 서버에 부담을 줄 수 있습니다. 또한, 파일 전체를 생성하는 데 시간이 오래 걸릴 수 있으므로 사용자는 응답을 기다리는 시간이 길어집니다. 스트리밍 응답을 사용하면 일부 데이터만 생성하고 바로 전송을 시작하므로 이러한 문제를 해결할 수 있습니다. 따라서 "조각조각 나눠서 온다"는 것은 이러한 대용량 데이터 전송 시나리오에서 더 명확하게 이해할 수 있습니다. 예제에서는 데이터가 작아서 한 번에 전송된 것처럼 보이지만, 실제 대용량 데이터 처리에는 큰 이점이 있습니다. 스트리밍 응답은 이처럼 대용량 데이터 처리나 실시간 데이터 전송에 유용합니다. FastAPI의 StreamingResponse를 활용하면 이러한 기능을 간단하게 구현할 수 있습니다.

StreamingResponse는 FastAPI에서 스트리밍 응답을 생성하기 위해 사용되는 클래스입니다. 이 클래스는 큰 데이터를 청크 단위로 나누어 클라이언트에게 순차적으로 전송할 때 유용합니다. 특히 파일 다운로드, 실시간 데이터 전송, 대용량 데이터 처리 등의 경우에 사용됩니다.

주요 옵션과 문법은 다음과 같습니다.

- **첫 번째 인자**: 데이터를 생성하는 제너레이터 함수나 이터러블 객체를 첫 번째 인자로 받습니다. 이 데이터는 HTTP 응답으로 스트리밍됩니다.
- **media_type**: media_type은 MIME(Multipurpose Internet Mail Extensions) 타입을 설정하여 응답의 Content-Type 헤더 값을 지정합니다. 예를 들어, CSV 파일의 경우 media_type="text/csv"로 설정할 수 있습니다.

다음은 주로 사용되는 media_type의 목록입니다. 기본적인 MIME 타입들을 나타내며, 사용 목적과 데이터 형식에 따라 적절한 media_type을 선택하여 사용해야 합니다.

- **text/plain**: 일반 텍스트 데이터
- **text/html**: HTML 문서
- **text/css**: CSS 문서
- **text/javascript**: 자바스크립트 코드
- **text/csv**: CSV 형식의 데이터
- **application/json**: JSON 형식의 데이터
- **application/xml**: XML 문서
- **application/x-www-form-urlencoded**: HTML 폼을 통해 제출된 데이터
- **application/pdf**: PDF 문서
- **application/msword**: Microsoft Word 문서
- **application/octet-stream**: 이진 데이터를 위한 기본값으로, 정해진 타입이 없는 파일을 전송할 때 사용
- **application/zip**: ZIP 압축 파일
- **image/png**: PNG 이미지
- **image/jpeg**: JPEG 이미지
- **image/gif**: GIF 이미지
- **audio/mpeg**: MP3 또는 기타 MPEG 오디오
- **audio/ogg**: Ogg Vorbis 오디오

- **video/mp4**: MP4 비디오
- **video/mpeg**: MPEG 비디오

- **headers**: 추가적인 HTTP 헤더를 딕셔너리 형태로 전달할 수 있습니다. 예를 들어, 파일 다운로드를 위한 Content-Disposition 헤더를 설정할 수 있습니다.
- **background**: background 인자에 BackgroundTasks 인스턴스를 전달하여, 스트리밍 작업과 병행하여 실행할 백그라운드 태스크를 지정할 수 있습니다.
- **status_code**: 기본적으로 200으로 설정되어 있지만, 필요한 경우 다른 HTTP 상태 코드를 지정할 수 있습니다.

StreamingResponse를 사용하는 기본적인 문법은 다음과 같습니다.

```python
from fastapi import FastAPI
from fastapi.responses import StreamingResponse

app = FastAPI()

# 데이터를 스트리밍하는 제너레이터 함수
def data_generator():
    for i in range(100):
        yield f"data chunk {i}\n"

# FastAPI 경로 연산에 StreamingResponse 반환
@app.get("/stream")
def stream_data():
    generator = data_generator()  # 데이터 생성을 위한 제너레이터 호출
    return StreamingResponse(generator, media_type="text/plain")

# main.py 로 저장 후 FastAPI 애플리케이션을 실행합니다.
# uvicorn 파일명:app --reload
```

이 코드 예제에서 data_generator() 함수는 100개의 데이터 청크를 순차적으로 생성하고, 각 청크는 yield를 통해 반환됩니다. stream_data() 함수에서는 이 제너레이터를 StreamingResponse의 인자로 전달하며, 반환될 데이터의 타입이 일반 텍스트이므로 media_type을 "text/plain"으로 지정합니다.

**테스트 방법**

1. 웹 브라우저에 http://127.0.0.1:8000/stream을 입력하고 결과를 확인합니다.

2. 'data chunk 0' ~ 'data chunk 99'가 출력되는 것을 확인합니다.

FastAPI는 StreamingResponse를 통해 생성된 응답을 클라이언트로 스트리밍하는 동안 연결을 유지하며, 데이터는 설정된 media_type에 따라 적절히 해석됩니다. 이를 통해 대용량의 데이터를 효과적으로 처리하고, 사용자 경험을 개선할 수 있습니다.

## 6.7 웹소켓

웹소켓(WebSocket)은 실시간, 양방향 통신을 위한 프로토콜입니다. 기존의 HTTP 프로토콜과는 달리 웹소켓은 연결이 한 번 이루어지면 그 연결을 지속적으로 유지합니다. 이로 인해 서버와 클라이언트가 실시간으로 데이터를 주고받을 수 있습니다.

- **실시간(real-time)**: 데이터를 실시간으로 전송합니다.
- **양방향(bidirectional)**: 서버와 클라이언트 모두 데이터를 전송할 수 있습니다.

다음과 같은 이유로 웹소켓이 필요합니다.

- **실시간 데이터 전송(real-time data transmission)**: 채팅 애플리케이션, 실시간 주식 정보, 게임 등에서 실시간으로 데이터를 주고받아야 하는 경우에 매우 유용합니다.
- **효율성(efficiency)**: 웹소켓은 HTTP에 비해 헤더가 작기 때문에 데이터 전송이 더 효율적입니다.
- **서버 푸시 가능(server push)**: 서버가 필요한 경우 클라이언트에게 자동으로 데이터를 전송할 수 있습니다.

### 6.7.1 | 웹소켓 기본 사용법

FastAPI 프레임워크에서는 웹소켓을 쉽게 다룰 수 있습니다. 주로 WebSocket 타입을 매개변수로 지정해주면 됩니다.

```
from fastapi import FastAPI, WebSocket, WebSocketDisconnect

app = FastAPI()

@app.websocket("/ws")
async def websocket_endpoint(websocket: WebSocket):
    await websocket.accept()
    try:
        while True:
```

```
        data = await websocket.receive_text()
        await websocket.send_text(f"Returned Message: {data} 
From Server")
    except WebSocketDisconnect:
        print("WebSocket disconnected")
        await websocket.close(code=1000)  # 명시적으로 웹소켓 연결을 
종료합니다.

# main.py 로 저장 후 FastAPI 애플리케이션을 실행합니다.
# uvicorn 파일명:app --reload
```

우선 웹소켓은 연결이 지속되는 한 계속해서 메시지를 교환할 수 있으므로 서버 리소스를 효율적으로 사용하기 위해 비동기 처리가 필수적입니다. 비동기 처리는 프로그램이 한 작업을 완료하기를 기다리는 동안 다른 작업을 동시에 수행할 수 있도록 하는 기술입니다. 이는 특히 네트워크 요청이나 파일 I/O와 같이 대기 시간이 긴 작업에서 유용하며, 이를 통해 프로그램은 블로킹(대기) 없이 여러 작업을 병렬로 처리할 수 있습니다. FastAPI에서 비동기 처리는 async와 await라는 두 가지 주요 문법을 통해 구현됩니다.

- **async**: 이 키워드는 함수가 '비동기 함수'임을 나타냅니다. 비동기 함수는 내부에서 await 표현식을 사용할 수 있으며, 호출될 때 즉시 실행되는 것이 아니라 이벤트 루프에 의해 스케줄링됩니다.
- **await**: await 키워드는 비동기 실행을 지원하는 함수(이를 'awaitable'이라고 함)가 완료될 때까지 기다립니다. 그러나 이 대기 과정에서 프로그램의 다른 부분이 멈추지 않고, 이벤트 루프가 다른 비동기 작업을 계속 진행할 수 있도록 합니다.

FastAPI에서 웹소켓을 사용하여 실시간 양방향 통신 기능을 구현하는 방법을 앞의 예제 코드를 통해 설명해보겠습니다.

- **웹소켓 라우트 생성**: FastAPI 애플리케이션에서 @app.websocket("/ws") 데코레이터를 사용하여 웹소켓 라우트를 생성합니다. 이는 HTTP 라우트와 유사하지만, 웹소켓 연결을 위한 경로를 지정합니다. 클라이언트는 이 경로(/ws)로 웹소켓 연결을 시작합니다.
- **비동기 함수 정의**: 웹소켓 라우트 함수는 async def로 정의합니다. async 키워드는 해당 함수가 비동기로 실행되어야 함을 나타내며, 함수 내부의 비동기 작업들은 await 키워드를 사용하여 호출됩니다. 여기서 websocket: WebSocket은 함수 매개변수로 웹소켓 연결 객체를 타입 힌트와 함께 선언합니다.

- **연결 수립**: 클라이언트의 웹소켓 연결이 요청되면, await websocket.accept()를 사용하여 이를 비동기적으로 수락합니다. 이 await 표현은 연결 수립 과정이 완료될 때까지 함수 실행을 일시 중지합니다.
- **데이터 수신과 송신**: while True 무한 루프 안에서 await websocket.receive_text()를 호출하여 클라이언트로부터 텍스트 메시지를 비동기적으로 수신합니다. 수신된 데이터는 data 변수에 저장되고, 이어서 await websocket.send_text(f"Returned Message: {data} From Server")를 사용하여 수정된 메시지를 클라이언트에게 다시 보냅니다.
- **연결 종료 처리**: 웹소켓 연결이 끊어지면 WebSocketDisconnect 예외가 발생합니다. except WebSocketDisconnect 블록은 이 예외를 잡아 연결 종료 시 수행할 작업을 정의합니다. 이 예제에서는 연결이 끊어졌을 때 콘솔에 메시지를 출력합니다.

웹소켓 라우트를 구현할 때는 연결 관리, 데이터 처리, 예외 처리를 적절히 수행하여 안정적인 양방향 통신 채널을 제공해야 합니다. FastAPI와 함께라면 이러한 웹소켓 기반 통신을 손쉽게 구성할 수 있습니다.

### 테스트 방법

웹소켓 테스트를 위해 다음과 같은 웹페이지 코드를 index.html로 작성합니다. 웹페이지상에서 실시간 전송과 응답을 위해서는 프런트엔드 기술이 필요합니다. 이를 위해 본 코드에서는 자바스크립트를 사용하였습니다.

작성한 index.html 파일은 FastAPI에서 실행하지 않고, 웹 브라우저로 직접 오픈합니다. 이후 <Connect>를 누르고 메시지를 입력한 후 <Send Message>를 누르면, 누를 때마다 서버로부터 받은 응답을 웹페이지에 표시합니다. 이 상태에서 <Disconnect>를 클릭하면 서버와의 접속을 종료합니다.

다음 코드는 자바스크립트의 웹소켓 API를 사용하여 사용자는 버튼 클릭을 통해 서버와의 웹소켓 연결을 생성하고, 메시지를 전송하며, 서버로부터의 응답을 받을 수 있습니다.

```html
<!DOCTYPE html>
<html>
<head>
    <title>WebSocket Test</title>
</head>
<body>
```

```html
<h1>WebSocket Test Page</h1>

<!-- 연결 및 해제 버튼 -->
<button id="connect">Connect</button>
<button id="disconnect" disabled>Disconnect</button>

<!-- 사용자로부터 메시지를 입력받는 필드 -->
<p>Enter your message: <input type="text" id="userMessage"></p>
<button id="sendMessage">Send Message</button>

<!-- 현재 연결 상태와 메시지 로그를 표시 -->
<p>Status: <span id="status">Disconnected</span></p>
<div id="messages"></div>

<script>
    // 웹소켓 객체를 저장할 변수를 선언합니다.
    let websocket;
    // DOM 엘리먼트에 대한 참조를 가져옵니다.
    const statusElement = document.getElementById("status");
    const messagesElement = document.getElementById("messages");
    const userMessageElement = document.getElementById("userMessage");

    // 'Connect' 버튼에 클릭 이벤트 리스너를 추가합니다.
    document.getElementById("connect").addEventListener("click", () => {
        // 웹소켓 인스턴스를 생성하고, 서버의 웹소켓 끝점에 연결합니다.
        websocket = new WebSocket("ws://127.0.0.1:8000/ws");

        // 웹소켓 연결이 성공적으로 열렸을 때 호출됩니다.
        websocket.onopen = (event) => {
            statusElement.innerText = "Connected"; // 상태를 'Connected'로 업데이트합니다.
            document.getElementById("connect").disabled = true; // 연결 버튼을 비활성화합니다.
            document.getElementById("disconnect").disabled = false; // 해제 버튼을 활성화합니다.
        };
```

```javascript
        // 서버로부터 메시지를 받았을 때 호출됩니다.
        websocket.onmessage = (event) => {
            // 메시지 로그에 새로운 메시지를 추가합니다.
            const newMessage = document.createElement("p");
            newMessage.innerText = `Received: ${event.data}`;
            messagesElement.appendChild(newMessage);
        };

        // 웹소켓 연결이 닫혔을 때 호출됩니다.
        websocket.onclose = (event) => {
            statusElement.innerText = "Disconnected"; // 상태를 'Disconnected'로 업데이트합니다.
            document.getElementById("connect").disabled = false; // 연결 버튼을 활성화합니다.
            document.getElementById("disconnect").disabled = true; // 해제 버튼을 비활성화합니다.
        };
    });

    // 'Disconnect' 버튼에 클릭 이벤트 리스너를 추가합니다.
    document.getElementById("disconnect").addEventListener("click", () => {
        // 웹소켓 연결을 닫습니다.
        websocket.close();
    });

    // 'Send Message' 버튼에 클릭 이벤트 리스너를 추가합니다.
    document.getElementById("sendMessage").addEventListener("click", () => {
        // 입력 필드에서 메시지를 가져옵니다.
        const message = userMessageElement.value;
        // 웹소켓을 통해 메시지를 서버로 전송합니다.
        websocket.send(message);

        // 메시지 로그에 전송한 메시지를 추가합니다.
        const sentMessage = document.createElement("p");
        sentMessage.innerText = `Sent: ${message}`;
        messagesElement.appendChild(sentMessage);
    });
</script>
```

```
</body>
</html>
```

## 6.7.2 | 웹소켓 주요 메서드

### 》기본 주요 메서드

- **await websocket.accept()**: 웹소켓 연결 수락

subprotocol: "wamp", "mqtt", "soap" 등 특정한 프로토콜을 수락할 때 사용합니다. 이는 서버와 클라이언트가 통신 방식을 명시하기 위해 사용됩니다.

```
await websocket.accept(subprotocol="wamp")
```

- **await websocket.close()**: 웹소켓 연결 종료
  - **code**: 종료 코드. 가장 일반적인 코드는 1000(정상 종료)

참고로 앞의 예제에서 WebSocket 클래스는 연결이 WebSocketDisconnect 예외를 통해 종료되었을 때 자동으로 close를 호출합니다. 이 예외는 클라이언트가 연결을 끊었을 때 발생합니다. 이때에는 except WebSocketDisconnect: 블록이 호출되면서 자동으로 close가 호출된 상태이므로 별도로 await websocket.close(code=1000)을 호출하면 에러가 날 수 있습니다. 그러나 서버 측에서 연결을 명시적으로 종료하고자 할 때는 await websocket.close(code=1000)을 사용할 수 있습니다. 예를 들어, 특정 조건에서 서버가 연결을 종료하고 싶을 때 이 코드를 사용하여 클라이언트에게 연결이 정상적으로 종료되었음을 알릴 수 있습니다.

```
await websocket.close(code=1000)
```

- **await websocket.receive_text() / await websocket.receive_bytes()**: 텍스트 또는 바이트 메시지 수신
- **await websocket.send_text(data) / await websocket.send_bytes(data)**: 텍스트 또는 바이트 메시지 송신

```
await websocket.send_text("안녕하세요!")
```

- **WebSocketDisconnect**: 연결 끊김 예외 처리

```
from fastapi import WebSocketDisconnect

try:
    data = await websocket.receive_text()
except WebSocketDisconnect:
    print("연결 끊김")
```

## 》 매개변수 처리 간략화

웹소켓 경로에서도 쿼리와 경로 매개변수를 사용할 수 있습니다.

```
@app.websocket("/ws/{room_id}")
async def websocket_endpoint(websocket: WebSocket, room_id: str):
    # 코드 작성
```

websocket.client_state와 websocket.application_state는 웹소켓의 현재 상태를 확인할 때 유용합니다. 이를 통해 연결 상태에 따른 로직을 구현할 수 있습니다.

- **websocket.client_state**: 클라이언트의 웹소켓 연결 상태(e.g. CONNECTED, DISCONNECTED) 반환

```
from fastapi import FastAPI, WebSocket, WebSocketDisconnect

app = FastAPI()

@app.websocket("/ws")
async def websocket_endpoint(websocket: WebSocket):
    await websocket.accept()
    if websocket.client_state == WebSocketState.CONNECTED:
        await websocket.send_text("클라이언트 연결됨")
```

- **websocket.application_state**: 서버의 웹소켓 연결 상태를 반환

```
from fastapi import FastAPI, WebSocket, WebSocketDisconnect

app = FastAPI()

@app.websocket("/ws")
```

```
async def websocket_endpoint(websocket: WebSocket):
    await websocket.accept()
    if websocket.application_state == WebSocketState.CONNECTED:
        await websocket.send_text("애플리케이션 연결됨")
```

WebSocketState는 websockets 라이브러리에 정의된 열거형 값으로, 여기에는 CONNECTED, DISCONNECTED, CONNECTING 등이 있습니다. 이 값을 사용해서 특정 상태일 때의 처리를 합니다. 이러한 상태 정보를 이용하면, 예를 들어 연결이 끊긴 경우 재연결을 시도하는 등의 로직을 구현할 수 있습니다. 이렇게 FastAPI에서 웹소켓을 더 효율적으로 사용할 수 있습니다.

# 7

# FastAPI 확장과 성능 개선

7.1 데이터베이스와 ORM
7.2 인증과 세션
7.3 비동기 처리
7.4 파일 업로드
7.5 캐싱과 미들웨어
7.6 배포
7.7 FastAPI 성능 개선 팁

# 7.1 데이터베이스와 ORM

FastAPI에서는 파이썬의 데이터베이스 관련 라이브러리를 활용해서 데이터베이스를 다룰 수 있습니다. 이 중에서도 가장 많이 사용되는 기능이 객체 관계 매핑(Object-Relational Mapping, ORM) 기능입니다. ORM은 복잡한 SQL 쿼리 대신 객체지향 방식으로 데이터베이스를 조작할 수 있게 해주는 프로그래밍 기법입니다. 이를 통해 개발자는 데이터베이스의 테이블을 마치 파이썬 클래스처럼 다룰 수 있으며, 이러한 접근 방식은 코드의 가독성과 유지보수성을 크게 향상시킵니다.

## 7.1.1 | FastAPI와 MySQL 연동

FastAPI 자체는 특정 ORM을 내장하고 있지 않지만, 파이썬 커뮤니티에서 널리 채택된 SQLAlchemy와 같은 ORM 라이브러리와 매끄럽게 통합됩니다. SQLAlchemy를 사용하면 FastAPI 애플리케이션 내에서 데이터베이스 모델을 정의하고, 이를 통해 데이터베이스 작업을 손쉽게 수행할 수 있습니다.

FastAPI에서 MySQL 데이터베이스에 접속하려면 일반적으로 sqlalchemy 라이브러리와 함께 PyMySQL 라이브러리가 필요합니다.

```
pip install sqlalchemy==1.4.39
pip install pymysql==1.1.0
```

데이터베이스의 테이블을 직접 다루기보다는 프로그래밍 언어를 통해 테이블과 상호작용하는 것이 더 효율적이고 안전합니다. 이런 이유로 ORM이 중요한데, 모델은 이 ORM에서 실제 데이터베이스 테이블을 대표하는 역할을 합니다. 각 모델은 하나의 테이블을 나타내며, 모델의 인스턴스는 테이블의 레코드를 대표합니다.

FastAPI와 SQLAlchemy를 사용하여 데이터베이스 모델을 선언하는 과정은 데이터베이스 테이블의 스키마를 파이썬 클래스로 표현하는 것입니다. 이때, declarative_base() 함수는

SQLAlchemy의 모든 모델이 상속받아야 하는 기본 클래스를 생성합니다. 이 기본 클래스는 SQLAlchemy에게 해당 클래스의 객체들이 데이터베이스 테이블을 어떻게 나타내는지 알려줍니다.

```python
from sqlalchemy import Column, Integer, String
from sqlalchemy.ext.declarative import declarative_base

# declarative_base() 호출을 통해 SQLAlchemy의 기본 클래스를 생성합니다.
Base = declarative_base()

class User(Base):
    # __tablename__ 속성은 이 모델이 데이터베이스에서 사용할 테이블의 이름을
 정의합니다.
    __tablename__ = 'users'

    # 데이터베이스 테이블의 컬럼을 정의합니다.
    # 여기서 id는 정수형 기본 키로 설정되어 있으며, 데이터베이스에서 자동으로
 인덱스가 생성됩니다.
    id = Column(Integer, primary_key=True, index=True)

    # username 필드는 최대 길이가 50인 문자열이고, 각 값이 고유하며 인덱스가
 설정됩니다.
    username = Column(String(50), unique=True, index=True)

    # email 필드는 최대 길이가 120인 문자열입니다.
    email = Column(String(120))

# 이 클래스는 생성된 Base 클래스를 상속받아 SQLAlchemy와의 통합을 완성합니다.
# 이 클래스의 인스턴스는 데이터베이스의 'users' 테이블에 저장될 수 있는 레코드
를 나타냅니다.
```

모델을 선언하는 기본 문법은 다음과 같습니다.

- **_tablename_**: 클래스에 명시적으로 선언하면 실제 데이터베이스에서 사용될 테이블 이름으로 지정됩니다. _tablename_을 선언하지 않을 경우, 클래스 이름의 소문자 변환을 디폴트 테이블 명으로 사용합니다.
- **Column**: 테이블의 컬럼을 나타냅니다. 이 안에는 여러 옵션을 넣을 수 있습니다.
  - **Integer, String**: 데이터 타입을 나타냅니다.

- **primary_key=True**: 해당 컬럼이 기본 키임을 나타냅니다.
- **index=True**: 인덱스를 생성하여 검색 속도를 높입니다.
- **unique=True**: 해당 컬럼의 값이 고유해야 함을 나타냅니다.

Colume에서 사용할 수 있는 옵션은 다음과 같습니다.

- **Data Types**
  - **Integer**: 정수형 데이터
    
    e.g. id = Column(Integer)
  - **String**: 문자열 데이터. String은 문자열 최대 길이를 명시해야 합니다.
    
    e.g. username = Column(String(50))
  - **Boolean**: 참/거짓을 나타내는 불리언형 데이터
    
    e.g. is_active = Column(Boolean)
  - **Float**: 부동소수점 데이터
    
    e.g. grade = Column(Float)
  - **DateTime**: 날짜와 시간
    
    e.g. created_at = Column(DateTime)

- **Primary Key**
  - **primary_key=True**: 해당 필드가 기본 키임을 명시합니다.
    
    e.g. id = Column(Integer, primary_key=True)

- **Index**
  - **index=True**: 이 필드에 인덱스를 생성합니다.
    
    e.g. username = Column(String(50), index=True)

- **Unique**
  - **unique=True**: 이 필드의 값은 고유해야 함을 명시합니다.
    
    e.g. email = Column(String(120), unique=True)

- **Nullable**
  - **nullable=False**: 이 필드는 NULL 값을 허용하지 않습니다.

    e.g. username = Column(String(50), nullable=False)

- **Default Value**
  - **default**: 이 필드의 기본값을 설정합니다.

    e.g. is_active = Column(Boolean, default=True)

- **Auto Increment**
  - **autoincrement=True**: 이 필드의 값을 자동으로 증가시킵니다.

    e.g. id = Column(Integer, autoincrement=True)

- **Foreign Key**
  - **ForeignKey**: 외래 키를 설정합니다.

    e.g. parent_id = Column(Integer, ForeignKey('parents.id'))

- **Comments**
  - **comment**: 이 필드에 설명을 추가합니다.

    e.g. id = Column(Integer, comment="Primary Key")

다음은 복잡한 모델 생성의 예입니다.

```
from sqlalchemy import Column, Integer, String, Boolean,
DateTime, Float, ForeignKey
from sqlalchemy.ext.declarative import declarative_base
from datetime import datetime

# SQLAlchemy에서 모델 클래스의 베이스 클래스를 생성합니다.
Base = declarative_base()

class User(Base):
    # 데이터베이스 테이블 이름을 'users'로 설정합니다.
    __tablename__ = 'users'

    # 'id' 필드는 정수형 기본 키로, 자동 증가를 위한 설정이 추가되어 있습니다.
    id = Column(Integer, primary_key=True, autoincrement=True,
```

```
                        comment="기본 키")

    # 'username' 필드는 최대 길이 50의 문자열로, 고유하며 null 값을 허용하
지 않고, 인덱싱되어 있습니다.
    username = Column(String(50), unique=True, nullable=False,
index=True, comment="사용자 이름")

    # 'email' 필드는 최대 길이 120의 문자열로, 고유하며 null 값을 허용하
지 않습니다.
    email = Column(String(120), unique=True, nullable=False,
comment="이메일 주소")

    # 'is_active' 필드는 불리언 타입으로, 사용자 계정의 활성 상태를 나타냅니
다.
    # 기본값은 True입니다.
    is_active = Column(Boolean, default=True, comment="활성 상태")

    # 'created_at' 필드는 DateTime 타입으로, 레코드 생성 시각을 나타냅니
다.
    # 기본값으로 현재 시각(UTC)이 사용됩니다.
    created_at = Column(DateTime, default=datetime.utcnow,
comment="생성 타임스탬프")

    # 'grade' 필드는 Float 타입으로, 사용자 등급이나 점수 등을 저장할 수 있
습니다.
    grade = Column(Float, comment="사용자 등급")

    # 'parent_id' 필드는 외래 키로, 다른 테이블의 기본 키와 연결됩니다.
    # 여기서는 'parents' 테이블의 'id' 필드를 참조합니다.
    parent_id = Column(Integer, ForeignKey('parents.id'),
comment="상위 ID")
```

이렇게 다양한 옵션을 사용하여 모델을 더 상세하게 설정할 수 있습니다.

이제 기본적인 FastAPI 애플리케이션을 작성하고, SQLAlchemy로 MySQL 데이터베이스에 접속합니다. 우선 MySQL 데이터베이스에서 데이터베이스를 생성해야 합니다. 접속 시 데이터베이스 이름을 요구하기 때문입니다.

다음과 같은 SQL 명령으로 자신의 데이터베이스에 접속하여 데이터베이스를 생성합니다.

백엔드에서는 데이터베이스를 많이 사용하므로 데이터베이스와 SQL 언어에 대해 익숙하지 않다면, 데이터베이스 챕터를 익히기 전 반드시 별도로 정리해야 합니다.

```
CREATE DATABASE db_name;
```

데이터베이스를 생성한 후에는 FastAPI 코드로 다음과 같이 작성합니다. 데이터베이스 연결은 SQLAlchemy 라이브러리의 create_engine() 함수를 사용합니다.

```
from fastapi import FastAPI
from sqlalchemy import create_engine

DATABASE_URL = "mysql+pymysql://username:password@host/db_name"

engine = create_engine(DATABASE_URL)
```

- **from sqlalchemy import create_engine**: create_engine() 함수를 SQLAlchemy 패키지에서 가져옵니다. 이 함수를 사용해 데이터베이스 엔진 객체를 생성합니다.
- **DATABASE_URL**: 이 변수는 실제 데이터베이스에 접속하기 위한 정보를 담고 있습니다.
  - **mysql+pymysql**: 이 부분은 'DBAPI(데이터베이스 API) 구현'을 선택하는 부분입니다. mysql은 사용하려는 데이터베이스의 종류를 나타내며, pymysql은 SQLAlchemy가 실제로 데이터베이스와 통신하는 데 사용할 파이썬 라이브러리입니다. 즉, mysql+pymysql은 SQLAlchemy에게 MySQL을 사용하고, 그 통신에는 PyMySql 라이브러리를 사용하겠다는 의미입니다.
- **username:password**: MySQL 데이터베이스의 사용자 이름과 비밀번호입니다.
- **host**: MySQL 서버의 주소입니다. 로컬에서 실행하는 경우 일반적으로 localhost입니다.
- **db_name**: 접속할 데이터베이스의 이름입니다.
- **engine = create_engine(DATABASE_URL)**: create_engine() 함수는 데이터베이스 엔진을 생성합니다. 이 엔진은 실제로 데이터베이스 작업을 수행할 때 사용됩니다.

```
from fastapi import FastAPI
from sqlalchemy import Column, Integer, String, create_engine
from sqlalchemy.ext.declarative import declarative_base

app = FastAPI()
```

```python
# 데이터베이스 연결 문자열을 설정합니다. 여기서 사용자 이름, 비밀번호, 서버 주
소, 데이터베이스 이름을 자신의 환경에 맞게 변경해야 합니다.
DATABASE_URL = "mysql+pymysql://funcoding:funcoding@localhost/
db_name"  # 본인의 DB 정보로 변경
# SQLAlchemy 엔진 인스턴스를 생성합니다. 이 엔진은 데이터베이스와의 모든 통신
을 관리합니다.
engine = create_engine(DATABASE_URL)

# SQLAlchemy의 declarative_base 함수를 호출하여 기본 클래스를 생성합니다.
# 이 클래스는 모든 모델 클래스의 상위 클래스로 사용됩니다.
Base = declarative_base()

class User(Base):
    # SQLAlchemy 모델을 위한 테이블 이름을 '__tablename__' 속성을 통해
'users'로 설정합니다.
    __tablename__ = 'users'
    # 데이터베이스 테이블의 컬럼을 정의합니다. 여기서는 'id', 'username',
'email' 세 개의 컬럼을 정의하고 있습니다.
    id = Column(Integer, primary_key=True, index=True)  # 'id'
컬럼은 정수 타입의 기본 키이며 인덱스가 생성됩니다.
    username = Column(String(50), unique=True, index=True)  #
'username' 컬럼은 최대 길이 50의 문자열, 고유하고 인덱스가 생성됩니다.
    email = Column(String(120))  # 'email' 컬럼은 최대 길이 120의 문
자열로 정의됩니다.

# 데이터베이스 엔진을 사용하여 데이터베이스에 테이블을 생성합니다.
# 이 코드는 서버 시작 시 데이터베이스에 'users' 테이블이 없으면 새로 생성합니다.
Base.metadata.create_all(bind=engine)

@app.get("/")
def read_root():
    # 루트 경로로 HTTP GET 요청이 오면, "Hello, World!" 메시지를 반환합니다.
    return {"message": "Hello, World!"}

# main.py 로 저장 후 FastAPI 애플리케이션을 실행합니다.
# uvicorn 파일명:app --reload
```

Base.metadata.create_all(bind=engine) 코드는 해당 테이블이 없을 경우 자동으로 생성해 주는 코드로, 개발 시 유용합니다. 실제 운영 환경에서는 해당 테이블이 이미 운영 중일 것이므로 사용하지 않습니다. 구체적인 동작은 다음과 같습니다.

- **테이블이 이미 있을 때**: 코드에 create_all() 함수가 있더라도 아무런 문제가 발생하지 않습니다. 왜냐하면 이 함수는 기존에 테이블이 있다면 그냥 무시하기 때문입니다. 그러나 이미 테이블이 있는 상태에서는 이 코드를 실행할 필요는 없습니다.
- **테이블이 없을 때**: 데이터베이스에 테이블이 없는 초기 상태라면 이 함수를 통해 테이블을 생성합니다.

실행 후 브라우저에서 http://127.0.0.1:8000에 접속하면 "Hello, World!" 메시지를 확인할 수 있으며, MySQL 데이터베이스를 확인하면 접속한 데이터베이스(앞 예제의 경우 db_name)에 users 테이블이 생성된 것을 확인할 수 있습니다.

## 7.1.2 | SQLAlchemy와 CRUD

CRUD 작업은 데이터베이스에서 가장 기본적인 동작입니다. 이를 위해 세션이라는 개념이 중요하게 작용합니다. 세션은 SQLAlchemy에서 데이터베이스와의 모든 상호작용을 관리하는 객체입니다. 즉, 데이터를 생성, 읽기, 수정, 삭제하기 위해서는 세션이 필요합니다. 세션을 통해 실제 데이터베이스에 변화를 주거나 정보를 가져올 수 있습니다.

FastAPI에서 SQLAlchemy와 함께 작업하기 위해서는 Session 객체를 가져와야 합니다. 이 객체를 이용하여 데이터베이스와의 연결을 관리합니다.

```
from sqlalchemy.orm import Session
```

여기서 임포트한 Session은 SQLAlchemy의 일부입니다. 이를 사용하기 위해서는 세션을 초기화해주는 코드가 추가로 필요합니다.

### 》 데이터 입력

우선 코드에 CRUD 중에서 "Create"에 해당하는 부분을 추가해보겠습니다. 크게 FastAPI에서 SQLAlchemy를 사용하여 데이터 입력 등 CRUD를 구현하는 방법은 두 가지 방안이 있습니다.

#### 첫 번째 방안(Depends)

```
from fastapi import FastAPI, Depends
from sqlalchemy.orm import Session
```

```python
from sqlalchemy import Column, Integer, String, create_engine
from sqlalchemy.ext.declarative import declarative_base
from pydantic import BaseModel

# 데이터베이스 설정을 위한 문자열을 정의합니다. 이 문자열에는 사용자 이름, 비밀번호, 서버 주소, 데이터베이스 이름이 포함되어 있습니다.
DATABASE_URL = "mysql+pymysql://funcoding:funcoding@localhost/db_name"  # 사용자의 데이터베이스 정보로 변경해야 합니다.
engine = create_engine(DATABASE_URL)

# SQLAlchemy의 모델 기본 클래스를 선언합니다. 이 클래스를 상속받아 데이터베이스 테이블을 정의할 수 있습니다.
Base = declarative_base()

class User(Base):
    # 'users' 테이블을 정의합니다.
    __tablename__ = 'users'
    # 각 컬럼을 정의합니다. id는 기본 키(primary key)로 설정됩니다.
    id = Column(Integer, primary_key=True, index=True)
    username = Column(String(50), unique=True, index=True)  # 사용자 이름, 중복 불가능하고 인덱싱합니다.
    email = Column(String(120))  # 이메일 주소, 길이는 120자로 제한합니다.

# Pydantic 모델을 정의합니다. 이 모델은 클라이언트로부터 받은 데이터의 유효성을 검사하는 데 사용됩니다.
class UserCreate(BaseModel):
    username: str
    email: str

# 데이터베이스 세션을 생성하고 관리하는 의존성 함수를 정의합니다.
def get_db():
    db = Session(bind=engine)
    try:
        yield db
    finally:
        db.close()

# 데이터베이스 엔진을 사용하여 모델을 기반으로 테이블을 생성합니다.
Base.metadata.create_all(bind=engine)
```

```python
# FastAPI 애플리케이션을 초기화합니다.
app = FastAPI()

@app.get("/")
def read_root():
    # 루트 경로에 접근했을 때 메시지를 반환합니다.
    return {"message": "Hello, World!"}

# 사용자를 생성하는 POST API 엔드포인트를 추가합니다.
@app.post("/users/")
def create_user(user: UserCreate, db: Session = Depends(get_db)):
    # Pydantic 모델을 사용하여 전달받은 데이터의 유효성을 검증하고, 새 User 인스턴스를 생성합니다.
    new_user = User(username=user.username, email=user.email)
    db.add(new_user)   # 생성된 User 인스턴스를 데이터베이스 세션에 추가합니다.
    db.commit()   # 데이터베이스에 대한 변경 사항을 커밋합니다.
    db.refresh(new_user)   # 데이터베이스로부터 새 User 인스턴스의 최신 정보를 가져옵니다.
    # 새로 생성된 사용자의 정보를 반환합니다.
    return {"id": new_user.id, "username": new_user.username, "email": new_user.email}

# 파일명을 main.py로 저장하고 FastAPI 애플리케이션을 실행합니다.
# uvicorn main:app --reload 명령을 사용하여 서버를 시작합니다.
```

## 테스트 방법

POST 메서드이므로 curl 명령으로 테스트합니다. 이 curl 명령은 JSON 형식의 데이터를 POST 요청 바디로 전송하여 새로운 사용자를 생성합니다. 서버는 이 요청을 받고, Pydantic 모델을 통해 유효성을 검사한 후, SQLAlchemy를 사용하여 데이터베이스에 새로운 User 인스턴스를 추가합니다. 성공적으로 사용자가 생성되면 서버는 새로 생성된 사용자의 id, username, email을 JSON 형식으로 응답합니다. 이미 데이터베이스에 동일한 username이 있다면 해당 컬럼이 unique=True로 중복을 허용하지 않으므로, 정상 동작하지 않는다는 점을 유의해야 합니다.

```
curl -X POST "http://127.0.0.1:8000/users/" -H "Content-
Type: application/json" -d "{\"username\":\"newuser\",
\"email\":\"newuser@example.com\"}"
```

다음 예제를 살펴보며 Depends를 사용한 데이터베이스 처리에 대해 알아봅시다.

• **의존성 함수 정의**

```
def get_db():
    db = Session(bind=engine)
    try:
        yield db
    finally:
        db.close()
```

Session 객체를 생성하고, 요청 처리가 끝난 후 자동으로 정리하기 위해 yield를 사용한 get_db() 함수를 정의합니다.

• **Pydantic 모델 정의**

```
class UserCreate(BaseModel):
    username: str
    email: str
```

클라이언트로부터 받은 데이터의 유효성을 검증하기 위해 UserCreate의 Pydantic 모델을 정의합니다. 이는 데이터베이스 처리를 위해 꼭 필요한 단계라기보다는 요청 데이터를 POST 방식으로 받기 위해 작성한 Pydantic 모델입니다.

• **의존성 주입 설정**

```
def create_user(user: UserCreate, db: Session = Depends(get_
db)):
```

create_user() 함수의 첫 번째 매개변수는 클라이언트로부터 전달받은 데이터를 UserCreate 모델로 받도록 설정한 부분입니다. 본 예제에 필요한 부분으로 데이터베이스 처리를 위해 꼭 필요한 작업은 아닙니다.

데이터베이스에 접근해야 하는 API에는 매개변수로 Depends(get_db)를 추가합니다. 위 예제 코드에서도 두 번째 매개변수로 Depends(get_db)를 추가하였습니다.

Depends()의 매개변수로는 정의한 의존성 함수 get_db 함수명을 넣습니다. 해당 함수의 반환값이 Session 객체이므로, 타입 힌트 문법을 적용한다면 타입은 Session으로 작성할 수 있습니다. 결과적으로 앞 코드는 데이터베이스 세션을 임의 변수(db 변수)로 주입합니다.

• **데이터베이스 객체 생성**

```
new_user = User(username=user.username, email=user.email)
```

유효한 데이터를 사용하여 User 모델 인스턴스를 생성합니다.

• **데이터베이스 세션에 객체 추가**

```
db.add(new_user)
```

db.add() 함수를 사용하여 새로 생성된 User 인스턴스를 현재의 데이터베이스 세션에 추가합니다. 이 명령으로 데이터를 해당 테이블 객체에 입력할 수 있습니다.

• **데이터베이스에 커밋**

```
db.commit()
```

테이블 객체의 내용을 변경하면 db.commit()을 호출하여 데이터베이스 세션에 대한 변경 사항을 데이터베이스에 반영하고 저장해야 합니다.

• **객체 정보 갱신**

```
db.refresh(new_user)
```

db.refresh()를 호출하여 데이터베이스에 커밋된 새로운 User 인스턴스(테이블 객체)의 정보를 최신 상태로 갱신합니다.

• **응답 생성 및 반환**

```
return {"id": new_user.id, "username": new_user.username,
"email": new_user.email}
```

마지막으로, 생성된 사용자의 id, username, email을 딕셔너리 형태로 만들어 JSON 형식으로 클라이언트에게 반환합니다.

이 과정을 통해 각 요청의 라이프사이클 동안 데이터베이스 세션을 효율적으로 관리할 수 있으며, Pydantic 모델을 사용한 데이터 유효성 검증 및 SQLAlchemy 모델을 통한 데이터베이스 작업을 수행할 수 있습니다. Depends를 통해 주입된 get_db() 함수는 데이터베이스 연결을 유지하고, 모든 처리가 완료된 후에는 해당 연결을 안전하게 종료합니다.

### 두 번째 방안(sessionmaker)

```
from fastapi import FastAPI
from sqlalchemy import Column, Integer, String, create_engine
from sqlalchemy.ext.declarative import declarative_base
from sqlalchemy.orm import sessionmaker
from pydantic import BaseModel

# FastAPI 애플리케이션 인스턴스를 생성하여 애플리케이션을 초기화합니다.
app = FastAPI()

# 데이터베이스 연결 설정으로,
# 실제 애플리케이션에서는 이 부분을 사용자의 데이터베이스 정보로 교체해야 합니다.
DATABASE_URL = "mysql+pymysql://funcoding:funcoding@localhost/dbname"
engine = create_engine(DATABASE_URL)  # SQLAlchemy 엔진 인스턴스를 생성합니다.

# SessionLocal 인스턴스를 생성하기 위한 factory를 정의합니다.
# autocommit과 autoflush를 False로 설정하여,
# 데이터베이스 세션 관리를 더욱 세밀하게 제어할 수 있습니다.
SessionLocal = sessionmaker(autocommit=False, autoflush=False, bind=engine)

# SQLAlchemy의 Base 클래스를 상속받아 모델의 기본 클래스를 생성합니다.
Base = declarative_base()

# User 모델을 정의합니다. 이 클래스는 데이터베이스의 'users' 테이블에 매핑됩니다.
class User(Base):
    __tablename__ = 'users'  # 데이터베이스의 테이블 이름을 지정합니다.
    id = Column(Integer, primary_key=True, index=True)  # 사용자의 ID로, 기본 키로 설정됩니다.
    username = Column(String(50), unique=True, index=True)  # 사
```

용자명은 최대 50자로, 고유해야 합니다.
    email = Column(String(120))  # 사용자의 이메일 주소로, 최대 120자까지 허용됩니다.

# Pydantic 모델을 정의합니다. 이 모델은 클라이언트로부터 받은 데이터의 유효성을 검사하는 데 사용됩니다.
class UserCreate(BaseModel):
    username: str
    email: str

# SQLAlchemy를 사용하여 데이터베이스에 테이블을 생성합니다.
# 만약 테이블이 이미 존재한다면, 아무런 작업도 수행하지 않습니다.
Base.metadata.create_all(bind=engine)

# '/users/' 경로에 POST 요청을 받는 엔드포인트를 생성합니다.
# 이 함수는 새로운 사용자를 생성하고 데이터베이스에 저장하는 역할을 합니다.
@app.post("/users/")
def create_user(user: UserCreate):
    # SessionLocal()을 호출하여 데이터베이스 세션을 생성합니다.
    db = SessionLocal()
    # User 인스턴스를 생성하고 초기화합니다.
    db_user = User(username=user.username, email=user.email)
    # 세션에 User 인스턴스를 추가합니다.
    db.add(db_user)
    # 변경 사항을 데이터베이스에 커밋합니다.
    db.commit()
    # 커밋된 User 인스턴스의 최신 정보를 데이터베이스로부터 불러옵니다.
    db.refresh(db_user)
    # 데이터베이스 작업이 끝났으므로 세션을 닫습니다.
    db.close()
    # 생성된 사용자의 정보를 JSON 형식으로 반환합니다.
    return {"id": db_user.id, "username": db_user.username, "email": db_user.email}

# 이 파일을 main.py로 저장하고, FastAPI 애플리케이션을 실행합니다.
# 터미널에서 'uvicorn main:app --reload' 명령을 사용하여 서버를 시작할 수 있습니다.

**테스트 방법**

테스트 방법은 첫 번째 예제와 같습니다.

```
curl -X POST "http://127.0.0.1:8000/users/" -H "Content-
Type: application/json" -d "{\"username\":\"newuser\",
\"email\":\"newuser@example.com\"}"
```

- 세션 설정

```
SessionLocal = sessionmaker(autocommit=False, autoflush=False,
bind=engine)
```

위 코드에서 SessionLocal은 sessionmaker() 함수를 통해 정의된 SQLAlchemy 세션의 인스턴스를 생성하는 팩토리(facotry)입니다. 팩토리란 간단히 말해 객체를 생성하는 객체 또는 함수를 말합니다. 여기서의 팩토리는 데이터베이스 세션 객체를 생성하는 역할을 합니다.

참고로, 팩토리 패턴은 소프트웨어 디자인 패턴 중 하나로, 객체의 생성 과정을 캡슐화합니다. 이 패턴은 특히 객체 생성 로직이 복잡하거나 객체를 생성할 때 다양한 옵션을 제공해야 할 때 유용합니다. sessionmaker()는 SQLAlchemy에서 팩토리 패턴의 한 예로, 데이터베이스 세션을 생성할 때 일련의 설정을 받아 이를 반영한 세션 객체를 생성합니다.

세션 설정의 옵션은 다음과 같습니다.

- **autocommit=False**: 이 옵션은 각 트랜잭션이 자동으로 커밋되지 않도록 합니다. 이렇게 설정하면 개발자가 데이터베이스에 영구적으로 변경 사항을 적용하기 위해 명시적으로 commit()을 호출해야 합니다.
- **autoflush=False**: 이 옵션은 세션의 변경 사항을 데이터베이스와 자동으로 동기화하지 않게 합니다. 즉, flush()를 호출하지 않으면 변경 사항이 데이터베이스에 반영되지 않습니다. 이는 개발자가 데이터베이스와의 동기화 타이밍을 제어할 수 있게 해줍니다.
- **bind=engine**: 이 옵션은 생성된 세션을 구성에 사용된 engine에 연결합니다. 데이터베이스 엔진은 SQL을 실행하고 결과를 가져오는 데 사용되는 핵심 구성 요소로, 세션은 이 엔진을 통해 데이터베이스와 통신합니다.

이러한 설정을 통해 SessionLocal 팩토리는 애플리케이션 전반에 걸쳐 일관된 방식으로 데이터베이스 세션을 생성하고 관리할 수 있도록 해줍니다. 개발자는 SessionLocal 인스턴스를 사용하여 데이터베이스 세션을 생성하고, 이 세션을 통해 데이터베이스 트랜잭션을 수행합니다. 이 방식은 코드의 중복을 줄이고, 세션 생성과 관련된 설정을 한곳에서 관리할 수 있게 해주어 애플리케이션의 유지보수성을 향상시킵니다.

다음 코드 블록은 사용자 데이터를 생성하고 데이터베이스에 저장하는 API 엔드포인트를 정의합니다.

```
@app.post("/users/")
def create_user(user: UserCreate):
    db = SessionLocal()
    db_user = User(username=user.username, email=user.email)
    db.add(db_user)
    db.commit()
    db.refresh(db_user)
    db.close()
    return {"id": db_user.id, "username": db_user.username, "email": db_user.email}
```

SessionLocal()을 통해 생성된 세션을 사용하여 데이터베이스 트랜잭션을 시작하고, 세션을 통해 객체를 추가, 커밋, 갱신하며 마지막으로 세션을 종료합니다.

- **@app.post("/users/")**: POST 요청을 처리하는 라우터입니다.
- **db = SessionLocal()**: 새로운 세션을 생성합니다.
- **db_user = User(username=username, email=email)**: 새로운 User 객체를 생성합니다.
- **db.add(db_user)**: 생성한 객체를 데이터베이스에 추가합니다.
- **db.commit()**: 데이터베이스에 변경 사항을 커밋합니다.
- **db.refresh(db_user)**: 실제 데이터베이스의 데이터로 객체를 업데이트합니다.
- **db.close()**: 세션을 닫습니다.

Depends를 사용했을 때와 달리 sessionmaker()는 db.close()를 통해 데이터베이스 세션을 명시적으로 닫아줘야 합니다. 세션을 닫지 않으면 리소스 누수가 발생할 수 있으니 주의해야 합니다.

sessionmaker() 함수에서 사용되는 각 옵션은 세션의 행동을 결정하는 중요한 역할을 하며, 이들 각각에는 기본값이 있습니다. 이 설정들은 SQLAlchemy 세션의 동작 방식에 직접적인 영향을 미치고, 결국 데이터베이스와의 모든 CRUD 작업에 영향을 줍니다.

- **autocommit**: 기본값은 False입니다. 이 옵션을 True로 설정하면 세션에서 이루어진 모든 변경 사항이 자동으로 커밋됩니다. 하지만 False로 설정되어 있을 때는 개발자가 직접 commit() 메서드를 호출해야만 트랜잭션 내의 변경 사항들이 데이터베이스에 커밋됩니다.
- **autoflush**: 기본값은 True입니다. 이 옵션을 False로 설정하면 flush()를 수동으로 호출해야만 세션의 변경 사항들이 데이터베이스에 동기화됩니다. True로 설정되어 있을 때는 쿼리 실행 또는 트랜잭션의 커밋 같은 특정 작업이 발생할 때 자동으로 동기화가 이루어집니다.
- **bind**: 기본적으로 None으로 설정되어 있습니다. bind 옵션에 engine을 제공하면, 해당 세션 인스턴스는 제공된 엔진을 사용하여 데이터베이스와 통신합니다. 세션은 이 엔진을 사용하여 데이터베이스에 연결하고 SQL문을 실행합니다.

이러한 옵션들은 세션의 트랜잭션 관리와 데이터베이스와의 상호작용을 제어하는 데 중요한 역할을 합니다. 특히 autocommit과 autoflush 설정은 세션 동작의 미묘한 측면들을 조정하여 데이터베이스의 일관성과 트랜잭션의 원자성을 관리하는 데 도움을 줍니다. 따라서 개발자는 애플리케이션의 요구 사항에 맞게 이 설정들을 조정할 수 있어야 하며, 각 설정의 기본값과 그것이 어떻게 세션의 동작에 영향을 미치는지 이해하는 것이 중요합니다.

sessionmaker() 설정에 따라 CRUD 중 Create 부분의 코드는 다음과 같이 영향을 받습니다.

- **세션 생성**

```
db = SessionLocal()
```

SessionLocal() 호출은 위에서 정의된 설정을 바탕으로 새로운 세션을 생성합니다.

- **새 객체 추가**

```
db_user = User(username=username, email=email)
db.add(db_user)
```

새 User 객체를 생성하고, 이를 세션에 추가합니다. autoflush=False 설정으로 인해 이 시점에서 데이터베이스와 동기화되지 않습니다.

• 변경 사항 커밋

```
db.commit()
```

commit 호출은 트랜잭션 내의 모든 변경 사항을 데이터베이스에 영구적으로 기록합니다. autocommit=False 설정 때문에 이 메서드를 호출하기 전까지는 데이터베이스에 어떤 변경 사항도 반영되지 않습니다.

• 객체 갱신

```
db.refresh(db_user)
```

커밋 후 refresh() 메서드를 사용하여 데이터베이스로부터 객체의 최신 상태를 가져옵니다. 이는 commit이 발생한 후 객체의 식별자나 기본 키가 할당된 경우에 유용합니다.

• 세션 종료

```
db.close()
```

Close() 메서드는 사용된 세션을 종료하고 연결된 리소스를 해제합니다. 세션을 명시적으로 닫음으로써 리소스 누수를 방지할 수 있습니다.

- 만약 autocommit=True로 설정되면 db.commit() 호출 없이도 세션의 변경 사항이 자동으로 커밋됩니다. 이 경우, 코드에서 db.commit() 호출을 생략할 수 있습니다.
- autoflush=True로 설정되면 db.add(db_user) 후 세션의 변경 사항이 즉시 데이터베이스에 반영됩니다. 이 경우, db.flush() 호출을 생략할 수 있습니다.

물론, 일반적으로 flush() 메서드를 명시적으로 호출하지는 않습니다. commit()은 flush()를 내부적으로 호출하여 데이터베이스와 동기화한 다음, 변경 사항을 데이터베이스에 영구적으로 적용합니다. 따라서 일반적인 사용에서는 flush()를 직접 호출할 필요가 없으며, commit()을 사용하여 데이터베이스 트랜잭션을 완료합니다.

flush()는 세션의 현재 상태를 데이터베이스에 동기화시키지만, 이 변경 사항들을 영구적으로 만들지는 않습니다. 즉, flush()는 데이터베이스 트랜잭션의 내용을 데이터베이스에 반영하되 이 트랜잭션을 커밋하지는 않습니다.

commit()은 변경 사항을 데이터베이스에 영구적으로 반영하기 위해 필요하며, autoflush

설정에 상관없이 명시적으로 호출되어야 합니다. 반면에 refresh()는 commit() 이후에 사용되며, 데이터베이스에 이미 커밋된 데이터를 기반으로 세션 내의 객체를 최신 상태로 업데이트하는 데 사용됩니다.

- **flush()**: 세션의 변경 사항을 데이터베이스와 동기화합니다(트랜잭션은 여전히 개방 상태임).
- **commit()**: 트랜잭션을 종료하고 변경 사항을 데이터베이스에 영구적으로 반영합니다.
- **refresh()**: 커밋된 변경 사항을 기반으로 세션 내의 객체를 최신 상태로 업데이트합니다.

autoflush=True 설정 시, flush()를 명시적으로 호출하지 않아도 세션에서 객체를 추가하거나 변경할 때마다 자동으로 동기화가 발생합니다. 그러나 이 동기화된 상태는 commit()을 호출해야만 영구적으로 데이터베이스에 저장됩니다.

위의 설정과 코드는 데이터베이스 작업을 세심하게 제어하려는 경우에 적합합니다. 세션의 수동 관리는 보다 명확한 트랜잭션 경계를 제공하고, 동시에 데이터베이스 무결성을 유지하는 데 도움을 줍니다.

두 방법 모두 FastAPI와 SQLAlchemy를 사용해 CRUD의 'Create' 부분을 구현하고 있지만, 주된 차이점은 다음과 같습니다.

### 첫 번째 방안

- **세션 관리**: Depends를 이용해 세션을 생성하고 닫는 get_db() 함수를 정의합니다. 이를 통해 각 요청에 대한 DB 세션을 자동으로 관리합니다.

### 두 번째 방안

- **세션 생성과 종료**: 각 요청에서 명시적으로 sessionmaker()를 호출하여 세션을 생성하고, 작업이 끝난 후 db.close()로 세션을 직접 닫아서 DB 세션을 관리합니다.

상황과 필요에 따라 기준을 세워 적절한 방법을 선택하는 것이 중요합니다.

- **자원 관리**: 첫 번째 예제의 Depends를 사용하는 방법이 자원을 더 효율적으로 관리할 수 있습니다. FastAPI가 세션의 라이프사이클을 자동으로 관리하기 때문에 개발자가 세션을 명시적으로 닫을 필요가 없습니다.
- **재사용성**: 첫 번째 예제에서는 get_db() 함수를 다른 경로에서도 재사용할 수 있습니다. 이는 코드의 재사용성을 높여줍니다.

- **명시성**: 두 번째 예제에서는 세션의 생성과 종료가 명시적으로 이루어집니다. 이 방법은 코드를 읽는 사람이 세션의 라이프사이클을 명확하게 알 수 있게 해줍니다.
- **에러 핸들링**: 두 번째 예제에서는 세션을 명시적으로 닫아주기 때문에 예외 상황에서 세션을 닫는 것을 놓칠 위험이 있습니다.

종합적으로 보면, 첫 번째 예제의 방식이 세션 관리와 재사용성 면에서 더 우수하다고 볼 수 있습니다. 하지만 두 번째 방식도 명시성이 높고, 간단한 애플리케이션에서는 충분히 유용할 수 있습니다.

## 》 데이터 검색

기존 코드에 데이터를 읽는 기능을 넣습니다.

```python
from fastapi import FastAPI, Depends
from sqlalchemy.orm import Session
from sqlalchemy import Column, Integer, String, create_engine
from sqlalchemy.ext.declarative import declarative_base

# DB 설정
DATABASE_URL = "mysql+pymysql://funcoding:funcoding@localhost/dbname"  # 본인의 DB 정보로 변경
engine = create_engine(DATABASE_URL)

# SQLAlchemy 모델
Base = declarative_base()

class User(Base):
    __tablename__ = 'users'
    id = Column(Integer, primary_key=True, index=True)
    username = Column(String(50), unique=True, index=True)  # 길이를 50으로 설정
    email = Column(String(120))  # 길이를 120으로 설정

# Session 초기화 의존성
def get_db():
    db = Session(bind=engine)
    try:
        yield db
```

```python
    finally:
        db.close()

# DB에 테이블 생성
Base.metadata.create_all(bind=engine)

# FastAPI 애플리케이션 초기화
app = FastAPI()

@app.get("/")
def read_root():
    return {"message": "Hello, World!"}

# Create 부분 추가
@app.post("/users/")
def create_user(username: str, email: str, db: Session = 
Depends(get_db)):
    new_user = User(username=username, email=email)
    db.add(new_user)
    db.commit()
    db.refresh(new_user)
    return {"id": new_user.id, "username": new_user.username, 
"email": new_user.email}

@app.get("/users/{user_id}")
def read_user(user_id: int, db: Session = Depends(get_db)):
    db_user = db.query(User).filter(User.id == user_id).first()
    if db_user is None:
        return {"error": "User not found"}
    return {"id": db_user.id, "username": db_user.username, 
"email": db_user.email}
```

### 테스트 방법

다음 명령을 실행하면 새로운 사용자가 생성되고, 그 사용자의 id, username, email 정보가 JSON 형태로 반환됩니다.

```
curl -X POST "http://127.0.0.1:8000/users/" -H "Content-
Type: application/json" -d "{\"username\":\"newuser1\",
\"email\":\"newuser1@example.com\"}"
```

1. 사용자 생성 명령의 결과에서 id값을 확인한 후,

```
{"id":2,"username":"newuser1","email":"newuser1@example.com"}
```

2. 해당 id값으로 다음과 같이 조회하면,

```
curl -X 'GET' "http://127.0.0.1:8000/users/2" -H "accept: application/json"
```

3. 해당 사용자의 정보가 JSON 형태로 반환됩니다.

4. 만약 해당 id를 가진 사용자가 없다면, {"error": "User not found"}라는 메시지가 반환됩니다. 존재하는 사용자를 데이터베이스에서 찾아 반환하는 함수를 추가해보겠습니다.

```
@app.get("/users/{user_id}")
def read_user(user_id: int, db: Session = Depends(get_db)):
    db_user = db.query(User).filter(User.id == user_id).first()
    if db_user is None:
        return {"error": "User not found"}
    return {"id": db_user.id, "username": db_user.username, "email": db_user.email}
```

다음은 HTTP GET 요청을 /users/{user_id} URL에 매핑합니다. {user_id}는 URL에서 동적으로 가져올 사용자의 ID를 의미합니다.

```
@app.get("/users/{user_id}")
```

다음은 db.query(User)는 User 테이블에 쿼리를 수행하기 위한 준비입니다.

```
db_user = db.query(User).filter(User.id == user_id).first()
```

.filter(User.id == user_id)는 User.id가 URL에서 가져온 user_id와 일치하는 데이터를 찾습니다. .first()는 쿼리의 결과 중 첫 번째 레코드만 가져옵니다. 없으면 None을 반환합니다.

만약 db_user가 None이면, 즉 사용자가 없으면 에러 메시지를 반환합니다. 사용자가 있으면 해당 사용자의 정보를 JSON 형태로 반환합니다.

```
if db_user is None:
    return {"error": "User not found"}
```

```
return {"id": db_user.id, "username": db_user.username, "email":
db_user.email}
```

이렇게 해서 CRUD 중 Read 부분을 FastAPI와 SQLAlchemy로 구현하는 방법을 알아봤습니다.

- **HTTP GET**: 정보를 조회할 때 주로 사용하는 HTTP 메서드입니다.
- **Path Parameter**: URL의 일부인 {user_id}는 경로 매개변수로, 동적 값입니다.
- **SQLAlchemy Query**: db.query().filter().first()는 SQLAlchemy를 사용하여 데이터를 조회하는 기본적인 패턴입니다.

db.query()를 이용한 다양한 SQLAlchemy 문법에 대해서 알아보겠습니다. User 클래스를 기반으로 한 줄의 예시 코드와 함께 각 문법을 살펴보겠습니다. 다음과 같이 db.query() 함수를 사용하여 다양한 데이터베이스 연산을 수행할 수 있습니다.

- **모든 컬럼 선택**: 모든 컬럼을 선택합니다.

```
users = db.query(User).all()
```

- **특정 컬럼 선택**: 특정 컬럼만 선택합니다.

```
usernames = db.query(User.username).all()
```

- **데이터 필터링(filtering)**: 조건에 맞는 데이터를 필터링합니다.

```
user = db.query(User).filter(User.username == 'john').first()
```

- **필터 연결(chaining filters)**: 여러 필터를 연결합니다.

```
user = db.query(User).filter(User.username == 'john').filter(User.
email == 'john@gmail.com').first()
```

- **결과 정렬(ordering)**: 결과를 정렬합니다.

```
users = db.query(User).order_by(User.username).all()
```

- **결과 제한(limiting)**: 결과 개수를 제한합니다.

```
users = db.query(User).limit(5).all()
```

- **결과 건너뛰기(offset)**: 시작점을 지정하여 결과를 건너뜁니다.

```
users = db.query(User).offset(2).all()
```

- **결과 개수 세기(counting)**: 결과의 개수를 세어 반환합니다.

```
count = db.query(User).count()
```

- **그룹핑(grouping)**: 특정 컬럼 기준으로 그룹핑합니다.

```
from sqlalchemy import func
grouped = db.query(User.username, func.count(User.username)).
group_by(User.username).all()
```

- **조건적 그룹핑(having)**: 그룹핑 후 조건을 적용합니다.

```
from sqlalchemy import func
grouped = db.query(User.username, func.count(User.username)).
group_by(User.username).having(func.count(User.username) >
1).all()
```

- **조인(joins)**: 다른 테이블과 조인합니다.(가정: Address라는 다른 테이블이 있을 때)

```
from models import Address   # 가정
result = db.query(User, Address).filter(User.id == Address.user_
id).all()
```

## 》데이터 수정

기존 코드에 데이터를 수정하는 기능을 넣습니다.

```
from fastapi import FastAPI, Depends
from sqlalchemy.orm import Session
from sqlalchemy import Column, Integer, String, create_engine
from sqlalchemy.ext.declarative import declarative_base
from pydantic import BaseModel
from typing import Optional

DATABASE_URL = "mysql+pymysql://funcoding:funcoding@localhost/
db_name"   # 사용자의 데이터베이스 정보로 변경해야 합니다.
engine = create_engine(DATABASE_URL)
```

```python
Base = declarative_base()

class User(Base):
    __tablename__ = 'users'
    id = Column(Integer, primary_key=True, index=True)
    username = Column(String(50), unique=True, index=True)  # 사
용자 이름, 중복 불가능하고 인덱싱합니다.
    email = Column(String(120))  # 이메일 주소, 길이는 120자로 제한합니
다.

class UserCreate(BaseModel):
    username: str
    email: str

def get_db():
    db = Session(bind=engine)
    try:
        yield db
    finally:
        db.close()

Base.metadata.create_all(bind=engine)

app = FastAPI()

@app.get("/")
def read_root():
    return {"message": "Hello, World!"}

@app.post("/users/")
def create_user(user: UserCreate, db: Session = Depends(get_db)):
    new_user = User(username=user.username, email=user.email)
    db.add(new_user)
    db.commit()
    db.refresh(new_user)
    return {"id": new_user.id, "username": new_user.username, "email": new_user.email}
```

```python
@app.get("/users/{user_id}")
def read_user(user_id: int, db: Session = Depends(get_db)):
    db_user = db.query(User).filter(User.id == user_id).first()
    if db_user is None:
        return {"error": "User not found"}
    return {"id": db_user.id, "username": db_user.username, "email": db_user.email}

class UserUpdate(BaseModel):
    username: Optional[str] = None
    email: Optional[str] = None

# Update 부분
@app.put("/users/{user_id}")
def update_user(user_id: int, user: UserUpdate, db: Session = Depends(get_db)):
    db_user = db.query(User).filter(User.id == user_id).first()
    if db_user is None:
        return {"error": "User not found"}

    if user.username is not None:
        db_user.username = user.username
    if user.email is not None:
        db_user.email = user.email

    db.commit()
    db.refresh(db_user)
    return {"id": db_user.id, "username": db_user.username, "email": db_user.email}

# 파일명을 main.py로 저장하고 FastAPI 애플리케이션을 실행합니다.
# uvicorn main:app --reload 명령을 사용하여 서버를 시작합니다.
```

UserCreate 모델은 사용자 생성 시 사용되는 Pydantic 모델입니다. 하지만 사용자 데이터를 업데이트할 때는 모든 필드가 필수가 아닐 수 있습니다. 예를 들어, 사용자가 username만 업데이트하고 싶거나 email만 변경하고 싶은 경우가 있을 수 있습니다. 이 경우, UserCreate 모델을 사용하는 것보다는 모든 필드가 선택적인 별도의 Pydantic 모델을 사용하는 것이 더 적합합니다.

따라서 UserUpdate 모델을 새로 작성합니다. 이 새로운 모델은 모든 필드를 선택적으로 만들어 사용자가 일부 정보만 업데이트할 수 있게 해줍니다. 필드의 기본값을 None으로 설정하여 필드가 제공되지 않은 경우 업데이트를 건너뛰도록 합니다.

```python
from typing import Optional

class UserUpdate(BaseModel):
    username: Optional[str] = None
    email: Optional[str] = None
```

Optional을 사용하면 해당 필드가 요청에 포함되지 않을 수 있음을 의미합니다. None이 기본값으로 설정된 경우, 클라이언트가 해당 필드를 JSON 요청 바디에 포함시키지 않으면 해당 필드는 업데이트되지 않습니다.

### 테스트 방법

1. 사용자 데이터 수정

다음 명령어는 id가 1인 사용자의 username과 email을 각각 new_username과 new_email로 수정합니다. 해당 명령을 기반으로 각 데이터베이스 입력 데이터에 맞게 curl 명령을 수정해야 합니다.

```
curl -X PUT "http://localhost:8000/users/1" -H "Content-Type: application/json" -d "{\"username\":\"newusername\",\"email\":\"newemail@example.com\"}"
```

2. username만 수정

```
curl -X PUT "http://127.0.0.1:8000/users/1" -H "Content-Type: application/json" -d "{\"username\":\"new_username\"}"
```

이 경우, username만 새로운 값으로 수정되고 email은 그대로 남습니다.

3. email만 수정

```
curl -X PUT "http://127.0.0.1:8000/users/1" -H "Content-Type: application/json" -d "{\"email\":\"new_email@example.com\"}"
```

여기서는 email만 새로운 값으로 수정되고 username은 그대로 남습니다.

데이터 수정 코드만 조금 더 자세히 살펴봅시다.

```python
@app.put("/users/{user_id}")
def update_user(user_id: int, user: UserUpdate, db: Session =
Depends(get_db)):
    db_user = db.query(User).filter(User.id == user_id).first()
    if db_user is None:
        return {"error": "User not found"}

    if user.username is not None:
        db_user.username = user.username
    if user.email is not None:
        db_user.email = user.email

    db.commit()
    db.refresh(db_user)
    return {"id": db_user.id, "username": db_user.username,
"email": db_user.email}
```

- @app.put("/users/{user_id}")
  - @app.put: 이 데코레이터는 FastAPI에게 해당 함수가 HTTP PUT 메서드 요청을 처리하도록 지시합니다.
  - "/users/{user_id}": 경로 연산자에 포함된 변수 user_id는 URL 경로를 통해 클라이언트로부터 전달받으며, 해당 사용자의 데이터를 식별하는 데 사용됩니다.

- update_user() 함수의 매개변수
  - user_id: int: 경로에서 추출된 사용자 식별자로, 데이터베이스의 해당 사용자를 찾는 데 사용됩니다.
  - user: UserUpdate: 요청 바디에서 받은 UserUpdate 모델의 인스턴스입니다. 이 인스턴스는 수정하고자 하는 사용자의 새로운 데이터를 포함합니다.
  - db: Session = Depends(get_db): Depends를 통해 의존성 주입이 이루어지며, get_db() 함수로부터 Session 객체를 가져옵니다. 이 세션은 데이터베이스와의 모든 상호작용을 처리합니다.

- 함수 내부 로직
  - db.query(User).filter(User.id == user_id).first(): 데이터베이스 쿼리를 통해 주어진 user_id

를 가진 User 객체를 검색합니다. first() 메서드는 조건에 맞는 첫 번째 객체를 반환하거나 없을 경우 None을 반환합니다.

- **if db_user is None**: 쿼리 결과가 None이면 사용자를 찾을 수 없다는 에러 메시지를 반환합니다.
- **if user.username is not None**: 제공된 UserUpdate 모델 인스턴스에 username이 설정되어 있으면 데이터베이스의 사용자 객체에 해당 값을 할당합니다.
- **if user.email is not None**: email 필드도 마찬가지로, 설정된 경우에만 데이터베이스 객체를 업데이트합니다.
- **db.commit()**: 세션에 대한 모든 변경 사항을 커밋하여 데이터베이스에 반영합니다.
- **db.refresh(db_user)**: 변경 사항을 데이터베이스로부터 새로고침하여 db_user 객체가 최신 상태를 반영하도록 합니다.
- 마지막으로 수정된 사용자 정보를 클라이언트에 반환합니다.

이 과정을 통해 사용자는 필요에 따라 username, email 또는 둘 다를 선택적으로 업데이트할 수 있습니다. 이는 효율적인 데이터 관리를 가능하게 하며, API 사용자에게 더 큰 유연성을 제공합니다.

참고로, HTTP 메서드와 CRUD(Create, Read, Update, Delete) 연산은 상호 매핑될 수 있습니다. 일반적인 매핑은 다음과 같습니다.

- **GET**: Read 연산. 리소스를 조회합니다.
- **POST**: Create 연산. 새로운 리소스를 생성합니다.
- **PUT**: Update 연산. 리소스의 전체를 갱신합니다.
- **PATCH**: Update 연산. 리소스의 일부를 갱신합니다.
- **DELETE**: Delete 연산. 리소스를 삭제합니다.

물론, 꼭 CRUD 연산에 따라 매칭되는 HTTP 메서드를 사용할 필요는 없습니다. 기본적으로는 HTTP 메서드 중 GET, DELETE, PUT 같은 메서드는 일반적으로 URL에 매개변수를 붙여서 데이터를 전달합니다. 또 메서드가 각 기능 구현에 영향을 미치지는 않습니다. 따라서 보안에 민감한 정보는 POST로, 그 외는 GET 메서드를 사용하는 것도 하나의 방법입니다. 프로그램별 상황과 요구 사항에 따라 가장 적합한 것을 선택하는 것이 중요합니다.

## 》 데이터 삭제

기존 코드에 데이터를 삭제하는 기능을 넣고, 관련 문법을 정리합니다.

```python
from fastapi import FastAPI, Depends
from sqlalchemy.orm import Session
from sqlalchemy import Column, Integer, String, create_engine
from sqlalchemy.ext.declarative import declarative_base
from pydantic import BaseModel
from typing import Optional

DATABASE_URL = "mysql+pymysql://funcoding:funcoding@localhost/db_name"  # 사용자의 데이터베이스 정보로 변경해야 합니다.
engine = create_engine(DATABASE_URL)


Base = declarative_base()

class User(Base):
    __tablename__ = 'users'
    id = Column(Integer, primary_key=True, index=True)
    username = Column(String(50), unique=True, index=True)  # 사용자 이름, 중복 불가능하고 인덱싱합니다.
    email = Column(String(120))  # 이메일 주소, 길이는 120자로 제한합니다.

class UserCreate(BaseModel):
    username: str
    email: str

def get_db():
    db = Session(bind=engine)
    try:
        yield db
    finally:
        db.close()

Base.metadata.create_all(bind=engine)

app = FastAPI()
```

```python
@app.get("/")
def read_root():
    return {"message": "Hello, World!"}

@app.post("/users/")
def create_user(user: UserCreate, db: Session = Depends(get_db)):
    new_user = User(username=user.username, email=user.email)
    db.add(new_user)
    db.commit()
    db.refresh(new_user)
    return {"id": new_user.id, "username": new_user.username, "email": new_user.email}

@app.get("/users/{user_id}")
def read_user(user_id: int, db: Session = Depends(get_db)):
    db_user = db.query(User).filter(User.id == user_id).first()
    if db_user is None:
        return {"error": "User not found"}
    return {"id": db_user.id, "username": db_user.username, "email": db_user.email}

class UserUpdate(BaseModel):
    username: Optional[str] = None
    email: Optional[str] = None


@app.put("/users/{user_id}")
def update_user(user_id: int, user: UserUpdate, db: Session = Depends(get_db)):
    db_user = db.query(User).filter(User.id == user_id).first()
    if db_user is None:
        return {"error": "User not found"}

    if user.username is not None:
        db_user.username = user.username
    if user.email is not None:
        db_user.email = user.email
```

```
    db.commit()
    db.refresh(db_user)
    return {"id": db_user.id, "username": db_user.username,
"email": db_user.email}

# Delete 부분
@app.delete("/users/{user_id}")
def delete_user(user_id: int, db: Session = Depends(get_db)):
    db_user = db.query(User).filter(User.id == user_id).first()
    if db_user is None:
        return {"error": "사용자를 찾을 수 없습니다"}
    db.delete(db_user)
    db.commit()
    return {"message": "사용자가 성공적으로 삭제되었습니다"}


# 파일명을 main.py로 저장하고 FastAPI 애플리케이션을 실행합니다.
# uvicorn main:app --reload 명령을 사용하여 서버를 시작합니다.
```

사용자를 삭제하는 기능을 추가하려면 FastAPI 애플리케이션에 DELETE 엔드포인트를 정의해야 합니다.

```
@app.delete("/users/{user_id}")
def delete_user(user_id: int, db: Session = Depends(get_db)):
    db_user = db.query(User).filter(User.id == user_id).first()
    if db_user is None:
        return {"error": "사용자를 찾을 수 없습니다"}
    db.delete(db_user)
    db.commit()
    return {"message": "사용자가 성공적으로 삭제되었습니다"}
```

이 엔드포인트는 주어진 user_id를 가진 사용자를 삭제합니다. 작동 방식은 다음과 같습니다.

- @app.delete("/users/{user_id}") 데코레이터는 해당 함수가 user_id를 경로에 포함하는 DELETE 메서드 엔드포인트임을 FastAPI에 알립니다.
- delete_user() 함수는 user_id와 데이터베이스 Session 객체를 인자로 받으며, 후자는 Depends(get_db) 의존성을 통해 제공됩니다.
- 함수는 주어진 user_id로 데이터베이스에서 사용자를 검색합니다.

- 사용자를 찾지 못하면 에러 메시지를 반환합니다.
- 사용자를 찾으면, 데이터베이스 세션의 delete() 메서드를 사용하여 사용자를 삭제한 다음 트랜잭션을 db.commit()으로 커밋합니다.
- 마지막으로 사용자가 삭제되었다는 성공 메시지를 반환합니다.

### 테스트 방법

기존 코드에 남아있는 데이터로 인해 정상적으로 테스트가 안 될 수 있으므로 기존 테이블을 삭제한 후, 앞 코드를 실행합니다.

- 사용자 생성

```
curl -X POST "http://localhost:8000/users/" -H "Content-Type: application/json" -d "{\"username\":\"newuser\",\"email\":\"newuser@example.com\"}"
```

- 사용자 정보 읽기(생성된 사용자의 ID를 가정하여 1로 설정)

```
curl -X GET "http://localhost:8000/users/1"
```

- 사용자 정보 수정(생성된 사용자의 ID를 가정하여 1로 설정)

```
curl -X PUT "http://localhost:8000/users/1" -H "Content-Type: application/json" -d "{\"username\":\"updateduser\",\"email\":\"updateduser@example.com\"}"
```

- 사용자 삭제(생성된 사용자의 ID를 가정하여 1로 설정)

```
curl -X DELETE "http://localhost:8000/users/1"
```

테스트를 진행할 때 localhost:8000 주소는 FastAPI 서버가 실행되고 있는 로컬 주소와 포트 번호로 변경해야 합니다. 또한 실제 테스트 중에 생성된 사용자의 ID로 {user_id} 값을 적절히 바꿔주어야 합니다.

# 7.2 인증과 세션

## 7.2.1 | 기본 인증 메커니즘 이해하기

인증(authentication)이란, 어떤 사용자가 누구인지 식별하는 과정을 의미합니다. 먼저 가장 기본적인 인증 메커니즘을 알아봅시다. 이를 위해 클라이언트와 서버가 어떻게 상호작용하는지 이해하는 것이 중요합니다.

클라이언트는 보통 웹 브라우저를 의미하며, 사용자의 요청을 서버에 전달합니다. 서버는 이 요청을 처리한 후 응답을 클라이언트에게 다시 보냅니다. 이때 클라이언트가 누구인지 알아내는 과정이 필요한데, 이것이 바로 '인증'입니다.

HTTP 헤더는 웹 통신에서 중요한 역할을 합니다. 이것은 클라이언트(웹 브라우저나 애플리케이션)와 서버 간에 데이터를 주고받을 때 함께 보내지는 '추가 정보'라고 할 수 있습니다. 'Authorization'이라는 특별한 HTTP 헤더가 있는데, 이것은 인증 정보를 서버에 전달하는 데 사용됩니다.

예를 들어, HTTP 요청을 할 때 'Authorization: Basic <인코딩된 문자열>'과 같은 형태로 헤더가 구성됩니다. 여기서 'Basic'은 인증 방식을 나타내고, <인코딩된 문자열>은 실제 인증 정보가 담긴 부분입니다. '아이디:비밀번호' 형태의 문자열을 Base64 방식으로 인코딩한 값이 들어갑니다. Base64는 데이터를 텍스트 형식으로 저장하고 전송하기 위해 사용되는 인코딩 방식입니다.

FastAPI 코드는 다음과 같습니다.

```
from fastapi import FastAPI, Depends, HTTPException
from fastapi.security import HTTPBasic, HTTPBasicCredentials

security = HTTPBasic()
app = FastAPI()
```

```
def get_current_username(credentials: HTTPBasicCredentials =
Depends(security)):
    if credentials.username != "alice" or credentials.password
!= "password":
        raise HTTPException(status_code=401,
detail="Unauthorized")
    return credentials.username

@app.get("/users/me", tags=["users"])
def read_current_user(username: str = Depends(get_current_
username)):
    return {"username": username}

# 파일명을 main.py로 저장하고 FastAPI 애플리케이션을 실행합니다.
# uvicorn main:app --reload 명령을 사용하여 서버를 시작합니다.
```

### 코드 라이브러리 임포트

```
from fastapi import FastAPI, Depends, HTTPException
from fastapi.security import HTTPBasic, HTTPBasicCredentials
```

- **FastAPI**: FastAPI 웹 프레임워크를 사용하기 위한 클래스입니다.
- **Depends**: 의존성 주입을 위한 함수입니다.
- **HTTPException**: 예외 상황을 다루기 위한 클래스입니다.
- **HTTPBasic과 HTTPBasicCredentials**: Basic 인증을 위한 클래스와 타입입니다.

### Basic 인증 객체 생성

```
security = HTTPBasic()
```

HTTPBasic 클래스를 이용해 security라는 이름의 Basic 인증 객체를 생성합니다. 이 객체가 요청 헤더에서 인증 정보를 읽어올 것입니다.

### FastAPI 애플리케이션 생성

```
app = FastAPI()
```

FastAPI 애플리케이션을 초기화하고, app이라는 변수에 저장합니다.

### 인증을 검사하는 함수

```
def get_current_username(credentials: HTTPBasicCredentials =
Depends(security)):
    if credentials.username != "alice" or credentials.password
!= "password":
        raise HTTPException(status_code=401,
detail="Unauthorized")
    return credentials.username
```

- **HTTPBasicCredentials = Depends(security)**: 의존성 주입을 통해 security 객체를 이용하여 인증 정보를 읽어 credentials에 저장합니다.
- **if credentials.username != "alice" or credentials.password != "password"**: 인증 정보가 올바르지 않으면 예외를 발생시킵니다.
- **HTTPException(status_code=401, detail="Unauthorized")**: 401 상태 코드로 "Unauthorized" 메시지를 반환합니다.

로그인이 필요한 API에는 다음과 같이 Depends()를 통해 인증 검사를 먼저 하도록 만들 수 있습니다.

```
@app.get("/users/me", tags=["users"])
def read_current_user(username: str = Depends(get_current_
username)):
    return {"username": username}
```

- **@app.get("/users/me", tags=["users"])**: GET 방식으로 "/users/me" URL에 접근하는 요청을 처리합니다.
- **Depends(get_current_username)**: read_current_user() 함수가 호출되기 전에 get_current_username() 함수를 먼저 실행하여 인증을 검사합니다.

### 테스트 방법

다음과 같이 curl 명령어를 이용하여 테스트합니다.

```
curl -X 'GET' "http://127.0.0.1:8000/users/me" -u alice:password
```

이 명령어는 -u 옵션으로 아이디와 비밀번호를 함께 보냅니다. 서버는 이 정보를 확인하여 인증을 처리합니다. 이렇게 기본적인 인증을 이해하고 FastAPI를 이용하여 간단한 인증을 구현했습니다. 다음 섹션에서는 고급 인증 방식에 대해서 알아보겠습니다.

## 7.2.2 | 고급 인증1: JWT

기본 인증(basic authentication)을 넘어서 다양한 고급 인증(advanced authentication) 방법이 존재합니다. 이 섹션에서는 주로 사용되는 두 가지 고급 인증 방법인 JWT(JSON Web Tokens) 인증과 세션에 대해 자세히 설명하겠습니다. JWT는 JSON Web Token의 약자로, 두 대상(클라이언트와 서버 등) 사이에 정보를 안전하게 전송하기 위한 토큰입니다. 주로 웹, 모바일 애플리케이션에서 사용되며 사용자 인증이나 정보 교환에 많이 쓰입니다.

JWT가 필요한 이유는 다음과 같습니다.

- **상태 없음(stateless)**: 서버가 사용자의 상태를 기억하지 않아도 됩니다. 각 토큰이 자체적으로 정보를 가지고 있기 때문에 서버의 메모리를 절약할 수 있습니다.
- **분산된 시스템 지원**: 하나의 서비스가 여러 서버나 도메인으로 분산되어 있을 때 토큰 기반 시스템은 유용합니다.
- **확장성**: 사용자 정보를 토큰 안에 포함시킬 수 있으므로 서버는 별도의 저장소에 사용자 정보를 저장할 필요가 없습니다.

JWT는 세 부분으로 나눕니다:

- **헤더(header)**: 토큰의 타입과 사용된 알고리즘 정보가 들어있습니다.
- **페이로드(payload)**: 실제 전달하려는 데이터(클레임)가 들어있습니다. (e.g. 사용자 ID, 유효 기간 등)
- **서명(signature)**: 헤더와 페이로드를 합친 후 비밀 키로 암호화하여 생성합니다.

'Header.Payload.Signature'와 같이 세 부분은 .으로 구분되어 하나의 문자열로 이루어집니다.

동작 방식은 다음과 같습니다.

- **토큰 생성**: 사용자가 로그인하면 서버는 사용자 정보와 비밀 키, 알고리즘을 이용해 JWT를 생성합니다.

- **토큰 전달**: 생성된 토큰을 사용자에게 전달합니다.
- **토큰 저장**: 클라이언트는 받은 토큰을 저장소에 보관합니다.
- **토큰 사용**: 이후 클라이언트는 서버에 요청할 때마다 토큰을 함께 보냅니다.
- **토큰 검증**: 서버는 토큰을 받으면 비밀 키를 이용해 검증합니다. 검증에 성공하면 요청을 처리합니다.

장점과 단점을 살펴보면 다음과 같습니다.

- **장점**
  - 빠른 인증 처리 가능
  - 사용자 상태를 서버에 저장할 필요 없음(stateless)

- **단점**
  - 만료 시간이 정해져 있지 않으면 토큰이 계속 유효함
  - 페이로드 내용이 외부에 노출될 수 있으므로 중요 정보는 넣지 않아야 함

JWT는 이런 방식과 구조로 동작하며, 상황에 따라 다양하게 활용할 수 있습니다. JWT가 무엇인지, 왜 필요한지 대략 이해했다면 다음 단계에서는 이를 어떻게 코드에 적용할 수 있는지 알아보겠습니다.

JWT의 보안성은 주로 서명 부분에서 나옵니다. 아무리 토큰이 탈취당해도 서명을 생성할 때 사용한 비밀 키(secret key)가 없으면 토큰을 위조할 수 없습니다. 그리고 이 비밀 키는 서버 측에만 저장되어 있어야 합니다.

앞서 설명한 대로, JWT는 크게 세 부분으로 나뉩니다.

- **헤더**: 토큰의 타입과 해싱 알고리즘 정보가 들어있습니다.
- **페이로드**: JWT 토큰에서 실제로 전달할 데이터를 의미합니다. 이러한 데이터는 "클레임(claim)" 이라고 부르는 이름-값 쌍으로 구성됩니다.

예를 들어, 서비스에 로그인한 사용자의 식별 정보를 페이로드에 담을 수 있습니다. 사용자의 ID, 이메일, 권한 등을 클레임으로 설정하고 이 정보를 JWT 토큰의 페이로드에 포함시킬 수 있습니다.

다음은 간단한 페이로드의 예시입니다.

```
{
  "sub": "1234567890",    // subject, 일반적으로 사용자 ID
  "name": "John Doe",     // 사용자 이름
  "admin": true           // 관리자 여부
}
```

여기서 "sub", "name", "admin"은 각각 다른 클레임을 의미합니다.

- **"sub"(Subject 클레임)**: 주로 사용자 ID를 나타냅니다. 이 값을 통해 특정 사용자를 식별할 수 있습니다.
- **"name"**: 사용자의 이름을 나타냅니다.
- **"admin"**: 사용자가 관리자 권한을 가졌는지를 나타냅니다. true 또는 false 값이 들어갈 수 있습니다.

이 페이로드 정보가 JWT 토큰에 인코딩되어 전달되며, 서버에서는 이 토큰을 해독하여 사용자가 누구인지, 어떤 권한을 가지고 있는지 등을 판단합니다.

서명은 헤더와 페이로드를 해싱 알고리즘과 '비밀 키'로 암호화한 결과입니다. 발급받은 '토큰'은 이 세 부분이 '.'으로 연결된 문자열입니다. 예를 들어, aaaa.bbbb.cccc 형태입니다. 여기서 aaaa는 헤더, bbbb는 페이로드, cccc는 서명입니다.

'발급받은 토큰'은 이 세 부분을 모두 포함한 것이고, '서명'은 그중에서도 마지막 부분 cccc를 가리킵니다. 클라이언트가 발급받은 토큰과 함께 서버에 요청하면, 서버는 이 '서명' 부분을 확인하여 토큰이 유효한지를 판단합니다. 서명은 헤더와 페이로드, 그리고 서버에서만 알고 있는 '비밀 키'를 사용하여 생성되기 때문에, 이 서명이 유효하다면 토큰이 유효하다고 판단합니다.

검증 방식은 다음과 같습니다.

- **서명 확인**: 서버가 받은 JWT의 서명 부분을 이미 가지고 있는 비밀 키로 다시 계산합니다. 그리고 이 계산한 서명과 클라이언트가 보낸 JWT의 서명이 일치하는지 확인합니다.
- **페이로드 검증**: 페이로드에는 주로 클레임이라 불리는 exp(만료 시간), iss(발급자) 등의 몇 가지 정보가 들어있습니다. 이 정보를 검증하여 토큰이 유효한지 확인합니다.

보안성이 높은 이유는 다음과 같습니다.

- **비밀 키의 역할**: 비밀 키는 서버에만 존재하기 때문에 비밀 키가 노출되지 않는 한 토큰을 위조하는 것은 굉장히 어렵습니다.
- **정보의 무결성**: 서명은 헤더와 페이로드의 내용이 변경되지 않았음을 보증합니다. 즉, 토큰이 중간에 조작되었는지도 이를 통해 확인 가능합니다.
- **만료 시간**: 토큰에는 만료 시간을 설정할 수 있습니다. 이를 통해 토큰이 무한히 유효한 것을 방지할 수 있습니다.

고급 인증 방법을 사용할 때 주의해야 할 부분은 다음과 같습니다.

- **키 관리**: 비밀 키는 꼭 안전한 곳에 보관해야 합니다. 이 키가 노출된다면 토큰 위조의 위험이 있습니다.
- **페이로드 암호화**: JWT의 페이로드는 Base64 인코딩이 되어 있을 뿐, 암호화된 것은 아닙니다. 중요한 정보는 페이로드에 담지 않는 것이 좋습니다.

따라서 JWT는 이러한 검증 방식과 서명, 그리고 비밀 키의 조합으로 높은 수준의 보안성을 제공합니다. FastAPI에서는 다음과 같이 PyJWT 라이브러리를 이용하여 JWT 토큰을 쉽게 생성하고 검증할 수 있습니다.

먼저 필요한 라이브러리를 설치합니다.

```
pip install pyjwt==2.4.0
```

다음은 JWT를 생성하고 검증하는 간단한 FastAPI 애플리케이션입니다.

```
from fastapi import FastAPI, HTTPException, Header
import jwt
import datetime

app = FastAPI()

SECRET_KEY = "my_secret_key"

# JWT 생성
def create_jwt_token(data: dict):
    expiration = datetime.datetime.utcnow() + datetime.
```

```python
timedelta(hours=1)
    data["exp"] = expiration  # JWT의 "exp" 클레임에 만료 시간을 설정
    return jwt.encode(data, SECRET_KEY, algorithm="HS256")


# JWT 검증
def verify_jwt_token(token: str):
    try:
        return jwt.decode(token, SECRET_KEY, algorithms=["HS256"])
    except:
        raise HTTPException(status_code=401, detail="Invalid token")

@app.get("/token")
def generate_token(username: str):
    return {"token": create_jwt_token({"username": username})}

@app.get("/protected")
def read_protected_route(token: str = Header(None)):
    if not token:
        raise HTTPException(status_code=401, detail="Not authenticated")
    verify_jwt_token(token)
    return {"message": "This is a protected route"}

# 파일명을 main.py로 저장하고 FastAPI 애플리케이션을 실행합니다.
# uvicorn main:app --reload 명령을 사용하여 서버를 시작합니다.
```

## 테스트 방법

- **JWT 토큰 발급**

```
curl -X GET "http://localhost:8000/token?username=johndoe"
```

이 명령어를 실행하면 다음 예와 같이 토큰이 발급됩니다. 토큰값은 다를 수 있습니다.

```
{"token":"eyJ0eXAiOiJKV1QiLCJhbGciOiJIUzI1NiJ9.eyJ1c2VybmFtZSI6ImpvaG5kb2UiLCJleHAiOjE2OTk3Njk3ODN9.FhozwMf_e0pIr_FRhwZIvIxTo-tDj7DI4TOSRQ6BWII"}
```

- **보호된 경로 테스트**

```
curl -X 'GET' "http://127.0.0.1:8000/protected" -H "token: YOUR_
TOKEN_HERE"
```

YOUR_TOKEN_HERE에 발급받은 토큰 (앞선 예시에서는 eyJ0eXAiOiJKV1QiLCJhb GciOiJIUzI1NiJ9.eyJ1c2VybmFtZSI6ImpvaG5kb2UiLCJleHAiOjE2OTk3Njk3ODN9. FhozwMf_e0pIr_FRhwZIvIxTo-tDj7DI4TOSRQ6BWII 부분)을 넣어 보호된 경로에 접근할 수 있습니다. 만약 토큰이 유효하면 {"message": "This is a protected route"}라는 응답을 받을 수 있습니다.

여기까지가 FastAPI를 이용해 JWT를 기본적으로 사용하는 방법입니다. 이 코드에서 JWT를 사용하는 부분은 크게 네 군데로 나눌 수 있습니다.

```
from fastapi import FastAPI, HTTPException, Header
import jwt
import datetime

app = FastAPI()

SECRET_KEY = "my_secret_key"
```

- **FastAPI, HTTPException, Header**: FastAPI와 관련된 기본 클래스 및 함수입니다.
- **jwt**: PyJWT 패키지에서 제공하는 jwt 모듈을 임포트합니다.
- **datetime**: 시간 관련 처리를 위한 datetime 모듈을 임포트합니다.
- **SECRET_KEY**: 토큰을 암호화/복호화할 때 사용할 비밀 키입니다. 이 키는 외부에 노출되면 안 되며, 복잡하게 설정하는 것이 좋습니다.

SECRET_KEY의 길이는 사용하는 알고리즘과 보안 요구 사항에 따라 다릅니다. 일반적으로는 길수록 더 안전하다고 할 수 있습니다. HS256을 사용하는 경우, 최소한 256비트(32바이트 또는 32자리 ASCII 문자) 이상을 권장합니다. 하지만 실제로는 더 긴 키를 사용하는 것이 더 안전할 수 있습니다.

예를 들어, 64자리나 128자리의 랜덤한 문자열을 사용할 수 있습니다. 길이가 길수록 무작위 공격에 대한 저항성이 높아집니다. 또한 키는 복잡한 문자, 숫자, 특수 문자의 조합으로 이루어져야 합니다.

키 관리에 대한 별도의 정책이나 모듈을 사용하는 것도 좋은 방법입니다. 예를 들어, AWS의 KMS(Key Management Service)나 하시코프(HashiCorp)의 볼트(Vault)와 같은 서비스를 사용할 수 있습니다.

안전한 SECRET_KEY를 생성하기 위해 파이썬에서는 secrets 라이브러리를 사용합니다.

```
import secrets

# 64자리의 랜덤한 문자열 생성
new_key = secrets.token_hex(32)
```

이렇게 생성한 키를 별도로 보관하고, 코드에서 해당 키를 불러오는 형태로 사용하는 것도 일반적인 방법입니다.

```
def create_jwt_token(data: dict):
    expiration = datetime.datetime.utcnow() + datetime.timedelta(hours=1)
    data["exp"] = expiration  # JWT의 "exp" 클레임에 만료 시간을 설정
    return jwt.encode(data, SECRET_KEY, algorithm="HS256")
```

- **expiration**: 만료 시간을 UTC 현재 시각에 1시간을 더해서 설정합니다.
- **jwt.encode()**: 입력된 data, SECRET_KEY, 그리고 algorithm을 사용해 JWT 토큰을 생성합니다.

expiration 설정은 서비스의 특성과 보안 요구 사항에 따라 다릅니다. 다양한 시간 설정을 통해 토큰의 만료 시간을 제어할 수 있고, 이는 파이썬의 datetime.timedelta를 사용하여 설정할 수 있습니다.

- **분 단위 만료**

```
expiration = datetime.datetime.utcnow() + datetime.timedelta(minutes=15)
```

로그인 세션에 적합하며, 금방 만료됩니다.

- **시간 단위 만료**

```
expiration = datetime.datetime.utcnow() + datetime.timedelta(hours=1)
```

일반적으로 가장 많이 사용하는 설정입니다.

- **하루 만료**

```
expiration = datetime.datetime.utcnow() + datetime.
timedelta(days=1)
```

주로 애플리케이션 내에서 꾸준한 사용이 이루어질 때 사용합니다.

- **주 단위 만료**

```
expiration = datetime.datetime.utcnow() + datetime.
timedelta(weeks=1)
```

장기간 로그인을 유지해야 할 때 사용합니다.

- **연 단위 만료**

```
expiration = datetime.datetime.utcnow() + datetime.
timedelta(days=365)
```

- **영구 토큰**

만료 시간(exp 클레임)을 설정하지 않으면 영구 토큰도 가능하지만, 이 경우 토큰이 탈취되면 악의적인 사용자가 계속해서 해당 토큰을 사용할 수 있기 때문에 실무에서는 사용하지 않습니다.

```
# 영구 토큰 예제 (하지만 권장하지 않음)
def create_jwt_token(data: dict):
    return jwt.encode(data, SECRET_KEY, algorithm="HS256")
```

실무에서는 다음과 같이 사용합니다.

- **두 단계 만료**: 짧은 만료 시간을 가진 "액세스 토큰"과 긴 만료 시간을 가진 "리프레시 토큰"을 함께 사용합니다.
- **슬라이딩 세션**: 사용자가 활동을 할 때마다 토큰의 만료 시간을 연장합니다.
- **MFA(Multi-Factor Authentication)**: 높은 보안이 필요할 때는 만료 시간을 더 짧게 설정하고 다단계 인증을 도입합니다.

- **사용자 설정 만료**: 사용자가 선택할 수 있는 토큰 만료 시간을 제공하여 유연성을 높입니다.

expiration 설정은 이와 같은 다양한 옵션과 실무 팁을 통해 최적화할 수 있습니다.

- **algorithm**: HS256 말고도 여러 알고리즘이 있습니다. 예로 HS384, HS512, RS256 등이 있지만, HS256을 가장 일반적으로 많이 사용합니다.
- **data**: 페이로드에 들어갈 데이터 부분입니다. 예를 들어, 사용자 권한이나 ID 등을 넣을 수 있습니다.

이제 다양한 JWT 생성 옵션을 살펴보겠습니다. JWT에서는 여러 가지 알고리즘을 사용할 수 있습니다. 알고리즘은 대략 다음과 같이 분류됩니다.

- **HS(HMAC 알고리즘)**: HS256, HS384, HS512
- **RS(RSA 알고리즘)**: RS256, RS384, RS512
- **ES(ECDSA 알고리즘)**: ES256, ES384, ES512

이 중에서 어떤 것을 선택할지는 상황에 따라 다릅니다.

- **HS256**: 가장 기본적이고 널리 사용됩니다. 하나의 SECRET_KEY로 암호화하고 복호화합니다.
- **HS384, HS512**: HS256보다 더 강력한 암호화를 제공하지만, 더 많은 CPU 리소스를 사용합니다.
- **RS256**: 공개 키와 비공개 키를 사용합니다. 이는 서버와 클라이언트가 다르거나 별도의 인증 서버가 있는 구조에 유용합니다.

```
# HS256 사용
jwt.encode(data, SECRET_KEY, algorithm="HS256")

# RS256 사용  (키가 복잡해집니다)
jwt.encode(data, PRIVATE_KEY, algorithm="RS256")
```

data는 페이로드에 넣을 정보입니다. 이 정보는 JWT 토큰을 검증한 후 얻을 수 있는 데이터입니다. 흔히 넣는 정보는 다음과 같습니다.

- **sub(subject)**: 주로 사용자 ID를 넣습니다.
- **exp(expiration time)**: 토큰이 언제 만료될지에 대한 시간 정보입니다.
- **iat(issued at)**: 토큰이 언제 발행되었는지에 대한 시간 정보입니다.

- **aud(audience)**: 토큰의 대상자 정보, 예를 들어 어떤 애플리케이션이 사용할 수 있는지 등을 지정합니다.
- **Custom Data**: 여러분이 원하는 어떤 데이터도 넣을 수 있습니다. 예를 들어 role: "admin"이라고 할 수 있습니다.

```
data = {
    "sub": "1234567890",
    "name": "John Doe",
    "iat": 1516239022,
    "exp": expiration_time,
    "role": "admin"
}
jwt.encode(data, SECRET_KEY, algorithm="HS256")
```

이렇게 data 딕셔너리에 원하는 정보를 넣고, jwt.encode() 함수로 JWT를 생성하면 됩니다. algorithm 매개변수를 통해 원하는 알고리즘을 지정할 수 있습니다.

jwt.decode() 함수는 입력된 토큰을 SECRET_KEY와 algorithm을 사용해 검증합니다.

```
def verify_jwt_token(token: str):
    try:
        return jwt.decode(token, SECRET_KEY, algorithms=["HS256"])
    except:
        raise HTTPException(status_code=401, detail="Invalid token")
```

주어진 토큰을 해독하고 검증하는 역할을 합니다. 이 함수는 여러 옵션과 함께 사용할 수 있습니다.

```
jwt.decode(token, key, algorithms, verify, options, **kwargs)
```

- **token**: 검증할 JWT 토큰 문자열입니다.
- **key**: 검증에 사용할 키입니다. 이 예제에서는 SECRET_KEY를 사용했습니다.
- **algorithms**: 검증에 사용할 암호 알고리즘의 리스트입니다. 예를 들어 ["HS256", "RS256"]같이 여러 개를 지정할 수 있습니다.

- **verify**: 토큰의 서명 검증 여부입니다. 기본적으로 True입니다.
- **options**: 추가 검증 옵션을 딕셔너리 형태로 설정할 수 있습니다. 예를 들어 {"verify_exp": True}는 만료 시간(exp)을 검증하도록 설정합니다.
- **kwargs**: 알고리즘별로 필요한 추가 인자를 넣을 수 있습니다. 예를 들어 RSA 알고리즘의 경우, 공개 키를 사용해 검증할 수 있습니다.

코드에서는 예외를 단순히 잡아서 401 상태 코드와 "Invalid token"을 반환합니다. 실제로는 다양한 종류의 예외를 잡을 수 있습니다.

- **ExpiredSignatureError**: 토큰이 만료되었습니다.
- **InvalidTokenError**: 토큰이 유효하지 않습니다.
- **ImmatureSignatureError**: 아직 사용할 수 없는 토큰입니다(iat claim으로 설정한 시간 이전).

다음과 같이 jwt.decode() 함수와 예외 처리를 활용하면 토큰 검증을 더 안전하고 유연하게 할 수 있습니다.

```
from jwt import ExpiredSignatureError, InvalidTokenError

def verify_jwt_token(token: str):
    try:
        return jwt.decode(token, SECRET_KEY, algorithms=["HS256"])
    except ExpiredSignatureError:
        raise HTTPException(status_code=401, detail="Token has expired")
    except InvalidTokenError:
        raise HTTPException(status_code=401, detail="Invalid token")
    except Exception as e:
        raise HTTPException(status_code=401, detail=str(e))
```

algorithms 옵션은 리스트로 제공되며, 여러 알고리즘을 한 번에 검증할 수 있습니다.

```
@app.get("/token")
def generate_token(username: str):
    return {"token": create_jwt_token({"username": username})}
```

```python
@app.get("/protected")
def read_protected_route(token: str = Header(None)):
    if not token:
        raise HTTPException(status_code=401, detail="Not authenticated")
    verify_jwt_token(token)
    return {"message": "This is a protected route"}
```

- /token 엔드포인트에서는 username을 받아 JWT를 생성합니다.
  - **username**: 클라이언트가 제공한 사용자 이름입니다. 이 값을 페이로드에 넣어 토큰을 생성합니다.
- /protected 엔드포인트에서는 Header로부터 token을 받아 검증합니다.
  - **token**: HTTP 헤더에서 토큰을 받습니다. 이 값이 없거나 유효하지 않으면 401 상태 코드를 반환합니다.

### 7.2.3 | 고급 인증2: 세션

세션은 웹에서 중요한 역할을 하는 개념 중 하나입니다. HTTP는 자체적으로 상태가 없는 (stateless) 프로토콜이기 때문에 서버는 클라이언트의 이전 요청을 기억하지 않습니다. 이러한 문제를 해결하기 위해 세션이 등장했습니다.

클라이언트가 처음 서버에 요청을 보낼 때 서버는 클라이언트에게 고유한 세션 ID를 발급합니다. 이 세션 ID는 쿠키 형태로 클라이언트에 저장되며, 클라이언트가 다시 서버에 요청을 보낼 때마다 이 쿠키를 함께 보냅니다. 서버는 이 세션 ID를 통해 클라이언트를 식별하고 필요한 정보를 저장하거나 불러옵니다.

FastAPI에서 JWT와 세션을 사용하는 것은 유사한 목적을 가지고 있지만, 몇 가지 중요한 차이점이 있습니다.

- **상태 유무(stateful vs stateless)**
  - **세션**: 일반적으로 상태가 유지되는(stateful) 시스템입니다. 서버 측에 클라이언트에 대한 정보를 저장하고 관리해야 하므로 Redis, 데이터베이스 등 추가적인 저장소가 필요합니다.
  - **JWT**: 상태가 유지되지 않는(stateless) 시스템입니다. 토큰 자체가 모든 정보를 포함하고 있어서 서버 측에 별도의 저장소가 필요하지 않습니다.

- **보안성**
  - **세션**: 세션 ID가 유출되면 문제가 될 수 있지만, 일반적으로 서버에서는 추가적인 보안 조치(세션 타임아웃, IP 체크 등)를 취할 수 있습니다.
  - **JWT**: JWT는 토큰 자체가 정보를 포함하고 있기 때문에 토큰이 노출되면 그 자체로도 문제가 될 수 있습니다. 하지만 JWT는 암호화 알고리즘을 사용하므로 일정 수준의 보안성이 있습니다.

- **확장성(scalability)**
  - **세션**: 여러 서버로 확장을 할 경우, 세션 정보를 모든 서버가 공유해야 하므로 구현이 복잡해질 수 있습니다.
  - **JWT**: 각 요청에 필요한 모든 정보가 토큰에 이미 포함되어 있으므로 확장성에 있어서 더 유리합니다.

- **사용성**
  - **세션**: 대부분의 웹 프레임워크에서 세션을 쉽게 구현할 수 있는 기능을 제공합니다.
  - **JWT**: 모바일 애플리케이션과 같이 쿠키를 사용하기 어려운 환경에서도 비교적 쉽게 사용할 수 있습니다.

결국 두 방법 모두 장단점이 있고, 사용 상황과 요구 조건에 따라 적합한 방법을 선택해야 합니다.

FastAPI를 이해하기 위해서는 그 기반인 Starlette(스타레테)에 대해 알아야 합니다. Starlette는 ASGI(Asynchronous Server Gateway Interface) 기반의 웹 프레임워크입니다. 간단히 말해서 비동기 웹 애플리케이션을 만들기 위한 간단하면서도 확장 가능한 툴킷입니다. FastAPI는 Starlette 위에 구축되어 있어 Starlette의 여러 기능을 자연스럽게 상속받습니다. 이 중 하나가 바로 세션 관리입니다.

Starlette는 세션 관리를 위한 SessionMiddleware라는 미들웨어를 제공합니다. 미들웨어(middleware)는 요청과 응답을 중간에서 처리하는 컴포넌트로 로깅, 인증, 세션 관리 등 다양한 기능을 수행합니다. SessionMiddleware를 FastAPI 애플리케이션에 추가하면 FastAPI 기반의 웹 애플리케이션에서도 세션을 쉽게 관리할 수 있습니다.

FastAPI에서 Starlette의 세션을 사용하려면, 먼저 SessionMiddleware를 애플리케이션에 추가해야 합니다. 다음은 FastAPI 애플리케이션에 SessionMiddleware를 추가하는 코드입니다. SessionMiddleware는 Starlette의 미들웨어로, FastAPI가 내부적으로 사용하고 있습니다. 이 미들웨어가 세션을 관리해 주기 때문에, 이후 각 요청 객체에서 session 속성을 통해 세션 데이터에 접근할 수 있습니다.

```
from fastapi import FastAPI, Request
from starlette.middleware.sessions import SessionMiddleware

app = FastAPI()

# SessionMiddleware 추가
app.add_middleware(SessionMiddleware, secret_key="your-secret-key")
```

secret_key는 세션 데이터를 암호화하는 데 사용됩니다. 이 키가 외부에 노출되면 악의적인 사용자가 세션을 탈취하거나 변조할 수 있으므로 매우 중요합니다. 따라서, secret_key는 충분히 복잡하고 예측 불가능한 문자열로 설정해야 합니다.

실무에서는 secret_key를 다음과 같은 방식으로 처리할 수 있습니다.

- **환경 변수 활용**: 실무에서는 secret_key를 코드에 직접 작성하지 않고, 환경 변수(environment variable)로 처리하는 것이 일반적입니다. 이를 통해 코드가 외부에 노출되더라도 secret_key는 안전하게 보호될 수 있습니다.

```
import os
SECRET_KEY = os.environ.get("SECRET_KEY")
app.add_middleware(SessionMiddleware, secret_key=SECRET_KEY)
```

- **키 길이와 복잡성**: secret_key는 최소 32자 이상의 긴 문자열을 사용하며 알파벳 대소문자, 숫자, 특수 문자를 조합해 생성하는 것이 좋습니다.
- **키 관리 서비스 사용**: AWS의 시크릿 매니저(Secrets Manager)나 하시코프의 볼트(Vault) 같은 키 관리 서비스를 사용하여 중요한 키를 안전하게 보관할 수 있습니다.
- **주기적인 갱신**: secret_key는 일정 주기로 변경해야 합니다. 자동화된 스크립트나 키 관리 서비스를 통해 주기적으로 키를 갱신할 수 있습니다. 단, secret_key를 변경하면 기존에 생성된 세션들은 더 이상 유효하지 않게 되므로 모든 사용자는 다시 로그인을 해야 한다는 점을 유의해야 합니다.

이러한 방법을 통해 secret_key를 안전하게 관리하면 세션 데이터도 안전하게 보호될 수 있습니다. 이렇게 설정한 후에는 각 라우트 함수에서 Request 객체를 통해 세션에 데이터를 저장하거나 읽을 수 있습니다.

```
from fastapi import FastAPI, Request
from starlette.middleware.sessions import SessionMiddleware

app = FastAPI()

# SessionMiddleware 추가
app.add_middleware(SessionMiddleware, secret_key="your-secret-key")

@app.post("/set/")
async def set_session(request: Request):
    request.session["username"] = "john"
    return {"message": "Session value set"}

@app.get("/get/")
async def get_session(request: Request):
    username = request.session.get("username", "Guest")
    return {"username": username}

# 파일명을 main.py로 저장하고 FastAPI 애플리케이션을 실행합니다.
# uvicorn main:app --reload 명령을 사용하여 서버를 시작합니다.
```

여기에서는 HTTP POST 메서드를 사용하는 /set/ 경로를 설정합니다.

```
@app.post("/set/")
async def set_session(request: Request):
    request.session["username"] = "john"
    return {"message": "Session value set"}
```

이 라우트는 Request 객체를 인자로 받아 세션에 username이라는 키와 그 값으로 "john"을 저장합니다.

- **request.session["username"] = "john"**: Request 객체의 session 속성을 통해 세션에 데이터를 저장합니다.

현재의 코드에서 async 키워드는 필수는 아닙니다. 다만, 코드 개선 시 이후 비동기 I/O 작업을 추가할 여지를 고려하여 사용한 것입니다. FastAPI에서는 라우트 함수 선언 시 async를 사용하는 것도 좋은 관행입니다.

```
@app.get("/get/")
async def get_session(request: Request):
    username = request.session.get("username", "Guest")
    return {"username": username}
```

HTTP GET 메서드를 사용하는 /get/ 경로입니다. 이 라우트는 세션에서 username 키의 값을 가져와 반환합니다. 만약 해당 키가 없으면 "Guest"를 반환합니다.

- **request.session.get("username", "Guest")**: session 속성에서 get() 메서드를 사용하여 username 키의 값을 가져옵니다.

### curl을 사용한 테스트

- 세션 설정 요청(/set/ 엔드포인트)

```
curl -X 'POST' 'http://127.0.0.1:8000/set/' -i -c cookies.txt
```

이 명령어를 실행하면 FastAPI 애플리케이션은 요청을 처리하고, {"message": "Session value set"}이라는 응답을 반환합니다. 이는 다음과 같은 과정을 거쳐서 발생합니다.

1. 클라이언트가 /set/ 엔드포인트에 POST 요청을 보냅니다.
2. FastAPI 애플리케이션은 이 요청을 받고 set_session() 함수를 호출합니다.
3. set_session() 함수 내에서 request.session["username"] = "john" 코드가 실행되면서, 세션에 "username" 키와 "john" 값을 저장합니다.
4. 함수는 {"message": "Session value set"}을 반환하여 클라이언트에게 세션이 성공적으로 설정되었다는 것을 알립니다.

- 세션 값 가져오기 요청(/get/ 엔드포인트)

```
curl -X 'GET' 'http://127.0.0.1:8000/get/' -i -b cookies.txt
```

이 명령어를 실행하면 FastAPI 애플리케이션은 {"username": "john"}이라는 응답을 반환합니다. 이는 다음의 과정을 통해 발생합니다.

1. 클라이언트가 /get/ 엔드포인트에 GET 요청을 보냅니다. 이때 -b cookies.txt 옵션을 통해 이전에 저장한 쿠키(세션 정보)가 요청에 포함됩니다.
2. FastAPI 애플리케이션은 이 요청을 받고 get_session() 함수를 호출합니다.
3. Get_session() 함수 내에서 username = request.session.get("username", "Guest") 코드가 실행됩니다. 이 코드는 세션에서 "username" 키의 값을 찾아 username 변수에 저장합니다. 만약 키가 없으면 "Guest"를 저장합니다.
4. 그다음, 함수는 {"username": "john"}을 반환합니다. 이는 세션에 저장된 "username"의 값을 응답으로 보내주는 것입니다.

따라서 화면에 {"message": "Session value set"}와 {"username": "john"}이 출력되는 것은 각각 세션 설정과 세션 값 조회가 정상적으로 이루어졌음을 나타냅니다. 테스트를 진행하면 cookies.txt 파일에 다음과 같은 내용이 저장됩니다.

```
# Netscape HTTP Cookie File
# https://curl.se/docs/http-cookies.html
# This file was generated by libcurl! Edit at your own risk.

#HttpOnly_127.0.0.1	FALSE	/	FALSE	1699777921	session	eyJ1c2VybmFtZSI6ICJqb2huIn0=.ZT4YgQ.tfGTpfIjNTemvImR2pvgLIdfqVU
```

- **# Netscape HTTP Cookie File**: 이 파일이 Netscape 형식의 HTTP 쿠키 파일임을 나타냅니다.
- **# https://curl.se/docs/http-cookies.html**: 쿠키 파일에 대한 문서 링크입니다.
- **# This file was generated by libcurl! Edit at your own risk**: libcurl에 의해 생성된 파일이므로 편집 시 주의가 필요하다는 주의 사항입니다.
- **#HttpOnly_127.0.0.1 FALSE / FALSE 1699777921 session eyJ1c2VybmFtZSI6ICJqb2huIn0=.ZT4YgQ.tfGTpfIjNTemvImR2pvgLIdfqVU**: 실제 쿠키값과 관련된 정보입니다.
- **HttpOnly_127.0.0.1**: 쿠키의 도메인입니다.
- **FALSE**: Secure flag, HTTPS에서만 사용되는지를 나타냅니다. FALSE이므로 HTTPS에 구애받지 않고 사용됩니다.
- **/**: Path, 이 쿠키가 적용되는 경로입니다.

- **FALSE**: HttpOnly flag, 자바스크립트에서 접근할 수 없는 HttpOnly 쿠키인지에 대한 여부입니다.
- **1699777921**: 쿠키의 만료 시간입니다.
- **session**: 쿠키의 이름입니다.
- **eyJ1c2VybmFtZSI6ICJqb2huIn0=.ZT4YgQ.tfGTpfIjNTemvImR2pvgLldfqVU**: 쿠키의 값입니다. 이 값은 세션 데이터가 암호화된 형태입니다.

이렇게 curl과 cookies.txt 파일을 활용하여 FastAPI의 세션을 테스트할 수 있고, cookies.txt 파일을 통해 세션 정보를 확인할 수 있습니다. 실제 웹 환경에서는 웹 브라우저 내에서 cookies.txt 파일의 정보를 관리합니다.

```python
from fastapi import FastAPI, Request, HTTPException
from starlette.middleware.sessions import SessionMiddleware

app = FastAPI()

# SessionMiddleware 추가
app.add_middleware(SessionMiddleware, secret_key="your-secret-key")

@app.post("/login/")
async def login(request: Request, username: str, password: str):
    if username == "john" and password == "1234":
        request.session["username"] = username
        return {"message": "Successfully logged in"}
    else:
        raise HTTPException(status_code=401, detail="Invalid credentials")

@app.get("/dashboard/")
async def dashboard(request: Request):
    username = request.session.get("username")
    if not username:
        raise HTTPException(status_code=401, detail="Not authorized")
    return {"message": f"Welcome to the dashboard, {username}"}

# 파일명을 main.py로 저장하고 FastAPI 애플리케이션을 실행합니다.
# uvicorn main:app --reload 명령을 사용하여 서버를 시작합니다.
```

- **SessionMiddleware 추가**: app.add_middleware(SessionMiddleware, secret_key="your-secret-key") 코드는 SessionMiddleware를 FastAPI 애플리케이션에 등록합니다. secret_key는 세션 암호화를 위한 키입니다.
- **로그인 엔드포인트(/login/)**: 사용자명과 패스워드를 입력받아, 유효한 경우 세션에 사용자명을 저장합니다.
- **대시보드 엔드포인트(/dashboard/)**: 세션에서 사용자명을 조회하여, 로그인된 사용자만 접근 가능하도록 합니다.

### 테스트 방법

1. 로그인 테스트

다음의 curl 명령어를 사용하여 로그인을 테스트합니다.

```
curl -X 'POST' 'http://127.0.0.1:8000/login/?username=john&password=1234' -i -c cookies.txt
```

성공적으로 로그인이 되면 {"message": "Successfully logged in"} 응답이 옵니다. cookies.txt 파일도 생성되며 세션 정보가 저장됩니다.

2. 대시보드 접근 테스트

로그인 후에는 다음의 curl 명령어로 대시보드에 접근합니다.

```
curl -X 'GET' 'http://127.0.0.1:8000/dashboard/' -i -b cookies.txt
```

성공적으로 대시보드에 접근하면 {"message": "Welcome to the dashboard, john"} 같은 응답이 옵니다. 이렇게 세션을 사용하여 로그인 상태를 관리하고, 로그인된 사용자만 특정 페이지에 접근할 수 있습니다.

# 7.3 비동기 처리

비동기 처리(asynchronous processing)란 하나의 작업이 끝나기를 기다리지 않고 다음 작업을 실행할 수 있는 프로그래밍 패러다임을 의미합니다. 일반적으로 웹 서버와 같은 곳에서 자주 사용됩니다. 예를 들어, 사용자가 데이터를 요청했을 때 이 데이터를 데이터베이스에서 가져오는 작업과 동시에 다른 사용자의 요청을 처리할 수 있습니다.

FastAPI는 async와 await 키워드를 사용하여 비동기 처리를 구현합니다.

- **async def**: 이렇게 선언된 함수는 '비동기 함수'로, 호출할 경우 즉시 'Future' 객체를 반환합니다. 이 함수는 다른 코드와 '동시에' 실행될 수 있지만, 그렇다고 해서 별도의 스레드나 프로세스에서 실행되는 것은 아닙니다. 이 함수 내에서 await 키워드를 사용할 수 있습니다.
- **await**: 이 키워드는 비동기 함수 내에서만 사용할 수 있으며, await 다음에 오는 비동기 연산이 완료될 때까지 현재의 비동기 함수의 실행을 일시적으로 중단합니다. 그렇다고 해서 프로그램 전체가 멈추는 것은 아닙니다. 다른 비동기 함수나 작업이 실행될 수 있습니다.

즉, async def로 선언된 함수 내에서 await를 사용하면 해당 await 라인에서는 지정된 비동기 작업이 끝날 때까지 기다립니다. 하지만, 그동안 다른 비동기 함수나 코드는 계속 실행될 수 있습니다. 예를 들어, 다음 예제를 실행해봅니다.

```python
# 파일명은 main.py 로 가정합니다.
import asyncio  # asyncio 모듈을 불러옵니다.

async def func1():
    print("func1: Start")
    await asyncio.sleep(2)  # 2초 동안 대기
    print("func1: End")

async def func2():
    print("func2: Start")
    await asyncio.sleep(1)  # 1초 동안 대기
```

```
    print("func2: End")

async def main():
    await asyncio.gather(func1(), func2())  # func1과 func2를 동시에 실행

# main 함수를 작성합니다.
if __name__ == "__main__":
    asyncio.run(main())
```

이 코드는 터미널에서 다음 명령으로 실행합니다.

```
python main.py
```

main() 함수를 실행하면 func1()과 func2()는 '동시에' 시작되지만, func2()는 func1()보다 먼저 끝납니다. 왜냐하면 func2()의 await asyncio.sleep(1)은 1초만 대기하기 때문입니다. 그동안 func1()은 여전히 대기 중이지만, 이는 func2()의 실행을 방해하지 않습니다. 따라서 코드를 실행하면 다음과 같이 출력됩니다.

```
func1: Start
func2: Start
func2: End
func1: End
```

FastAPI에서의 비동기 처리를 살펴봅시다.

```
from fastapi import FastAPI
import asyncio  # asyncio 모듈 임포트

app = FastAPI()

async def fetch_data():
    await asyncio.sleep(2)  # 2초 동안 대기, DB에서 데이터를 가져오는 것을 시뮬레이션
    return {"data": "some_data"}

@app.get("/")
async def read_root():
    data = await fetch_data()  # fetch_data 함수가 완료될 때까지 기다림
```

```
    return {"message": "Hello, World!", "fetched_data": data}
# 파일명을 main.py로 저장하고 FastAPI 애플리케이션을 실행합니다.
# uvicorn main:app --reload 명령을 사용하여 서버를 시작합니다.
```

- **async def**: 이 키워드로 함수를 선언하면 그 함수는 '비동기 함수'가 됩니다. 이 함수 내부에서는 await 키워드를 사용할 수 있습니다.
- **await**: 이 키워드는 비동기 함수의 실행을 일시적으로 멈추고, 그 함수가 끝날 때까지 기다립니다. 예를 들어, await fetch_data() 코드에서는 fetch_data() 함수가 끝날 때까지 기다립니다.

### 테스트 방법

이 코드는 FastAPI 코드이므로 uvicorn으로 실행합니다. 이후 웹 브라우저에서 http://127.0.0.1:8000에 접속합니다.

1. 2초 후에 {"message": "Hello, World!", "fetched_data": {"data": "some_data"}}와 같은 JSON 응답을 볼 수 있을 것입니다.
2. 이렇게 비동기 방식을 사용하면, 이 2초 동안 다른 클라이언트의 요청도 처리할 수 있습니다.

기본 사용법을 기반으로, 보다 비동기 처리가 효과적인 예제를 알아봅니다. 서버가 여러 요청을 동시에 처리해야 할 때 각 요청이 I/O 작업(데이터베이스 쿼리, 외부 API 호출 등)을 필요로 하면, 이 작업이 끝날 때까지 다른 요청을 처리할 수 없게 됩니다. 비동기 처리를 사용하면 이러한 I/O 작업을 기다리는 동안 다른 요청을 처리할 수 있습니다.

간단한 예제로 비동기 처리의 성능 향상을 확인해보겠습니다. 일반적인 순차적 코드와 비동기 코드를 비교합니다.

```
From fastapi import FastAPI
from time import sleep, time
import asyncio

app = FastAPI()

# 동기 처리
@app.get("/sync")
def read_sync_item():
    start_time = time()
```

```
    sleep(1)
    elapsed_time = time() - start_time
    return {"type": "sync", "elapsed_time": elapsed_time}

# 비동기 처리
@app.get("/async")
async def read_async_item():
    start_time = time()
    await asyncio.sleep(1)
    elapsed_time = time() - start_time
    return {"type": "async", "elapsed_time": elapsed_time}
```

### 테스트 방법

1. 각 코드를 main.py라는 파일에 저장합니다.

2. 터미널에서 uvicorn main:app --reload 명령을 실행하여 애플리케이션을 실행합니다.

다음 코드는 requests와 aiohttp 라이브러리를 사용하여 동기적 또는 비동기적으로 API를 호출하고, 그에 걸린 전체 시간을 측정하는 코드입니다. 성능 측정에는 별도 기능이 필요하므로 간략히 각 코드에 대해 주석으로 설명을 넣었습니다.

```
# test_app.py 파일명으로 저장
import requests   # 동기 HTTP 요청을 위한 라이브러리
import aiohttp    # 비동기 HTTP 요청을 위한 라이브러리
import asyncio    # 비동기 프로그래밍을 위한 라이브러리
import time       # 시간 측정을 위한 라이브러리

# 동기 API 호출 함수
def sync_call(url, times):
    start_time = time.time()  # 시작 시간을 기록
    for _ in range(times):    # 지정된 횟수만큼 반복
        requests.get(url)     # 동기적으로 API 호출
    elapsed_time = time.time() - start_time  # 경과 시간을 계산
    print(f"Sync elapsed time: {elapsed_time} seconds")  # 경과 시간을 출력

# 비동기 API 호출 함수
async def async_call(url, times):
    start_time = time.time()  # 시작 시간을 기록
```

```
    async with aiohttp.ClientSession() as session:  # 비동기 세션을
시작
        tasks = []  # task를 저장할 리스트
        for _ in range(times):  # 지정된 횟수만큼 반복
            task = session.get(url)  # 비동기적으로 API 호출하고 task
객체를 생성
            tasks.append(task)  # task 객체를 리스트에 추가
        await asyncio.gather(*tasks)  # 모든 비동기 작업이 완료될 때까
지 기다림
    elapsed_time = time.time() - start_time  # 경과 시간을 계산
    print(f"Async elapsed time: {elapsed_time} seconds")  # 경과
시간을 출력

# 메인 실행 부분
if __name__ == "__main__":
    url_sync = "http://127.0.0.1:8000/sync"  # 동기 API URL
    url_async = "http://127.0.0.1:8000/async"  # 비동기 API URL
    times = 10  # 호출 횟수

    # 동기 호출 실행
    sync_call(url_sync, times)

    # 비동기 호출 실행
    asyncio.run(async_call(url_async, times))  # 비동기 함수를 실행
하기 위한 메인 이벤트 루프
```

이 코드는 10번의 동기와 비동기 API를 호출하며, 각각 동기와 비동기로 얼마나 걸리는지 측정합니다. 이렇게 하면 비동기 처리가 얼마나 효율적인지 명확하게 볼 수 있을 것입니다.

해당 코드는 test_app.py로 저장한 후, 별도 터미널창을 오픈해서 python test_app.py로 실행합니다. 첫 번째 코드인 FastAPI 애플리케이션은 실행 중인 상태에서 별도로 실행해야 합니다. 다음은 실제 테스트 결과로, 동기 API를 10번 호출했을 때는 10초가 걸리는 데 반해서 비동기 API를 호출했을 때는 1초가 걸리는 것을 확인할 수 있습니다. 각 호출에 걸리는 시간은 PC 환경에 따라 다를 수 있습니다.

```
Sync elapsed time: 10.09218168258667 seconds
Async elapsed time: 1.0119810104370117 seconds
```

# 7.4 파일 업로드

파일 업로드는 사용자가 웹 서비스에 파일을 전송하는 과정을 의미합니다. 이는 이미지, 문서, 오디오 등 다양한 유형의 파일을 포함합니다. FastAPI는 파일 업로드를 간단하게 처리할 수 있도록 여러 도구와 기능을 제공합니다.

- **HTTP**: 웹상에서 데이터를 주고받을 수 있는 프로토콜입니다.
- **POST 메서드**: HTTP 요청 메서드 중 하나로, 서버에 데이터를 보내는 데 사용됩니다.
- **multipart/form-data**: 여러 부분으로 나뉜 데이터를 하나의 패키지로 전송하는 미디어 유형입니다.

우선 python-multipart 라이브러리 설치가 필요합니다. python-multipart 패키지는 FastAPI에서 파일 업로드를 처리하기 위해 필요한 의존성입니다. 이 패키지는 multipart/form-data 인코딩을 해석하여 파일 업로드를 가능하게 해줍니다.

```
pip install python-multipart==0.0.9
```

FastAPI에서는 파일 업로드를 위해 File과 UploadFile이라는 두 가지 주요 클래스를 제공합니다. File은 파이썬의 내장 file 객체와 유사하고, UploadFile은 추가 메타데이터와 비동기 작업을 위한 메서드를 포함합니다.

```python
from fastapi import FastAPI, File, UploadFile

app = FastAPI()

@app.post("/uploadfile/")
async def create_upload_file(file: UploadFile = File(...)):
    return {"filename": file.filename}

# 파일명을 main.py로 저장하고 FastAPI 애플리케이션을 실행합니다.
# uvicorn main:app --reload 명령을 사용하여 서버를 시작합니다.
```

이 예제에서 File(...)은 FastAPI에게 이 매개변수가 필수임을 알려줍니다(...은 "여기에 어떤 값이 와야 한다"라는 의미입니다). UploadFile은 FastAPI가 제공하는 클래스로, 파일과 관련된 다양한 정보와 메서드를 제공합니다.

### 테스트 방법

1. 코드를 작성한 후, 터미널에서 uvicorn 파일명:app --reload를 실행하여 서버를 시작합니다.

2. 브라우저에서 http://127.0.0.1:8000/docs로 이동하여 Swagger 문서를 열고, /uploadfile/ 엔드포인트를 테스트합니다.

3. Swagger UI에서 /uploadfile/ 엔드포인트의 오른쪽 끝의 화살표를 클릭하여 /uploadfile/ 엔드포인트를 오픈합니다. 이 엔드포인트를 선택하고 <Try it out> 버튼을 클릭합니다. 이어서 <Choose File> 버튼을 클릭하여 업로드할 파일을 선택한 후 <Execute> 버튼을 누릅니다.

4. <Execute> 버튼을 누르면 요청이 서버로 전송됩니다. 다음처럼 [Responses] 섹션에서 결과를 확인할 수 있습니다. "filename" 키값으로 선택한 파일의 이름이 반환될 것입니다.

UploadFile 객체는 파일 업로드를 다룰 때 굉장히 유용한 속성과 메서드를 제공합니다. 각 속성과 메서드를 이해하고 실제로 어떻게 사용하는지 알아봅시다.

- **.filename**: 이 속성은 업로드된 파일의 이름을 문자열로 반환합니다. 파일 이름을 데이터베이스에 저장하거나 파일을 디스크에 저장할 때 사용합니다.
- **.content_type**: 이 속성은 파일의 콘텐츠 유형(MIME 타입)을 문자열로 반환합니다. 예를 들어 이미지 파일이면 "image/jpeg"나 "image/png"와 같은 값을 가집니다. 이 정보를 통해 파일의 유형을 확인할 수 있습니다.
- **.file**: 이 속성은 파일의 실제 내용을 담고 있는 파일 객체를 반환합니다. 이 객체를 통해 파일의 내용을 읽거나 다른 처리를 할 수 있습니다.
- **.read()**: 이 메서드는 파일의 내용을 읽어서 반환합니다. 이 메서드는 비동기로 작동하므로 await 키워드를 사용해야 합니다.
- **.seek()**: 이 메서드는 파일 내의 특정 위치로 포인터를 이동합니다. 일반적으로 .read() 메서드를 사용한 후 다시 파일을 처음부터 읽고 싶을 때 유용합니다.

실제로 코드에서 어떻게 사용하는지 예제를 통해 알아봅시다.

```python
from fastapi import FastAPI, File, UploadFile

app = FastAPI()

@app.post("/uploadfile/")
async def create_upload_file(file: UploadFile = File(...)):
    # 파일 이름과 콘텐츠 타입 출력
    print("파일 이름:", file.filename)
    print("콘텐츠 타입:", file.content_type)

    # 파일 읽기 (비동기)
    contents = await file.read()
    print("파일 크기:", len(contents))

    # 파일 포인터를 처음으로 이동
    file.seek(0)

    # 파일 내용 다시 읽기 (비동기)
    contents_again = await file.read()
```

```
        print("파일 크기 (다시 읽기):", len(contents_again))

        # 파일 리소스 해제
        file.close()

        return {"filename": file.filename}
# 파일명을 main.py로 저장하고 FastAPI 애플리케이션을 실행합니다.
# uvicorn main:app --reload 명령을 사용하여 서버를 시작합니다.
```

### 테스트 방법

1. 브라우저에서 http://127.0.0.1:8000/docs 주소로 접속 후, /uploadfile/ 엔드포인트를 찾아 선택하고 <Try it out> 버튼을 클릭합니다. 이어서 <Choose File> 버튼을 클릭하여 업로드할 파일을 선택한 후 <Execute> 버튼을 누릅니다.
2. <Execute> 실행 후, uvicorn main:app --reload를 실행한 터미널에서 파일 관련 상세 정보를 확인할 수 있습니다.

이 예제를 통해 UploadFile 객체의 각 속성과 메서드가 어떻게 동작하는지 확인할 수 있습니다. 이러한 기능을 잘 활용하면 파일 업로드와 관련된 다양한 웹 애플리케이션 기능을 구현할 수 있습니다.

파일을 업로드한 후에 이 파일을 어떻게 서버에 저장할 것인가는 매우 중요한 문제입니다. 특히, 파일을 저장하기 전에 몇 가지 사전 작업이 필요합니다.

- **폴더 생성**: 서버가 실행되는 디렉터리에 uploaded_files라는 이름의 폴더를 생성합니다. 이 폴더는 업로드된 파일을 저장할 곳입니다.
- **권한 확인**: 이 폴더에 쓰기 권한이 있는지 확인합니다. 권한이 없다면 쓰기 권한을 추가합니다.

코드 예제를 살펴봅시다.

```
import shutil
from pathlib import Path
from fastapi import FastAPI, File, UploadFile

app = FastAPI()
```

```
@app.post("/uploadfile/")
async def create_upload_file(file: UploadFile = File(...)):
    folder_name = "uploaded_files"
    Path(folder_name).mkdir(exist_ok=True)  # 폴더가 없다면 생성
    file_location = f"{folder_name}/{file.filename}"

    # 읽기/쓰기 포인터를 파일의 시작 위치로 이동
    file.file.seek(0)

    with open(file_location, "wb+") as buffer:
        shutil.copyfileobj(file.file, buffer)

    return {"Info": f"Your file '{file.filename}' has been uploaded at {file_location}"}

# 파일명을 main.py로 저장하고 FastAPI 애플리케이션을 실행합니다.
# uvicorn main:app --reload 명령을 사용하여 서버를 시작합니다.
```

- 폴더 생성 확인

Path(folder_name).mkdir(exist_ok=True)는 파이썬의 pathlib 라이브러리를 활용해 지정한 폴더(uploaded_files)가 없으면 새로 생성합니다. exist_ok=True 옵션은 해당 폴더가 이미 존재한다면 에러 없이 넘어가라는 의미입니다.

- 파일 포인터 초기화

file.file.seek(0) 코드는 파일의 읽기/쓰기 포인터를 파일의 시작점으로 이동시킵니다. 이것은 shutil.copyfileobj() 함수가 파일의 내용을 처음부터 끝까지 올바르게 복사할 수 있도록 해줍니다.

- 파일 저장

with open(file_location, "wb+") as buffer: 이 부분에서는 업로드된 파일을 서버에 저장합니다. open() 함수의 두 번째 옵션은 파일 모드 옵션입니다. "wb+"는 이진 모드로 파일을 쓰고 읽을 수 있음을 나타냅니다. shutil.copyfileobj(file.file, buffer)는 파일의 내용을 buffer에 복사합니다.

파일 모드 옵션에서 파일을 쓰기 위해 반드시 이진 모드('b')를 사용할 필요는 없습니다. 만약 쓰려는 파일이 텍스트 파일이라면, 단순히 'w+' 모드를 사용할 수 있습니다. 'w+'는 텍

스트 쓰기/읽기 모드를 의미하며, 파일이 이미 존재할 경우 내용을 지우고 처음부터 쓰며, 파일이 없으면 새로 생성합니다.

다만 파일이 텍스트 파일이 아닌 이미지 등 다양한 파일 포맷이라면 이진 파일로 다루면 안전하게 파일을 읽거나 쓸 수 있습니다. 이진 파일을 다루는 경우에는 'wb+'를 사용하고, 텍스트 파일을 다루는 경우에는 'w+'를 사용하는 것이 일반적입니다.

참고로, open() 함수에서 사용할 수 있는 파일 모드 옵션은 다음과 같습니다.

- 'r': 읽기 전용으로 파일을 열 때 사용합니다. 파일이 존재하지 않으면 에러가 발생합니다.
- 'w': 쓰기 전용으로 파일을 열 때 사용합니다. 파일이 이미 존재하면 내용을 삭제하고 새로 작성합니다.
- 'x': 배타적 생성으로 파일을 열 때 사용합니다. 파일이 이미 존재하면 에러가 발생합니다.
- 'a': 파일을 쓰기 모드로 열되 파일의 끝에 내용을 추가합니다. 파일이 존재하지 않으면 새로 생성합니다.
- 'b': 이진 모드로 파일을 엽니다. 텍스트가 아닌 파일(이미지, 동영상 등)을 다룰 때 주로 사용합니다.
- 't': 텍스트 모드로 파일을 엽니다. 기본값이며, 주로 텍스트 파일을 다룰 때 사용합니다.
- '+': 읽기와 쓰기 모드 모두를 활성화합니다. 'r+', 'w+', 'a+'와 같이 다른 모드와 결합하여 사용할 수 있습니다.

이러한 모드들은 필요에 따라 조합하여 사용할 수 있습니다. 예를 들어 'rb'는 이진 읽기 모드, 'w+b' 또는 'wb+'는 이진 쓰기/읽기 모드를 나타냅니다.

### 테스트 방법

1. 웹 브라우저를 열고 http://127.0.0.1:8000/docs 주소로 이동합니다.
2. Swagger UI가 보이면 /uploadfile/ 엔드포인트를 찾아 파일을 업로드해 테스트합니다.
3. 테스트가 성공적으로 완료되면 uploaded_files 폴더를 열어 업로드된 파일이 올바르게 저장되었는지 확인합니다.

이렇게 하면 FastAPI를 사용하여 파일을 업로드하고 저장하는 전체 과정을 이해하고 실행할 수 있습니다. 이 기능은 이미지, 문서 등 다양한 유형의 파일을 처리할 때 매우 유용합니다.

# 7.5 캐싱과 미들웨어

캐싱(caching)과 미들웨어(middleware)는 웹 개발에서 자주 사용되는 중요한 개념입니다. FastAPI에서도 이러한 기능을 쉽게 구현할 수 있습니다. 이번 챕터에서는 그 과정을 쉽게 이해할 수 있도록 상세하게 설명하겠습니다.

캐싱이란 데이터나 결과를 미리 저장해놓고, 다음번 같은 요청이 들어오면 미리 저장된 데이터를 사용하여 빠르게 응답하는 기술입니다. 캐싱을 통해 서버의 부하를 줄이고 응답 시간을 개선할 수 있습니다.

예를 들어, 특정 API 요청으로부터 항상 동일한 데이터를 가져와야 한다면 이 데이터를 미리 저장해두고 같은 요청이 들어올 때마다 저장된 데이터를 반환하면 됩니다.

미들웨어는 요청과 응답 사이에 위치하는 소프트웨어 계층입니다. FastAPI에서는 여러 미들웨어를 사용할 수 있고, 이를 통해 캐싱, 보안, 데이터 변환 등 다양한 작업을 처리할 수 있습니다.

## 7.5.1 | FastAPI 캐싱

FastAPI는 캐싱 기능을 기본적으로 제공하지 않지만, HTTP 헤더를 통해 이를 구현할 수 있습니다. 이는 클라이언트나 프록시 서버가 응답을 캐시할 수 있도록 지시하여 재요청 시 빠른 응답을 가능하게 합니다. 다음은 Cache-Control 헤더를 사용하여 캐싱을 설정하고 이를 테스트하는 방법에 대한 설명입니다.

참고로 프록시 서버는 클라이언트와 인터넷 사이에서 중개자 역할을 하는 서버입니다. 이 서버는 사용자의 요청을 받아 인터넷에 있는 서버로부터 데이터를 가져오고, 그 결과를 사용자에게 다시 전달합니다. 프록시 서버의 주요 기능은 캐싱, 인터넷 사용 모니터링 및 필터링, 보안 강화 등입니다.

```python
from fastapi import FastAPI
from fastapi.responses import JSONResponse

app = FastAPI()

@app.get("/", response_class=JSONResponse)
def read_root():
    content = {"message": "Hello, World!"}
    headers = {
        "Cache-Control": "public, max-age=60",
    }
    return JSONResponse(content=content, headers=headers)
# 파일명을 main.py로 저장하고 FastAPI 애플리케이션을 실행합니다.
# uvicorn main:app --reload 명령을 사용하여 서버를 시작합니다.
```

이 코드는 "/" 경로로 GET 요청을 받으면 {"message": "Hello, World!"}를 JSON 형태로 반환하고, 응답 헤더에 Cache-Control 값을 설정합니다. 이 헤더는 응답이 공개적으로 60초 동안 캐시될 수 있음을 의미합니다.

Cache-Control 헤더에 설정할 수 있는 주요 옵션들은 다음과 같습니다.

- **public**: 어떤 캐시 시스템이든 응답을 저장할 수 있습니다. 예를 들어, CDN과 같은 공용 캐시에 적합합니다.
  e.g. Cache-Control: public, max-age=3600

- **private**: 응답이 사용자의 브라우저와 같은 개인 캐시에만 저장되어야 함을 의미합니다.
  e.g. Cache-Control: private, max-age=600

- **no-cache**: 캐시된 복사본을 사용하기 전에 매번 서버에 검증을 요청합니다. 즉, 캐시는 콘텐츠를 저장할 수 있지만, 사용 전에 항상 서버에 확인해야 합니다.
  e.g. Cache-Control: no-cache

- **no-store**: 응답이 전혀 캐시되어서는 안 됨을 나타냅니다. 보안상의 이유로 중요한 정보를 포함하는 응답에 사용합니다.
  e.g. Cache-Control: no-store

- max-age=<seconds>: 응답이 얼마나 오랫동안 캐시로 간주될 수 있는지를 초 단위로 지정합니다. 이 시간이 지나면 캐시는 더 이상 유효하지 않게 됩니다.

    e.g. Cache-Control: public, max-age=120

- s-maxage=<seconds>: max-age와 비슷하지만, 오직 공용 캐시에 대해서만 적용됩니다. 개인 캐시는 이 지시어를 무시합니다.

    e.g. Cache-Control: public, s-maxage=120, max-age=60

이러한 Cache-Control 지시어를 적절히 조합하여 사용하면 웹 애플리케이션의 성능을 향상시키고, 서버의 부하를 줄이며, 사용자 경험을 개선할 수 있습니다. 예를 들어, 자주 변경되지 않는 정적 자원에는 public과 max-age를 설정하여 캐시의 이점을 최대한 활용할 수 있습니다. 반면, 매번 최신 정보를 제공해야 하는 동적 콘텐츠에는 no-cache를 사용하여 항상 최신 상태를 유지합니다.

### 크롬 브라우저 기반 테스트 방법

1. 애플리케이션 실행: 먼저, uvicorn main:app --reload 명령어로 FastAPI 애플리케이션을 실행합니다.

2. 브라우저 접속: 구글 크롬 웹 브라우저를 열고 http://localhost:8000으로 이동합니다.

3. 개발자 도구 열기: 웹페이지에서 마우스 오른쪽 버튼을 클릭하고 검사(Inspect) 옵션을 선택하거나 단축키 [Ctrl]+[Shift]+[I](윈도우) 또는 [Cmd]+[Option]+[I](맥)를 사용하여 개발자 도구를 엽니다.

4. 네트워크 탭 이동: 개발자 도구 상단의 메뉴에서 [네트워크(Network)] 탭을 선택합니다.

5. 페이지 새로고침: 웹페이지를 새로고침(F5)하여 네트워크 요청을 캡처합니다.

6. HTTP 헤더 확인: [네트워크(Network)] 탭에서 해당 요청을 클릭하면 오른쪽에 상세 정보가 나타납니다. [헤더(Headers)] 탭에서 응답 헤더 메뉴를 찾아 Cache-Control 헤더를 확인하면 max-age=60이 설정되어 있음을 확인할 수 있습니다.

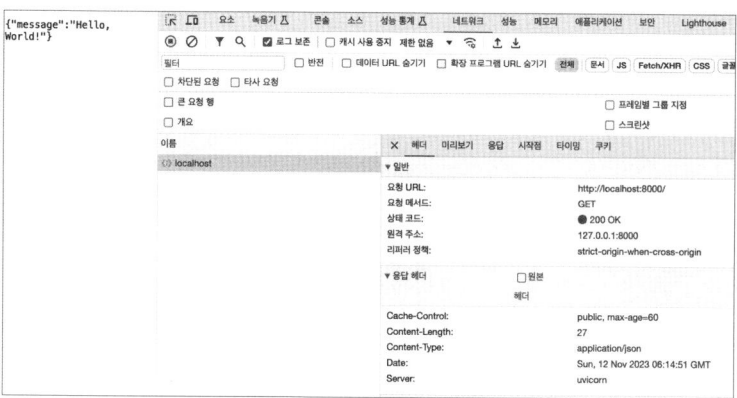

이 과정을 통해 FastAPI 애플리케이션에서 설정한 Cache-Control 헤더가 제대로 적용되었는지 확인할 수 있습니다.

## 7.5.2 | FastAPI 주요 미들웨어

### » TrustedHostMiddleware 미들웨어

FastAPI에서 미들웨어를 설정하는 방법은 다양합니다만, app.add_middleware() 메서드가 가장 일반적이고 간단한 설정으로도 애플리케이션의 보안을 크게 강화할 수 있습니다. 이번에는 이 메서드를 사용하여 TrustedHostMiddleware라는 보안 미들웨어를 적용해보겠습니다.

TrustedHostMiddleware는 웹 애플리케이션의 보안을 강화하는 미들웨어입니다. 이 미들웨어는 들어오는 모든 HTTP 요청의 "Host" 헤더를 검사하여 요청이 허용된 호스트 목록에 있는지 확인합니다. 이렇게 하면 DNS 리바인딩, SSRF(Server Side Request Forgery) 같은 공격을 예방할 수 있습니다.

실무에서는 다음과 같이 적용할 수 있습니다.

- **API 게이트웨이**: 여러 서비스로의 라우팅을 담당하는 API 게이트웨이에서 특정 서비스에 대한 요청만을 허용할 때
- **멀티 테넌시**: 하나의 애플리케이션에서 여러 도메인을 서비스하는 경우, 도메인별로 접근을 제한할 때

다음과 같은 테스트를 통해 TrustedHostMiddleware의 설정과 작동을 검증할 수 있습니다.

```python
from fastapi import FastAPI, HTTPException
from fastapi.middleware.trustedhost import TrustedHostMiddleware

app = FastAPI()

app.add_middleware(
    TrustedHostMiddleware,
    allowed_hosts=["example.com", "*.example.com", "localhost", "127.0.0.1"]
)

@app.get("/")
def read_root():
    return {"message": "Hello, World!"}

# 파일명을 main.py로 저장하고 FastAPI 애플리케이션을 실행합니다.
# uvicorn main:app --reload 명령을 사용하여 서버를 시작합니다.
```

- **import 구문**: FastAPI 라이브러리에서 제공하는 TrustedHostMiddleware 클래스를 불러옵니다.
- **미들웨어 추가**: app.add_middleware() 메서드를 사용하여 FastAPI 애플리케이션 객체에 미들웨어를 추가합니다.
  - **첫 번째 인자**: 미들웨어 클래스를 지정합니다. 여기서는 TrustedHostMiddleware를 사용합니다.
  - **allowed_hosts 인자**: 허용되는 호스트 목록을 지정합니다. 리스트 형태로 제공되며, 문자열은 각각의 허용된 호스트를 의미합니다. 와일드카드(*)를 사용하여 여러 서브도메인을 한 번에 허용할 수 있습니다.

이때 allowed_hosts에서 사용할 수 있는 옵션은 다음과 같습니다.

- **도메인 이름**: 명확한 도메인 이름을 명시합니다.
  e.g. "example.com"

- **와일드카드 서브도메인**: 와일드카드를 사용해 모든 서브도메인을 허용합니다.
  e.g. "*.example.com"

- **IP 주소**: 특정 IP 주소를 허용합니다.
  e.g. "192.168.1.1"

- **로컬호스트**: 개발이나 테스트를 위해 localhost 또는 127.0.0.1을 허용합니다.

**테스트 방법**

1. 코드를 파이썬 파일(main.py 등)에 저장한 뒤, 터미널에서 uvicorn main:app --reload 명령어를 실행합니다.
2. 웹 브라우저나 포스트맨(Postman)과 같은 HTTP 클라이언트를 사용하여 http://localhost:8000 또는 http://127.0.0.1:8000으로 요청을 보내면 정상적인 응답을 받아야 합니다.
3. 허용되지 않은 도메인(e.g. notexample.com)에서 요청을 보내면 400 Bad Request 응답이 반환됩니다.
4. 허용된 도메인(example.com, *.example.com 등)에서는 정상적인 응답을 받아야 합니다.

## » CORS 미들웨어

CORS(Cross-Origin Resource Sharing)는 웹 보안의 한 부분입니다. 웹 브라우저는 웹페이지가 다른 도메인의 리소스에 접근하려고 할 때 제약을 걸어두는데, 이것을 동일 오리진 정책(same-origin policy)이라고 부릅니다. 그런데 때로는 여러 도메인 간에 자원을 공유해야 하는 상황이 생깁니다. CORS는 이런 상황에서 안전하게 자원을 공유할 수 있는 방법을 정의합니다.

예를 들어, 웹 애플리케이션 A가 도메인 a.com에, 웹 애플리케이션 B가 도메인 b.com에 있다고 가정해봅시다. 웹 애플리케이션 A에서 웹 애플리케이션 B의 API를 호출하려면 도메인이 다르기 때문에 보안 문제가 발생할 수 있습니다. 여기서 CORS 설정이 필요하게 됩니다.

CORS 미들웨어는 이런 교차 오리진 문제를 해결하기 위해 웹 서버에 추가합니다. 클라이언트에서 서버로 요청을 보낼 때 서버는 CORS 미들웨어를 통해 이 요청이 안전한지 판단합니다.

- **allow_origins**: 이 옵션을 통해 어떤 오리진(origin)의 요청을 받을 것인지 설정할 수 있습니다.
- **allow_credentials**: 자격 증명(쿠키, HTTP 인증 등)을 포함한 요청을 허용할지 설정합니다.
- **allow_methods**: 허용할 HTTP 메서드(GET, POST, PUT 등)를 설정합니다.
- **allow_headers**: 어떤 HTTP 헤더를 허용할 것인지 설정합니다.

이제 코드 예제를 살펴봅시다.

```python
from fastapi import FastAPI
from fastapi.middleware.cors import CORSMiddleware

app = FastAPI()

app.add_middleware(
    CORSMiddleware,
    allow_origins=["*"],
    allow_credentials=True,
    allow_methods=["*"],
    allow_headers=["*"],
)

@app.get("/")
def read_root():
    return {"message": "CORS 테스트"}

@app.get("/hello")
def hello():
    return {"message": "안녕하세요"}

# 파일명을 main.py로 저장하고 FastAPI 애플리케이션을 실행합니다.
# uvicorn main:app --reload 명령을 사용하여 서버를 시작합니다.
```

- **from fastapi.middleware.cors import CORSMiddleware**: FastAPI에서 제공하는 CORS 미들웨어 클래스를 프로젝트로 가져옵니다.
- **app.add_middleware()**: 이 메서드를 사용하여 FastAPI 애플리케이션에 CORS 미들웨어를 추가합니다.

옵션을 상세히 살펴보겠습니다.

- allow_origins: 웹사이트의 오리진별로 특정 요청을 허용하거나 거부할 수 있습니다.
  e.g. allow_origins=["https://example.com", "https://*.example.com"]

  웹페이지가 로딩되면 그 페이지에서 서버로 데이터를 요청합니다. 이때, 웹페이지의 도메인과 데이터를 제공하는 서버의 도메인이 다르면 문제가 발생할 수 있습니다. allow_origins를 통해 어떤 도메인에서의 요청을 허용할지를 설정합니다.

- **allow_credentials**: 자격 증명(credentials)을 가진 요청을 허용할지 결정합니다. 자격 증명은 사용자가 누구인지 확인할 수 있는 정보입니다. 예를 들면, 로그인 후 서버가 보낸 쿠키가 이에 해당합니다. True로 설정하면 이런 정보를 포함한 요청도 받을 수 있습니다.

- **allow_methods**: 서버가 허용하는 HTTP 메서드(동작)를 설정합니다.
  e.g. allow_methods=["GET", "POST"]
  HTTP 메서드는 서버에 어떤 종류의 작업을 요청할지를 결정합니다. GET은 데이터를 조회하고, POST는 데이터를 생성하는 등 각 메서드는 특정한 작업을 나타냅니다.

- **allow_headers**: 서버가 받을 수 있는 HTTP 헤더를 설정합니다.
  e.g. allow_headers=["Authorization", "Content-Type"]
  HTTP 헤더는 요청이나 응답 메시지에 포함되어 추가적인 정보를 전달합니다. 특정 헤더를 허용함으로써 그 헤더에 담긴 정보를 서버가 제대로 처리할 수 있습니다.

- **HTTP Authentication**: 이는 웹에서 사용자 인증을 하기 위한 방법 중 하나입니다. 사용자 이름과 비밀번호를 기반으로 하는 기본 인증(basic authentication)이나 토큰 기반의 베어러(bearer) 인증 등 다양한 방식이 있습니다.
  - **초심자 설명**: 간단히 말해 이것은 사용자가 누구인지 확인하는 방법입니다. 웹사이트에서 로그인할 때 종종 이 기술을 사용합니다.

- **Authorization 헤더**: 주로 토큰을 포함하여 서버에 보내서 사용자를 인증합니다.
  - 로그인 후 받은 "키" 같은 것을 서버에 보내서 "나야, 나!"라고 알리는 것입니다.

- **Content-Type 헤더**: 이 헤더는 요청의 바디 타입을 명시합니다. 예를 들어 JSON 데이터를 보낼 때는 "application/json"으로 설정합니다.
  - 서버에 어떤 형태의 데이터를 보내는지 알려주는 표시입니다. 예를 들면, 우리가 서버에게 "이 데이터는 JSON이야!"라고 알려주는 것입니다.

FastAPI 코드를 main.py로 저장하고, main.py 파일이 들어있는 동일 폴더에 index.html이라는 파일을 만들고 다음과 같이 작성합니다.

```
<!DOCTYPE html>
<html>
<head>
```

```html
  <meta charset="UTF-8">
  <title>CORS Test</title>
  <meta charset="UTF-8"> <!-- UTF-8 설정 추가 -->
  <script type="text/javascript">
    async function makeRequest() {
      try {
        const response = await fetch('http://localhost:8000/hello', {
          method: 'GET',
          credentials: 'include'
        });

        if (!response.ok) {
          throw new Error("Network response was not ok");
        }

        const data = await response.json();
        console.log(data);
        document.getElementById("result").innerHTML = JSON.stringify(data);
      } catch (error) {
        console.error("There was a problem with the fetch operation:", error);
        document.getElementById("result").innerHTML = "Error occurred: " + error;
      }
    }
  </script>
</head>
<body>
  <h1>CORS 테스트 페이지</h1>
  <button onclick="makeRequest()">요청 보내기</button>
  <div id="result">결과가 여기에 표시됩니다.</div>
</body>
</html>
```

우선, FastAPI 예제 코드가 들어 있는 폴더에서 터미널을 열고 uvicorn main:app --reload를 실행합니다. 별도 터미널에서 python -m http.server 8080을 실행하면 http://localhost:8080에서 페이지를 볼 수 있습니다. 반드시 해당 명령으로 실행해야 다음 테스트가 정상 동작합니다. 이후, 웹페이지에서 <요청 보내기> 버튼을 클릭한 후, CORS가 정상 동작하였다면 화면에 {"message":"안녕하세요"}가 표시됩니다.

이번에는 다음과 같이 allow_origins를 https://example.com, https://.example.com 에서의 요청에 대해서만 동작하도록 다음과 같이 변경하고, main.py 파일을 재실행합니다. index.html 파일은 재실행할 필요는 없습니다. 이 상태에서 http://localhost:8080 에 보여지는 웹페이지에서 다시 <요청 보내기> 버튼을 클릭하면 화면에 Error occurred: TypeError: Failed to fetch와 같은 에러 메시지가 표시됩니다. "https://example.com", "https://.example.com" 주소를 가진 요청만 정상 요청으로 받기 때문입니다.

```python
from fastapi import FastAPI
from fastapi.middleware.cors import CORSMiddleware

app = FastAPI()

app.add_middleware(
    CORSMiddleware,
    allow_origins=["https://example.com", "https://*.example.com"],
    allow_credentials=True,
    allow_methods=["*"],
    allow_headers=["*"],
)

@app.get("/")
def read_root():
    return {"message": "CORS 테스트"}

@app.get("/hello")
def hello():
    return {"message": "안녕하세요"}

# 파일명을 main.py로 저장하고 FastAPI 애플리케이션을 실행합니다.
# uvicorn main:app --reload 명령을 사용하여 서버를 시작합니다.
```

이렇게 상세한 설정과 테스트 방법을 통해 CORS 미들웨어를 이해하고 적용할 수 있습니다.

## 》GZip 미들웨어

GZip 미들웨어는 웹 서버와 클라이언트(보통 웹 브라우저) 간에 데이터를 주고받을 때 그 데이터를 압축하는 역할을 합니다. 이 압축은 주로 서버가 클라이언트에게 보내는 데이터에 적용되며, 이로 인해 네트워크를 통해 전송되는 데이터의 크기가 줄어듭니다.

- **데이터 전송 속도 향상**: 압축된 데이터는 원래의 데이터보다 크기가 작기 때문에 더 빨리 전송됩니다.
- **대역폭 절약**: 적은 양의 데이터를 전송하므로 네트워크 자원을 더 효율적으로 사용할 수 있습니다.
- **사용자 경험 향상**: 더 빠른 로딩 시간은 사용자에게 더 나은 경험을 제공합니다.
- **압축**: 서버는 웹페이지나 다른 웹 리소스를 GZip 알고리즘을 사용해 압축합니다.
- **전송**: 이 압축된 데이터는 클라이언트에게 전송됩니다.
- **해제**: 클라이언트(웹 브라우저)는 받은 압축된 데이터를 해제하여 원래의 형태로 복원합니다.

GZip 미들웨어는 웹 개발에 있어서 성능 최적화를 위한 좋은 시작점 중 하나입니다. minimum_size 설정은 압축을 적용할 최소 데이터 크기를 바이트 단위로 지정합니다. 너무 작은 데이터를 압축하면 압축과 해제 과정에서의 CPU 사용량이 오히려 성능을 저하시킬 수 있습니다. FastAPI에서는 GZip 미들웨어를 쉽게 추가할 수 있습니다.

먼저, GZipMiddleware 클래스를 FastAPI 라이브러리에서 임포트합니다.

```
from fastapi.middleware.gzip import GZipMiddleware
```

FastAPI 애플리케이션 인스턴스에 미들웨어를 추가하려면 add_middleware 메서드를 사용합니다.

```
app = FastAPI()

app.add_middleware(GZipMiddleware, minimum_size=1000)
```

- **minimum_size**: 압축을 적용할 응답의 최소 크기를 바이트로 설정합니다. 예를 들어 minimum_size=1000은 크기가 1,000바이트 이상인 응답만 압축합니다.

다음은 FastAPI 애플리케이션에서 GZip 미들웨어를 사용하는 전체 예제입니다.

```
from fastapi import FastAPI
from fastapi.middleware.gzip import GZipMiddleware

app = FastAPI()

app.add_middleware(GZipMiddleware, minimum_size=1000)

@app.get("/")
def read_root():
    return {"message": "Hello, FastAPI with GZip!"}

@app.get("/large")
def read_large():
    return {"message": "A" * 2000}  # 크기가 2000바이트인 응답

# 파일명을 main.py로 저장하고 FastAPI 애플리케이션을 실행합니다.
# uvicorn main:app --reload 명령을 사용하여 서버를 시작합니다.
```

### 크롬 브라우저 기반 GZip 압축 테스트 방법

1. 애플리케이션 실행: 우선, uvicorn main:app --reload 명령어를 통해 FastAPI 애플리케이션을 시작합니다.

2. 브라우저 접속: 구글 크롬 웹 브라우저를 열고 http://127.0.0.1:8000/large 주소로 접속합니다.

3. 개발자 도구 열기: 웹페이지에서 마우스 오른쪽 버튼을 클릭하고 검사(Inspect) 옵션을 선택하거나, 단축키 [Ctrl]+[Shift]+[I](윈도우) 또는 [Cmd]+[Option]+[I](맥)를 사용하여 개발자 도구를 엽니다.

4. 네트워크 탭 이동: 개발자 도구에서 [네트워크(Network)] 탭으로 이동합니다.

5. 요청 캡처: [네트워크(Network)] 탭이 활성화된 상태에서 페이지를 새로고침([F5] 또는 [Ctrl]+[R]/[Cmd]+[R])하고, 네트워크 요청을 캡처합니다.

6. 응답 헤더 확인: 요청 목록에서 large 파일이나 요청을 클릭하고, 상세 정보 패널에서 [헤더(Headers)] 탭을 찾습니다. Content-Encoding 헤더가 gzip으로 설정되어 있는지 확인하여 GZip 압축이 적용되었는지 검증합니다.

이 과정을 통해 서버가 데이터를 GZip 형식으로 압축하여 전송하고 있는지를 확인할 수 있습니다. 이는 네트워크 대역폭을 절약하고, 클라이언트로의 데이터 전송 시간을 단축하는 효과적인 방법입니다.

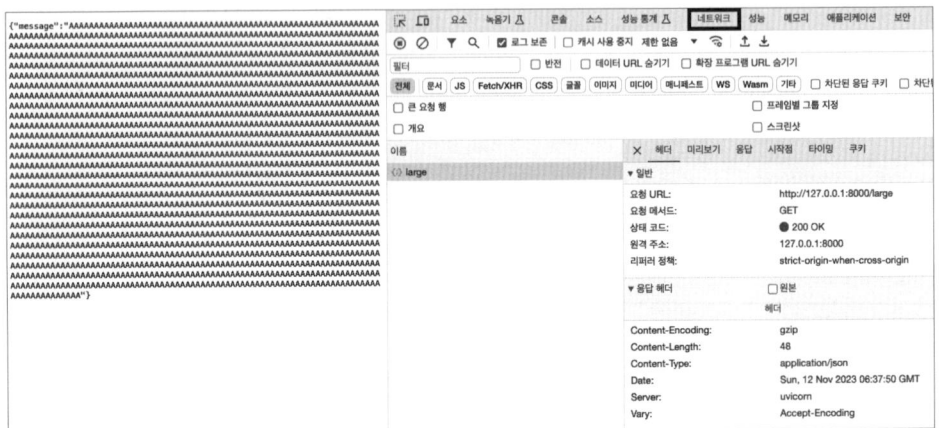

응답 속도를 확인하기 위해서는 크롬 개발자 도구의 [네트워크] 탭을 주로 사용합니다. 여기에는 요청과 응답에 대한 상세한 정보와 시간이 표시되므로 네트워크 성능을 측정하기에 좋습니다. 이를 위해 다음과 같이 [네트워크] 탭의 [타이밍(Timing)] 탭을 확인하면 각 요청에 대한 전체 응답 시간을 알 수 있습니다.

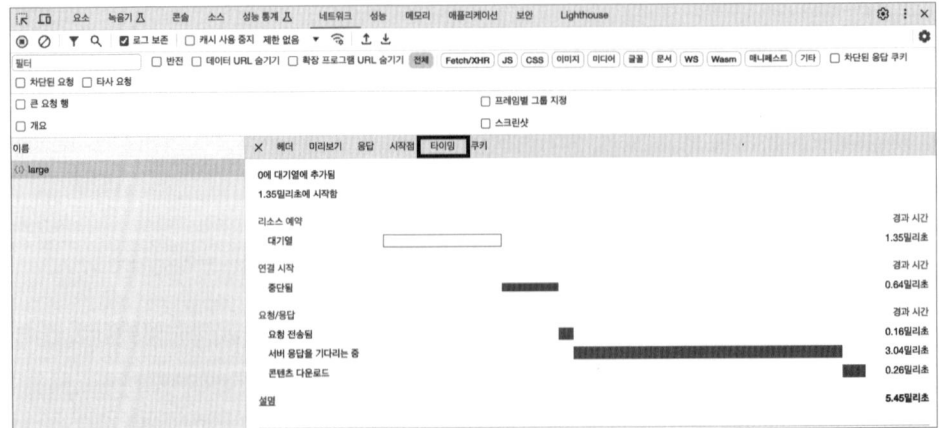

참고로 다음 코드와 같이 GZip 미들웨어를 주석 처리하면 서버 응답 시간이 훨씬 늘어나는 것을 볼 수 있습니다.

```python
from fastapi import FastAPI
from fastapi.middleware.gzip import GZipMiddleware

app = FastAPI()

# app.add_middleware(GZipMiddleware, minimum_size=1000)

@app.get("/")
def read_root():
    return {"message": "Hello, FastAPI with GZip!"}

@app.get("/large")
def read_large():
    return {"message": "A" * 2000}   # 크기가 2000바이트인 응답
```

테스트해보면 다음과 같이 서버 응답 시간이 늘어났습니다.

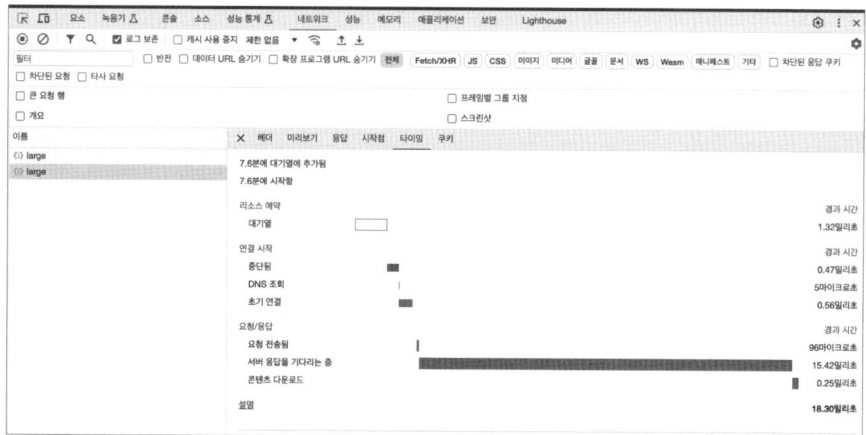

# 7.6 배포

배포(deployment)는 개발된 소프트웨어를 사용자가 사용할 수 있도록 실제 운영 환경에 올리는 과정을 말합니다. 일반적으로 개발이 끝난 후, 테스트를 거쳐 배포 단계로 넘어갑니다. FastAPI 애플리케이션도 마찬가지로 배포가 필요하고, 다양한 방법으로 배포할 수 있습니다.

## 7.6.1 | Uvicorn 설치 및 실행

Uvicorn은 ASGI(Application Server Gateway Interface) 서버 중 하나로, FastAPI 애플리케이션을 실행하는 데 자주 사용됩니다.

```
pip install uvicorn==0.27.0.post1
uvicorn main:app --host 0.0.0.0 --port 8000
```

이렇게 하면 main.py 파일에 있는 app이라는 FastAPI 인스턴스가 8000 포트에서 실행됩니다.

- **--host**: 어느 주소에서 서버를 실행할지 설정합니다. 일반적으로 개발 모드에서는 127.0.0.1을, 실제 서버에서는 0.0.0.0을 사용합니다.
- **--port**: 사용할 포트를 설정합니다. 디폴트는 8000입니다.

**테스트 방법**

1. 웹 브라우저를 열고 http://localhost:8000에 접속합니다.
2. 정상적으로 애플리케이션이 실행되면, 설정한 API 엔드포인트를 테스트할 수 있습니다.

## 7.6.2 | 도커로 FastAPI 애플리케이션 배포하기

도커(Docker)는 애플리케이션과 그 의존성(dependencies)을 하나의 '컨테이너(container)'에 패키징하는 기술입니다. 이 컨테이너를 실행하면 애플리케이션을 어디서든 동일한 환경으로 실행할 수 있습니다. 만약 도커에 대해 잘 모른다면, 이 부분은 참고만 해주세요. 도커에 대한 기초 지식이 있다면 이해하기 쉬울 것입니다.

먼저, 도커파일(Dockerfile)을 작성합니다. 도커파일은 컨테이너를 만들기 위한 스크립트라고 생각하면 됩니다.

```
FROM tiangolo/uvicorn-gunicorn-fastapi:latest
COPY ./app /app
```

- **FROM**: 베이스 이미지를 지정합니다. latest를 사용하여 항상 최신 버전의 이미지를 가져옵니다.
- **COPY**: 로컬 시스템의 파일이나 디렉터리를 컨테이너 내부로 복사합니다. 여기서는 로컬의 ./app 디렉터리를 컨테이너 내 /app에 복사합니다.

Tiangolo는 FastAPI의 주 개발자 세바스티안 라미레스(Sebastián Ramírez)가 운영하는 깃허브 계정입니다. 따라서 이 도커 이미지는 FastAPI에 최적화된 설정과 함께 제공됩니다. Uvicorn과 Gunicorn도 함께 설정되어 있어 복잡한 설정 없이도 바로 FastAPI 애플리케이션을 실행할 수 있습니다. 실무에서도 이러한 이유로 Tiangolo의 FastAPI 도커 이미지가 널리 사용됩니다. 이 이미지는 편의성, 성능, 그리고 안정성을 위해 많은 개발자에게 추천되고 있습니다.

이제 도커파일을 작성했으니 컨테이너를 빌드(build)하고 실행(run)합니다.

```
docker build -t my_fastapi_app .
docker run -d -p 8000:80 my_fastapi_app
```

- **-t my_fastapi_app**: 이미지에 my_fastapi_app이라는 이름을 부여합니다.
- **-d**: 백그라운드에서 실행합니다.
- **-p 8000:80**: 로컬의 8000 포트와 컨테이너의 80 포트를 연결합니다.

### 테스트 방법

1. 웹 브라우저를 열고 http://localhost:8000에 접속합니다.
2. 정상적으로 애플리케이션이 실행되면, 설정한 API 엔드포인트를 테스트할 수 있습니다.

이렇게 도커를 통해 FastAPI 애플리케이션을 쉽게 배포할 수 있습니다. 이 방법은 운영체제나 환경에 구애받지 않고 동일한 방식으로 애플리케이션을 실행할 수 있어서 많이 사용됩니다.

# 7.7 FastAPI 성능 개선 팁

### 7.7.1 | 비동기 프로그래밍 활용

FastAPI에서는 비동기 프로그래밍(asynchronous programming)을 활용하여 I/O 작업이 빈번한 웹 서비스의 성능을 상당히 개선할 수 있습니다. 이전 챕터에서도 다루었듯이, 비동기 프로그래밍은 한 작업이 완료되기를 기다리는 동안 다른 작업을 처리할 수 있게 해주어 시스템의 자원을 효율적으로 사용할 수 있습니다.

비동기 프로그래밍은 특히 RESTful API를 구현할 때 유용합니다. 하지만 비동기 코드는 디버깅이 복잡할 수 있고, 예외 처리를 잘해야 합니다. 예를 들어, try/except 블록을 사용하여 네트워크 문제나 타임아웃을 제대로 처리해야 합니다. 또한, 비동기 작업을 너무 많이 실행하면 시스템에 부하를 줄 수 있으므로 작업의 개수를 적절히 조절하는 것이 중요합니다.

```python
from fastapi import FastAPI
import asyncio

app = FastAPI()

async def get_data():
    await asyncio.sleep(2)
    return {"data": "some_data"}

@app.get("/")
async def read_root():
    data = await get_data()
    return data
```

이 예제에서 async def와 await은 비동기 프로그래밍을 가능하게 하는 파이썬의 키워드입니다. 이를 통해 위의 get_data() 함수는 비동기적으로 실행되며, 다른 요청을 처리하는 동안 대기할 수 있습니다.

## 7.7.2 | 캐싱 활용

데이터나 계산 결과가 자주 변경되지 않는 경우, 캐싱 기술을 이용하여 애플리케이션의 성능을 향상시킬 수 있습니다. 캐싱은 불필요한 데이터 재계산이나 재요청을 줄임으로써 응답 속도를 개선하고, 서버 부하를 감소시키는 효과적인 방법입니다. 이번 챕터에서는 HTTP 헤더를 사용하여 FastAPI에서 캐싱을 구현하는 방법을 소개하겠습니다.

FastAPI는 내장된 캐싱 기능을 제공하지 않지만, HTTP 헤더를 설정하여 캐시 동작을 제어할 수 있습니다. 이 방법을 사용하면 클라이언트나 프록시 서버는 설정된 시간 동안 응답을 캐시하여 이후 같은 요청이 들어왔을 때 더 빠르게 응답을 제공할 수 있습니다.

```
from fastapi import FastAPI
from fastapi.responses import JSONResponse

app = FastAPI()

@app.get("/cached-response")
def cached_response():
    content = {"message": "This is a response that can be cached."}
    headers = {
        "Cache-Control": "public, max-age=60",
    }
    return JSONResponse(content=content, headers=headers)
```

위 예제에서 @app.get("/cached-response") 데코레이터는 /cached-response 경로로 GET 요청을 받으면 JSON 형식의 메시지를 반환하도록 설정합니다. 그리고 Cache-Control 헤더를 이용하여 이 응답이 최대 60초 동안 캐시될 수 있도록 합니다. 이 설정은 특히 정적 콘텐츠나 변화가 거의 없는 데이터에 적합합니다.

실무에서는 다음과 같이 활용할 수 있습니다.

- **데이터 유효성**: 캐싱된 데이터가 오래된 경우, 그 데이터는 더 이상 정확하지 않을 수 있습니다. 따라서 데이터의 신선도를 유지하기 위해 적절한 만료 시간(expire time)을 설정하는 것이 중요합니다.
- **스케일링**: 서비스가 성장하고 트래픽이 증가할 경우, 단일 인스턴스의 메모리 기반 캐싱에는 한

계가 있습니다. 이때는 분산 캐싱 시스템, 예를 들어 Redis 같은 솔루션을 고려해볼 수 있습니다.
- **캐시 무효화**: 중요한 데이터가 변경되었을 때 관련된 캐시를 어떻게 무효화할지 전략을 마련해야 합니다. 일반적으로 캐시 키는 특정 패턴을 따라 생성되며, 데이터가 변경될 때 해당 키와 관련된 캐시를 삭제하거나 업데이트해야 합니다.

캐싱은 매우 강력한 도구이지만, 잘못 관리되면 오래된 정보를 제공하거나 데이터 일관성 문제를 일으킬 수 있습니다. 따라서, 캐싱 전략을 신중하게 계획하고 구현하는 것이 중요합니다.

### 7.7.3 | 데이터베이스 커넥션 풀링

데이터베이스 연결을 관리하는 한 가지 효율적인 방법은 커넥션 풀링(connection pooling)을 사용하는 것입니다. 이는 데이터베이스에 필요할 때마다 새로운 커넥션을 열고 닫는 대신, 미리 여러 개의 커넥션을 열어두고 필요할 때 이를 재활용하는 방식입니다. 이를 통해 시스템 리소스를 절약하고 응답 시간을 줄일 수 있습니다.

MySQL을 사용할 때도 FastAPI와 SQLAlchemy를 활용해 커넥션 풀링을 적용할 수 있습니다. 다음은 MySQL을 기반으로 한 데이터베이스 커넥션 풀링을 구현하는 방법을 상세히 설명합니다.

데이터베이스 커넥션 풀링을 추가하기 위해서는 SQLAlchemy의 create_engine() 함수에서 몇 가지 추가 옵션을 설정할 수 있습니다. create_engine() 함수는 여러 커넥션 풀링 관련 옵션을 제공합니다. 이 중에서 pool_size와 max_overflow는 특히 중요합니다.

```
# DB 설정
DATABASE_URL = "mysql+pymysql://funcoding:funcoding@localhost/dbname"
engine = create_engine(DATABASE_URL, pool_size=5, max_overflow=10)
```

- **pool_size**: 커넥션 풀의 초기 크기를 설정합니다. 기본값은 5입니다.
- **max_overflow**: 커넥션 풀이 꽉 찼을 때 추가로 생성될 수 있는 커넥션의 최대 개수입니다. 기본값은 10입니다.

이렇게 설정하면, 최소 5개에서 최대 15개(5+10)의 커넥션을 풀에서 관리합니다.

커넥션 풀에서 커넥션을 가져올 때 대기하는 시간을 설정할 수 있습니다. 이는 pool_timeout 옵션을 통해 설정합니다.

```
engine = create_engine(DATABASE_URL, pool_size=5, max_overflow=10, pool_timeout=30)
```

- **pool_timeout**: 커넥션 풀에서 커넥션을 가져오기 위해 대기할 최대 시간(초)을 설정합니다. 기본값은 30입니다.

또한 pool_recycle과 같은 추가 옵션을 통해 커넥션의 재사용 시간을 설정할 수 있습니다.

```
engine = create_engine(DATABASE_URL, pool_size=5, max_overflow=10, pool_timeout=30, pool_recycle=3600)
```

- **pool_recycle**: 커넥션을 다시 사용하기 전에 커넥션을 재활용할 수 있는 시간(초)을 설정합니다. 예를 들어, 3600으로 설정하면 1시간 동안 재활용 가능한 커넥션을 유지합니다.

이렇게 설정하면, 앞의 FastAPI 애플리케이션에서는 지정된 옵션에 따라 데이터베이스 커넥션 풀링을 사용합니다. 이를 통해 성능을 개선할 수 있는 이유는 다음과 같습니다.

- **커넥션 재사용**: pool_size와 max_overflow 설정으로 미리 생성된 커넥션을 재사용할 수 있습니다. 이로 인해 새로운 커넥션을 매번 열고 닫는 오버헤드가 줄어듭니다.
- **타임아웃 관리**: pool_timeout 옵션을 통해 커넥션을 얻기 위한 대기 시간을 관리할 수 있습니다. 이를 통해 시스템이 과부하 상태일 때 불필요한 대기 시간을 줄일 수 있습니다.
- **커넥션 재활용**: pool_recycle 옵션을 통해 일정 시간 동안 사용되지 않은 커넥션을 자동으로 닫아 리소스를 효율적으로 관리할 수 있습니다.

이런 설정을 통해 애플리케이션의 데이터베이스 관련 성능을 크게 향상시킬 수 있습니다.

# 8 플라스크와 FastAPI 문법 비교

8.1 라우팅
8.2 타입 힌팅
8.3 요청과 응답
8.4 데이터베이스
8.5 세션 관리
8.6 비동기 처리

# 8.1 라우팅

### 8.1.1 | 플라스크의 라우팅

플라스크에서 라우팅을 설정하는 기본적인 방법은 @app.route 데코레이터를 사용하는 것입니다. 이 데코레이터를 사용해서 특정 URL 경로에 어떤 함수가 호출될지 정의할 수 있습니다.

```
from flask import Flask
app = Flask(__name__)

@app.route('/')
def hello():
    return 'Hello, World!'
```

여기서 @app.route('/')는 루트 경로 '/'에 대한 요청을 hello() 함수로 라우팅하는 역할을 합니다.

### 8.1.2 | FastAPI의 라우팅

FastAPI에서는 HTTP 메서드(GET, POST, PUT 등)에 따라 데코레이터를 선택할 수 있습니다. 예를 들어, GET 요청에 대한 라우팅은 @app.get 데코레이터를 사용합니다.

```
from fastapi import FastAPI
app = FastAPI()

@app.get('/')
def read_root():
    return {'message': 'Hello, World!'}
```

여기서 @app.get('/')는 GET 메서드를 사용해서 루트 경로 '/'에 요청이 들어왔을 때 read_root() 함수를 실행하게 설정합니다.

# 8.2 타입 힌팅

타입 힌팅(type hinting)은 코드의 가독성과 유지보수성을 높이고, 에러를 줄이는 데 도움을 줍니다. 플라스크와 FastAPI, 두 웹 프레임워크에서의 타입 힌팅은 다르게 작동합니다. 이 차이점은 데이터 검증, 자동 문서 생성 등 여러 면에서 중요하므로 이번 챕터에서 자세히 알아보겠습니다.

## 8.2.1 | 플라스크의 타입 힌팅

플라스크에서 타입 힌팅은 주로 URL 경로에 적용됩니다. 타입 힌트는 URL에서 변수의 타입을 제한하는 역할을 하고, 타입이 일치하지 않을 경우 일반적으로 404 에러를 반환합니다.

```
from flask import Flask
app = Flask(__name__)

@app.route('/add/<int:num1>/<int:num2>')
def add(num1, num2):
    return str(num1 + num2)
```

이 경우 /add/1/2로 접속하면 3이라는 결과를 얻지만, /add/one/two로 접속하면 404 에러가 발생합니다.

## 8.2.2 | FastAPI의 타입 힌팅

FastAPI에서 타입 힌팅은 파이썬의 기본 타입 힌팅 문법을 사용합니다. FastAPI는 이를 통해 자동 문서 생성, 데이터 검증, 직렬화 등을 처리합니다.

```
from fastapi import FastAPI
app = FastAPI()

@app.get("/add/{num1}/{num2}")
```

```
def add(num1: int, num2: int):
    return {"result": num1 + num2}
```

여기에서 num1: int, num2: int는 FastAPI에게 이 변수들이 정수임을 알려줍니다. 만약 /add/one/two와 같이 잘못된 타입의 값이 들어오면, FastAPI는 자동으로 422 에러를 반환합니다.

### 8.2.3 | 주요 차이점

- **데코레이터 문법**: 플라스크는 @app.route를 사용하여 URL과 함수를 매핑합니다. FastAPI는 HTTP 메서드를 명시하는 @app.get, @app.post 등을 사용합니다.
- **타입 힌팅**: FastAPI는 파이썬 타입 힌팅을 기반으로 데이터 검증을 적용합니다. 반면, 플라스크에서의 타입 힌팅은 URL 경로 변수에 적용됩니다. FastAPI는 타입 힌팅 기반 자동 문서 생성도 가능합니다.

# 8.3 요청과 응답

### 8.3.1 | 플라스크의 요청과 응답

플라스크에서 요청과 응답을 다루는 것은 웹 애플리케이션의 기본 중 하나입니다. 플라스크는 request와 Response 객체를 사용하여 이를 구현합니다.

request 객체는 클라이언트(웹 브라우저나 다른 서비스 등)로부터 오는 요청을 나타냅니다. 예를 들어, 다음 코드는 GET 메서드를 사용한 요청에서 username이라는 키의 값을 가져오는 플라스크 예제입니다.

```
from flask import Flask, request

app = Flask(__name__)

@app.route('/user', methods=['GET'])
def get_username():
    username = request.args.get('username')
    return f'Hello, {username}'
```

**테스트 방법**

브라우저에서 http://localhost:5000/user?username=John에 접속합니다. Response 객체는 서버가 클라이언트에게 보내는 응답을 나타냅니다. return을 통해 직접 문자열이나 HTML을 반환할 수도 있고, Response 객체를 사용할 수도 있습니다.

```
from flask import Flask, Response
67000
app = Flask(__name__)

@app.route('/')
def hello():
    return Response('Hello, World!')
```

## 8.3.2 | FastAPI의 요청과 응답

FastAPI에서도 요청과 응답을 다룰 수 있으며, 별도의 종속성 주입(dependency injection) 메커니즘을 사용하여 다양한 추가 기능을 제공합니다. FastAPI에서는 Query(), Path(), Body() 등의 함수를 사용하여 요청에서 정보를 추출합니다.

```
from fastapi import FastAPI, Query

app = FastAPI()

@app.get("/items/")
async def read_item(q: str = Query(None, alias="item-query")):
    return {"q": q}
```

**테스트 방법**

브라우저에서 http://localhost:8000/items/?item-query=some_query에 접속합니다. FastAPI에서는 JSONResponse, HTMLResponse 등의 다양한 응답 클래스를 사용하여 반환되는 HTTP 응답의 동작을 세밀하게 조정할 수 있습니다.

```
from fastapi import FastAPI
from fastapi.responses import JSONResponse

app = FastAPI()

@app.get('/items/')
def read_item():
    content = {'message': 'Hello, World'}
    return JSONResponse(content=content)
```

## 8.3.3 | 주요 차이점

- 데이터 접근 방식
  - 플라스크: request 객체를 통해 클라이언트로부터 전달받은 데이터에 접근합니다. 이는 폼 데이터, 쿼리 매개변수, JSON 바디 등을 포함합니다.
  - FastAPI: Query(), Path(), Body() 등의 다양한 함수를 사용하여 데이터를 추출합니다. 이 함수들은 각각 쿼리 매개변수, 경로 매개변수, 요청 바디에서 데이터를 가져옵니다.

- **응답 생성**
  - **플라스크**: 대부분의 경우 return문을 사용하여 응답을 생성합니다. 커스텀 응답을 원하면 Response 클래스를 사용할 수 있습니다.
  - **FastAPI**: 다양한 응답 클래스를 제공합니다. 예를 들어 JSONResponse, HTMLResponse, PlainTextResponse 등을 사용하여 응답 형식을 세밀하게 제어합니다.

- **문서화**
  - **플라스크**: Swagger UI나 리독 같은 문서화 도구를 따로 추가하여 구성해야 합니다.
  - **FastAPI**: 자동으로 문서화를 제공합니다. 이는 개발 과정을 더 빠르고 쉽게 만들어줍니다.

- **비동기 지원**
  - **플라스크**: 기본적으로 비동기 요청을 지원하지 않으며, 별도의 확장 라이브러리나 미들웨어가 필요합니다.
  - **FastAPI**: 파이썬의 async/await를 네이티브로 지원합니다. 이를 통해 I/O 작업을 비동기적으로 처리할 수 있어 성능이 향상됩니다.

## 8.4 데이터베이스

플라스크와 FastAPI에서의 데이터베이스 사용법은 둘 다 SQLAlchemy를 사용하므로 유사합니다. 여기서는 PyMySQL로 MySQL을 다룬다고 가정하고, 플라스크와 FastAPI에서의 데이터베이스 사용법을 간단히 비교합니다.

### 8.4.1 | 플라스크의 PyMySQL과 SQLAlchemy

플라스크 애플리케이션을 생성하고 SQLAlchemy 객체를 초기화합니다. 데이터베이스 URI에서 드라이버를 pymysql로 설정합니다.

```
from flask import Flask
from flask_sqlalchemy import SQLAlchemy

app = Flask(__name__)
app.config['SQLALCHEMY_DATABASE_URI'] = 'mysql+pymysql://username:password@localhost/db_name'
db = SQLAlchemy(app)
```

데이터베이스 테이블을 파이썬 클래스로 표현하고, 데이터를 추가합니다.

```
class User(db.Model):
    id = db.Column(db.Integer, primary_key=True)
    username = db.Column(db.String(20), unique=True, nullable=False)

# 테이블 생성
db.create_all()

# 데이터 추가
new_user = User(username="john")
db.session.add(new_user)
db.session.commit()
```

## 8.4.2 | FastAPI의 PyMySQL과 SQLAlchemy

FastAPI 애플리케이션을 생성하고 SQLAlchemy 엔진을 초기화합니다. 여기서도 데이터베이스 URI에 pymysql을 설정합니다.

```
from fastapi import FastAPI
from sqlalchemy import create_engine

app = FastAPI()
DATABASE_URL = "mysql+pymysql://username:password@localhost/db_name"
engine = create_engine(DATABASE_URL)
```

FastAPI에서는 SQLAlchemy 모델을 정의하고 데이터를 추가하는 방법도 비슷합니다.

```
from sqlalchemy import Column, Integer, String
from sqlalchemy.ext.declarative import declarative_base
from sqlalchemy.orm import Session

Base = declarative_base()

class User(Base):
    __tablename__ = 'users'

    id = Column(Integer, primary_key=True, index=True)
    username = Column(String, unique=True)

# 테이블 생성
Base.metadata.create_all(bind=engine)

# 데이터 추가
session = Session(bind=engine)
new_user = User(username="john")
session.add(new_user)
session.commit()
```

### 8.4.3 | 주요 차이점

- **모델 클래스 상속**
  - **플라스크**: SQLAlchemy 객체의 Model 클래스를 상속(db.Model)합니다.
  - **FastAPI**: SQLAlchemy의 declarative_base()로 생성된 Base 클래스를 상속합니다.

- **세션 관리**
  - **플라스크**: db.session을 통해 세션을 관리합니다. 이는 플라스크의 SQLAlchemy가 애플리케이션 컨텍스트와 함께 자동으로 세션을 관리하기 때문입니다.
  - **FastAPI**: Session 클래스를 직접 사용하여 세션을 초기화하고 관리해야 합니다.

- **테이블 생성**
  - **플라스크**: db.create_all()을 통해 모든 테이블을 생성합니다.
  - **FastAPI**: Base.metadata.create_all(bind=engine)을 통해 테이블을 생성합니다. 여기서 bind=engine은 어떤 엔진을 사용할지 명시적으로 선언하는 것입니다.

- **데이터 추가**
  - **플라스크**: db.session.add()와 db.session.commit()을 사용합니다.
  - **FastAPI**: Session 객체의 add()와 commit() 메서드를 사용합니다.

- **컬럼 정의**
  - **플라스크**: nullable, unique와 같은 추가적인 필드 옵션을 바로 db.Column에서 설정할 수 있습니다.
  - **FastAPI**: 이런 옵션들도 Column에서 설정할 수 있지만, Pydantic 모델을 통해 추가적인 데이터 유효성 검사를 할 수 있습니다.

- **데이터 타입**
  - **플라스크**: db.Integer, db.String 등을 사용하여 데이터 타입을 명시합니다.
  - **FastAPI**: SQLAlchemy의 Integer, String 등을 사용합니다.

플라스크와 FastAPI에서의 SQLAlchemy 사용법은 유사한 측면도 있고, 일부 다른 점도 있습니다. 그러나 FastAPI는 비동기 지원이 뛰어나고, 추가적으로 Pydantic을 통한 데이터 유효성 검사가 가능하므로 복잡한 웹 애플리케이션을 구현할 때 더 많은 이점을 가져갈 수 있습니다.

# 8.5 세션 관리

### 8.5.1 | 플라스크의 세션 관리

세션은 웹 애플리케이션을 사용하는 동안 서버가 사용자의 정보를 일시적으로 저장하는 방법입니다. 플라스크에서는 내장된 session 객체를 사용하여 이를 쉽게 구현할 수 있습니다. 첫 번째로 해야 할 일은 플라스크 애플리케이션을 생성하고 secret_key를 설정하는 것입니다. 이 secret_key는 세션 데이터를 암호화하는 데 사용됩니다.

```
from flask import Flask, session

app = Flask(__name__)
app.secret_key = 'supersecretkey'
```

세션에 데이터를 저장하기 위해서는 session 딕셔너리를 사용합니다. 이 딕셔너리에 키-값 쌍을 저장하면 플라스크가 이를 알아서 세션에 저장합니다.

```
from flask import request

@app.route('/set_session/')
def set_session():
    session['username'] = request.args.get('username')
    return 'Session set'
```

세션에서 데이터를 가져오려면 session.get('key') 메서드를 사용합니다.

```
@app.route('/get_session/')
def get_session():
    username = session.get('username')
    return f'Logged in as {username}'
```

## 8.5.2 | FastAPI의 세션 관리

FastAPI에서도 세션 관리가 가능합니다. FastAPI는 Starlette에 기반을 두고 있으므로, Starlette의 SessionMiddleware를 사용할 수 있습니다.

```
from fastapi import FastAPI
from starlette.middleware.sessions import SessionMiddleware

app = FastAPI()
app.add_middleware(SessionMiddleware, secret_key="supersecretkey")
```

FastAPI에서 세션 데이터를 저장하고 불러오려면 Request 객체를 사용합니다.

```
from fastapi import Request

@app.get("/set_session/")
def set_session(request: Request):
    request.session['username'] = 'john'
    return 'Session set'

@app.get("/get_session/")
def get_session(request: Request):
    username = request.session.get('username')
    return f'Logged in as {username}'
```

## 8.5.3 | 주요 차이점

- **내장 기능**: 플라스크는 내장된 session 객체를 통해 쉽게 세션을 관리할 수 있습니다. FastAPI 역시 Starlette의 SessionMiddleware를 내장 형태로 제공하여 세션을 관리할 수 있습니다.
- **데이터 저장 방식**: 플라스크에서는 session 딕셔너리를 사용하여 데이터를 저장합니다. FastAPI에서는 Request 객체의 session 속성을 통해 데이터를 저장합니다.
- **암호화**: 플라스크와 FastAPI 모두 secret_key를 통해 세션 데이터를 암호화합니다. 플라스크에서는 애플리케이션의 secret_key 속성을, FastAPI에서는 SessionMiddleware의 secret_key 인자를 사용하여 설정합니다.

플라스크와 FastAPI는 비슷하지만 약간 다른 방식과 문법으로 세션 관리를 지원합니다. 이러한 차이점을 이해하고 각 프레임워크에 맞게 구현하는 것이 중요합니다.

# 8.6 비동기 처리

## 8.6.1 | 플라스크의 비동기 처리

플라스크는 WSGI(Web Server Gateway Interface)를 기반으로 하기 때문에 네이티브로는 비동기 처리를 지원하지 않습니다. 즉, 플라스크에서는 비동기 프로그래밍을 네이티브로 지원하지 않으므로 비동기 작업이 필요한 경우 다른 방법을 찾아야 합니다.

## 8.6.2 | FastAPI의 비동기 처리

반면에, FastAPI는 ASGI(Asynchronous Server Gateway Interface)를 기반으로 하므로 비동기 처리를 네이티브로 지원합니다. 파이썬의 async와 await 키워드를 사용하여 비동기 로직을 쉽게 구현할 수 있습니다.

```
from fastapi import FastAPI

app = FastAPI()

@app.get("/")
async def read_root():
    return {"message": "Hello, World!"}
```

위 예제에서 read_root() 함수는 async 키워드를 사용하여 비동기 함수로 정의되었습니다. 이렇게 하면 함수가 I/O 작업을 기다리는 동안 다른 요청을 처리할 수 있습니다.

이러한 기술적인 차이점들은 애플리케이션의 요구 사항과 성능에 큰 영향을 미칩니다. 따라서 개발자는 이러한 차이점을 충분히 이해하고, 프로젝트에 가장 적합한 기술을 선택해야 합니다.

# FastAPI 프로젝트

9.1 첫 번째 코드: FastAPI 애플리케이션 생성
9.2 두 번째 코드: Jinja2 템플릿 사용과 라우팅 확장
9.3 세 번째 코드: 데이터베이스 연동 및 CRUD 구현
9.4 네 번째 코드: 사용자 인증
9.5 다섯 번째 코드: 사용자별 메모 관리
9.6 여섯 번째 코드: 웹페이지 개선
9.7 일곱 번째 코드: 마무리
9.8 여덟 번째 코드: MVC 패턴 적용

# 9.1 첫 번째 코드: FastAPI 애플리케이션 생성

이 챕터는 파이썬과 FastAPI 프레임워크를 사용하여 실제로 작동하는 웹 애플리케이션을 개발하려는 초보 개발자를 위해 마련하였습니다. 이를 통해 웹 개발의 기본적인 이해를 넘어 실제 사용 가능한 웹 애플리케이션을 구축하는 경험을 할 수 있습니다. 이 과정에서는 MySQL 데이터베이스 연동, 사용자 인증 및 세션 관리, MVC 패턴과 같은 중요한 개념들을 FastAPI를 사용하여 실질적으로 적용해볼 수 있습니다.

본 프로젝트의 주요 목표는 다음과 같습니다.

- **기본적인 웹 개발 프로세스 이해**: FastAPI를 사용한 웹 애플리케이션의 구조 및 개발 과정을 체계적으로 이해합니다.
- **데이터베이스 연동**: MySQL을 활용하여 데이터를 저장, 조회, 수정, 삭제하는 방법을 배웁니다.
- **사용자 인증 구현**: FastAPI에서 제공하는 SessionMiddleware 인증 방식을 통해 사용자 인증을 다루는 방법을 배웁니다.
- **상태 관리**: FastAPI의 비동기 처리 방식을 활용하여 사용자 상태를 효율적으로 관리하는 방법을 학습합니다.
- **MVC 패턴 적용**: 모델, 뷰, 컨트롤러를 구분하여 프로젝트를 구성하는 방법을 배웁니다.
- **실용적인 프로젝트 완성**: 이론적 지식을 바탕으로 실제로 작동하는 API 중심의 애플리케이션을 완성합니다.

이 프로젝트는 "간단한 온라인 메모장"을 개발하는 것입니다. 사용자는 웹 애플리케이션에 접속하여 계정을 생성하고, 로그인한 후 자신만의 메모를 작성하고 관리할 수 있습니다. 이 프로젝트는 다음과 같은 주요 기능을 포함합니다:

- **사용자 등록 및 로그인**: 사용자는 자신의 계정을 만들고, 이를 통해 로그인할 수 있습니다.
- **메모 작성 및 관리**: 로그인한 사용자는 메모를 작성하고, 이를 저장, 조회, 수정, 또는 삭제할 수 있습니다.

- **토큰 기반 인증**: SessionMiddleware를 사용하여 사용자의 로그인 상태를 관리하고 보안을 강화합니다.
- **간단한 프런트엔드**: 프런트엔드 기술은 익히는 범위를 벗어나므로 미리 작성된 HTML, CSS, 자바스크립트 코드를 활용합니다.

이 프로젝트는 FastAPI의 기본적인 사용법부터 시작하여 MySQL 데이터베이스 연동, 인증, MVC 패턴 적용 등 고급 기술로 나아가는 과정을 포함합니다. 이를 통해 단순한 이론 학습을 넘어 실제 애플리케이션을 구축하는 경험을 할 수 있습니다.

단계별로 프로젝트를 진행하면서 실제 개발 환경에서 마주칠 수 있는 다양한 상황에 대해 학습하고, 문제 해결 능력을 키울 수 있을 것입니다. FastAPI를 이용한 웹 개발의 기초부터 시작하여 실제로 사용 가능한 웹 애플리케이션을 만드는 데 필요한 모든 지식과 기술을 습득할 수 있는 기회를 제공합니다.

이미 기존 챕터에서 개발 환경을 구축하고 활용하였으므로 추가적인 사전 준비는 필요하지 않습니다. 프로젝트 폴더를 생성한 후, 비주얼 스튜디오 코드로 해당 프로젝트 폴더를 오픈하면 됩니다. 또한 MySQL을 사용할 예정이므로, MySQL 데이터베이스 서버를 실행하여 FastAPI와 연동할 수 있는 환경을 만듭니다. 이와 관련한 부분도 이미 기존 챕터에서 테스트한 부분이므로 별도로 준비할 사항은 없습니다.

"간단한 온라인 메모장" 프로젝트의 첫 단계에서는 FastAPI 애플리케이션의 기본 구조를 설정합니다. 여기서는 Uvicorn, ASGI 서버를 사용하여 애플리케이션을 실행할 수 있도록 준비합니다.

전체 코드는 다음 링크의 각 폴더에서 단계별로 확인할 수 있습니다.

- https://github.com/DaveLee-fun/fastapi_basic

또한, 잔재미코딩 사이트(fun-coding.org)에서 다음 강의와 함께 학습하면 수월하게 익힐 수 있을 것입니다.

- **가장 빠른 풀스택**: 파이썬 백엔드 FastAPI 부트캠프 (FastAPI부터 비동기 SQLAlchemy까지) [풀스택 Part1-2]

### 9.1.1 | FastAPI 설치 및 프로젝트 구조 설정

파이썬 라이브러리는 수시로 업데이트가 됩니다. 업데이트 시 기존 문법이 정상 동작하지 않을 수 있습니다. 또한 현업에서는 가장 최신 버전보다는 이미 널리 사용된 이전 버전을 사용하는 경우가 많습니다. 안정성을 확보하기 위함입니다. 따라서 본 프로젝트도 다음과 같이 버전을 고정합니다. 기존에 설치되어 있는 버전을 pip uninstall 라이브러리명으로 삭제한 후, 다음과 같이 재설치합니다.

```
pip install fastapi==0.104.1
pip install uvicorn==0.27.0.post1
```

Uvicorn은 FastAPI 애플리케이션을 실행하기 위한 ASGI 서버로 사용됩니다.

> **파이썬 가상 환경**
>
> 파이썬 라이브러리 간 버전 충돌을 방지하기 위해 가상 환경을 사용하는 것이 좋습니다. 이는 각 프로젝트가 서로 다른 라이브러리 요구 사항을 가질 때 유용하며, 프로젝트별로 독립적인 파이썬 환경을 제공합니다. 파이썬 가상 환경을 구축하여 프로젝트를 작성하는 것이 권장됩니다.

프로젝트 구조는 다음과 같은 기본적인 폴더 구조를 만듭니다. 프로젝트 폴더의 이름은 임의로 정할 수 있습니다.

```
my_memo_app/
├── templates/
└── main.py
```

### 9.1.2 | FastAPI 애플리케이션 생성 및 Uvicorn 설정

main.py 파일을 생성하고, FastAPI 애플리케이션의 기본 구조를 작성합니다.

```python
from fastapi import FastAPI

app = FastAPI()

@app.get('/')
async def read_root():
    return {"message": "Welcome to My Memo App!"}
```

해당 코드에서는 다음을 수행합니다.

- FastAPI 인스턴스를 생성합니다(app = FastAPI()).
- 루트 URL('/')에 접근했을 때 실행되는 read_root() 함수를 정의합니다. 이 함수는 JSON 형태의 환영 메시지를 반환합니다.

### 9.1.3 | Uvicorn을 사용한 애플리케이션 실행

비주얼 스튜디오 코드에서 터미널을 오픈한 후 다음 명령어로 애플리케이션을 실행합니다.

```
uvicorn main:app --reload
```

- --reload 옵션은 개발 중 코드 변경 시 자동으로 서버를 재시작합니다.
- 애플리케이션을 실행한 후, 웹 브라우저에서 http://127.0.0.1:8000/ 주소로 접속하면 'Welcome to My Memo App!'이라는 메시지를 JSON 형태로 볼 수 있습니다.

이제 기본적인 FastAPI 애플리케이션 구조를 설정하고, Uvicorn을 사용하여 실행할 수 있는 준비가 완료되었습니다. 다음 단계에서는 사용자 인터페이스 개발, 데이터베이스 연동, 그리고 기능 구현을 진행합니다.

## 9.2 두 번째 코드: Jinja2 템플릿 사용과 라우팅 확장

이제 FastAPI 애플리케이션에 템플릿을 추가하고 라우팅을 확장하여 웹페이지를 더 풍부하게 만들어봅시다. 이 단계에서는 Jinja2 템플릿 엔진을 사용하여 HTML 템플릿을 렌더링하고, 다양한 URL 경로에 대한 처리를 추가합니다.

### 9.2.1 | HTML 템플릿 생성 및 Jinja2 설치

먼저 templates 폴더 안에 HTML 템플릿 파일을 생성합니다. 또한, Jinja2 템플릿 엔진을 설치합니다.

**my_memo_app/templates/home.html**

```html
<!DOCTYPE html>
<html lang="ko">
<head>
    <meta charset="UTF-8">
    <title>마이 메모 앱에 오신 것을 환영합니다</title>
</head>
<body>
    <h1>마이 메모 앱에 오신 것을 환영합니다!</h1>
    <p>이것은 간단한 온라인 메모장 애플리케이션입니다.</p>
</body>
</html>
```

이 HTML 파일은 기본적인 웹페이지 구조를 가지고 있으며, 간단한 환영 메시지를 포함합니다. 이제 Jinja2를 설치합니다.

```
pip install jinja2==3.1.2
```

## 9.2.2 | FastAPI 애플리케이션에서 템플릿 렌더링

이제 FastAPI 애플리케이션에서 루트 URL('/') 경로에 대한 뷰 함수를 수정하여 Jinja2 템플릿을 렌더링하도록 합니다.

### main.py 수정

```
from fastapi import FastAPI, Request
from fastapi.templating import Jinja2Templates

app = FastAPI()
templates = Jinja2Templates(directory="templates")

@app.get('/')
async def read_root(request: Request):
    return templates.TemplateResponse('home.html', {"request": request})
```

이 코드는 루트 URL에 대한 요청이 있을 때 home.html 템플릿을 렌더링하여 사용자에게 보여줍니다.

## 9.2.3 | 추가적인 라우팅 설정

프로젝트의 확장성을 고려하여 더 많은 페이지를 추가해봅시다. 예를 들어, 사용자가 'About' 페이지에 접근할 수 있도록 설정해보겠습니다.

```
@app.get('/about')
async def about():
    return {"message": "이것은 마이 메모 앱의 소개 페이지입니다."}
```

이제 사용자가 http://127.0.0.1:8000/about 주소로 접근하면 '이것은 마이 메모 앱의 소개 페이지입니다.'라는 메시지가 JSON 형태로 표시됩니다. 전체 코드는 다음 링크의 00_FASTAPISTART 폴더에서 확인할 수 있습니다.

- https://github.com/DaveLee-fun/fastapi_basic

## 9.2.4 | 애플리케이션 실행 및 테스트

- Uvicorn을 사용하여 애플리케이션을 실행합니다.
- 웹 브라우저에서 http://127.0.0.1:8000/ 주소로 접속해 home.html 페이지를 확인합니다.
- http://127.0.0.1:8000/about 주소로 이동하여 새로 추가된 'About' 페이지를 확인합니다.

이 단계를 통해 FastAPI 애플리케이션에 Jinja2 템플릿을 사용하는 방법과 다양한 경로를 설정하는 방법을 배웠습니다. 다음 단계에서는 사용자 인터페이스를 더 발전시키고, 데이터베이스와의 연동을 준비할 것입니다.

# 9.3 세 번째 코드: 데이터베이스 연동 및 CRUD 구현

본 단계에서는 FastAPI 애플리케이션에 MySQL 데이터베이스를 연동하고, CRUD(생성, 읽기, 업데이트, 삭제) 기능을 구현합니다. 이를 통해 애플리케이션에서 사용자 데이터를 효율적으로 관리할 수 있습니다.

## 9.3.1 | 데이터베이스 연동 및 모델 정의

이 단계에서는 FastAPI 애플리케이션에 MySQL 데이터베이스를 연동하고, "간단한 온라인 메모장"에 적합한 데이터 모델을 정의합니다. 기존의 라우트(/ 및 /about)는 유지되며, 데이터베이스 관련 기능이 추가됩니다.

먼저 MySQL 데이터베이스 서버에 my_memo_app 데이터베이스를 새로 생성합니다.

```
CREATE DATABASE my_memo_app;
```

기존에 my_memo_app 데이터베이스가 있고 해당 데이터베이스에 테이블과 데이터가 있다면 FastAPI 애플리케이션을 실행하기 전, 기존 테이블을 완전히 삭제해야 합니다. 테이블 자체를 삭제한 후 실행합니다.

main.py 파일을 수정하여 데이터베이스 연동 및 모델 정의를 추가합니다. 필요한 라이브러리 설치는 다음과 같습니다.

```
pip install sqlalchemy==2.0.27
pip install pymysql==1.1.0
```

기존 main.py에서 SQLAlchemy 및 Databases를 사용하여 MySQL에 연결하고 모델을 정의합니다.

```
from fastapi import FastAPI, Request, Depends
from fastapi.templating import Jinja2Templates
```

```python
from sqlalchemy.orm import Session
from sqlalchemy import create_engine, MetaData, Table, Column,
Integer, String
from sqlalchemy.ext.declarative import declarative_base
from pydantic import BaseModel

app = FastAPI()
templates = Jinja2Templates(directory="templates")

DATABASE_URL = "mysql+pymysql://funcoding:funcoding@localhost/
my_memo_app"
engine = create_engine(DATABASE_URL)
Base = declarative_base()

class Memo(Base):
    __tablename__ = 'memo'
    id = Column(Integer, primary_key=True, index=True)
    title = Column(String(100))
    content = Column(String(1000))

class MemoCreate(BaseModel):
    title: str
    content: str

def get_db():
    db = Session(bind=engine)
    try:
        yield db
    finally:
        db.close()

Base.metadata.create_all(bind=engine)

# 기존 라우트
@app.get('/')
async def read_root(request: Request):
    return templates.TemplateResponse('home.html', {"request":
request})

@app.get('/about')
```

```
async def about():
    return {"message": "이것은 마이 메모 앱의 소개 페이지입니다."}
```

이 코드는 다음을 수행합니다.

- **데이터베이스 연결 설정**: SQLAlchemy 및 Databases 라이브러리를 사용하여 MySQL 데이터베이스에 연결합니다.
- **데이터 모델 정의**: memo 테이블을 정의하고, 필요한 필드(컬럼)를 지정합니다.

이 단계를 통해 FastAPI 애플리케이션에 데이터베이스를 연동하고, 기본적인 데이터 모델을 설정하는 방법을 배웠습니다. 다음으로, 실제 CRUD 기능을 구현하여 사용자가 메모를 작성하고 관리할 수 있게 할 것입니다.

## 9.3.2 | CRUD 기능 구현

CRUD 기능을 구현하여 사용자가 메모를 생성(Create), 조회(Read), 수정(Update), 삭제(Delete)할 수 있게 합니다. 다음은 기능별로 구현된 코드와 이를 테스트하는 방법을 설명합니다.

main.py에 CRUD 기능을 추가해보겠습니다.

```
from fastapi import FastAPI, Request, Depends
from fastapi.templating import Jinja2Templates
from sqlalchemy.orm import Session
from sqlalchemy import create_engine, MetaData, Table, Column, Integer, String
from sqlalchemy.ext.declarative import declarative_base
from pydantic import BaseModel
from typing import Optional

app = FastAPI()
templates = Jinja2Templates(directory="templates")

DATABASE_URL = "mysql+pymysql://funcoding:funcoding@localhost/my_memo_app"
engine = create_engine(DATABASE_URL)
Base = declarative_base()
```

```python
class Memo(Base):
    __tablename__ = 'memo'
    id = Column(Integer, primary_key=True, index=True)
    title = Column(String(100))
    content = Column(String(1000))

class MemoCreate(BaseModel):
    title: str
    content: str

class MemoUpdate(BaseModel):
    title: Optional[str] = None
    content: Optional[str] = None

def get_db():
    db = Session(bind=engine)
    try:
        yield db
    finally:
        db.close()

Base.metadata.create_all(bind=engine)


# 메모 생성
@app.post("/memos/")
async def create_user(memo: MemoCreate, db: Session = Depends(get_db)):
    new_memo = Memo(title= memo.title, content= memo.content)
    db.add(new_memo)
    db.commit()
    db.refresh(new_memo)
    # 새로 생성된 사용자의 정보를 반환합니다.
    return {"id": new_memo.id, "title": new_memo.title, "content": new_memo. content}


# 메모 조회
@app.get("/memos/")
async def list_memos(db: Session = Depends(get_db)):
```

```python
    memos = db.query(Memo).all()
    return [{'id': memo.id, 'title': memo.title, 'content': memo.content} for memo in memos]

# 메모 수정
@app.put("/memos/{memo_id}")
async def update_user(memo_id: int, memo: MemoUpdate, db: Session = Depends(get_db)):
    db_memo = db.query(Memo).filter(Memo.id == memo_id).first()
    if db_memo is None:
        return {"error": "User not found"}

    if memo.title is not None:
        db_memo.title = memo.title
    if memo.content is not None:
        db_memo.content = memo.content

    db.commit()
    db.refresh(db_memo)
    return {"id": db_memo.id, "title": db_memo.title, "content": db_memo.content}


# 메모 삭제
@app.delete("/memos/{memo_id}")
async def delete_user(memo_id: int, db: Session = Depends(get_db)):
    db_memo = db.query(Memo).filter(Memo.id == memo_id).first()
    if db_memo is None:
        return {"error": "Memo not found"}
    db.delete(db_memo)
    db.commit()
    return {"message": "Memo deleted"}


# 기존 라우트
@app.get('/')
async def read_root(request: Request):
    return templates.TemplateResponse('home.html', {"request": request})
```

```
@app.get('/about')
async def about():
    return {"message": "이것은 마이 메모 앱의 소개 페이지입니다."}
```

전체 코드는 다음 링크의 01_FASTAPIDB 폴더에서 확인할 수 있습니다.

- https://github.com/DaveLee-fun/fastapi_basic

이 코드는 다음을 수행합니다.

- **CRUD 기능 구현**: FastAPI 라우트를 사용하여 메모의 생성, 조회, 업데이트, 삭제 기능을 구현합니다.
- **HTTP 응답 처리**: 적절한 HTTP 상태 코드와 함께 응답을 반환하고, 예외 상황에서 HTTPException을 발생시킵니다.

### 9.3.3 | CRUD 기능 테스트

CRUD 기능을 테스트하기 위해 다음 단계를 따라 FastAPI 애플리케이션에서 메모를 생성, 조회, 업데이트, 삭제하는 과정을 진행합니다. 이 예시에서는 curl 명령어를 사용하여 HTTP 요청을 보냅니다.

- **메모 생성(Create)**: 새로운 메모를 생성합니다. 예를 들어, "Test Memo"라는 제목과 "This is a test memo."라는 내용을 가진 메모를 만듭니다.
- **메모 조회(Read)**: 생성된 메모를 조회합니다. 이 단계에서는 모든 메모의 목록을 확인하며, 생성한 메모가 목록에 나타나는지 검증합니다.
- **메모 업데이트(Update)**: 생성된 메모의 내용을 수정합니다. 예를 들어, 메모의 제목을 "Updated Memo"로, 내용을 "Updated content."로 변경합니다.
- **메모 삭제(Delete)**: 수정된 메모를 삭제합니다. 삭제 후 다시 메모 조회를 수행하여 해당 메모가 목록에서 제거되었는지 확인합니다.

단계별로 FastAPI 애플리케이션의 CRUD 기능이 올바르게 작동하는지 확인합니다.

- 메모 생성

```
curl -X POST http://127.0.0.1:8000/memos/ -H "Content-
Type: application/json" -d "{\"title\":\"Test Memo\",
\"content\":\"This is a test memo.\"}"
```

- 메모 조회

```
curl http://127.0.0.1:8000/memos/
```

- 메모 업데이트

메모의 ID가 1인 경우를 가정합니다. 메모 ID는 메모 조회 결과의 id 컬럼값에서 확인할 수 있습니다.

```
curl -X PUT http://127.0.0.1:8000/memos/1 -H "Content-
Type: application/json" -d "{\"title\":\"Updated Memo\",
\"content\":\"Updated content.\"}"
```

- 메모 삭제

메모의 ID가 1인 경우를 가정합니다. 메모 ID는 메모 조회 결과의 id 컬럼값에서 확인할 수 있습니다.

```
curl -X DELETE http://127.0.0.1:8000/memos/1
```

이러한 과정을 통해 FastAPI 애플리케이션에서 메모의 생성, 조회, 업데이트, 삭제 기능을 테스트하고, 애플리케이션의 정상적인 작동을 확인할 수 있습니다. FastAPI는 강력한 API 기능을 제공하여 개발자가 효율적으로 CRUD 작업을 수행할 수 있도록 지원합니다.

# 9.4 네 번째 코드: 사용자 인증

간단한 온라인 메모장 프로젝트에 FastAPI와 MySQL 데이터베이스를 연동하여 사용자 인증 시스템을 구현하겠습니다. 이를 위해 SQLAlchemy ORM을 사용하여 데이터베이스 연동을 수행합니다.

## 9.4.1 | MySQL을 연동한 사용자 인증 구현

passlib 라이브러리를 사용하여 비밀번호를 해시하고 검증합니다. 이는 보안을 강화하는 중요한 단계입니다.

```
pip install passlib==1.7.4
```

```
from passlib.context import CryptContext

pwd_context = CryptContext(schemes=["bcrypt"], deprecated="auto")

def get_password_hash(password):
    return pwd_context.hash(password)

def verify_password(plain_password, hashed_password):
    return pwd_context.verify(plain_password, hashed_password)
```

SQLAlchemy를 사용하여 작성된 MySQL 데이터베이스(engine)와의 연결을 설정합니다.

```
from sqlalchemy.orm import Session, sessionmaker

SessionLocal = sessionmaker(autocommit=False, autoflush=False, bind=engine)
Base = declarative_base()
```

SQLAlchemy를 사용하여 사용자 모델을 정의합니다. 이 모델은 데이터베이스 테이블과 매핑됩니다.

```
class User(Base):
    __tablename__ = "users"
    id = Column(Integer, primary_key=True, index=True)
    username = Column(String(100), unique=True, index=True)
    email = Column(String(200))
    hashed_password = Column(String(512))

# 회원가입 시 데이터 검증
class UserCreate(BaseModel):
    username: str
    email: str
    password: str # 해시 전 패스워드를 받습니다.

# 회원 로그인 시 데이터 검증
class UserLogin(BaseModel):
    username: str
    password: str # 해시 전 패스워드를 받습니다.
```

FastAPI 인스턴스를 생성하고 세션 관리를 위한 SessionMiddleware를 추가합니다.

```
from starlette.middleware.sessions import SessionMiddleware

app = FastAPI() # 기존 코드
app.add_middleware(SessionMiddleware, secret_key="your-secret-key")
```

데이터베이스에 사용자를 추가하기 전에 비밀번호를 해시하는 단계를 추가합니다.

```
# 회원가입
@app.post("/signup")
async def signup(signup_data: UserCreate, db: Session = Depends(get_db)):
    hashed_password = get_password_hash(signup_data.password)
    new_user = User(username=signup_data.username, email=signup_data.email, hashed_password=hashed_password)
    db.add(new_user)
    db.commit()
```

```
    db.refresh(new_user)
    return {"message": "Account created successfully", "user_id": new_user.id}
```

데이터베이스를 조회하여 사용자 인증을 수행하는 로그인 엔드포인트와 세션을 기반으로 로그인 상태를 확인하는 대시보드 엔드포인트를 구현합니다.

```
from fastapi import FastAPI, Request, Depends, HTTPException

# 로그인
@app.post("/login")
async def login(request: Request, signin_data: UserLogin, db: Session = Depends(get_db)):
    user = db.query(User).filter(User.username == signin_data.username).first()
    if user and verify_password(signin_data.password, user.hashed_password):
        request.session["username"] = user.username
        return {"message": "Logged in successfully"}
    else:
        raise HTTPException(status_code=401, detail="Invalid credentials")
```

로그아웃 시에는 현재 세션에서 사용자 정보를 제거하여 사용자를 로그아웃 상태로 만듭니다. FastAPI에서 세션 데이터는 Request 객체를 통해 관리됩니다.

```
@app.post("/logout")
async def logout(request: Request):
    request.session.pop("username", None)
    return {"message": "Logged out successfully"}
```

전체 코드는 다음 링크의 02_FASTAPILOGIN 폴더에서 확인할 수 있습니다.

- https://github.com/DaveLee-fun/fastapi_basic

이 구현을 통해 FastAPI와 MySQL 데이터베이스를 연동하여 사용자 인증 시스템을 성공적으로 구축할 수 있습니다. 사용자 데이터는 MySQL 데이터베이스에 저장되며, SQLAlchemy를 통해 쿼리됩니다. FastAPI의 세션 관리 기능은 로그인 상태를 유지하는 데 사용됩니다.

## 9.4.2 | 사용자 인증 테스트

FastAPI 프로젝트의 사용자 인증 기능을 테스트하기 위해, 회원가입, 로그인, 로그아웃 기능을 순차적으로 테스트합니다. 이 테스트는 프런트엔드 페이지가 없을 때 curl 명령을 사용하여 진행할 수 있습니다. 윈도우와 맥에서 모두 호환되는 curl 명령을 다음과 같이 사용합니다.

- **회원가입**

새 사용자 계정을 생성하기 위해 회원가입 기능을 테스트합니다.

```
curl -X POST "http://127.0.0.1:8000/signup" -H "Content-Type: application/json" -d "{\"username\":\"newuser\", \"email\":\"newuser@example.com\", \"password\":\"newpassword\"}"
```

이 명령은 newuser라는 사용자명, newuser@example.com 이메일, 그리고 newpassword 비밀번호를 가진 새로운 사용자 계정을 생성합니다.

- **로그인**

생성한 계정으로 로그인을 시도합니다.

```
curl -X POST "http://127.0.0.1:8000/login" -H "Content-Type: application/json" -d "{\"username\":\"newuser\", \"password\":\"newpassword\"}"
```

이 명령은 newuser 사용자명과 newpassword 비밀번호를 사용하여 로그인을 시도합니다.

- **로그아웃**

로그인한 상태에서 로그아웃을 시도합니다.

```
curl -X POST "http://127.0.0.1:8000/logout"
```

이 명령은 현재 로그인한 사용자를 로그아웃합니다.

위의 curl 명령을 사용하여 사용자 인증 기능이 올바르게 작동하는지 확인할 수 있습니다. 각 단계에서 반환되는 응답을 확인하여 기능이 정상적으로 수행되었는지 검증합니다. 윈도우와 맥 모두에서 동일한 방식으로 명령을 실행할 수 있습니다.

# 9.5 다섯 번째 코드: 사용자별 메모 관리

이 단계에서는 "간단한 온라인 메모장" 프로젝트의 핵심 기능인 사용자별 메모 관리를 FastAPI를 이용하여 구현합니다. 우선 메모 모델을 수정하여 각 메모가 특정 사용자에게 속하도록 설정하고, 이를 바탕으로 사용자가 자신의 메모만 조회할 수 있도록 애플리케이션의 엔드포인트를 개선합니다.

### 9.5.1 | 사용자별 메모 관리 구현

사용자별 메모 관리를 위해 Memo 모델에 사용자 참조를 추가합니다.

```
from sqlalchemy.orm import Session, sessionmaker, relationship
from sqlalchemy import create_engine, MetaData, Table, Column, Integer, String, ForeignKey


class Memo(Base):
    __tablename__ = 'memo'
    id = Column(Integer, primary_key=True, index=True)
    user_id = Column(Integer, ForeignKey('users.id'))  # 사용자 참조 추가
    title = Column(String(100), nullable=False) # (nullable=False) 값이 없는 예외 경우 방지
    content = Column(String(1000), nullable=False) # (nullable=False) 값이 없는 예외 경우 방지

    user = relationship("User")  # 사용자와의 관계 설정
```

이 변경을 통해 Memo 인스턴스는 user_id 속성을 통해 연관된 User 인스턴스와 연결됩니다. 이제, 사용자별 메모 관리를 위해 메모 조회 엔드포인트를 수정합니다.

```
@app.get("/memos/")
async def list_memos(request: Request, db: Session =
```

```
Depends(get_db)):
    username = request.session.get("username")
    if username is None:
        raise HTTPException(status_code=401, detail="Not
authorized")
    user = db.query(User).filter(User.username == username).
first()
    if user is None:
        raise HTTPException(status_code=404, detail="User not
found")
    memos = db.query(Memo).filter(Memo.user_id == user.id).all()
    return templates.TemplateResponse("memos.html", {"request":
request, "memos": memos})
```

이 엔드포인트는 로그인한 사용자의 ID를 사용하여 Memo 테이블에서 해당 사용자의 메모만 필터링하여 memos.html에 전송합니다. memos.html은 기존 코드에서 설정한 대로 Jinja2Templates(directory="templates")에 위치하며, 해당 코드는 이후에 작성하기로 합니다.

메모 생성 기능에서 현재 로그인한 사용자의 ID를 Memo 모델에 저장합니다.

```
@app.post("/memos/")
async def create_user(request: Request, memo: MemoCreate, db:
Session = Depends(get_db)):
    username = request.session.get("username")
    if username is None:
        raise HTTPException(status_code=401, detail="Not
authorized")
    user = db.query(User).filter(User.username == username).
first()
    if user is None:
        raise HTTPException(status_code=404, detail="User not
found")
    new_memo = Memo(user_id=user.id, title=memo.title,
content=memo.content)
    db.add(new_memo)
    db.commit()
    db.refresh(new_memo)
    return new_memo
```

메모 업데이트 기능에서는 해당 메모가 현재 로그인한 사용자의 것인지 확인합니다.

```
@app.put("/memos/{memo_id}")
async def update_user(request: Request, memo_id: int, memo:
MemoUpdate, db: Session = Depends(get_db)):
    username = request.session.get("username")
    if username is None:
        raise HTTPException(status_code=401, detail="Not
authorized")
    user = db.query(User).filter(User.username == username).
first()
    if user is None:
        raise HTTPException(status_code=404, detail="User not
found")
    db_memo = db.query(Memo).filter(Memo.id == memo_id, Memo.
user_id == user.id).first()
    if db_memo is None:
        return {"error": "User not found"}

    if memo.title is not None:
        db_memo.title = memo.title
    if memo.content is not None:
        db_memo.content = memo.content

    db.commit()
    db.refresh(db_memo)
    return db_memo
```

메모 삭제 기능에서도 현재 로그인한 사용자가 해당 메모의 소유자인지 확인합니다.

```
@app.delete("/memos/{memo_id}")
async def delete_user(request: Request, memo_id: int, db:
Session = Depends(get_db)):
    username = request.session.get("username")
    if username is None:
        raise HTTPException(status_code=401, detail="Not
authorized")
    user = db.query(User).filter(User.username == username).
first()
    if user is None:
```

```
        raise HTTPException(status_code=404, detail="User not
found")
    db_memo = db.query(Memo).filter(Memo.id == memo_id, Memo.
user_id == user.id).first()
    if db_memo is None:
        return {"error": "Memo not found"}
    db.delete(db_memo)
    db.commit()
    return {"message": "Memo deleted"}
```

이러한 엔드포인트 개선을 통해 FastAPI 프로젝트에서 사용자별 메모 관리 기능을 구현할 수 있습니다. 사용자가 자신의 메모를 생성, 조회, 수정 및 삭제할 수 있는 기능을 제공하며, 이는 사용자별 데이터 관리에 중요한 역할을 합니다.

## 9.5.2 | memos.html 작성

FastAPI 프로젝트에서 사용자별 메모 조회 기능을 위한 memos.html 템플릿을 작성합니다. FastAPI에서는 Jinja2 템플릿 엔진을 사용하여 HTML 파일을 렌더링할 수 있습니다. 프로젝트 구조는 다음과 같습니다.

```
my_memo_app/
├── templates/
│   ├── home.html           # 기존 템플릿
│   └── memos.html          # 사용자별 메모를 나열하는 템플릿
└── main.py                 # 애플리케이션 초기화 및 라우팅 설정
```

다음 memos.html 템플릿은 FastAPI 프로젝트에서 사용자가 자신의 메모를 조회하고 새 메모를 추가하며, 기존 메모를 수정하거나 삭제하는 기능을 제공합니다.

```
<!DOCTYPE html>
<html lang="ko">
<head>
    <meta charset="UTF-8">
    <title>나의 메모</title>
    <style>
        body { font-family: Arial, sans-serif; }
        .memo { margin-bottom: 20px; padding: 10px; border: 1px
```

```
solid #ddd; }
        .memo-title { font-weight: bold; }
    </style>
</head>
<body>
    <h1>나의 메모</h1>
    <p><a href="/memos/create">새 메모 추가</a></p>
    {% for memo in memos %}
    <div class="memo">
        <h2 class="memo-title">{{ memo.title }}</h2>
        <p>{{ memo.content }}</p>
        <a href="/memos/update/{{ memo.id }}">수정</a> |
        <a href="/memos/delete/{{ memo.id }}">삭제</a>
    </div>
    {% endfor %}
</body>
</html>
```

이렇게 FastAPI 프로젝트에서도 HTML 템플릿을 통해 사용자 인터페이스를 효과적으로 구성할 수 있습니다.

- 메모 목록은 사용자별로 필터링되어 표시됩니다.
- 각 메모에는 수정 및 삭제 옵션이 포함되어 있어 사용자가 자유롭게 메모를 관리할 수 있습니다.

전체 코드는 다음 링크의 03_FASTAPIMEMO폴더에서 확인할 수 있습니다.

- https://github.com/DaveLee-fun/fastapi_basic

### 9.5.3 | 메모 관리 기능 테스트

FastAPI 기반 "간단한 온라인 메모장" 프로젝트의 테이블 구조가 수정되었으므로 데이터베이스 마이그레이션 후 테스트가 필요합니다. 현재 프런트엔드 페이지가 없기 때문에 테스트는 curl 명령을 사용하여 진행합니다. 테스트 절차는 회원가입, 로그인, 메모 생성, 조회, 업데이트, 삭제, 로그아웃을 포함합니다. 실무에서도 API 테스트를 curl 명령으로 진행하는 것이 일반적입니다.

• 회원가입

새 사용자 계정을 생성합니다. 다음 curl 명령을 사용하여 회원가입을 진행합니다.

```
curl -X POST "http://127.0.0.1:8000/signup" -H "Content-Type:
application/json" -d "{\"username\":\"새사용자\", \"email\":\"새사
용자@example.com\", \"password\":\"새비밀번호\"}"
```

• 로그인

생성한 계정으로 로그인합니다. 성공적인 로그인은 서버의 응답으로 세션 쿠키를 반환합니다.

```
curl -i -X POST "http://127.0.0.1:8000/login" -H "Content-Type:
application/json" -d "{\"username\":\"새사용자\", \"password\":\"
새비밀번호\"}"
```

이 명령을 실행하면 서버에서 반환되는 응답 헤더에 set-cookie가 포함되어 있을 것입니다. set-cookie의 session 값이 쿠키값이고, 이를 이후의 요청에 사용합니다.

위와 같이 회원가입 후 동일 아이디와 패스워드로 로그인을 하면 다음과 같은 정보가 출력됩니다.

```
HTTP/1.1 200 OK
date: Fri, 17 Nov 2023 08:45:21 GMT
server: uvicorn
content-length: 36
content-type: application/json
set-cookie: session=eyJ1c2VybmFtZSI6ICJcdWMwYzhcdWMwYWNcdWM2YTl
cdWM3OTAifQ==.ZVcoIQ.W3nA81QlQrvs-vSVvHMPKmwKyNE; path=/; Max-
Age=1209600; httponly; samesite=lax

{"message":"Logged in successfully"}
```

여기에서 다음 값이 이후 메모 생성 등에서 함께 전달해야 할 쿠키값입니다.

```
session=eyJ1c2VybmFtZSI6ICJcdWMwYzhcdWMwYWNcdWM2YTlcdWM3OTAi
fQ==.ZVcoIQ.W3nA81QlQrvs-vSVvHMPKmwKyNE
```

• 메모 생성

로그인 후, 새 메모를 생성합니다. 세션 쿠키를 포함하여 요청을 보냅니다.

```
curl -X POST "http://127.0.0.1:8000/memos/" -H "Content-
Type: application/json" -b "쿠키값" -d "{\"title\":\"새 메모\",
\"content\":\"메모 내용\"}"
# 예시
curl -X POST "http://127.0.0.1:8000/memos/" -H "Content-Type:
application/json" -b "session=eyJ1c2VybmFtZSI6ICJcdWMwYzhcdWMwY
WNcdWM2YTlcdWM3OTAifQ==.ZVcoIQ.W3nA81QlQrvs-vSVvHMPKmwKyNE" -d
"{\"title\":\"새 메모\", \"content\":\"메모 내용\"}"
```

• 메모 조회

현재 로그인한 사용자가 작성한 모든 메모를 조회합니다. 쿠키값은 로그인 과정에서 반환된 세션 쿠키를 사용합니다.

```
curl -X GET http://127.0.0.1:8000/memos/ -b "쿠키값"
# 예시
curl -X GET http://127.0.0.1:8000/memos/ -b "session=eyJ1c2
VybmFtZSI6ICJcdWMwYzhcdWMwYWNcdWM2YTlcdWM3OTAifQ==.ZVcoIQ.
W3nA81QlQrvs-vSVvHMPKmwKyNE"
```

출력값은 다음과 같습니다. 본래의 memos.html에서 Jinja2 템플릿 엔진 관련 문법을 기반으로 기존에 동일 사용자 ID로 입력한 새 메모 추가, 메모 내용이 포함되어 있음을 확인할 수 있습니다. 이와 같이 사용자별 입력한 데이터를 위 명령으로 확인할 수 있습니다.

```
<!DOCTYPE html>
<html lang="ko">
<head>
    <meta charset="UTF-8">
    <title>나의 메모</title>
    <style>
        /* 여기에 CSS 스타일을 추가할 수 있습니다 */
        body { font-family: Arial, sans-serif; }
        .memo { margin-bottom: 20px; padding: 10px; border: 1px solid #ddd; }
        .memo-title { font-weight: bold; }
    </style>
```

```
</head>
<body>
    <h1>나의 메모</h1>
    <p><a href="/memos/create">새 메모 추가</a></p>

    <div class="memo">
        <h2 class="memo-title">새 메모</h2>
        <p>메모 내용</p>
        <a href="/memos/update/1">수정</a> |
        <a href="/memos/delete/1">삭제</a>
    </div>
</body>
</html>
```

• 메모 업데이트

특정 메모를 업데이트합니다. 메모의 ID를 MySQL로 별도로 확인한 후, 실제 메모의 고유 번호로 대체해야 합니다. 실제 메모 ID는 MySQL에서 다음 SQL을 통해 확인할 수 있습니다.

```
SELECT * FROM my_memo_app.memo;
```

이를 기반으로 메모 ID를 수정하여 다음과 같이 특정 메모를 수정할 수 있습니다.

```
curl -X PUT http://127.0.0.1:8000/memos/{메모ID} -b "쿠키값" -H
"Content-Type: application/json" -d "{\"title\":\"업데이트된 제
목\", \"content\":\"업데이트된 내용\"}"
# 예시
curl -X PUT http://127.0.0.1:8000/memos/1 -b "session=eyJ1c
2VybmFtZSI6ICJcdWMwYzhcdWMwYWNcdWM2YTlcdWM3OTAifQ==.ZVcoIQ.
W3nA81QlQrvs-vSVvHMPKmwKyNE" -H "Content-Type: application/json"
-d "{\"title\":\"업데이트된 제목\", \"content\":\"업데이트된 내용\"}"
```

이 명령은 선택한 메모의 제목과 내용을 업데이트합니다. {메모ID} 부분은 실제 메모의 고유 번호로 대체해야 합니다.

• 메모 삭제

특정 메모를 삭제합니다. 메모 업데이트와 동일한 방식으로 메모 ID를 확인한 후, 해당 메모를 삭제합니다.

```
curl -X DELETE http://127.0.0.1:8000/memos/{메모ID} -b "쿠키값"
# 예시
curl -X DELETE http://127.0.0.1:8000/memos/1 -b "session=eyJ1
c2VybmFtZSI6ICJcdWMwYzhcdWMwYWNcdWM2YTlcdWM3OTAifQ==.ZVcoIQ.
W3nA81QlQrvs-vSVvHMPKmwKyNE"
```

이 명령은 지정된 메모를 데이터베이스에서 삭제합니다.

• 로그아웃

사용자가 로그아웃합니다.

```
curl -X POST http://127.0.0.1:8000/logout -b "쿠키값"
# 예
curl -X POST http://127.0.0.1:8000/logout -b "session=eyJ1c
2VybmFtZSI6ICJcdWMwYzhcdWMwYWNcdWM2YTlcdWM3OTAifQ==.ZVcoIQ.
W3nA81QlQrvs-vSVvHMPKmwKyNE"
```

로그아웃을 성공적으로 수행하면, 서버 측에서 세션 정보를 삭제하고 클라이언트에게 로그아웃 성공 메시지를 반환합니다. 이러한 curl 명령을 사용하여 애플리케이션의 주요 기능을 체계적으로 테스트하고, 모든 기능이 정상적으로 작동하는지 확인할 수 있습니다.

# 9.6 여섯 번째 코드: 웹페이지 개선

FastAPI 프로젝트에 프론트엔드 페이지를 추가하여 웹에서 메모 프로젝트를 확인할 수 있도록 합니다. 프론트엔드 페이지는 HTML, CSS, 자바스크립트로 작성되며, Jinja2 템플릿 엔진과 연동됩니다.

개선 또는 추가할 파일은 memos.html과 home.html입니다.

```
my_memo_app/
├── templates/
│   ├── memos.html        # 사용자별 메모를 나열하는 템플릿
│   └── home.html         # 로그인 및 회원가입 페이지
└── main.py               # FastAPI 애플리케이션 초기화 및 라우팅 설정
```

## 9.6.1 | home.html 작성

이제 home.html에 로그인 및 회원가입 기능을 넣습니다. 프로젝트의 루트 URL(http://127.0.0.1:8000/)에서 보여지는 로그인 및 회원가입 페이지입니다. 다음과 같이 작성합니다.

```html
<!DOCTYPE html>
<html lang="ko">
<head>
    <meta charset="UTF-8">
    <title>마이 메모 앱</title>
    <style>
        body { font-family: Arial, sans-serif; }
        .container {
            width: 300px;
            margin: auto;
            border: 1px solid #ddd;
            padding: 20px;
        }
```

```
        .form-group {
            margin-bottom: 10px;
        }
        .form-group label, .form-group input {
            display: block;
            width: 100%;
        }
        .form-group input {
            padding: 5px;
            margin-top: 5px;
        }
        .buttons {
            display: flex;
            justify-content: space-between;
            margin-top: 20px;
        }
</style>
<script>
    function submitLoginForm(event) {
        event.preventDefault();
        const formData = new FormData(event.target);
        const data = {
            username: formData.get('username'),
            password: formData.get('password')
        };
        fetch('/login', {
            method: 'POST',
            headers: {
                'Content-Type': 'application/json'
            },
            body: JSON.stringify(data)
        })
        .then(response => response.json())
        .then(data => {
            alert(data.message); // 로그인 응답 메시지를 팝업으로 표시
        })
        .catch((error) => {
            console.error('Error:', error);
            alert('로그인 에러: ' + error); // 에러 메시지를 팝업으
로 표시
```

```
            });
        }

        function submitSignupForm(event) {
            event.preventDefault();
            const formData = new FormData(event.target);
            const data = {
                username: formData.get('username'),
                email: formData.get('email'),
                password: formData.get('password')
            };
            fetch('/signup', {
                method: 'POST',
                headers: {
                    'Content-Type': 'application/json'
                },
                body: JSON.stringify(data)
            })
            .then(response => response.json())
            .then(data => {
                alert(data.message); // 회원가입 응답 메시지를 팝업으로 표시
            })
            .catch((error) => {
                console.error('Error:', error);
                alert('회원가입 에러: ' + error); // 에러 메시지를 팝업으로 표시
            });
        }
    </script>
</head>
<body>
    <div class="container">
        <h1>마이 메모 앱에 오신 것을 환영합니다!</h1>
        <p>간단한 메모를 작성하고 관리할 수 있는 앱입니다.</p>

        <form id="loginForm" onsubmit="submitLoginForm(event)">
            <div class="form-group">
                <label for="username">사용자 이름:</label>
                <input type="text" id="username" name="username" required>
```

```html
            </div>
            <div class="form-group">
                <label for="password">비밀번호:</label>
                <input type="password" id="password" name="password" required>
            </div>
            <div class="buttons">
                <button type="submit">로그인</button>
            </div>
        </form>

        <form id="signupForm" onsubmit="submitSignupForm(event)">
            <div class="form-group">
                <label for="signup_username">사용자 이름:</label>
                <input type="text" id="signup_username" name="username" required>
            </div>
            <div class="form-group">
                <label for="signup_email">이메일:</label>
                <input type="email" id="signup_email" name="email" required>
            </div>
            <div class="form-group">
                <label for="signup_password">비밀번호:</label>
                <input type="password" id="signup_password" name="password" required>
            </div>
            <div class="buttons">
                <button type="submit">회원가입</button>
            </div>
        </form>
    </div>
</body>
</html>
```

이 페이지는 로그인 및 회원가입 기능을 제공하며, 사용자가 입력한 정보는 /login 및 /signup 엔드포인트로 전송됩니다.

## 9.6.2 | memos.html 작성

다음으로 로그인 후 자신의 메모 리스트를 확인하고, 수정, 삭제 및 새로운 메모까지 추가할 수 있는 memos.html 파일을 추가합니다.

```html
<!DOCTYPE html>
<html lang="ko">
<head>
    <meta charset="UTF-8">
    <title>나의 메모</title>
    <link href="https://stackpath.bootstrapcdn.com/bootstrap/4.3.1/css/bootstrap.min.css" rel="stylesheet">
    <link href="https://cdnjs.cloudflare.com/ajax/libs/font-awesome/5.15.1/css/all.min.css" rel="stylesheet">
    <style>
        .container {
            margin-top: 20px;
            max-width: 800px;
        }

        .card {
            margin-bottom: 20px;
            border: none;
            box-shadow: 0 4px 8px rgba(0,0,0,.1);
            background-color: #fff;
        }

        .card-body {
            position: relative;
            padding: 10px;
        }

        .memo-title, .memo-content {
            width: 100%;
            margin-bottom: 10px;
            border: 1px solid #ddd;
            background-color: #fff;
            padding: 10px;
        }
```

```css
.memo-title {
    font-size: 1.1rem;
}

.memo-content {
    min-height: 100px;
}

.edit-buttons {
    margin: 10px;
    text-align: right;
    margin-right: 0px;
    margin-bottom: 0px;
}

.edit-buttons .btn {
    background-color: #f8f9fa;
    border: none;
    border-radius: 5px;
    margin-left: 5px;
    padding: 5px 10px;
    color: #495057;
    transition: all 0.3s ease;
}

.edit-buttons .btn:hover {
    background-color: #e2e6ea;
    transform: scale(1.1);
}

.edit-buttons .btn-edit {
    background-color: #E74C3C;
    color: #fff;
}

.edit-buttons .btn-edit:hover {
    background-color: #C0392B;
}

.edit-buttons .btn-delete {
```

```css
        background-color: #3498DB;
        color: #fff;
    }

    .edit-buttons .btn-delete:hover {
        background-color: #2980B9;
    }

    .btn-primary {
        background-color: #3F464D;
        border-color: #007bff;
    }

    .btn-primary:hover {
        background-color: #0056b3;
        border-color: #0056b3;
    }

    .btn-block {
        display: block;
        width: 100%;
    }

    .header-bar {
        background-color: #FF8066; /* 변경된 헤더바 배경색 */
        padding: 10px 0; /* 상하 패딩 */
        text-align: center; /* 텍스트 가운데 정렬 */
        border-radius: 10px; /* 둥근 꼭짓점 */
        box-shadow: 0 4px 6px rgba(0,0,0,.1); /* 그림자 효과 */
        animation: slideDown 0.5s ease-out; /* 슬라이드 다운 애니메이션 */
        margin: 10px;
        position: relative;
        display: flex; /* 플렉스박스 레이아웃 적용 */
        justify-content: center; /* 가로 중앙 정렬 */
        align-items: center; /* 세로 중앙 정렬 */
    }

    .header-item {
        position: absolute;
```

```css
        top: 50%;
        transform: translateY(-50%);
}

.header-item:first-child {
    left: 20px;
}

.header-item:last-child {
    right: 20px;
}

.username-button, .logout-button {
    display: flex;
    align-items: center;
}

.username-button i, .logout-button i {
    margin-right: 5px;
}

.header-bar h1 {
    color: white; /* 헤더바 텍스트 색상 */
    margin: 0; /* 여백 제거 */
    font-size: 1.3em; /* 폰트 크기 조정 */
    font-weight: bold;
    transition: all 0.3s ease-in-out; /* 부드러운 변화 효과 */
}

.header-content {
    text-align: center;
}

.user-info {
    position: absolute; /* 절대 위치 지정 */
    top: 10px;
    right: 20px;
    font-size: 0.9rem; /* 폰트 크기 조정 */
}
```

```
            .logout-button {
                margin-left: 10px; /* 로그아웃 버튼과 사용자 ID 사이의 간격 */
            }

            .btn-sm {
                padding: 0.15rem 0.5rem;
                font-size: .8rem;
                line-height: 1.5;
                border-radius: 0.2rem;
            }

            /* 슬라이드 다운 애니메이션 효과 */
            @keyframes slideDown {
                from {
                    transform: translateY(-100%);
                    opacity: 0;
                }
                to {
                    transform: translateY(0);
                    opacity: 1;
                }
            }
    </style>
    <script>
        function createMemo() {
            var title = document.getElementById('new-title').value;
            var content = document.getElementById('new-content').value;

            fetch('/memos/', {
                method: 'POST',
                headers: {
                    'Content-Type': 'application/json',
                },
                body: JSON.stringify({ title: title, content: content })
            })
            .then(response => response.json())
```

```javascript
            .then(data => {
                console.log(data);
                window.location.reload(); // 페이지 새로고침
            })
            .catch((error) => {
                console.error('Error:', error);
            });
        }

        function toggleEdit(id) {
            var titleEl = document.getElementById('title-' + id);
            var contentEl = document.getElementById('content-' + id);
            var isReadOnly = titleEl.readOnly;

            titleEl.readOnly = !isReadOnly;
            contentEl.readOnly = !isReadOnly;

            if (!isReadOnly) {
                updateMemo(id);
            }
        }

        function updateMemo(id) {
            var title = document.getElementById('title-' + id).value;
            var content = document.getElementById('content-' + id).value;

            fetch('/memos/' + id, {
                method: 'PUT',
                headers: {
                    'Content-Type': 'application/json',
                },
                body: JSON.stringify({ title: title, content: content })
            })
            .then(response => response.json())
            .then(data => {
                console.log(data);
                alert('메모가 업데이트되었습니다.');
```

```
            })
            .catch((error) => {
                console.error('Error:', error);
            });
        }

        function deleteMemo(id) {
            if (!confirm('메모를 삭제하시겠습니까?')) return;

            fetch('/memos/' + id, {
                method: 'DELETE',
            })
            .then(response => response.json())
            .then(data => {
                console.log(data);
                window.location.reload(); // 페이지 새로고침
            })
            .catch((error) => {
                console.error('Error:', error);
            });
        }

        function logout() {
            fetch('/logout', {
                method: 'POST',
                headers: {
                    'Content-Type': 'application/json'
                }
            })
            .then(response => response.json())
            .then(data => {
                console.log(data);
                window.location.href = '/'; // 로그아웃 후 홈페이지로 리다이렉트
            })
            .catch((error) => {
                console.error('Error:', error);
            });
        }
    </script>
```

```html
</head>

<body>
    <div class="container">
        <!-- 헤더바 추가 -->
        <div class="header-bar">
            <div class="header-item">
                <a href="#" class="btn btn-sm btn-danger username-button">
                    <i class="fas fa-user"></i> {{ username }}
                </a>
            </div>
            <h1>나의 메모</h1>
            <div class="header-item">
                <button onclick="logout()" class="btn btn-sm btn-danger logout-button">
                    <i class="fas fa-sign-out-alt"></i> 로그아웃
                </button>
            </div>
        </div>
        <div class="card">
            <div class="card-body">
                <input type="text" id="new-title" placeholder="새 메모 제목" class="form-control memo-title">
                <textarea id="new-content" placeholder="내용을 입력하세요" class="form-control memo-content"></textarea>
                <button onclick="createMemo()" class="btn btn-primary btn-block">메모 추가</button>
            </div>
        </div>

        {% for memo in memos %}
        <div class="card memo">
            <div class="card-body">
                <input type="text" id="title-{{ memo.id }}" value="{{ memo.title }}" class="form-control memo-title" readonly>
                <textarea id="content-{{ memo.id }}" class="form-control memo-content" readonly>{{ memo.content }}</textarea>
```

```
                <div class="edit-buttons">
                    <button onclick="toggleEdit({{ memo.id }})"
class="btn btn-edit"><i class="fas fa-edit"></i></button>
                    <button onclick="deleteMemo({{ memo.id }})"
class="btn btn-delete"><i class="fas fa-trash-alt"></i></button>
                </div>
            </div>
        </div>
        {% endfor %}
    </div>
</body>
</html>
```

실행하면 다음과 같은 화면이 나타납니다.

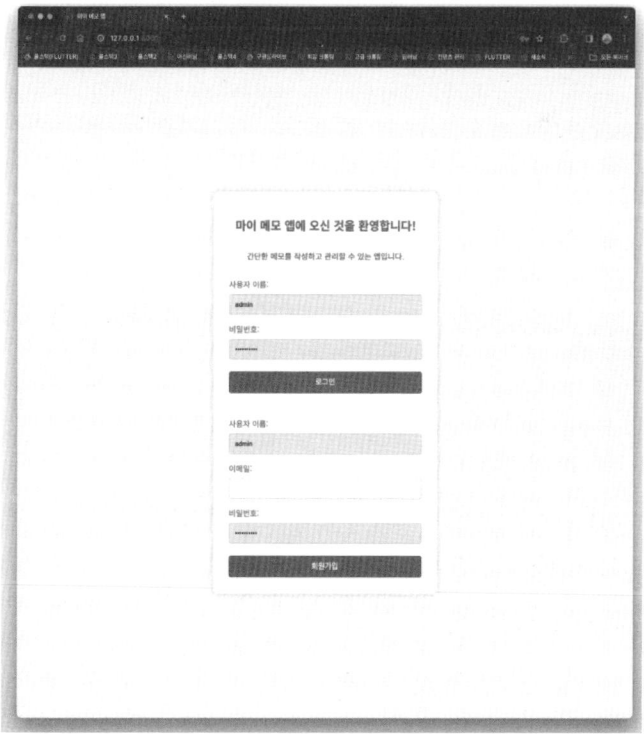

main.py 파일에서 다음과 같이 코드를 수정합니다. memos.html 접속 시 username을 추가로 전달하기 위함입니다.

```python
# 메모 조회
@app.get("/memos/")
async def list_memos(request: Request, db: Session =
Depends(get_db)):
    username = request.session.get("username")
    if username is None:
        raise HTTPException(status_code=401, detail="Not
authorized")
    user = db.query(User).filter(User.username == username).
first()
    if user is None:
        raise HTTPException(status_code=404, detail="User not
found")
    memos = db.query(Memo).filter(Memo.user_id == user.id).all()
    return templates.TemplateResponse("memos.html", {
        "request": request,
        "memos": memos,
        "username": username  # 사용자 이름을 컨텍스트에 추가
    })
```

전체 코드는 다음 링크의 04_FASTAPIMEMOADVANCE폴더에서 확인할 수 있습니다.

- https://github.com/DaveLee-fun/fastapi_basic

### 9.6.3 | 테스트

• 회원가입 테스트

1. 웹 브라우저를 열고 http://127.0.0.1:8000/ 주소로 접속합니다.

2. 사용자 이름과 비밀번호를 입력하고 <회원가입> 버튼을 클릭합니다.

3. 회원가입 성공 시 표시되는 메시지를 확인합니다.

• 로그인 테스트

1. http://127.0.0.1:8000/ 주소로 재접속하여 가입한 사용자 이름과 비밀번호로 로그인을 시도합니다.

2. 로그인 성공 시 표시되는 메시지를 확인합니다.

• 메모 관리 테스트

1. 로그인한 상태에서 http://127.0.0.1:8000/memos 주소로 이동합니다.

2. 로그인한 사용자 이름이 화면 상단에 표시됩니다.

3. 여기에서 사용자는 자신의 메모를 추가, 수정, 삭제할 수 있으며, 저장된 메모는 리스트 형태로 표시됩니다.

4. 우측 상단의 <로그아웃> 버튼을 클릭하여 로그아웃합니다. 로그아웃 후 표시되는 메시지를 확인합니다.

- **비로그인 상태에서의 접근 테스트**

1. 로그아웃 상태에서 http://127.0.0.1:8000/memos 주소로 접속을 시도합니다.

2. 로그인하지 않은 상태에서는 접근할 수 없음을 확인합니다. 현재는 관련 사용자 기능을 개선하지 않았으므로, {"detail":"Not authorized"}와 같은 메시지만 확인할 수 있습니다.

이러한 테스트 절차를 통해 FastAPI 기반 온라인 메모 애플리케이션의 주요 기능이 정상적으로 작동하는지 검증할 수 있습니다.

## 9.7 일곱 번째 코드: 마무리

### 9.7.1 | 프런트엔드 페이지 개선

기존 코드는 로그인 및 회원가입 성공 또는 실패 시 팝업창만 띄웁니다. 로그인 성공 시는 자동으로 /memos 라우트로 넘어가고, 로그인 또는 회원가입 실패 시에는 팝업으로 에러 메시지를 띄우도록 home.html 코드를 적절히 변경합니다. 또한 화면을 보다 개선합니다. 이와 같은 과정은 프런트엔드 기술이므로 다음과 같은 코드를 사용합니다.

```html
<!DOCTYPE html>
<html lang="ko">
<head>
    <meta charset="UTF-8">
    <title>마이 메모 앱</title>
    <style>
        body {
            font-family: 'Noto Sans KR', sans-serif;
            background-color: #f8f9fa;
            margin: 0;
            padding: 0;
            display: flex;
            justify-content: center;
            align-items: center;
            height: 100vh;
            text-align: center;
        }
        .container {
            max-width: 400px;
            padding: 2rem;
            background-color: #fff;
            border-radius: 10px;
            box-shadow: 0 0 10px rgba(0, 0, 0, 0.1);
            margin: 1rem;
```

```css
            width: 100%;
        }
        h1 {
            font-size: 1.5rem;
            color: #007bff;
            margin-bottom: 2rem;
        }
        p {
            margin-bottom: 2rem;
            color: #666;
        }
        .form-group {
            margin-bottom: 1rem;
            width: 100%;
        }
        .form-group label {
            margin-bottom: .5rem;
            color: #888;
            text-align: left;
            display: block;
        }
        .form-group input {
            padding: 0.75rem;
            border: 1px solid #ced4da;
            border-radius: 5px;
            width: 100%;
            box-sizing: border-box;
        }
        .form-group input:focus {
            border-color: #80bdff;
            box-shadow: 0 0 0 2px rgba(0,123,255,.25);
        }
        .buttons button {
            width: 100%; /* Adjusting button width based on padding */
            padding: 0.75rem;
            border: none;
            border-radius: 5px;
            background-color: #007bff;
            color: white;
```

```
            margin-top: 0.5rem;
            font-size: 1rem;
            font-weight: 600;
            cursor: pointer;
            box-sizing: border-box;
        }
        .buttons button:hover {
            background-color: #0056b3;
        }
        @media (max-width: 768px) {
            .container {
                width: 90%;
                padding: 1.5rem;
            }
            h1 {
                font-size: 1.25rem;
            }
        }
    </style>
    <link href="https://fonts.googleapis.com/css2?family=Noto+Sans+KR:wght@400;700&display=swap" rel="stylesheet">
    <script>
        function submitLoginForm(event) {
            event.preventDefault();
            const formData = new FormData(event.target);
            const data = {
                username: formData.get('username'),
                password: formData.get('password')
            };
            fetch('/login', {
                method: 'POST',
                headers: {
                    'Content-Type': 'application/json'
                },
                body: JSON.stringify(data)
            })
                .then(response => response.json().then(body => ({ status: response.status, body: body })))
                .then(result => {
                    if (result.status === 200) {
```

```
                    alert(result.body.message); // 성공 메시지 표시
                    window.location.href = '/memos'; // 성공 시 리
다이렉트
                } else {
                    throw new Error(result.body.detail || '로그인
을 실패했습니다.'); // 서버가 제공하는 에러 메시지 또는 기본 메시지
                }
            })
            .catch((error) => {
                console.error('Error:', error);
                alert(error.message); // 에러 메시지 표시
            });
        }
        function submitSignupForm(event) {
            event.preventDefault();
            const formData = new FormData(event.target);
            const data = {
                username: formData.get('username'),
                email: formData.get('email'),
                password: formData.get('password')
            };
            fetch('/signup', {
                method: 'POST',
                headers: {
                    'Content-Type': 'application/json'
                },
                body: JSON.stringify(data)
            })
            .then(response => response.json().then(body => ({
status: response.status, body: body })))
            .then(result => {
                if (result.status === 200) {
                    alert(result.body.message); // 회원가입 성공 메
시지 표시
                    window.location.href = '/'; // 성공 시 리다이렉트
                } else {
                    throw new Error(result.body.detail || '회원가
입을 실패했습니다.'); // 서버가 제공하는 에러 메시지 또는 기본 메시지
                }
            })
```

```html
            .catch((error) => {
                console.error('Error:', error);
                alert(error.message); // 에러 메시지 표시
            });
        }
    </script>
</head>
<body>
    <div class="container">
        <h1>마이 메모 앱에 오신 것을 환영합니다!</h1>
        <p>간단한 메모를 작성하고 관리할 수 있는 앱입니다.</p>

        <form id="loginForm" onsubmit="submitLoginForm(event)">
            <div class="form-group">
                <label for="username">사용자 이름:</label>
                <input type="text" id="username" name="username" required>
            </div>
            <div class="form-group">
                <label for="password">비밀번호:</label>
                <input type="password" id="password" name="password" required>
            </div>
            <div class="buttons">
                <button type="submit">로그인</button>
            </div>
        </form>
        <br><br>
        <form id="signupForm" onsubmit="submitSignupForm(event)">
            <div class="form-group">
                <label for="signup_username">사용자 이름:</label>
                <input type="text" id="signup_username" name="username" required>
            </div>
            <div class="form-group">
                <label for="signup_email">이메일:</label>
                <input type="email" id="signup_email" name="email" required>
            </div>
```

```html
            <div class="form-group">
                <label for="signup_password">비밀번호:</label>
                <input type="password" id="signup_password" name="password" required>
            </div>
            <div class="buttons">
                <button type="submit">회원가입</button>
            </div>
        </form>
    </div>
</body>
</html>
```

변경된 코드를 실행하면 다음과 같은 화면이 나타납니다.

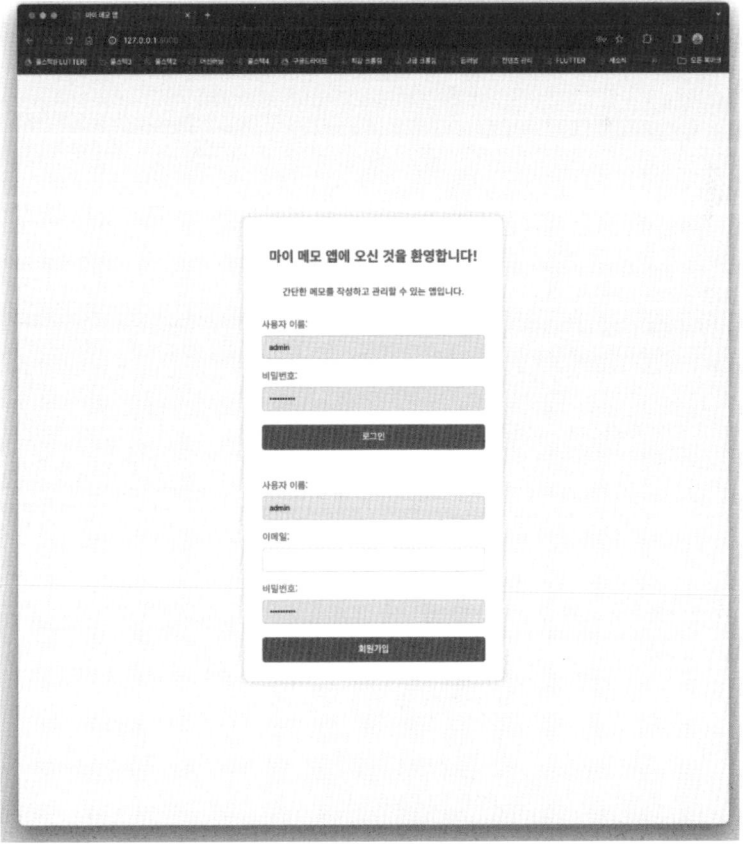

## 9.7.2 | 예외 케이스 보완

회원가입 시 동일한 username을 가진 사용자가 이미 존재하는 경우를 처리하기 위해 코드를 수정하여 중복 검사를 수행하고, 필요한 경우 적절한 에러 메시지를 반환합니다.

```
# 회원가입
@app.post("/signup")
async def signup(signup_data: UserCreate, db: Session =
Depends(get_db)):
    # 먼저 username이 이미 존재하는지 확인
    existing_user = db.query(User).filter(User.username ==
signup_data.username).first()
    if existing_user:
        raise HTTPException(status_code=400, detail="이미 동일 사용
자 이름이 가입되어 있습니다.")
    hashed_password = get_password_hash(signup_data.password)
    new_user = User(username=signup_data.username, email=signup_
data.email, hashed_password=hashed_password)
    db.add(new_user)

    try:
        db.commit()
    except Exception as e:
        db.rollback()  # 에러 발생 시 롤백
        raise HTTPException(status_code=500, detail="회원가입이 실
패했습니다. 기입한 내용을 확인해보세요")

    db.refresh(new_user)
    return {"message": "회원가입을 성공했습니다"}
```

변경된 내용은 다음과 같습니다.

- signup() 함수 내에서, 입력된 username이 데이터베이스에 이미 존재하는지 검사합니다.
- 이미 존재하는 경우, HTTPException을 발생시켜 요청을 거부합니다. 이때 상태 코드 400(Bad Request)과 적절한 에러 메시지를 반환합니다.
- 사용자 추가 후 commit을 시도하며, 에러가 발생하면 rollback()을 수행하여 데이터베이스 상태를 이전 상태로 되돌리고 에러 메시지를 반환합니다.

이러한 방식으로 코드를 수정하면, 동일한 username을 가진 사용자가 회원가입을 시도할 때 적절한 에러 처리를 할 수 있습니다.

다음으로 로그인 실패 시 사용자에게 더 친절한 메시지를 제공하기 위해 HTTPException 의 detail 인수를 수정합니다. 이 경우, "Unauthorized" 대신 "로그인을 실패했습니다."와 같은 메시지를 반환하도록 변경합니다.

```
# 로그인
@app.post("/login")
async def login(request: Request, signin_data: UserLogin, db: Session = Depends(get_db)):
    user = db.query(User).filter(User.username == signin_data.username).first()
    if user and verify_password(signin_data.password, user.hashed_password):
        request.session["username"] = user.username
        return {"message": "Logged in successfully"}
    else:
        # "Unauthorized" 메시지 대신 사용자에게 더 명확한 메시지를 제공합니다.
        raise HTTPException(status_code=401, detail="로그인을 실패했습니다.")
```

이 변경을 통해 사용자가 로그인에 실패할 경우, HTTP 상태 코드 401과 함께 "로그인을 실패했습니다."라는 메시지가 반환됩니다. API 응답 메시지를 변경하는 것은 사용자 경험 (UX)을 개선하는 좋은 방법입니다. 특히, 보안과 관련된 작업에서는 기술적인 용어보다 사용자가 이해하기 쉬운 언어를 사용하는 것이 중요합니다.

변경된 전체 코드는 다음 링크의 05_FASTAPIMEMOFINAL 폴더에서 확인할 수 있습니다.

– https://github.com/DaveLee-fun/fastapi_basic

### 9.7.3 | 테스트

• **회원가입 테스트**

1. 웹 브라우저를 열고 http://127.0.0.1:8000/ 주소로 접속합니다.
2. 사용자 이름과 비밀번호를 입력하고 <회원가입> 버튼을 클릭합니다.

3. 회원가입 성공 시 표시되는 메시지를 확인합니다.

• 로그인 테스트

1. http://127.0.0.1:8000/ 주소로 재접속하여 가입한 사용자 이름과 비밀번호로 로그인을 시도합니다.

2. 로그인 성공 시 자동으로 http://127.0.0.1:8000/memos 주소로 이동합니다.

• 메모 관리 테스트

1. 로그인한 사용자 이름이 화면 상단에 표시됩니다.

2. 여기에서 사용자는 자신의 메모를 추가, 수정, 삭제할 수 있으며, 저장된 메모는 리스트 형태로 표시됩니다.

3. 우측 상단의 <로그아웃> 버튼을 클릭하여 로그아웃합니다. 로그아웃 후 표시되는 메시지를 확인합니다.

• 비로그인 상태에서의 접근 테스트

1. 로그아웃 상태에서 http://127.0.0.1:8000/memos 주소로 접속을 시도합니다.

2. 로그인하지 않은 상태에서는 접근할 수 없음을 확인합니다. 현재는 관련 사용자 기능을 개선하지 않았으므로, {"detail":"Not authorized"}와 같은 메시지만 확인할 수 있습니다.

이러한 테스트 절차를 통해 FastAPI 기반 온라인 메모 애플리케이션의 주요 기능이 정상적으로 작동하는지 검증할 수 있습니다.

# 9.8 여덟 번째 코드: MVC 패턴 적용

FastAPI 애플리케이션에 MVC 패턴을 적용하는 것은 코드의 구조화와 모듈화를 통해 애플리케이션의 관리 및 유지보수를 향상시키는 데 매우 유용합니다. MVC 패턴은 각각의 구성 요소를 분리하여 코드의 가독성을 높이고, 개발 과정에서의 관심사를 명확히 분리함으로써 개발 효율성을 증가시킵니다. 이 패턴은 특히 대규모 애플리케이션 또는 여러 개발자가 협업하는 프로젝트에서 그 장점이 두드러집니다.

FastAPI 프로젝트에서 MVC 패턴을 적용하기 위해 다음과 같은 기본 구조를 설정합니다.

```
myproject/
├── main.py
├── controllers.py
├── models.py
├── schemas.py
├── dependencies.py
├── database.py
└── templates/
```

전체 코드는 다음 링크에서 확인할 수 있습니다

- https://github.com/DaveLee-fun/fastapimvc_basic

FastAPI 프로젝트에서 MVC 패턴을 적용할 때, 프로젝트는 여러 파일로 분리되어 각각의 파일이 MVC 패턴의 특정 부분을 담당합니다. 다음은 각 파일이 MVC 패턴 중 어떤 역할을 하는지에 대한 상세한 설명입니다.

## 9.8.1 | MVC 패턴에 따른 파일 구조 및 역할

- **models.py - 모델**
  - **역할**: 데이터베이스의 테이블과 관계를 정의하는 모델을 담당합니다.

- 내용: SQLAlchemy ORM을 사용하여 데이터베이스 스키마를 정의합니다. 이 파일에서 정의된 클래스는 데이터베이스 테이블과 직접적으로 상응합니다.

- **schemas.py - 컨트롤러**
  - 역할: 컨트롤러의 일부 기능을 담당합니다. Pydantic을 사용하여 데이터의 직렬화 및 유효성 검사를 수행하는 데 활용되기 때문에 일정 부분 뷰 역할도 한다고 볼 수 있습니다.
  - 내용: 클라이언트로부터 받은 데이터의 유효성을 검사하고, API 응답 형식을 정의합니다.

- **controllers.py - 컨트롤러**
  - 역할: 사용자의 요청을 처리하고 적절한 응답을 반환하는 컨트롤러를 담당합니다.
  - 내용: FastAPI의 APIRouter를 사용하여 각 경로에 대한 요청 처리 로직을 구현합니다. 데이터를 받아 처리하고, 결과를 반환합니다.

- **dependencies.py - 컨트롤러**
  - 역할: 컨트롤러의 일부 기능을 담당하며, 의존성 주입과 관련된 로직을 포함합니다.
  - 내용: 데이터베이스 세션 관리 및 사용자 인증과 관련된 유틸리티 함수를 포함합니다.

- **database.py - 모델**
  - 역할: 모델의 일부 기능을 담당합니다. 데이터베이스 연결 및 설정을 관리합니다.
  - 내용: 데이터베이스 엔진을 설정하고, SQLAlchemy의 sessionmaker를 통해 데이터베이스 세션을 생성합니다.

- **templates/ 디렉터리 - 뷰**
  - 역할: 사용자에게 보이는 부분, 즉 뷰를 담당합니다.
  - 내용: HTML 템플릿 파일들을 포함하며, Jinja2 템플릿 엔진을 통해 렌더링되는 동적인 웹페이지를 구성합니다.

이러한 구조화를 통해 FastAPI 애플리케이션은 MVC 패턴의 장점을 누릴 수 있습니다. 모델은 데이터와 그 처리를 담당하고, 뷰는 사용자 인터페이스와 관련된 로직을 처리하며, 컨트롤러는 사용자의 요청에 따라 모델과 뷰 사이의 상호 작용을 관리합니다. 이를 통해 각 부분의 책임이 명확해지고, 유지보수성이 향상됩니다. 또한, 팀 프로젝트에서 개발자들이 각자의 관심사에 집중할 수 있어 협업이 용이해집니다.

## 9.8.2 | MVC 패턴 적용

FastAPI 애플리케이션을 MVC 패턴에 따라 구조화하면 각 파일이 특정한 역할을 담당하게 됩니다. 다음에 각 파일과 그들의 역할을 설명하고, 이를 기반으로 코드 제공합니다.

### » models.py - 데이터 모델(Model)

models.py 파일은 데이터베이스 테이블과 연관된 클래스를 정의합니다. 이 클래스들은 SQLAlchemy ORM을 통해 데이터베이스 스키마를 나타냅니다.

```python
from sqlalchemy import Column, Integer, String, ForeignKey
from sqlalchemy.orm import relationship
from sqlalchemy.ext.declarative import declarative_base
from database import Base

class User(Base):
    __tablename__ = "users"
    id = Column(Integer, primary_key=True, index=True)
    username = Column(String(100), unique=True, index=True)
    email = Column(String(200))
    hashed_password = Column(String(512))

class Memo(Base):
    __tablename__ = 'memo'
    id = Column(Integer, primary_key=True, index=True)
    user_id = Column(Integer, ForeignKey('users.id'))  # 사용자 참조 추가
    title = Column(String(100), nullable=False) # (nullable=False) 값이 없는 예외 경우 방지
    content = Column(String(1000), nullable=False) # (nullable=False) 값이 없는 예외 경우 방지

    user = relationship("User")  # 사용자와의 관계 설정
```

### » schemas.py - 데이터 검증 및 직렬화(View/Controller)

schemas.py 파일은 Pydantic을 사용하여 데이터 검증 및 직렬화를 위한 스키마를 정의합니다. 이는 사용자 입력의 유효성을 검사하고, API 응답 데이터의 형식을 정의합니다.

```python
from pydantic import BaseModel
from typing import Optional

# 회원가입 시 데이터 검증
class UserCreate(BaseModel):
    username: str
    email: str
    password: str  # 해시 전 패스워드를 받습니다.

# 회원 로그인 시 데이터 검증
class UserLogin(BaseModel):
    username: str
    password: str  # 해시 전 패스워드를 받습니다.

class MemoCreate(BaseModel):
    title: str
    content: str

class MemoUpdate(BaseModel):
    title: Optional[str] = None
    content: Optional[str] = None
```

## » controllers.py - 경로 핸들링 및 뷰 로직(Controller)

controllers.py 파일은 API의 경로별 요청을 처리합니다. FastAPI의 APIRouter를 사용해 각 경로에 대한 핸들러 함수를 정의합니다.

```python
from fastapi import APIRouter, Depends, HTTPException, Request
from sqlalchemy.orm import Session
from models import User, Memo  # 모델 import
from schemas import UserCreate, UserLogin, MemoCreate, MemoUpdate  # 스키마 import
from dependencies import get_db, get_password_hash, verify_password  # 의존성 import
from fastapi.templating import Jinja2Templates

router = APIRouter()
templates = Jinja2Templates(directory="templates")
```

```python
@router.post("/signup")
async def signup(signup_data: UserCreate, db: Session =
Depends(get_db)):
    # 먼저 username이 이미 존재하는지 확인
    existing_user = db.query(User).filter(User.username ==
signup_data.username).first()
    if existing_user:
        raise HTTPException(status_code=400, detail="이미 동일 사용
자 이름이 가입되어 있습니다.")
    hashed_password = get_password_hash(signup_data.password)
    new_user = User(username=signup_data.username, email=signup_
data.email, hashed_password=hashed_password)
    db.add(new_user)

    try:
        db.commit()
    except Exception as e:
        db.rollback()    # 에러 발생 시 롤백
        raise HTTPException(status_code=500, detail="회원가입이 실
패했습니다. 기입한 내용을 확인해보세요")

    db.refresh(new_user)
    return {"message": "회원가입을 성공했습니다"}


@router.post("/login")
async def login(request: Request, signin_data: UserLogin, db:
Session = Depends(get_db)):
    user = db.query(User).filter(User.username == signin_data.
username).first()
    if user and verify_password(signin_data.password, user.
hashed_password):
        request.session["username"] = user.username
        return {"message": "Logged in successfully"}
    else:
        # "Unauthorized" 메시지 대신 사용자에게 더 명확한 메시지를 제공합
니다.
        raise HTTPException(status_code=401, detail="로그인을 실패
했습니다.")
```

```python
@router.post("/logout")
async def logout(request: Request):
    request.session.pop("username", None)
    return {"message": "Logged out successfully"}


@router.post("/memos/")
async def create_user(request: Request, memo: MemoCreate, db: Session = Depends(get_db)):
    username = request.session.get("username")
    if username is None:
        raise HTTPException(status_code=401, detail="Not authorized")
    user = db.query(User).filter(User.username == username).first()
    if user is None:
        raise HTTPException(status_code=404, detail="User not found")
    new_memo = Memo(user_id=user.id, title=memo.title, content=memo.content)
    db.add(new_memo)
    db.commit()
    db.refresh(new_memo)
    return new_memo


@router.get("/memos/")
async def list_memos(request: Request, db: Session = Depends(get_db)):
    username = request.session.get("username")
    if username is None:
        raise HTTPException(status_code=401, detail="Not authorized")
    user = db.query(User).filter(User.username == username).first()
    if user is None:
        raise HTTPException(status_code=404, detail="User not found")
    memos = db.query(Memo).filter(Memo.user_id == user.id).all()
```

```python
    return templates.TemplateResponse("memos.html", {
        "request": request,
        "memos": memos,
        "username": username  # 사용자 이름을 컨텍스트에 추가
    })


@router.put("/memos/{memo_id}")
async def update_user(request: Request, memo_id: int, memo: MemoUpdate, db: Session = Depends(get_db)):
    username = request.session.get("username")
    if username is None:
        raise HTTPException(status_code=401, detail="Not authorized")
    user = db.query(User).filter(User.username == username).first()
    if user is None:
        raise HTTPException(status_code=404, detail="User not found")
    db_memo = db.query(Memo).filter(Memo.id == memo_id, Memo.user_id == user.id).first()
    if db_memo is None:
        return {"error": "User not found"}

    if memo.title is not None:
        db_memo.title = memo.title
    if memo.content is not None:
        db_memo.content = memo.content

    db.commit()
    db.refresh(db_memo)
    return db_memo


@router.delete("/memos/{memo_id}")
async def delete_user(request: Request, memo_id: int, db: Session = Depends(get_db)):
    username = request.session.get("username")
    if username is None:
        raise HTTPException(status_code=401, detail="Not
```

```
authorized")
    user = db.query(User).filter(User.username == username).first()
    if user is None:
        raise HTTPException(status_code=404, detail="User not found")
    db_memo = db.query(Memo).filter(Memo.id == memo_id, Memo.user_id == user.id).first()
    if db_memo is None:
        return {"error": "Memo not found"}
    db.delete(db_memo)
    db.commit()
    return {"message": "Memo deleted"}


@router.get('/')
async def read_root(request: Request):
    return templates.TemplateResponse('home.html', {"request": request})


@router.get('/about')
async def about():
    return {"message": "이것은 마이 메모 앱의 소개 페이지입니다."}
```

## » dependencies.py - 의존성 관리(Controller)

dependencies.py 파일은 의존성 주입 및 유틸리티 함수를 관리합니다. 데이터베이스 세션 및 인증 로직 등이 포함됩니다.

```
from sqlalchemy.orm import Session
from passlib.context import CryptContext
from sqlalchemy.orm import Session, sessionmaker, relationship
from database import SessionLocal

# 비밀번호 해싱을 위한 CryptContext 인스턴스 생성
pwd_context = CryptContext(schemes=["bcrypt"], deprecated="auto")
```

```python
def get_db():
    db = SessionLocal()
    try:
        yield db
    finally:
        db.close()

def get_password_hash(password: str) -> str:
    return pwd_context.hash(password)

def verify_password(plain_password: str, hashed_password: str) -> bool:
    return pwd_context.verify(plain_password, hashed_password)
```

## » database.py - 데이터베이스 설정(Model)

database.py 파일은 데이터베이스 연결 및 설정을 관리합니다. SQLAlchemy 엔진과 세션 설정이 여기에 포함됩니다.

```python
from sqlalchemy import create_engine
from sqlalchemy.ext.declarative import declarative_base
from sqlalchemy.orm import sessionmaker

# 데이터베이스 URL 정의
DATABASE_URL = "mysql+pymysql://funcoding:funcoding@localhost/my_memo_app"

# 엔진 생성
engine = create_engine(DATABASE_URL)

# 세션 생성
SessionLocal = sessionmaker(autocommit=False, autoflush=False, bind=engine)

# Base 클래스 생성
Base = declarative_base()
```

## 》 main.py - 애플리케이션 설정 및 초기화

main.py 파일은 FastAPI 애플리케이션의 진입점입니다. 여기서 애플리케이션 인스턴스를 생성하고 라우터를 포함시키며, 필요한 미들웨어를 설정합니다.

```python
from fastapi import FastAPI, Request
from fastapi.templating import Jinja2Templates
from sqlalchemy import create_engine
from sqlalchemy.orm import sessionmaker
from controllers import router  # 컨트롤러 라우터 임포트
from database import Base, engine  # 데이터베이스 설정 임포트
from starlette.middleware.sessions import SessionMiddleware

# FastAPI 인스턴스 생성
app = FastAPI()
app.add_middleware(SessionMiddleware, secret_key="your-secret-key")
templates = Jinja2Templates(directory="templates")

# 템플릿 디렉터리 설정
templates = Jinja2Templates(directory="templates")

# 라우터 포함
app.include_router(router)

# 데이터베이스 테이블 생성
Base.metadata.create_all(bind=engine)

@app.get('/')
async def read_root(request: Request):
    return templates.TemplateResponse('home.html', {"request": request})
```

최종적으로 다음과 같은 화면과 인터페이스로 백엔드 기능을 작성하였습니다. 한 줄의 코드에서 시작해서 그럴듯한 서비스를 차근차근 단계별로 확장해서 작성하며 FastAPI의 주요 사용법을 정리하고, 실무 개발에도 필요한 내용을 익혔습니다.

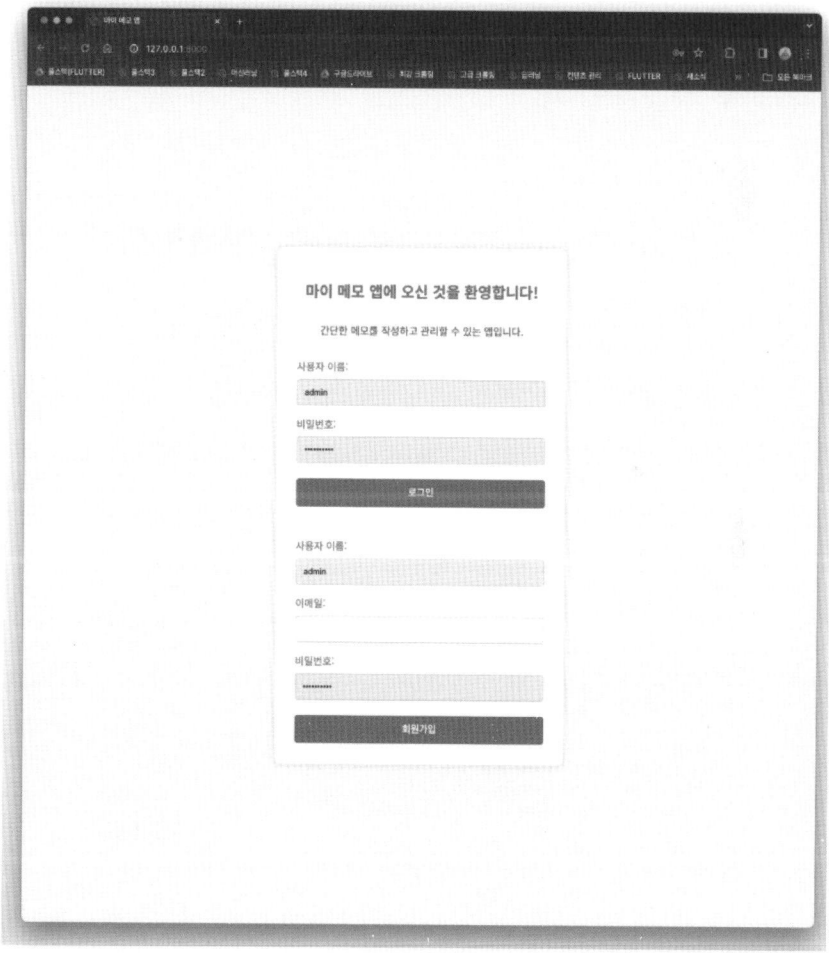

이상의 서비스는 실무에서 클라우드 환경을 통해 도커 기술을 기반으로 서버에서 실행하면 개인 PC뿐만 아니라 전 세계에도 바로 오픈 및 활용이 가능합니다. 관련 기술은 잔재미코딩 웹사이트(fun-coding.org)에서 풀스택을 위한 도커와 최신 서버 기술 온라인 강의로 제공하고 있으니, 이 부분도 참고가 되었으면 좋겠습니다.

# FastAPI를 마치며

FastAPI 또한 플라스크와 마찬가지로 사용법을 자세히 설명한 도서가 이전에 없었기에 옵션과 설명을 상세하게 담았습니다. FastAPI와 관련된 온라인 강의도 잔재미코딩 웹사이트(fun-coding.org)에서 확인할 수 있습니다.

- **가장 빠른 풀스택: 파이썬 백엔드 FastAPI 부트캠프**
  **FastAPI부터 비동기 SQLAlchemy까지   [풀스택 Part1-2]**

실제로 FastAPI를 활용할 때 자주 사용하는 비동기 SQLAlchemy와 이를 기반으로 하는 프로젝트 개발에 대해 고성능 FastAPI 백엔드 구현 방법과 함께 설명합니다. 따라서 본 서적과 함께 해당 강의를 수강하면 FastAPI를 선명하게 이해하고 실무적으로 활용하는 데에 도움이 될 것입니다. FastAPI는 구현이 빠르고 성능도 좋은 최신 백엔드 프레임워크입니다. 여기에 다양한 파이썬 라이브러리까지 활용할 수 있다면 기능을 광범위하게 구현할 수 있습니다.

- **풀스택을 위한 탄탄한 프런트엔드 부트캠프**
  **HTML, CSS, 바닐라 자바스크립트 + ES6   [풀스택 Part2]**

온전한 서비스를 구현하려면 프런트엔드, 서버 등에 관한 기술도 필요한데 내용이 방대하기에 본 서적에서 관련된 모든 것을 설명하지는 않았습니다. FastAPI도 플라스크와 마찬가지로 프런트엔드와 연결하는 템플릿 기능이 있어 이를 활용하면 자바스크립트, HTML, CSS로 구현되는 하나의 온전한 웹 서비스를 완성할 수 있습니다. 해당 내용을 작은 조각 코드를 포함한 특별한 자료로 구성했습니다. 개발 환경 구축과 코드 작성 및 실행을 모두 영상으로 확인할 수 있으니, 본 서적과 함께 해당 강의를 학습한다면 백엔드와 프런트엔드 모두를 다룰 수 있게 될 것입니다.

- **풀스택을 위한 도커와 최신 서버 기술**
  리눅스, Nginx, AWS, HTTPS, 플라스크 배포  [풀스택 Part3]

서버를 구축하기 위해서는 기본적으로 웹 서버나 클라우드 컴퓨팅, 그리고 최근 가장 많이 사용하는 도커 기술을 익혀야 합니다. FastAPI 웹 서비스를 실제 서버상에서 자신만의 URL을 기반으로 운영하고자 한다면, 해당 강의를 수강해보세요. 서버를 처음 익히는 사람을 대상으로, 리눅스부터 도커 기술까지 서버 구축에 꼭 필요한 모든 기술을 상세하게 설명합니다. 코드 조각으로 주요 문법을 실습할 수 있도록 특별한 자료가 구성되어 있으며, 개발 환경 구축과 코드 작성 및 실행을 모두 영상으로 확인할 수 있습니다.

- **처음하는 플러터(Flutter) 기초부터 실전까지**
  쉽고 견고하게 단계별로 다양한 프로젝트까지  [풀스택 Part4]

앱을 만들고 싶다면 플러터 강의를 수강해보세요. 플러터를 활용하면 한 가지 코드로 웹과 앱, PC 프로그램까지 만들 수 있습니다. 미리 디자인되어 있는 위젯이라는 기능을 활용해 코드를 작성하는 방식이므로 디자이너 없이도 그럴듯한 화면을 구성할 수 있습니다. 본 서적으로 익힌 파이썬 백엔드 기술과 플러터를 잘 조합하면 혼자서도 웹과 앱을 만들 수 있으니 함께 학습하면 시너지를 경험할 수 있을 것입니다.

- **가장 빠른 풀스택 로드맵**

이상의 모든 강의는 잔재미코딩 웹사이트(fun-coding.org)에서 확인할 수 있습니다. 처음 IT를 접하는 사람도 난도를 서서히 올려가며 차근차근 익힐 수 있도록, 전체 강의를 패키지로 엮은 로드맵도 제공하고 있으니 활용해보세요. 기본기를 시작으로 풀스택 개발에 필요한 모든 지식을 포함하며, 관련 문법을 코드 조각으로 빠르게 연습할 수 있도록 꼼꼼하게 구성되어 있습니다. 아무쪼록 본 서적과 온라인 강의가 여러분의 개발 경험에 도움이 되기를 바라며, 장점이 많은 플라스크와 FastAPI가 널리 활용되길 소망합니다.

# 맺음말

이 책을 통해 플라스크와 FastAPI의 세계를 탐험하며 백엔드 개발의 핵심적인 원리와 핵심 코드에 대해 배워보았습니다. 이 책이 기본적인 사용법에서부터 실제 프로젝트 구축에 이르기까지 플라스크와 FastAPI의 효과적인 활용법을 익히는 데 도움이 되었기를 바랍니다. 두 프레임워크의 비교를 통해 백엔드 개발의 다양한 측면을 탐구하고, 이를 실제 프로젝트에 적용해 보는 과정은 개발 능력을 한 단계 더 향상시키는 데 중요한 역할을 했을 것입니다.

물론 책은 정적인 도구이기에 코드를 작성하고 실행하는 모습을 직접 보여주며 그때그때 필요한 설명을 하는 데에는 다소 한계가 있는 것이 사실입니다. 이 부분은 온라인 강의를 통해 쉽고 선명하게 익히며 보완할 수 있습니다. 잔재미코딩 웹사이트(fun-coding.org)와 잔재미코딩 유튜브 채널(youtube.com/@fun-coding)에서 파이썬과 풀스택 개발에 관한 다양한 정보 및 자료를 제공하고 있습니다. 잔재미코딩 웹사이트에서는 프런트엔드, 서버, 데이터 분석 등 여러 분야의 온라인 강의와 심화 자료도 제공하고 있습니다. 이 책과 더불어 영상 강의와 심화 자료를 추가적인 학습에 활용해보기를 바랍니다.

이 책을 통해 얻은 지식이 여러분의 개발 경험에 도움이 되기를 바라며, 앞으로도 지속적으로 성장하는 개발자가 되길 진심으로 응원합니다.

감사합니다.

## 가장 빠른 풀스택을 위한 플라스크&FastAPI
한 권으로 정리하는 파이썬 백엔드

**발행일**    2024년 05월 20일

**지은이**    잔재미코딩 Dave Lee
**펴낸이**    김범준
**기획·책임편집**    최규리
**교정교열**    윤나라
**편집디자인**    나은경
**표지디자인**    이수경

**발행처**    (주)비제이퍼블릭
**출판신고**    2009년 05월 01일 제300-2009-38호
**주   소**    서울시 중구 청계천로 100 시그니쳐타워 서관 9층 949호
**주문/문의**    02-739-0739           **팩스**    02-6442-0739
**홈페이지**    http://bjpublic.co.kr   **이메일**    bjpublic@bjpublic.co.kr

**가  격**    33,000원
**ISBN**    979-11-6592-278-8 (93000)
한국어판 © 2024 (주)비제이퍼블릭

이 책은 저작권법에 따라 보호받는 저작물이므로 무단 전재와 무단 복제를 금지하며,
내용의 전부 또는 일부를 이용하려면 반드시 저작권자와 (주)비제이퍼블릭의 서면 동의를 받아야 합니다.

 이 책을 저작권자의 허락 없이 **무단 복제 및 전재(복사, 스캔, PDF 파일 공유)하는 행위**는 모두 저작권법 위반입니다. 저작권법 제136조에 따라 **5년** 이하의 징역 또는 **5천만 원** 이하의 벌금을 부과할 수 있습니다. 무단 게재나 불법 스캔본 등을 발견하면 출판사나 한국저작권보호원에 신고해 주십시오(불법 복제 신고 https://copy112.kcopa.or.kr).

잘못된 책은 구입하신 서점에서 교환해드립니다.